汉字文化新视角丛书

申小龙 主编

汉字主导的文化符号谱系

孟华 著

本丛书提出的汉字文化新视角，基于这样一种学术理念：语言（言）、文字（文）和视象符号（象）三者构成了文化的核心要素和条件。

本丛书的出版，预示着中国语言文化研究在一个世纪的『去汉字化』的历程之后，『再汉字化』的世纪转向。这一转向的本质就是在中国文化的地方性视界和世界性视界融通的过程中，重新确认汉字在文化承担和文化融通中的巨大功用和远大前景。

山东教育出版社
·济南·

图书在版编目（CIP）数据

汉字主导的文化符号谱系／孟华著．—济南：山东教育出版社，2014（2024.4重印）

（汉字文化新视角丛书／申小龙主编）

ISBN 978-7-5328-7220-6

Ⅰ.①汉… Ⅱ.①孟… Ⅲ.①汉字-文化-研究 Ⅳ.①H12

中国版本图书馆CIP数据核字（2014）第025662号

HANZI WENHUA XIN SHIJIAO CONGSHU

HANZI ZHUDAO DE WENHUA FUHAO PUXI

汉字文化新视角丛书　　申小龙　主编

汉字主导的文化符号谱系　　孟　华　著

主管单位：山东出版传媒股份有限公司

出版发行：山东教育出版社

地址：济南市市中区二环南路2066号4区1号　　邮编：250003

电话：（0531）82092660　　网址：www.sjs.com.cn

印　　刷：山东华立印务有限公司

版　　次：2014年5月第1版

印　　次：2024年4月第2次印刷

开　　本：787毫米×1092毫米　1/16

印　　张：28.5

字　　数：406千

定　　价：99.00元

（如印装质量有问题，请与印刷厂联系调换）印厂电话：0531-76216033

目 录

总　序

一、汉字何以成为一种文化

“汉字何以成为一种文化？”这个题目以“普通语言学”的眼光审视，暗含着一个“制度陷阱”，因为它预设了汉字的文化属性，而文字的定义——依西方文化的教诲——早已被否定了文化内涵。手头一本已经翻烂了的伦敦应用科学出版社《语言与语言学词典》（中译本）对文字的定义是：“用惯用的、可见的符号或字符在物体表面把语言记录下来的过程或结果。”也就是说，文字的存在价值仅仅是记录语言的工具。这样一个冰冷的定义让中国人显然很不舒服，它和我们传统语文对汉字的温暖感受——“咬文嚼字”、“龙飞凤舞”乃至“字里乾坤”——距离太远了！抽出我们的《辞海》，看看它对文字的定义：“记录和传达语言的书写符号，扩大语言在时间和空间上的交际功用的文化工具，对人类的文明起很大的促进作用。”这就在西方语境中尽可能照顾了中国人独有的汉字感觉。

汉字成为一种文化首先是因为汉字字形有丰富的古代文明内涵。且不说汉字构形映射物质文明的林林总总，即使在思想，如《左传》“止戈为武”，《韩非子》“古者仓颉之作书也，自环者谓之私，背私谓之公”，字形的分析也总是一种理论的阐释，人文的视角。姜亮夫先生说得好：“整个汉字的精神，是从人（更确切一点说，是人的身体全部）出发的。一切物质的存在，是从人的眼所见、耳所闻、手所触、鼻所嗅、舌所尝出的（而尤以‘见’为重要）。……画一个物也以人所感受的大小轻重为判。牛羊虎以头，人所易知也；龙凤最详，人所崇敬也。总之，它是从人看事物，从人的官能看事物。”[1]我们可以说汉字的解析从一开始就具有思想史和文化史的意义，而不仅仅是纯语言学的意义。

汉字成为一种文化，又因为汉字构形体现了汉民族的文化心理，其结构规则甚至带有文化元编码性质，这种元编码成为中国人各种文化行为的精神理据。汉字在表意的过程中，自觉地对事象进行分析，根据事象的特点和意义要素的组合，设计汉字的结构。每一个字的构形，都是造字者看待事象的一种样式，或者说是造字者对事象内在逻辑的一种理解，而这种样式的理解，基本上是以二合为基础的。也就是说，汉字的孳乳，是一个由“一”到“二”的过程，由单体到合体的过程，这正体现了汉民族“物生有两”、“二气感应”、“一阴一阳谓之道”的文化心理。

汉字的区别性很强的意象使汉字具有卓越的组义性。莱布尼茨曾说汉语是自亚里士多德以来西方世界梦寐以求的组义语言，而这一特点离不开表意汉字的创造。在汉语发展中大量的词语组合来自汉字书面语的创新，由此大大丰富了汉语书面词汇。组义使得汉字具有了超越口语的强大的语言功能。饶宗颐曾说：“汉人是用文字来控制语言，不像苏美尔等民族，一行文字语言化，结局是文字反为语言所吞没。”[2]他说的正是汉字极富想象力且灵活多变的组义性。难怪有人说汉字就像“活字印刷”，有限的汉字可以无限地组合，而拼音文字则是“雕版印刷”了。比较一下“鼻炎”与“rhinitis”，我们就可以体会组义的长处。《包法利夫人》中，主人公准备上医学院了，却站在介绍课程的公告栏前目瞪口呆：anatomy, pathology, physiology, pharmacy, chemistry, botany, clinical practice, therapeutics, hygiene and materia medica。一个将要上大学的人，对要学的专业居然“一字不识”，这样的情节在中国人听来匪夷所思。

---

[1] 姜亮夫：《古文字学》，浙江人民出版社1984年版，第69页。

[2] 饶宗颐：《符号.初文与字母——汉字树》，上海书店出版社2003年版，第183页。

汉字成为一种文化，更在于汉字的区别性很强的表意性使它具有了超方言的“第二语言”作用，维系了中华民族的统一。汉字的这一独特的文化功能，其重要性怎么强调也不为过。索绪尔晚年在病榻上学习汉字，明白了“对汉人来说，表意字和口说的词都是观念的符号；在他们看来，文字就是第二语言。在谈话中，如果有两个口说的词发音相同，他们有时就求助于书写的词来说明他们的思想。……汉语各种方言表示同一观念的词都可以用相同的书写符号”[1]。汉字对汉语“言语异声”的表达进行观念整合，达到“多元统一”。这样一种“调洽殊方，沟贯异代”（钱穆语）的功能，堪称“天下主义”！一位日本友人说，外国人讲日语，哪怕再流畅，日本人也能发现他是“外人”。而她走遍了中国大地，中国人并不在意她的口音——在西北，有人以为她是南方人；在北方，有人以为她是香港人或台湾人；而在南方，人们则以为她是维吾尔族人。中文“四海之内皆兄弟”的观念整合性，在这位日本人看来，与英文相似，是天然的世界语（当然，汉字的“世界性”和拼音文字的世界性，涵义是不一样的）。汉字的观念整合性，一方面自下而上，以极富包容性的谐音将汉语各方言文化的异质性在维护其“言语异声”差别性的同时织入统一的文化经纬，另一方面又自上而下，以极富想象力的意象将统一的文化观念传布到九州方域，凝聚起同质文化的规范和力量。由此我们可知，汉字本质上是一种意识形态的建构，是中华文化的深层结构。正如柏杨所说：“中华字像一条看不见的魔线一样，把言语不同，风俗习惯不同，血统不同的人民的心声，缝在一起，成为一种自觉的中国人。”[2]

与汉字的观念整合性相联系的，是汉字的谐音性使地方戏曲有了生存空间。汉字的观念整合走意会的路径，不涉音轨，客观上宕开了方音艺术的生存天地。在汉字的语音包容下，汉语各方言区草根性的戏文唱腔与官话标准音“你走你的阳关道，我过我的独木桥”，相安无事，中国几百种地方戏曲源远流长，由此形成西方拼音文化难以想象的异彩多

[1] 索绪尔：《普通语言学教程》，商务印书馆1980年版，第51页。

[2] 柏杨：《中国人史纲》上，中国友谊出版社1998年版，第472页。

姿。汉字保护了方言文化生态多样性，也就保护了中国各地方文化的精神认同和家园意识。当然，这种保护是有代价的，即方言尤其是中原以外的方言及其戏曲，不再具有汉字的书写性，从而不再在中华“雅文化”或者说主流文化中具有话语权。

汉字作为一种文化，在汉民族独特的文学样式中得到了淋漓尽致的体现。在这里，与其说是汉字记录了汉文学，毋宁说是汉字创造了汉文学的样式。在文字产生前的远古时代，文化的传承凭记忆而口耳相传。为便于记诵，韵文形式的歌舞成为一种“讲史”的仪式。闻一多解释“诗言志”之古义即一种历史叙事。然而，随着社会生活的复杂化，“韵文史”渐渐不堪记忆和叙事之重负，西方产生了散文化的叙事诗，而中国却是诗歌在与散文的“混战”中“大权旁落”，淡出讲史的领域，反过来强化其诗性功能。在这一过程中，汉字起了十分关键的作用。复旦大学的张新教授在多年前就颇有见地地指出：“文字的肌理能决定一种诗的存在方式。”一方面，“与西方文字相比，中国文字具有单音的特点。单音易于词句整齐划一。‘我去君来’，‘桃红柳绿’，稍有比较，即成排偶。而意义排偶与声音对仗是律诗的基本特征。”西方艺术虽然也强调对称，但“音义对称在英文中是极其不易的。原因就在英文是单复音错杂”。另一方面，“中西文法不同。西文文法严密，不如中文字句构造可以自由伸缩颠倒，使句子对得工整”。张新认为，“中国文字这种高度凝聚力，对短小的抒情能胜任，而对需要铺张展开描述的叙事却反而显得太凝重与累赘。所以中国诗向来注重含蓄。所谓炼字、诗眼，其实质就是诗人企望在有限的文字中凝聚更大的信息量即意象容量”[1]。在复旦大学的“语言与文化”课上，一位2003级新闻系同学对汉语是什么的回答，此时听来更有体会：汉语是炫目的先秦繁星，浩渺的汉宫秋月；是珠落玉盘的琵琶，“推”、“敲”不定的月下门，“吹”、“绿”不定的江南岸；是君子好逑的《诗经》，魂兮归来的《楚辞》；是千古绝唱的诗词曲赋；是功垂青史的《四库全书》……

[1] 张新：《闻一多猜想——诗化还是诗的小说化》，《中西学术》第一辑，学林出版社1995年版。

汉字何以成为一种文化？我们还可以有更多的回答：汉字记载了浩瀚的历史文献，汉字形成了独特的书法和篆刻艺术，汉字具有很强的民间游戏功能，等等。一旦我们用新的视角审视这个历久常新的问题，我们就会从中找到中西语言文字、中西文化、中西学术的根本分野。此时，我们完全可以重新为汉字定义：汉字是汉民族思维和交际最重要的书面符号系统。

二、从去汉字化到再汉字化

中国独特的人文传统有三个通融性：

其一是小学（语言文字学）与经学的通融。许慎强调想接续历史传统、读懂儒家典籍，就必须对汉字的形音义关系进行正本清源，字义明乃经义明，小学明乃经学明，强调汉字是“经艺之本”：盖文字者，经艺之本，王政之始，前人所以垂后，后人所以识古。故曰“本立而道生”……（许慎《说文解字序》）许慎的“本立而道生”实际上借助字学（小学）建立了经学与识古（史学）之间的同构关系，消解了典籍散佚所带来的历史认同危机。经学建立的记载阐释历史的模式得以延续。

其二是经学内部表现为文史哲的通融。苏轼说：“天下之事，散在经、子、史中，不可徒得。必有一物以摄之，然后为己用。所谓一物者，‘意’是也。”（宋葛立方《韵语阳秋》）在我们看来，这“意”，就是汉字元编码为传统文史哲提供了统一的思想资源和表述方式。因此清代经学家章学诚在其《文史通义》开卷便宣称“《六经》皆史也”。经、史之所以相通，实际上基于汉字的表意思维或元编码：表意汉字既是一种对事实的照录（“史”的方式），又是一种对世界的形象表达（“文”的方式），还是一种对现实独特的认知方式（“哲”的方式）。文史哲的通融，实为汉字表意性元编码的体现。

其三是小学内部表现为语言与文字、书写文本与非书写文本的通融。我们分别表述为字词通融和名物通融。首先看字词通融：汉字倾向于使自身成为一个有意义的符号来记录汉语的语符（语素或词），这要求汉字保持一个有意义的形体、一个音节、一个词义三位一体。这种对

应使得汉字的字义与词义、字形与词形之间难分难舍，呈现一种跨界、整体通融性，体现了汉字与汉语独特的既分离又统一的张力关系。再看名物通融：从言文关系看，汉字代表的是一个语言概念单位，而从名物关系看，汉字对应的则是一个现实物，这就要求汉字对现实物具有形象描摹性即绘画性特征。如“仙”这个简化字，字面义是用“山中之人”的意象去表达某个现实物的。汉字的这种意象性打通了书写与绘画、书写与物象的界线。这种书写与非书写之间的越界，进一步造就了汉字书法、文人画这样的书写编码与非书写图像编码相通融的文化景观。

这三个通融显示了汉字在中国学术传统中的本位性。“本立而道生”，说明汉字不仅是汉文化的载体和存在基础，也是中国语文得以建构的基本条件。

中国语言学的科学主义转型主要发生在“五四”前后的新文化思潮。该思潮引进了西方语言中心主义的立场，把文字看作是单纯的记录口语、承载语言的科学工具，因此将是否有效地记录语言和口语看作是文字优劣的唯一标准。根据此标准，远离口语的汉字成为五四新文化运动先驱们的众矢之的。废除汉字、提倡文字拉丁化和白话文，进而对中国传统文化进行颠覆，这成为“五四”时代的主流思潮。我们将这种思潮称之为“去汉字化”运动。此后直到20世纪80年代，“去汉字化”一直是中国学术和文化界的主流意识形态。80年代起，去汉字化所造成的传统断层越来越受到关注和批评。不断有学者强调写意的汉字与写音的字母之间的文化差异，认为汉字是独立于汉语的符号系统，要求对汉语、汉字文化特性重新评估，提出艺术、文学创作的“字思维”或汉字书写原则，而中西文化的差异在于“写”和“说”、“字”和“词”。对去汉字化和全盘西化的批判，越来越表现出回归汉字的情绪，“再汉字化”思潮初露端倪。

20世纪八九十年代的文化语言学，是“再汉字化”思潮的先声。文化语言学把语言学看作是一种人学，把汉语言文字看作汉文化存在和建构的基本条件。作为中国现代语言学中以陈望道、张世禄、郭绍虞等前辈学者为代表的本土学派的研究传统的继续，文化语言学强调汉字汉语独特的人文精神，强调建立具有中国特色的语言学，在文史哲融通的大汉字文化格局中研究汉语，尤其注重汉语中的语文精神即汉字所负载的传统人文精神的研究。郭绍虞是最早提出汉语的字本位性的学者，文化语言学派继承了这一传统，并在进入21世纪后逐渐汇通中国社会科学诸领域，进一步形成文化批判和文化建设两大主题。

文化批判方面的思考主要有：批评五四以来汉语研究的西方科学主义立场（申小龙，1989、1998、2003），五四以来现代汉语研究是“印欧语的眼光”（徐通锵，1998），将五四以来的新文化运动归结为“去汉字化运动”（孟华，2004），五四以来中国学术在西方文论面前患了“失语症”（曹顺庆，1996），五四白话文运动过于强调语言的断裂性，要对20世纪以来的中国文化走向进行重估（郑敏，1998），反思现当代文学中的“音本位”和“字本位”思潮（郜元宝，2002），对八九十年代出现的以汉字本位为特征的“母语写作”思潮进行总结（旻乐，1999），《诗探索》从1995年第2期起开辟专栏，发表了大量有关“字思维”的文章。有论者认为，关于母语思维与写作的讨论，“将是我们在21世纪的门槛前一次可能扭转今后中华文化乾坤的大讨论”。（郑敏语）

文化建设方面的思考主要有：强调汉字对汉语的影响及汉语的字本位性质，提出文化语言学理论、汉字人文精神论（申小龙，1988、1995、2001）；提出字本位语言理论（徐通锵，1992、1998；苏新春，1994；潘文国，2002）；提出或倡导文学的“字思维”原则（汪曾祺，1989；石虎，1995；王岳川，1996）；提出汉字书写的“春秋笔法”是中国学术的话语模式（曹顺庆，1997）；中国经学是“书写中心主义”（杨乃乔，1998）；提出以汉字和汉语的融合为特征的“语文思维”概念（刘晓明，2002）；提出中西文化的差异在于“写”和“说”、“字”和“词”（叶秀山，1991）；提出汉字是华夏文明的内在形式，强调汉字与汉语的关系既是汉语的最基本问题，也是汉文化的基本问题（孟华，2004）。

“再汉字化”思潮或中国学术的“汉字转向”的核心问题是汉字与

汉语、汉字与汉文化的关系以及汉字在这种关系中的本位性。

中国历史上重大的文化和学术转型都是围绕汉字问题展开的，抓住这一点，中国学术和中国思想史的许多根本问题就会迎刃而解。而在西方国家，由于使用拼音文字，西方学术界普遍将文字看作是语言的工具，文字学甚至不是语言学内部的独立学科。国内学术界自五四新文化运动以来引进了一种西方语音中心主义的文字学立场，将汉字处理为记录汉语的工具，汉字的性质取决于它所记录的汉语的性质，汉字独立的符号性及其所代表深厚的人文精神被严重忽视。重新评估汉语言文化的汉字性问题就是文化语言学的“再汉字化”立场。它不是简单地对传统语文学的肯定和回归，而是要求重新估价汉字在汉语言、文学、文化研究中的核心地位及其利弊，以实现中国学术与西方学术的差别化和对话：一方面使自己成为西方学术的一个有积极建设意义的“他者”，同时又使西方学术成为中国学术的积极发现者。因此，中国学术21世纪面临一个“汉字转向”的问题：汉语和汉文化的可能性是建立在汉字的可能性基础上的，这是中国学术，包括汉语言、文学、历史、哲学、文化存在的基本条件。这种“再汉字化”立场，是中国文化语言学为世界学术所贡献出的最为独特的东方理论视角。

“再汉字化”转向，也顺应了世界学术的大趋势。当代世界学术经历了两个重要的转向：一是语言学转向，二是文字学或图像转向。

所谓语言学转向，主要表现在文史哲诸人文领域开始思考世界存在的条件是建立在语言的可能性基础上的，文学、史学、哲学都开始关注语言问题，并从语言学那里吸取方法论立场。复旦大学的文化语言学在80年代举起了中国学术语言学转向的大旗，其语言文化哲学思想在中国哲学界、文学界等人文学科领域均产生了重大影响。

所谓的文字学转向，一般认为肇始于法国哲学家德里达的解构主义哲学。他的“文字”概念是广义的，泛指一切视象符号，如图像、雕塑、表演、音乐、建筑、仪式等等，当然也包括汉字、拉丁字母这样的狭义文字。德里达的基本观点是，现实、知识、真理和历史的可能性是建立在“文字”的可能性基础上的。因此，文史哲在考虑自己研究对象的存在条件时，由对其语言性的思考再进一步转向对语言、文字、图像三者关系性的思考。因为现实、历史和知识不仅仅是以语言为存在条件的，文字、图像也同等重要（在今天的“读图时代”尤其如此）而且更易被忽视。在世界文化格局中，汉字是一种极为独特的符号系统，它处在语言和图像中间的枢纽位置，它既具有图像符号的视觉思维特性，又具有语言之书写符号的口语精神。中国文化的汉字本位性一方面抑制了中国传统文化的图像思维，又抑制了汉语方言的话语精神，汉字自身替代了图像、话语，成了中华民族历史、文学、知识、思维、现实存在的最基本条件。这就是汉字的“本位性”问题。该问题构成了中国学术、中国文化最核心和最基本的问题，学术界和文化界对该问题的觉醒和重新阐释，这就是“汉字转向”或“再汉字化”。中国文化语言学在引领中国上个世纪末的“语言学转向”之后，再次擎起“文字学转向”的旗帜，这是时代所赋予的不可推卸的历史责任。

三、本丛书的基本观点

本丛书提出的汉字文化新视角，基于这样一种学术理念：语言（言）、文字（文）和视象符号（象）三者构成了文化的核心要素和条件。中国语言、学术、文化的基本问题是一个汉字问题，即以汉字为枢纽，在言、文、象三者的对立统一关系格局中研究其中的每一个要素，并将这种以汉字为本的言文象三者既分离又统一看作是中国学术、中国文化存在的最基本条件。它要求我们冲破传统学科分治的壁垒，在一个大汉字文化观的格局下进行学术研究。这种学术立场也可叫做“新语文”主义。

以“再汉字化”研究为宗旨的汉字文化新视角丛书，具体围绕四个基本主题：

一是汉字文化特性的研究，选题有《汉字思维》（申小龙等）；

二是汉字的语言性研究，选题有《汉字的语言性与语言功能》（苏新春）；

三是汉字的符号性研究，选题有《汉字主导的文化符号谱系》（孟华）；

四是汉字书面语研究，分为三个层次：

1）现代汉字书面语的历史发展研究，选题有《“北京官话”与汉语的近代转变》（武春野）；

2）现代汉字书面语的文化特性研究，选题有《书写汉语的声音——现象学视野下的汉语语言学》（朱磊）；

3）现代汉字书面语的网络形态研究，选题有《中国网络言说的新语文》（申小龙、盖建平、游畅）。

本丛书的出版，预示着中国语言文化研究在一个世纪的“去汉字化”的历程之后，“再汉字化”的世纪转向。这一转向的本质就是在中国文化的地方性视界和世界性视界融通的过程中，重新确认汉字在文化承担和文化融通中的巨大功用和远大前景。

申小龙　孟华

2013年8月30日

导论

本书试图对汉民族文化符号——汉字进行符号学解读，同时，又借助汉字的视角阐发一种本土化的文化符号学理论。

符号学是研究语言符号与非语言符号（主要是视觉符号）及其相互关系的人文学科，被称为人文学科的“数学或元语言”。但通常的分工似乎是，符号学通常更多地注意非语言符号，而语言符号则成为语言学的专利。印刷时代是由语言文字符号主导的时代，同时各符号门类（如听觉的语言符号与其他视觉符号之间）恪守自己的边界而互不关涉。近一个世纪以来，在世界范围内哲学及相关人文学科研究领域所发生的“语言学转向”，也说明了语言文字符号及其语言学在人文学科中的中心地位，符号学研究则长期处于边缘状态。

人类进入互联网时代后，虚拟世界与现实世界的关系成为人类生存的基本条件，多种符号（如多媒体）的融合成为现实的多元表达方式，因此，人文科学主要面对和处理两种关系：一是形象与现实的关系，主要包括现实如何实现形象化生存和形象如何与现实建立真实关联，也即符号能指和所指间的意指方式问题。二是异质符号间的关系，主要表现为语言符号与非语言符号的关系，或称符号间性关系方式的问题，各人文学科之间的关联性成为学术研究的重点。而这两个问题，即形象与现实关系、符号间性关系，恰恰是符号学最基本的研究对象，人文学科的符号学转向已经成为世界潮流。在中国学术界，人文科学诸领域的“符号学转向”亦初露端倪，第十一届世界符号学大会与第一届中国符号学论坛于2012年10月5—9日在中国南京师范大学召开，这是首次在亚洲召开的世界符号学大会，有评论者认为它标志着世界符号学的三个中心——美国、西欧、俄罗斯之外的中国符号学的崛起。

中国符号学研究大致包含四个部分：

（1）对欧美符号学的介绍性研究。

（2）欧美符号学在中国人文社会科学各学科内部的理论研究。

（3）世界符号学的中国视角。

（4）中国传统文化符号的符号学研究。

目前的中国符号学研究主要集中于（1）、（2）方面，（3）、（4）的研究相对薄弱。然而，中国传统文化符号的符号学研究以及世界符号学的中国视角，将成为符号学思想史上最具创造性活动的部分，也是中国符号学走向世界或世界符号学中国化的核心部分[1]。

最有可能走进世界符号学的中国符号学资源主要有：汉字符号、周易符号、中国礼仪符号、中国名辩之学、中国文论、中国诗学、中国园林艺术、中国民族符号（各少数民族的文化符号）等。其中最具系统性、典型性和世界意义的中国符号非汉字莫属。有人甚至认为汉字是中国的"第五大发明"。

一、汉字：中国文化的根元素

根元素，指一个文化符号系统中起主导作用的符号单位，它的性质决定了该符号系统的性质，根元素的性质描写清楚了，整个中国文化符号系统的性质也就搞清楚了，一部汉民族思想文化史，就是文化符号的演变史。

我们可以从共时和历时两个角度，观察汉字符号的根元素性质。

1. 历时的角度

从历史演变看，汉字经历了刻符（史前类文字）、象符（象形字）、意符（隶变前后的繁体字）、声符（现代简化字）四个不同阶段。汉字向下一阶段的每次过渡都与中国文化的转型密切相关。

（1）刻符 汉字的前身——史前类文字一般认为主要是刻符，指

[1] 中国符号学研究的四个部分的划分综合参考了李幼蒸先生的有关论述。

刻或划在陶器、石器、龟甲、骨、玉等遗物上的原始符号，其中资料最丰富的是契刻在陶器上的陶符（详见第一章第一节）。在上起公元前6000年，下至公元前2000年前后的中国新石器时代遗址中，这类刻符广泛留存。刻符的最大特点是器物与刻符共存一体，二者具有存在性关联。所谓存在性关联，其一，指符号与对象的共同在场。这是刻符与书写的本质区别。书写是离境化的纯粹符号化活动，而刻符与铭刻对象不可分割，类似于今天的商标或物的标签。其二，在原始社会，存在性关联还指人们难以区分符号与对象，二者被看做是一体的而名物不分。刻符、名字的属性与它所标记的存在物的属性难舍难分，刻符与对象是浑成的整体。其三，非组合性。"总体来说，一件器物大都只有一个符号"[1]，多数刻符独立与物建立联系，刻符之间的组合性关联不明显。其四，刻符分较抽象的几何性符号和有具体形象的图画符号。前者可能与记数、"物勒工名"即器或工匠的标识有关。后者则常常与共同信仰的神灵标志或族徽有关。不管哪种类型的刻符，它们都与器物建立了一种原始的存在性关联，这代表了一种被布留尔称为"互渗律"的原始符号思维："任何画像、任何再现都是与其原型的本性、属性、生命'互渗'的……从肖像那里可以得到如同从原型那里得到的一样的东西；可以通过对肖像的影响来影响原型。"[2]这种思维方式与部落化的原始社会形态是一致的。其五，刻符是实物载体，而成熟的文字是平面载体（竹帛、纸张等）。

符号常见的功能有两个：一是识别，二是传播，而刻符时代的符号主要是用于视觉识别。这一点容易理解，因为刻符没有脱离它所铭刻的对象而像文字或商标那样成为自足的、独立使用的符号。刻符的存在性关联大大限制了它的广泛传播性。而现代商标既可以与商品建立存在性关联，也可以独立地出现在电视等各种大众传播媒介上。所以在今天商标的传播功能大于其识别功能[3]。刻符的这种存在性意指关系，决

[1]【美】杨晓能：《另一种古史：青铜器纹饰、图形文字与图像铭文的解读》，唐际根、孙亚冰译，三联书店2008年版，第135页。

[2]【法】列维－布留尔：《原始思维》，丁由译，商务印书馆1994年版，第73页。

[3]这个观点引自我的研究生徐兆勋的论文《商标与类文字》，未刊稿。

定了刻符缺少自身的组织性，刻符一般是孤立符号，很少组合性，也不能线性叙事。在存在性的刻符那里，符号既是其所指（在场物）的能指，又是其在场物（器物做了能指）的所指——刻符成为铭刻对象的元语言或区别性标记。刻符的意指关系是随着阐释者的视角而变化的，同时，刻符的语法跟随的是它所依附的器物摆放的空间法则：语法服从于物法。

（2）象符　主要指甲骨文和金文象形字，在商周时代使用。这个时代，汉字还没有成为汉文化符号场的主导符号："传有之：'三代无文人，六经无文法。'无文人者，动作威仪，人皆成文；无文法者，物理即文，而非法之可拘也。"[1]这实际上揭示了在夏商周三代，文化记忆和传统保留主要借助于巫术符号形态，这些符号形态主要包括与祭祀活动密切相关的，如祖庙、牌位、礼器、占卜、歌舞、服装、威仪、文字铭刻等视觉的、听觉的、行为的各种符号系统。所以"三代无文人"是说"三代"知识分子主要是操持巫术符号的"巫史"，而不是后来掌握汉字符号以记事、记言为业的"文人"，揭示了早期汉字书写文本的篇章连缀和叙事功能尚不发达的状况。也就是说，在象形字时期，甲骨文或金文参与到仪式符号场中，但汉字还没有成为符号场的主导型。仪式符号场与商周的神权国家体制相辅相成。[2]

从符号意指方式上看，象符已经脱离了刻符那样的存在性关联而成为传播物。象符的所指是不在场的现实物，是对现实物的形象描摹图

---

［1］【明】宋濂：《宋学士文集》卷六十六，转引自申小龙：《汉语语法学》，江苏教育出版社2001年版，第4页。

［2］初期的华夏文明主要有三个特征：一是农耕的生产方式。这使得社会土著化，稳定的居住环境有利于文明的积累和延续。二是有了以神权为中心的等级社会制度。三是象形文字的出现，它既是权力的象征，又是权力本身。在非文字的社会里，口语是部落成员公共的交流手段，不专属于某些人，所以口语具有分化权力的功能。而象形文字是作为沟通人神的媒介出现的，在远古时代文字就相当于"神谕"。祭司、巫师或君王们，通过掌握象形字而获得了权力的神授性、合法性。可见，人类早期文字的使用者的"目标并不是要进行启蒙而是要进行统治"，早期文字"是攫取权力的手段"（张光直：《美术、神话与祭祀》，辽宁教育出版社2002年版，第61页）。象形字分化了阶级：劳心者和劳力者。它使整个文明在内部获得了以神权为中心的统一性力量，在外部则具有了识别性和隔绝性。因此，象形字是自源文明最基本的标志。从这个意义上讲，人类早期象形文字产生于农耕社会和神权，它是权力的化身。

画，也是记录词语的文字。一个符号一旦脱离了对铭刻对象的依附性，它便可以自由传播并与其他符号产生某种结构关系。象符的组织性或结构性表现在：其一，它自身高度结构化了。这包括它的笔画化、部件化（有的象形字是在两个意符基础上合成的，有了结构上的合体性）以及形体系统的分配关系（比如两个象形字之间假若形体太近似而影响区别，整个系统便会作出调整以保持个体文字单位之间的区别性）。其二，象符不仅从属于语言，同时也依赖于一个仪式符号场。这是象符的最大特点：它一般是与口说的、动作的、实物的、图画的等等各种仪式符号并存，相互发挥各自的符号优势来统一表意的。因此，甲骨文时代虽然有了文字，但那种象符是非线性的、碎片化的、题名式的、微博式的铭刻而非真正意义上的书写。这种简约的铭刻符号必然要由符号场内的其他异质符号进行互动才能完整表意。就像今天的微博常常伴以图片，只有图文互补才能使题名式的微博表意完善。因此，可以说象符阶段无书写。我认为，真正意义的书写的出现有两个条件或标准：其一，书写载体是否从实物中独立出来而成为纯粹传播平面介质，如竹帛、石碑。尽管学术界普遍认为在象符阶段已经有“有典有册”的平面书写介质，我们认为即使有这种平面介质，它也只是处在萌芽状态，只有进入意符阶段才成为主导性载体。以碑刻这种平面载体为例，在秦始皇时期才开始成熟，“在他所统治的疆域内树立了七块刻有铭文的石碑。这些石刻是中国第一批纪念碑，它们不仅开创了碑刻这一形式，并且为其后成千上万的石碑树立了先例和标准”[1]。其二，这种书写是否由主要写现实物（物的象形）转为书写观念物（物的词语）。当汉字表达现实物的时候，它的铭刻性使得这种符号总是倾向于与话语、仪式、图像、实物等符号共同在场来建构意义，而汉字在表达观念物时，它成为自足的符号体成功地实现了离境化——脱离符号场，排斥其他异质符号的介入，而靠文字上下文的线性铺排来生成意义，这是意符阶段的状况。

（3）意符　汉字意符所直接指涉的对象已不再是象符那样的现实

［1］　【德】雷得侯：《万物》，张总等译，三联书店2012年版，第27页。

物，而是观念物。这是由象符转向意符的一个重要标志。在意符阶段，汉字的象形性褪色，合体字、形声字大量出现，字形逐渐变为抽象方块结构，它失去了对现实物描摹的象形性，于是现实物变成了观念物，意符开始直接指涉一个概念性所指。这些意符的组合构成了会意字和形声字（形声字的声符最初常常也是同时具有表意性）。意符在文本层面上实现了靠上下文的线性铺排来独立生成意义，而排斥了图像、话语、器物、礼仪等符号的参与。意符阶段，汉民族的文化记忆由多元的言、文、象符号场的综合使用转为以汉字为本的单一记忆，也即王国维所谓的"一重证据法"，这是典籍、书写中心主义的文化。这个阶段的初期是春秋战国，以篆文为代表；中期是汉代汉字发生隶变（由篆文变成隶书），象形字变成抽象方块的意符字；意符字的历史大致终结于中国封建社会的灭亡或"五四"前后新文化运动时期。在汉字的意符阶段，汉字从仪式符号场中脱离出来，成为独立的书写符号。意符的抽象性和观念性，使得这种文字与线性语言单位（而不是与现实物体系）的结合更加密切，拉大了书写性文本的长度和自足地表述语言的能力，文字开始成为脱离多元仪式符号场的独立运用的书写符号，进而诞生了以孔子为代表以书写为业的文人阶层。从某种意义上讲，孔子是仪式时代的最后代表（他对"礼崩乐坏"的仪式符号场的衰落痛心疾首），也是书写时代的第一批先知。他们通过对"六经"的整理，将汉民族的文化记忆由多元符号形态转化为一个单元的书写性文本、一个由汉字铭刻而成的典籍问题。汉字开始成为汉文化符号场的主导型，这就是汉文化的典籍性。意符阶段的另一个代表人物是东汉的许慎。中国文化的主导符号是汉字书写的儒家经典著作。它们主要是用古文字即图画性很强的篆文写成的，但秦始皇"焚书坑儒"后这些典籍大都散失，是谓"秦火"。此外，秦汉以来汉字形体经历了一个"隶变"过程，古文字"隶变"后变成了图画性锐减、抽象性大大增加的方块字。这样当时的汉代人就读不懂先秦用古文字写成的历史文化典籍。"秦火"和"隶变"所导致的与儒家原典的断裂、现代与传统的隔绝，自然威胁着大一统汉朝乃至华夏文明的存在。于是汉代"古文经"派的许慎编纂了一部烁古耀今的《说文解字》，对先秦的古文字（主要是篆文）与当时的今文字之间的历时联系进行了正本清源的梳理。许慎强调，想接续历史传统，读懂儒家典籍，就必须对汉字的形音义关系进行正本清源，字义明乃经义明，小学明乃经学明，强调汉字是“经艺之本”[1]。许慎的“本立而道生”实际上借助字学（小学）建立了经学与识古（史学）之间的同构关系，消解了典籍散佚所带来的历史认同危机。经学建立的汉字主导的文化模式得以延续。孔子的经学和许慎的小学相结合，使汉字在历史文化记载上具有了上可溯源、下可固本的超语言功能，支持了中国历史文化的超稳定形态。[2]意符阶段基本上与中国封建社会相始终。

（4）声符　文字的声符有三个含义：一是指按照记音原则构成的文字单位，如拉丁字母，这些声符与语言中的音素单位具有系统的同构替代性。二是指按照谐音原则构成的汉字谐音原则和记音原则（见本书第一章第三节），如汉字中的假借字、不表意的记号字以及形声字中声符。这些汉字音符与整个汉语的语音系统之间没有同构性替代关系，仅仅是发生在个体单位之间的表音倾向。三是指整个汉字系统中谐音性声符的数量增多及其表音功能得到加强的趋势。表音倾向意味着汉字与汉语、汉字与汉文化的理据关系的淡化，而强调了文字的任意约定性和记录口语的工具性质。汉字从主导言、文、象汉文化场的理据符号降格为“言”符号的替代品。这里我们使用的“声符”概念主要是指第二、三个含义。

拉丁字母记录的是语言的底层结构单位音素，它自身并不表意，而是通过这些字母的线性组合来表达词的意义，因此，在字母文字中，表意后于线性组合而发生，这个由组合而产生的表意单位就是语义单位。语义性所指产生于符号能指的组合，而与符号的外部现实无关。汉字中的声符，比如假借字“而”，本义是胡须（古字像胡须之形），后借指与其同音的虚词“而”。这样，要想明白借字“而”的意思，就必

[1] 许慎：《说文解字序》。

[2] 参见孟华、薛海燕：《“汉文化的复兴”为什么绕不开汉字问题》，《光明日报》（理论版）2004年11月30日。

须首先建立它与其本字的假借关系，否则就无法断定其具体意义。这是声符与意符的主要区别：意符是建立在字形与外部某个观念的理据关系基础上的（如“杲”，字形中含有“升上树梢的太阳”的意境，以表“明亮”的意思），而声符切断了与外部现实或观念的联系，而转向指代语言的纯形式单位（声节），由形式单位的约定性组合来表意。因此，相对于意符而言，汉字声符的所指也是倾向于语义性的。

声符阶段是中国文明进入现代社会的标志，体现为汉字自身发展的表音倾向以及将汉字当做表音工具来看待的文化思潮。在声符阶段，汉字不再当做“通古识古”的王权符号，而重新阐释为记录语言的工具。作为语言工具的文字最大特征是强调它的表音性。汉字的声符化主要表现在：汉字的拉丁化运动（最终诞生了汉字拼音方案）、汉字书写的硬笔化（为汉字简化奠定基础）、废除繁体字改用简化汉字、电脑时代的汉字信息处理以及语言中心主义的文字观。声符化表现在汉字应用方面，最重要的是汉字简化和电脑对汉字的信息处理，它强烈要求汉字作为一个纯约定而简便的记音符号被使用。声符化表现在汉字文化思潮方面，则是出现了我称之为“去汉字化”[1]的现代文化运动。新文化旗手胡适、鲁迅暂且不论，史学界以顾颉刚为代表的“疑古”思潮，就表达了对汉字书写的史料的深刻怀疑。正是这种反汉字、反书写的激进倾向，中国才诞生了现代意义上的考古学、民俗学、民族学、人类文化学等，而这些学科主要是运用“可视”史料（实物符号）来思维的。在文学领域，汉字的声符化或“去汉字化”表现为白话文运动。汉字建构的书面语言——文言文逐渐被废弃。在“去汉字化”运动中还有一个人物不得不提，这就是王国维，他提出了“二重证据法”[2]，动摇了传统的“一重证据法”，即传世书写文本为唯一历史记忆手段的经学史

[1] 孟华：《字本位和逻各斯中心主义两种证据观及其历史演变》，《证据科学》2010年第3期。

[2] “吾辈生于今日，幸于纸上之材料外更得地下之材料。由此种材料，我辈固得据以补正纸上之材料……此二重证据法，惟在今日始得为之。”王国维：《古史新证》，清华大学出版社1994年版，第2页。

观，开辟了史学中的文献研究和考古研究相结合的方法，将考古学的物证符号引入历史研究，使之成为与书证符号并列的证史手段。汉字的音符化或“去汉字化”的结果是突出了汉语在汉民族文化符号场中的中心地位，淡化了汉字的主导性。

但是，汉字的声符化并非是汉字向表音文字方向的根本转变，它仅仅代表了对汉字记录语言功能的一种强化趋势，不是对汉字表意制度的彻底否定。所以，音符性汉字作为汉文化主导符号的身份至今仍不可动摇。而且汉字的声符化或“去汉字化”的趋向也带来种种文化危机，主要表现为汉字意符所蕴含的传统人文精神的失落。于是近几十年来中国学术界出现了“再汉字化”或“再意符化”的思潮，要求重新评估汉字简化、汉字改革乃至白话文运动的呼声不断。在语言学领域，申小龙批判了汉字的声符化导致的汉语人文精神的“失落”。徐通锵提出“字本位”汉语理论，揭示了汉语研究中不可绕开的汉字性问题。历史考古学家李学勤1992年在一次学术座谈会上提出了“走出疑古时代”的口号后，以“走出疑古时代”为题发表论文集[1]，他批评以顾颉刚为代表的疑古思潮怀疑过度，对古书搞了很多“冤假错案”。稍后曹顺庆批评“五四”以来的中国学术在西方文论面前患了“失语症”[2]，他甚至将汉字本位的“春秋笔法”看做是中国本土话语的重要模式[3]。《诗探索》从1995年第2期起开辟专栏，发表了大量有关“字思维”的文章。有论者认为，关于汉字思维与写作的讨论，“将是我们在二十一世纪的门槛前一次可能扭转今后中华文化乾坤的大讨论”（郑敏语）。围绕汉字的种种争论，仍是文化转型期的根本问题。

综上所述，汉字的刻符、象符、意符和声符，其每一个阶段都与特定的历史文化相契合。汉字始终是中国文化的根符号，因为它关乎华夏文明的存废与更新，中国文化的兴衰绝对绕不开汉字。一部中国文化

---

[1] 李学勤：《走出疑古时代》，辽宁大学出版社1997年版。

[2] 曹顺庆、李思屈：《重建中国文论话语的基本路径及其方法》，《文艺研究》1996年第2期。

[3] 曹顺庆：《“春秋笔法”与“微言大义”》，《北京大学学报》1997年第2期。

思想史就是汉字符号的嬗变史。

2. **共时的角度**

从共时层面上，汉字的根符号性表现为“无声性”。我们说汉字是无声的并非指汉字不能表音，只要它是文字，一定具有表音性。所谓“无声性”的含义是：汉字是直接表意、间接表音的，它表音的方式是或然性的谐音原则而非必然性的记音性原则。[1] 自然语言的声音要在汉字符号系统中发出自己的声音，它必须经过一番改造和乔装打扮，按照汉字的方式来实现自己。而自然的语音一旦在汉字符号系统中实现了自己，它所发出的声音已经不是纯然的语音，而是经过汉字检查机制过滤、净化、整合、规范、统一了的声音，这就是今天的普通话的声音。每个汉族人在生活中使用的自然语言是自己的方言，这些方言在汉字里是发不出声音的。当然我们可以用方音读汉字，但那是不规范的文化行为，汉字的规范读音系统只与普通话相连。所以，反过来说，普通话是一种靠了汉字规范而得以普及天下的超自然语言，是一种文本性、汉字性的人工语言。

正因为汉字的这种无声性和超自然语言性，又使它保护了方言的存在，维系了汉民族文化多样性生存。例如汉文化有几百种地方戏种，它们无一不是以方言作为自己的存在前提，一旦废除方言，这些戏种就被从赖以生存的土壤中连根拔掉。是什么原因保持了汉语方言的多样化存在？也是汉字。拼音文字的有声性要求书写符号的读音与实际语言的读音保持一致性，因此，在一种语言内部使用拼音文字意味着推行一个统一的读音系统。所以，美国、加拿大、澳大利亚、英国等国的英语虽然有差异，但拼音字母的记音原则使得这些语言的读音得以规范，使得这些国家的人民之间仍可以自由交流。拼音字母抑制了方言的分化。而在中国，南北方居民根本无法交流。所以，有声的字母意味着消灭方言，无声的汉字意味着保护方言。汉字通过对方言的保护又维系了汉民

---

[1] 记音原则和谐音原则的区分详见孟华：《文字论》，山东教育出版社2008年版，第88页。

族地域文化的丰富多样性，同时又成为大一统的华夏文明的最重要联系纽带。

如果说，拼音文字是它所记录的语言的同质化替代品，那么无声的汉字就是汉语的异质化补充手段，汉字深深介入了汉语乃至华夏文化的建构。遗憾的是，长期以来汉字的研究从属于语言学而非符号学，人们试图通过汉字描写出它背后真实的汉语，试图通过汉字书写文本重建真实的历史。汉字研究的语言学范式所关注的是汉字背后的对象，是汉语、汉字所指涉的事实本身，主要研究汉字同质化于汉语的一面，而不是汉字作为汉语、汉文化的表述方式或建构方式的异质符号性的一面。这是汉字与拼音字母的根本区别：字母文字是依附于语言的同质化符号，而汉字则是独立于汉语的异质符号，它以自己的剩余补偿了汉语和汉文化诸符号的局限。汉字本质上属于符号学。

汉字异质于汉语的独立符号学性质主要表现在：

第一，如果汉语脱离汉字，汉语是否存在？汉语很可能部落化为不同的区域性语言，汉语将不是整个民族的文化记忆载体，汉民族也将失去文化系联的纽带。

第二，如果汉语不借助于汉字，汉语还有所意指吗？它将失去整个汉民族传统文化的历史记忆，变成狭窄、单一的区域文化图景或平面化的交流工具。

第三，如果汉文化符号系统（图像符号、实物符号、口语符号、礼仪符号等）失去汉字，它还能“文”化吗？

下面我们仅就第三个问题稍作分析。

以汉字为主导的中国文化符号场，主要包括三个层面：中国文化的汉字存在、中国文化的汉字化存在、中国文化的异汉字存在。这三个层面都与汉字有关。

汉字存在　这是中国文化的顶层或精英文化层面——中国的典籍文化。广义是指中国历史上所有的以汉字书写为载体的经典著作，如乾隆时代编纂的“四库全书”（其中儒家文献占突出地位）；狭义是专指儒家经典，如“四书五经”。从狭义的典籍文化看，包括两个方面：

一是经学即汉字书写的儒家思想，二是以由传统文字学、音韵学和训诂学为主要内容的小学。经学是典籍文化的表层内容，但小学不仅仅是典籍文化的附庸和工具，它本身就是深层的符号编码方式，是典籍文化的"元语言"。要想读懂儒家典籍，就必须对汉字的形音义关系进行正本清源，"字义明乃经义明，小学明乃经学明"，强调汉字和小学是"经艺之本"[1]。许慎的"本立而道生"实际上强调了以汉字为中心的小学的元符号性质。

汉字化存在　中国文化的汉字化存在，是指在某些非书写性的文化符号，诸如戏曲、音乐、说唱、建筑、礼仪、器物等层面上，它们或隐性或显性地被汉字书写，中国典籍文化精神投射到这些非书写符号中，成为它们的意义来源。如京剧，从它的能指表达方式（如写意性动作、道具）到所指表达内容（儒家思想意识形态），都被汉字深度地书写了：京剧写意性表现方式[2]与汉字"六书"的意象思维——象形、会意编码一脉相承；京剧念白以标准汉字字音（而非自然口音）为基础；其所指的表达内容，诸如帝王将相、才子佳人基本反映了正统的儒家史观和意识形态。中国的士人园林也是被汉字深度书写的符号。其"壶中天地"的空间表达原则，实际上把园林看做是模仿自然的"象形字"和大写意符号："力图在极有限的天地内创造出深广的艺术空间"[3]及其意涵。如以山石写意，"扬州个园分别以湖石、黄石、宣石等叠造风格不同的四季假山"以寄寓隐逸之情；以水写意，则在"壶中天地"内"用面积有限的水体充分表现自然水体的丰富景观效果和士大夫的江湖之志"[4]。不仅园林的空间表达原则与汉字编码同构，即使在表层意涵上也离不开汉字或隐性或显性的书写。汉字的隐性书写，表现为园林建筑常常基于一个汉字书写的成像文本（另见第二章第

[1] 许慎：《说文解字序》。

[2] 广义的写意指一种不过分追求和拘泥于逼真的描绘，而是赋予有限形象以深广意涵的表达方式。

[3] 王毅：《园林与中国文化》，上海人民出版社1990年版，第139页。

[4] 王毅：《园林与中国文化》，上海人民出版社1990年版，第431页。

四节）：古代造园大师“往往先用简练的诗句构出各景区的主题，然后根据诗意作些草图，在建造时仔细体味意境，推敲山水、亭榭、花木的位置，使景最大限度地表现出诗意”[1]。这说明，园林的空间布局是建立在线性书写的诗句基础上的二次符号化，一个被汉字隐性书写了的视觉意象。汉字的显性书写则主要表现为园林建筑的题名赋诗。《红楼梦》第十七回借贾政之口说出了题名赋诗对园林的重要性：“若干景致，若干亭榭，无字标题，任是花柳山水，也断不能生色。”汉字的直接出场，使园林的意涵物质铭刻化了，二者之间构成一种名物关系，它们互为能指和所指，或构成一个异质符号场。

非书写文化符号的汉字化存在，主要是通过汉字的投射原则和遮蔽原则[2]被汉字化的。所谓的汉字投射原则，指汉字的编码原则成为被投射对象（非书写符号）的编码原则。如汉字的意象、写意编码投射到京剧、园林艺术中去。所谓的汉字遮蔽原则，指汉字书写成为非书写符号意义存在的基本条件，它或者遮蔽了非书写符号自身的意义，或者将汉字的意义掩饰为非书写符号的意义。如许多士人园林景观的意义本是汉字（成像文本）提供的，但汉字书写隐藏在物象背后，掩饰为景观自身的意义。而景观中的题名赋诗，则是汉字亲自出场来定义景观，这又容易导致对景观自身意义的遮蔽。

汉字就是通过对文化符号场中其他符号的投射与遮蔽，奠定了它在符号场中的主导和根符号地位，而被投射、被遮蔽的其他非书写符号成了类文字、类符号。

异汉字存在　中国文化的异汉字存在，包括两类情况：一是未被汉字书写的非书写符号，如民间的口语或仪式形态的各种文化符号，各种图像或实物符号，可称之为“原生文化符号”。二是有意反汉字书写的文化符号。如网络中的各种表情符号、新象形字、自造字、谐音字等，它们虽然也是一种书写，但表现出一种强烈的反汉字书写的姿态。另如

[1] 刘天华：《画境文心》，三联书店1994年版，第190页。

[2] 另见孟华：《文字论》，山东教育出版社2008年版，第276~278页。

白话文运动、方言写作、方言说唱、方言配音等也是一种反汉字姿态；其他如，反书写中心主义史观更强调对物语、图像和话语的倚重等。

原生文化符号是自然演化过程中未受汉字染指的情况，反书写文化符号则是一种力图摆脱汉字绝对控制的自觉的文化符号反叛活动。

异汉字存在或异汉字文化符号这个概念的提出，有利于打破汉字中心主义（也即中原文化中心主义）文化观对中国文化符号场的绝对控制，具有重要的现实意义。当下中国现代化建设已经进入文化兴国、文化兴市的转型期。其中“文化兴市”首先是建立在地域文化或本土文化自我意识的觉醒基础上的。传统的地域文化主要是以方志、档案等汉字书写手段记录的，是被汉字高度投射和遮蔽的地域文化，它实际上是国家意志和民族文化的宏大叙事。而最能反映地域文化特性的“异汉字存在”的文化符号却被边缘化了。因此，中国文化的复兴不仅仅是一个汉字文化的复兴问题，同样重要的还有中国“异汉字文化”的复兴问题，而后者主要是由口语和象符号——诸如图像、仪式、实物等文化符号负载的。就地域文化而言，则主要是一个“异汉字文化符号”的复兴问题。

本书提出的“异汉字文化符号”这个概念，旨在说明它仍是汉字文化符号场中的一员。在中国，任何文化符号都要站在它与汉字的关系中定义自身，“异汉字存在”反映出它与汉字的一种关系，并非毫不相干。

汉字的类符号性　“汉字存在、汉字化存在和异汉字存在”构成了汉文化符号场中各文化符号之间的基本关系方式。“汉字存在”主要涉及言文关系，即汉字通过对汉语及其地方话语的书写，直接掌控了汉文化的叙事权和话语权，一切不能被汉语普通话表述进而不能被汉字书写的文化话语，都不能进入中国文化的精英、官方和民族记忆层面。那些被汉字书写所遗忘或排斥的文化，就是“异汉字存在”的诸文化符号，如地方、民间话语，各种地方民间性图像、实物、仪式符号等。“汉字化存在”则是反映了汉文化中的“象符号”（主要包括图像和实物符号）如何被汉字隐性书写的现实。“汉字化存在”和“异汉字存在”涉及文像关系，即汉字主导的书写语言与象符号（图像性文化符号与实物性文化符号）之间的关系方式，具体又包括文像关系（汉字与图像文化符号）和文物关系（汉字与实物文化符号）两种方式。其中“异汉字存在”主要是一个汉字对“象”文化符号的遮蔽问题，“汉字化存在”主要是一个对“象”文化符号的投射（隐性书写或建构）的问题。

由此可见，汉文化的根本问题是汉字与口语形态的汉语（包括方言和少数民族话语）、汉字与非语言形态的文化符号（主要是“象符号”）的关系及其处理方式问题，我们概括为言文关系和文像关系（内含文像关系和文物关系）。汉字与其他文化符号的关系方式表现为：汉字在对其他异质符号（口语和象符号）的跨界性投射与遮蔽的同时，又将这种投射与遮蔽隐藏起来，掩饰为那些文化符号自身，人们很难分辨出象符号背后汉字的隐性书写。这种以汉字为本的跨界性书写、又将这种跨界隐藏起来的关系方式，我们称之为类符号范式或汉字文化的类符号性。本书认为，汉字的类符号性是中国文化的根本问题，也是中国人组织思想、言说真理的基本编码方式。对这种范式的彻底反思是中国文化复兴的前提条件之一。

我们讨论了汉字在中国文化符号场的主导地位后，或许应该学着法国符号学家巴尔特[1]的口气宣布：包括汉语学在内的其他汉文化符号都是汉字符号学的一部分而不是相反。当我们说汉语、汉文化视觉符号（图像、实物等）都属于汉字学的一部分的时候，汉字的独立符号性质就显示出来了。这样汉字就必须被符号学重新阐释：它既是各种汉文化符号存在的基本条件，又是这些符号不停地自我重建的生产方式或编码方式。中国符号学抓住这个统制于汉语乃至整个汉文化符号系统的汉字，抓住这个裹挟一切、所向披靡的中国文化符号，就抓住了中国符号学、中国文化的本质和主导型。当然，汉字符号绝不是中国符号、中国文化的全部，汉字符号的研究绝不能取代其他中国符号的研究，但汉字确实是中国符号的根元素，中国符号谱系的其他成员皆辐辏于汉字，皆在它与汉字的关系中为自己定性。

---

[1] 巴尔特宣布：“语言学不是普通的符号科学的一部分……；相反，符号学乃是语言学的一部分。”【法】罗兰·巴尔特：《符号学原理》，王东亮译，三联书店1999年版，引言第3页。

二、 类符号：汉字的文化符号学范式

汉字是在与汉语、汉民族的视觉符号的关联中定义自身的，但这种关联的模式是浑成型的：汉字既是言、文、象符号场中的主导符号，又是使三者的边界模糊化、中介化的编码方式（如汉字的视觉符号性与听觉语言性的中介化、汉语与汉字边界的中介化、中国画与中国诗歌边界的中介化、书写性历史与实物考古历史边界的中介化、中国实物符号的汉字化等）。这种浑成型符号范式我们也叫做类符号。

1. 浑成型符号范式或类符号

类符号或浑成性，即符号场中的各异质符号要素之间相互擦拭、过渡、跨界、重叠、融会、中和、杂糅的现象。

以字词关系为例，二者之间的类符号性令中国语言学家们头疼不已，吕叔湘曾谈道：

> 如何根据分布来决定语素的异同似乎也是描写语言学未能解决的问题之一，因为两个同音的语素的分布固然不会相同，一个语素的不同意义的分布也不会相同。……比如“棵”和“颗”，“枝”和“支”，可不可以合并呢？我们不把它们合并，不仅是因为它们分布不同，也因为一直写成不同的字。可以跟“把”比较。“一把刀”的“把”和“一把米”的“把”分布也不同，可是我们觉得好像可以不分。[1]

类似的问题还有：“背面”的“背”和“脊背”的“背”是两个语素还是一个语素？“一支手杖”和“一枝手杖”，“支”、“枝”可以互换，但在“一支山脉”和“一枝红梅”中不能互换，它们是同一个语素还是两个语素？或者说它们是同一个语素的不同书写形式，还是不同的语素？再进一步追问：它们是汉字单位还是汉语单位？

这些问题涉及言文关系问题——汉语的汉字性或汉字的汉语性，即每一异质符号（汉语或汉字）总是向另一异质（汉字或汉语）过渡、跨界，二者之间总是处于中和、杂糅的状态。因此，汉语类符号性的一个重要表现就是字词不分。再如，下列各组字的音义基本相同，王力认

[1] 转引自陈保亚：《20世纪中国语言学方法论》，山东教育出版社1999年版，第349页。

为每组应该是同一个词的不同书写（异体字）[1]：

姣佼、弢韬、雁鴈、窺闚、滄滄。

但东汉许慎《说文解字》却将它们分为不同的字（词）条，甚至作强生解释。如“鴈，鸟也”、“雁，鹅也”。

上述歧见，恰恰是这些语言单位的类符号性（字词不分）所致。

汉字与图像符号之间也存在类符号性问题。譬如汉字的形体笔画，它遵循的是语言线性时间编码原则（笔顺规则、部件组合规则），但是它仍带有非线性的图像（空间）编码属性。在空间图像编码中，一个重要的原则就是画面形象要素的空间布局是对现实原型的临摹。当汉字部件的布局是对现实意象的临摹时，它也受非线性空间法则支配。如汉字“杲”（明亮）和“杳”（不见踪影），“晨”和“昏”，这些字中的“日”居上位还是下位，主要取决于对外部现实意象（旭日与落日）的临摹。可见，这些字的形体结构具有线性时间编码和非线性空间编码双重属性，体现了语言编码与图像编码交织的类符号特征。

至于中国诗歌中的绘画要素或中国绘画中的诗歌要素的融合，也是书写与绘画之间浑成性或类符号性的表现。

言文关系中的字词不分、图文关系中的互渗杂糅、文物关系临界模糊（比如一个根据诗句意境所建筑的园林，我们无法区分它是一个实物符号还是书写文本符号），都涉及异质符号之间的跨类——我们称之为汉字的类能指现象。汉字的所指也具有跨类性：假借字、记号字区别的是汉字的音节还是概念？表意字代表的是汉语中的概念单位还是物象单位？形声字代表的是汉语单位的语音还是意义？这些都是难以定论的现象，这反映了汉字所指涉的对象世界的浑成性，在这个浑成的所指对象世界中，西方分析式思维框架下的语言与概念、概念与现实物的边界消失了，人们要靠具体的语境来锚固它的本意；而人们找到一个汉字的本义或所指时，却又发现它常常仍是一个能指……这就是汉字的类所指现象。所指边界的不确定性使得汉民族更喜欢玩弄真相，把真理当做修

[1] 王力：《同源字典》，商务印书馆1982年版，第21页。

辞看待。无论是类能指还是类所指，从编码规则上看，汉字体现了一种执中型的类意指、类编码方式：在构成AB二元关系的格局中，A与B越过对方边界的同时，又模糊、掩盖了这种跨界，人们意识不到AB跨界所带来的张力感、异质感，如同北京奥运徽标那个舞动的“京”字，它亦图亦字，浑然一体。类能指、类所指、执中型类编码，构成了浑成型汉字最基本的文化内涵和思维方式。它是汉民族组织思想、言说真理的最基本法则和元语言。

以汉字为代表的中国文化符号的浑成型范式，契合了互联网时代多元符号融合的整体走向，浑成型符号学模式可能是汉字及中国符号学贡献给世界学术的一个最重要的符号学范式。这种研究对于中国符号学走向世界，具有重大的现实和历史意义。

在印刷时代，人类的知识体系是围绕语言符号建立起来的，语言中心主义的书写成为人文学科的元语言。这种书写显然是拼音文字的模式。在这种模式中，图像、实物等视觉性符号处于辅助性的从属地位，语言性书写与视觉符号泾渭分明，互不相干。视觉性符号只能从语言符号那里获得自己的意义，而语言符号却认为即使离开视觉符号，自己仍是自足完善的表意系统。现代中国各高校中文系，多是以阅读和写作为中心来建立起自己的课程体系的，这体现了语言性写作的符号观。

进入互联网或“读图”时代以后，语言中心主义的书写模式发生动摇，以图像为主的非语言符号逐渐与语言符号平起平坐。学术界开始关注语言书写符号与视觉性非语言符号之间的异质、互补、矛盾、非线性、反中心（模仿）的关系性质。传统的语言中心主义书写模式受到严重挑战，在今天，一切不能被转换为图像的写作都将被“后台化”。在印刷时代，书写的结果是阅读文本；在互联网时代，书写的结果是“成像文本”——不仅是为了阅读而更是为了视觉再现，如以视觉再现为目的的各种剧本、脚本、文案、策划案、ppt演示文本，它们按照图像的空间语法去写作，甚至网络小说也更多地按照非线性的成像法则去写作，微博写作的碎片化倾向仿佛重回甲骨文时代——那是一种非线性的视觉写作。

但是，读图时代书写没有消亡，而是融入更大的符号场内，成为位于异质符号链条的顶端或文化再生产符号，写作因此转为创意：传统的阅读性文本的一次性生产叫做写作，当代的成像文本的再生产叫做创意。由阅读文本转为成像文本，读图时代的语言文字符号面临二次创意或符号再生产的问题，因此，我们认为中文系课程需要引进视觉性符号教学体系，但语言符号与视觉符号之间不是取代而是二次转换和符号再生产的关系。

在这个二次转换的异质符号的时代，在这个书写与图像既剑拔弩张又握手言欢、谁都不能漠视对方存在的时代，需要一种语言、文字、图像符号并重的符号学范式作为自己的理论指导。

我们忽然发现，在一个古老的文化传统中，一个神秘的符号体系中竟然蕴涵了极为丰富的后现代主义基因，它集语言、文字、图像于一身，而且三者相互通融、浑然一体，这个古老的浑成符号系统就是汉字——中国文化符号的根元素，中国符号学走向世界的首席代表。

汉字历时地或内在地隐含了、共时地或外在地关联了一个言、文、象（图像和实物符号）符号场。从历时看，汉字的起源和演变与实物符号、图像符号、语言符号有着不可分割的承续关系；从共时看，表意汉字与中国图像符号（文象关系）、实物符号（名物关系）、汉语符号（言文关系）有着密切的关联性。因此，汉字是在与汉语、汉民族的视觉符号的关联中定义自身的，这种关联的模式是浑成型的：汉字既是言、文、象符号场的主导符号，又是使三者边界模糊化、中介化、执中型的编码方式。

浑成型符号模式可能是汉字贡献给世界学术的一个最重要的符号学范式，它对以字母符号为代表的西方分析性符号范式提出了挑战。因此法国哲学家德里达指出：“中文模式反而明显地打破了逻各斯中心主义（按：即语言中心主义）。”[1]

以汉字为典范的浑成型符号学模式对于我们重新认识汉文化、重

[1]【法】德里达：《论文字学》，汪堂家译，上海译文出版社1999年版，第115页。

新认识互联网时代语言符号与非语言符号的关系，使中国符号学走向世界，具有重大的现实和历史意义。

2. 类符号学范式相关的几个核心范畴

汉字浑成型或类符号范式涉及以下几个相关的核心范畴：符号场、符号关联度、实体关联度、符号学间性与符号间性、符号意指结构及其分类、意指定律和前台化。

（1）符号场 汉字历时或内部隐含、共时或外部关联了一个符号场。符号场或称“符号域”（Semiosphere）的概念是苏联符号学家尤里·洛特曼提出的文化符号学术语，它被视作人类文化模式得以实现的“连续体”，既是文化存在的条件，也是文化发展的结果。根据洛特曼的符号场理论，这个文化符号场的成员包括自然语言、风俗、仪式、神话、法令、道德规范、宗教信仰、戏剧、电影、绘画、音乐、自然科学等。但它们不是处于同一层面，其中自然语言是符号场的底层，或称第一符号系统；其他文化符号处于上层，即建立在自然语言符号基础上的第二符号系统。另外，洛特曼还根据文化编码方式的不同将文化符号分为约定—离散的语言符号和图像—浑成型的形象符号。[1]

洛特曼的符号学最大的特点就是，将各异质符号如离散型语言符号与浑成型图像符号之间的系统关联性处理为符号学研究的重点，这种关联性我们称之为符号间性，符号间性构成了符号域或符号场。符号间性的概念不同于索绪尔的结构或关系概念，后者专指同质符号（语言）内部的结构单位之间相互关联的性质。[2] 符号间性这个术语与结构主义的文本间性相似，后者一般指一个文本对另一文本的吸收和改编或相互引用、模仿的关系。但结构主义的文本间性更强调文本间的关系对符号意义的生产性，其结果是一个语义物；而符号间性更强调符号的实体性、异质性差异以及所指物对能指结构的决定性，当然，在一定条件下

[1] 郑文东：《文化符号域理论研究》，武汉大学出版社2007年版，第89页。

[2] “语言既是一个系统，它的各项要素都有连带关系，而且其中每项要素的价值都只是因为有其他各项要素同时存在的结果。”参见索绪尔：《普通语言学教程》，高名凯译，商务印书馆1980年版，第160页。

也可以指索绪尔意义上的结构关系或文本间性。

洛特曼是基于西方字母文化的现实来表述他的符号场理论的，字母文化的表音主义使得洛特曼的符号场理论仍表现出语言中心主义的倾向：符号场中没有文字符号的地位。而在汉文化符号场中，汉字处于主导地位，在中国传统文化符号谱系中，一切不能够被汉字书写的符号元素必然被遮蔽、被边缘化而难以成为全民族共享的文化单位。因此中国文化符号场的家族成员显然不同于拼音文化。此外，在洛特曼的符号间性关系中，其“第三空间”状态即异质符号之间亦此亦彼的类符号性没有成为核心范畴，而类符号性恰恰是汉字文化符号的本质特征。当然，类符号既然涉及异质符号之间的临界关系，也就必然属于一个符号场的问题。

根据汉字文化符号的现实，我们将符号场定义为一个由言语、文字、图像、实物符号等多元异质符号构成的文化或意义表达域。譬如中国传统的文人画就是一个符号场：诗画融会，读看并重。汉字的笔画可以通过线条化而变成书法、文字画，这样汉字内部也隐含了两种编码方式：线性结构编码（笔画化）和非线性图像编码（线条化）。一个符号内部隐含着异质符号之间的关系，这属于符号场问题。符号场内，其中某个符号或要素起主导作用，它决定了“符号间性”的关系性质，决定了整个符号场的性质，这个起主导作用的符号及其要素就叫做主导型。例如，在电视MTV中，符号场的主导型符号是音乐，而不是画面。在汉文化符号场中，其主导型则是汉字而不是口语状态的汉语及其他视觉文化符号。

汉文化符号场主要由言、文、象三类基本符号构成。“言”指话语符号，属于口头言语范畴。“文”主要是书写语言范畴，包括文字符号和词语符号。“象”是视觉符号，包括图像和物语符号。这三类中的五项符号不是在一个平面上。按照“实体关联度”即符号接近事实原点的程度划分，符号场中最底层、实体性最强的符号是物语，然后是话语，它们都是（身体）在场使用的符号；其次是图像符号，它以否定身体在场的方式仿拟了身体在场；最抽象的上层是词语和文字符号，它是高度

形式化的、观念形态的符号。即使是一个符号内部，也常常叠加了一个层累的符号场。比如青岛崂山的樱桃，作为物语，它是一个文化功能物（崂山物产文化系统中的一个元素），是一个文化象征物（它具有回归自然、原生态的生活等象征义），是一个资本物（樱桃节本身成为旅游文化的根元素，具有产业价值）。在物语形态的基础上，崂山樱桃还有自己的话语形态。比如当地人说“崂山樱桃不出门”，意思是指这个优良水果根本不用出门推销，买家自己就找上门来。话语层面对樱桃的谈论大大增加了它的附加值。再次就是樱桃物语的图像和意象符号层面，它是被各种艺术、叙事、图画、照片描述和想象的对象。最后也就是最上的符号层是关于崂山樱桃的书写语言或概念层面（文字和词语），它是被各种历史文献、档案、公文、新闻报道、宣传等记录和描述的对象。符号场的研究揭示了一个文化物的层累的存在方式。其中最基础的是文化功能物、文化象征物和文化资本物，它们是以实物的方式存在，然后依次是文化言谈物、文化意象（或图像）物和文化概念物。我们和任何一物打交道，它都有可能包含这种层累的符号化存在方式。当然，在本书中我们更希望揭示出，在汉文化符号场中，汉字是如何成为其中的主导成分的。恰恰是汉字这个属于最顶端的概念文化物层面的东西，成了汉民族的第二自然，具有最底端自然“物语”的功能，汉字成了我们认识真相、历史、真理的本源。

统一性和分离性是确立符号场的两个原则。分离性原则指如何区分异质符号以及确定符号场内不同成员的边界。符号场内的每一个异质符号都有自己区别于其他成员的符号特性和编码原则，我们称之为剩余与局限（这对术语借鉴了巴赫金的对话理论，见第三章第一节）。分离性原则就是描写出每个异质符号所具有的剩余和局限这两个要素。

所谓剩余，指一个符号有着其他符号所不具备的特性或优势，这使得该符号补偿其他符号的局限成为可能。所谓局限，指一个符号有着其他符号所没有的缺陷或不足。比如口语符号与心灵、现场情景直接关联，而文字符号则是“离境化”、反思性的；口语稍纵即逝，书写却具有对语言的物质铭刻性，使信息超越时空限制得以留存。所以，口语符号和文字符号各自都有相对于对方的剩余和局限。

不仅是言、文、象，任何异质符号，比如绘画与照片、油画与水墨画、常规电影和动漫电影、汉字与拉丁字母等，都各有着自己的剩余和局限。譬如真人实景的常规电影具有“能指即所指”的逼真特点；而通过活动图像来表达人物和景象的动漫电影，则具有夸张和想象性，这加大了能指和所指之间的距离感。详细描写出各种异质符号之间的剩余和局限，这便是分离性原则。

符号的局限，需要另一符号的剩余来补偿，这一异质符号之间的互补性最典型地表现在时间性符号中。时间符号就是其能指载体具有稍纵即逝的时间性特征的符号。如口语、行为艺术、音乐、活动仪式、动作表情、生活场景、一次性摆设，甚至包括雪人、冰雕、沙画……这些符号的局限就是瞬间性。如果实现这些符号的超时空存在，就需借助于其他符号的剩余来补偿自己的局限，比如使用文字、照片、录像、录音等等空间性媒介符号。实际上，许多时间性的文学艺术、行为艺术、装置艺术以及各种符号化行为活动只是在文字、照片、录像的条件下才存在，它们被创作的目的就是要二次符号化——通过空间符号使自己凝固下来。

符号间性就是符号场内的任何一个符号或符号结构成分，都包含着自我肯定和否定的双重元素，这种双重性使得符号场内的各要素之间的结合成为可能。其中的自我肯定成分使得各异质符号之间得以区分，即所谓的“分离性原则”；自我否定要素则倾向与其他符号构成某种关联性，叫做“统一性原则”。我们在分离性原则中讨论的“剩余”与“局限”这两个概念，说明符号本身就携带自我肯定和否定双重元素。法律中的证据补强概念，就涉及异质符号之间的相互补充的统一性问题：使用另一证据来补充增强主要证据事实的真实性。譬如一个被告的自白作为主要证据事实，还需要其他证据（如物证）作为证据补强。统一性原则关注符号场内的各异质符号之间相互关联、补充、依存、过渡、跨界，使得异质符号构成一个系统即符号场。再如，商代的甲骨文，绝大多数都与占卜有关，所以也叫做“卜辞”，它从属于一个异质符号关联域，其中的成员通过占卜仪式组织为一个统一体，构成一个仪式符号场。“仪式符号是一个各种异质符号共同参与交流、相互制约、相互阐释、互为语境的意义场……比如在宗教仪式中除了有口语和经书以外，还有圣物、圣乐、仪式性动作以及偶像等其他符号的参与。”[1]甲骨文所从属的仪式性符号场，主要包括言、文、象三个要素：“言”符号即当场言说的行为，如祷词、咒语、圣歌等；“象”符号包括广义的视觉符号现象，如身体行为（如舞蹈、拜礼、手持法器）以及各类符号（如祭品、图像、音乐、礼器甚至包括建筑等）构成；“文”即文字，主要指甲骨文。[2]这种多元符号构成的仪式符号场被德国埃及学家阿斯曼称为“制度化的扩张情境”，一般由口语主导[3]。口语主导的仪式符号场，加拿大传播学家麦克卢汉认为偏重听觉—触觉的交流，是通过各种感官同步互动而感觉到的空间，因此更注重各种异质符号的平衡使用。[4]而文字书写符号主导的符号场则倾向于对其他异质符号的抑制。所以，在符号间性这个范畴中还有一个概念是“主导型”：指一个异质符号场的各成员中起主导作用的符号，它的性质决定了整个符号场的性质。甲骨文所从属的符号场并非是文字主导，甲骨文的研究绝不能简单地归结为一个文字问题，而首先是一个仪式符号场的问题。

符号场的各成员在某一主导型符号的支配下，异质符号之间由差别性对立转向彼此补充、关联和相互过渡，这就是符号场的统一性问题。

类符号的概念，是发生在符号场内的异质要素之间的临界现象。谈到类符号，就必涉及符号场的问题。

（2）符号关联度　符号关联度涉及符号单位、符号结构要素之间彼

---

［1］孟华：《文字论》，山东教育出版社2008年版，第172页。

［2］参见廉珍：《甲骨文的仪式性研究》，硕士毕业论文，2009年。

［3］【德】扬·阿斯曼：《有文字的和无文字的社会》，载于黄亚平、白瑞斯、王霄冰主编：《广义文字研究》，齐鲁书社2009年版，第17页。

［4］【加】埃里克·麦克卢汉、弗兰克·秦格龙编：《麦克卢汉精粹》，何道宽译，南京大学出版社2000年版，第364页。

此的关联程度或关联方式。比如，我们在说①“买它需要五块钱”这句话的同时做了一个数字五的手势；②在说“买它需要这些钱”的同时做一个数字五的手势。例①中的手势语不是口语意义的必要条件，仅仅起着补强作用；而例②中手势语的缺席，口语便无法清楚表意。显然，例①和例②的符号关联度和关联方式是有差异的。阿斯曼将仪式符号场称为“制度化的扩张情境”，其中的“制度化”就是符号场的语法：符号场的统一性原则和各异质符号之间的符号关联度和关联方式问题。

符号关联度涉及异质关联、同质关联和类关联三种方式。上例中的话语和手势符号之间的关联就是异质关联；“买它需要五块钱”这句话所涉及的语言内部结构单位（各单词）之间的组合、聚合关系则是同质关联。处于异质关联和同质关联的中间状态则是类关联，譬如吕叔湘谈到的“枝”和“支”的区分问题，如果把它们看做是同一词语的两个不同书写单位，这便是异质关联（区分视觉的字和听觉的词）和同质关联（两个书写单位）的问题，如果把二者看做字词边界的消失而处于一种临界状态，那便是类关联即类符号的问题。再如高玉宝的入党申请书：[1]

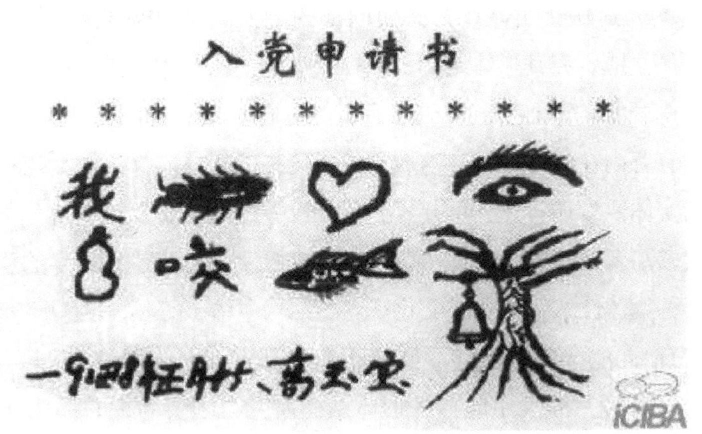

图1

该文（抑或图画）的意思是：“我从心眼里要入党。”但作者当时是文盲，不会写的字便用图画代替。这里的图画兼具文字属性，成了类

[1] 来源：《大连法制报》2011年6月17日。

文字、类符号，或者说图画与文字构成了类关联。异质关联涉及异质符号的统一性问题，同质关联涉及同类符号的一致性[1]问题，类关联则消解了异质和同质符号的边界，属于类符号问题。划界和跨界，显然是两种不同的符号关联度。

（3）实体关联度　结构主义符号学把形式和实体作为一对基本符号范畴来处理。按照巴尔特的解释，“形式，即无需借助于任何语言之外的前提便可被语言学加以详尽、简明与连贯（认识论的标准）描述的东西”；“实体，是所有那些不借助于语言之外的前提就不能被描述的语言现象”。[2]结构主义的形式与实体的划分主要着眼于语言符号，但这对范畴也具有普遍的符号学价值，我们可以进一步表述为：在一个符号系统内部，无需借助于符号系统之外的前提便可以被符号学清楚地描述的东西便是形式的，反之则是实体的。比如“大”这个汉字，它可用钢笔、粉笔或电脑键盘等不同物理手段书写，我们仍然认为它们是同一个“大”字，这些物理现实的改变并不妨碍“大”的形式结构（作为一种结构类型或模式）保持着自己的同一性。因此，“大”的形体结构便是形式，它的物理表现手段便是实体。在现代文字学中，汉字的形体研究是不以其媒介实体作为必要前提的。人们通常撇开汉字的形体的物理条件孤立地研究其形体结构。但在汉字的书法艺术、笔迹学或传播学中，文字符号的实体要素，如选择毛笔、硬笔还是计算机输入等，便与其形体结构有着内在的关联性。这属于符号能指的媒体实体问题。与符号能指相关的实体要素还有主体性要素，比如汉字的书法鉴赏或笔迹分析中所表现出的书写者的个性（个体主体），比如汉字会意字或形声字的意符中携带了某种集体性认知方式或文化观念（结构主体）等。

汉字的能指系统绝不像拉丁字母那样单纯，拉丁字母可以做纯形式化的分析，但汉字能指的形体结构研究必须要考虑它的实体性要素。一个符号能指中所存在的实体与形式之间的关联及其方式，就是其能指

[1] 即索绪尔所谓的语言是一个同质的符号系统，“它的各项要素都有连带关系，而且其中每项要素的价值都只是因为有其他各项要素同时存在的结果”。参见索绪尔：《普通语言学教程》，高名凯译，商务印书馆1980年版，第160页。

[2]【法】罗兰·巴尔特：《符号学原理》，王东亮译，三联书店1999年版，第30页。

的实体关联度问题。结构主义符号学将实体与形式二元要素对立起来，而集中研究形式问题。但在汉字符号学模式中，纯形式分析的范畴让位于实体关联度的范畴：形式与实体间的关联性。

汉字的实体关联度在能指方面还表现为理据性特征：它的能指不是纯形式化差别单位，而是有着实体意义的理据载体。如汉字“突”，从穴从犬，能指理据为“犬从穴中突然窜出状”，以表达“突然”的所指意义，进而形成了能指与所指、字面义和词语义的意义理据关系。但汉字能指的字义和所指的词义之间边界并不清晰，人们常常难以区分。如“雁鴈”，许慎的《说文》将它们分为不同的字，甚至作强生解释，如“鴈，鸟也”、“雁，鹅也”；但王力认为它们是同一个字的两个变体（异体字）即同一个所指的两个能指，词义相同字义有别 。理据性汉字能指与所指之间这种边界模糊、距离感消失的状况，我们称之为类意指或类编码。类意指属于类编码范畴，指符号的两个结构项如能指和所指、中心成分和限定成分等等之间界限不清、亦此亦彼的状况。汉字意指方式中的这种类编码现象，在汉文化符号中普遍存在。

实体关联度也存在于符号的所指当中。符号的所指在本书中大致分为四种类型：在场所指物、现实所指物、观念所指物和语义所指物。

汉字书写符号作为商标贴在某个商品上面，这个实物做了汉字的所指，它与汉字同时出现，这个所指我们称之为“在场所指物”，它与其能指符号有着同时出现的存在性关联。

倘若这个文字商标脱离实物而仅仅作为一个商标在广告中被广泛宣传，文字商标的所指便是不在场的特定商品，它在现实中存在，但不在场，我们称之为“现实所指物”，所谓的“专名”其所指一般是现实所指物。现实主义绘画的所指一般也是现实物。

如果汉字商标的所指不再指特定的现实物，而代表一个通名或一类概念，例如“优盘”本是深圳朗科公司生产的新型存储器的商标，但现在这个商标成为泛指“USB闪存盘”的通名，[1]代表一个类型化、概念化的现实而不再专指一物。这样的所指我们称之为“观念所指物”。

[1] 该例由我的研究生徐兆勋提供。

假定我们借用“必胜客”和“家乐福”这两个商标玩一个文字游戏:“出外‘必胜客’,归来‘家乐福’。”这时两个商标的所指与任何外部现实无关,它们的意义只来自于符号系统的自身建构。我们把这样的所指称之为“语义所指物”。当然这种语义物还没有超出结构主义语言学的范畴:符号的所指来自于各符号单位之间的相互关系,这是语言符号的语法特性。在今天的互联网时代,世界已经从一个由语言主导的单一表述性世界转向多元符号(言、文、象)来表述的世界,表述世界的方式由线语法变成了场语法。譬如网络购买服装,买家通过文字、图片、虚拟现实(如网络试衣间,专门为顾客打造虚拟人体模特,使人们在购物前能虚拟试穿),以及保证服装真实关联度——使中意的商品最终到手的一切符号化手段:信誉指数、评级指数、支付安全、退货机制、维权成本……所有这一切都构成了一个多元的符号场,网购是在符号场或场语法的条件下运行的。也就是说,不是再现对象,而是再现对象的那些多元的符号化单位之间的语法关系,再现对象的符号间性方式成为场语法的主要特征。因此说,网购的对象,在本质上讲,一不是在场物,因为网络上不能实指购物。二不是现实物或观念物。如果人们仅从现实经验对象和观念出发去购物,那么便遵循唯一性原则:如何在网上找到那唯一与我的意中物相匹配的网络物?这样会使网络购物以寻找这种简单的匹配关系为主,而不去关注网络符号场或符号间性问题。尤其在中国文化背景下,凡是不关注或不熟悉网络场语法的购买者都不是网络购物的成功者。网购的本质是可能性原则:我拥有哪些可能的场语法手段来生产出或搜寻出我的意中物?这个意中物最终到达消费者手中后,它仍然不是在场物而是语义物——因为它是符号场的产物。无论是单一符号世界还是符号场世界,无论是线性语法还是场语法,一切不独立于符号及其语法而存在,而是与这些符号及其语法关系同时产生的观念、形象和实物,都是语义物。

可见,符号的所指大致分为以上四个层级:在场物、现实物、观念物和语义物。它们代表了不同程度的实体化(或形式化)取向:在场物实体化程度最高,其次是现实物,再次是观念物。语义物则代表最高程度的形式化。形式化程度依次递减的是观念物、现实物，在场物的形式化程度最低，这种在形式化和实体化的两极之间摇摆的性质就是实体关联度。这样看来，符号的所指本质上是一个所指域，它既不是对象也不是语义或概念，而是指符号能指所指涉的各种所指物的总和。符号的所指总是在不同的系统中来确定自身。通过符号关联度和实体关联度的分析，我们提出一个基于汉字经验的符号定义：一个符号是在实体关联度和符号关联度的双重关系中定义自身的。

在实体关联度中的实体与形式之间、符号关联度中的异质符号之间，其临界现象便是类符号。

（4）符号学间性与符号间性 面对同一符号现象在不同理论范式或理论观察视角之间进行选择，这是符号学间性。如汉字符号，从传统文字学立场看它是同质于、从属于汉语的记号系统，而从汉字符号学的理论角度看它是异质于汉语的独立符号系统。再如，对形声字的观察，我们站在共时结构的角度观察，它由声符和意符构成；从历时的生成角度分析，相当多的形声字与会意字相同，都是会意（两个意符相加）的方式构成的。因此，我们在分析和观察同一对象时经常在不同的理论立场和观察视角之间的选择、对比、关联中来确定自己的研究对象，这种方式就是符号学间性。符号学间性不是一种排他性的方法论或理论视角的选择，它是多元论的，它在确定一种研究方法或角度时，总是参照、对比着另一种方法论和研究视角，并在二者的间性关系当中确立自己的研究立场。或者说，当我们选择某种理论方法或视角，研究某一符号学现象时，这一特定选择总是在各种符号学立场和视角的关系系统中来确定自己的位置及其方法论的。这说明，符号学间性把研究的对象指向符号学理论本身，它具有强烈的方法论意识和理论自觉。

符号间性则是指一个符号置身于一个符号系统中（异质的符号场或同质的符号结构系统），并由这个系统来决定自己的性质及其在系统中的位置。譬如汉字与汉语对立时，它具有图像符号的特性；它与图像对立时，汉字又具有（记录和替代）语言符号的性质；如果汉字处在与汉语、与图像既替代又补充的临界位置上，那么汉字便具有类符号性质。符号间性问题告诉我们，一个符号的性质与它在符号系统中的相对位置有关，我们只能在该符号与其他符号的关联中来定义符号。

符号学间性和符号间性的区别是：前者关注符号研究的不同立场和视角，属于主体认识论范畴；后者重点关注符号自身的关联性质，属于客体对象范畴。但二者并不总是泾渭分明的，符号间性的研究总是或多或少带有研究者的主观选择；而符号学间性的选择中也必然要遵循符号间自身的客观理据。

（5）符号的意指结构 符号的本质在于意指性或言此意彼性，即符号包含了两个彼此联结的项：意指他者之物和被意指之物，借用索绪尔的术语我们分别称之为 “能指”和“所指”。索绪尔之后的结构主义符号学又在索绪尔二元符号（能指+所指）项中加上了第三项“意指方式”：能指和所指结合的方式。如“家”这个汉字，能指是其字形，所指是汉语中“jiā”这个单词。在本书中，我们把意指方式总结为三类：意指媒介方式、意指规则方式和意指内容方式。

意指媒介方式指符号能指的物理及其技术、技能属性对符号意义、结构及其功能产生影响的方式。如“家”这个汉字用软笔（毛笔）还是用硬笔书写，就体现了两种意指媒介方式，软笔更追求文字的个性化韵味的技能表达，而硬笔则更追求书写效率的简便和快捷。汉字进入技术性硬笔时代与它进入印刷复制时代是同步的，在媒介方式上告别技能性软笔的一个重要结果，就是汉字由少数精英掌握的表意符号转为大众化的记录语言的音符。当然，汉字媒介方式技术化的一个必然代价，就是本雅明所谓的“光晕”[1]的消失——与技能性软笔书写相关而产生的表意性、个性化韵味等汉字传统本源要素的消失。符号的意指媒介方式告诉我们，一种媒介有一种媒介的语法，不同的媒介方式肯定要对符号本身产生重大有时甚至是决定性影响。汉字的媒介方式进入计算机键盘输入时代后，惯于整体拼音输入汉字的网民们普遍面临提笔忘字的

---

［1］【德】瓦尔特·本雅明：《机械复制时代的艺术作品》，王才勇译，中国城市出版社2002年版，第13页。

窘境，汉字固有的笔画间架和意符结构逐渐被当做一个区分音符的整体图式来看待，汉字表意文化遭到前所未有的挑战。

意指规则方式包括理据性和约定性两种。所谓理据性，指能指和所指的结合是按照有自然或意义关联的方式建立起来的，如合体字“家”的字面义（能指）显然与其所指的概念义有着意义理据关联性。与之相对的另一种意指规则方式是约定性，如现代汉字中的许多独体简化字，其字形中已经丧失了这种理据性，而成为纯约定性符号。

意指内容方式指符号能指本身是具有意义的符号，其能指义（字面义）包含对所指概念的独特的解释内容。如“家”，字面义表示房子里面有猪（也有学者从字源角度认为早期这是个形声字），这反映了一种农耕社会的定居观念，这个观念成为阐释、建构、生成汉语“家”概念义的意指内容方式。意指规则方式是一种深层的意义生成编码规则，意指内容方式则是符号表层的能指对所指的意义阐释方式。

在本书中，广义的意指方式就包括以上三个方面，狭义的意指方式则专指意指规则方式。多数情况下，我们是在狭义上使用这个术语。

（6）符号意指结构的三种类型 任何一个符号，文字、词语、话语、图像和物语，都是能指、所指和意指方式这三个方面的结合体。但是，根据皮尔斯的“符号—对象—解释项”三分法符号观，不同的符号对这三“价”要素（能指—所指—意指方式）存在着选择性侧重。我们分别称之为一价符号、二价符号和三价符号。

一价符号：所谓一价结构指在一个符号三价要素（能指、所指和意指方式）中只实现了自己其中的一个要素。如图像符号，就是在感知上所指和意指方式缺省的符号，或者说其能指本身不借助于外在对象和意指方式便能产生意义（所指）。图像符号中的形象代表的是不在场的现实物，它转化为意象融入图像的视觉形象中，对象的意象与画面的形象之间是一种像似性关系，以致我们在感觉上缺省了意指方式和所指，图像仿佛只实现了自己的能指，人们在感知图像时似乎无需借助于外在形象与现实意象之间的意指关系便可理解图像。一价符号其实是一种伪装形式，它是隐含了三价关系结构的符号，只是我们在感觉上意识不到三价的存在（图像学、符号学和后现代主义视觉文化学的共同旨趣，就是揭示图像符号背后的三价意指结构性质）。将三价结构隐藏后，我们在感知图像符号时便看不到从能指到所指的过渡性、时间性、结构性和距离感，没有对意指方式的自省意识，“没有认识与分析”[1]，只有对能指和所指不可分割的整体感知。此外，在本书第五章中讨论的物语，也是一价符号。一个实物在做符号时它仿佛就是一个自然物，就是它自身，就是所指对象。与图像符号不同的是，物语符号缺省的是能指和意指方式。当然，物语的一价性也是一个伪装，它同样隐含了三价关系。比如物语的所指是充当释义元语言的词语，但它内嵌于物体内部伪装成物体自身的一个内涵成分。

二价符号：指在符号感知上缺省某一“价”的符号。如标签，它缺省了意指方式，但保持了符号的意指性——能指与所指之间的二价关系性和距离感。标签符号或各种在场物的记号的特点是，其所指是在场物，如展品上的标签，它引出一种由标签（能指）到实物（所指）之间的二元替代关系，我们能够自觉地意识、分辨二者，但缺省了意指方式。当然，一价、二价、三价是一个相对概念。我们说图像和物语符号是一价的，是拿它与其他异质符号（语言文字）做对比项而发现的主导倾向。其实图像和物语符号内部也有着一价、二价、三价的划分。比如二维动漫符号与一价的电影符号相比，动漫更具有二价性：它不仅意识到了图像，还意识到了图像的意指方式——二维性视觉编码，或者说，动漫有着更大的对“图”的编码语言的自觉。

三价符号：指在符号感知上能够同时意识到能指、所指和意指方式三要素的符号，相对而言，语言文字符号就是三价符号。它们以观念物为所指，以抽象的语音或字形做能指，二者之间保持着各自的区分和意指关系性，同时又按照某种意指方式（约定的或理据的）结合在一起。当然，即使三价的语言文字符号自身，也可以有一价、二价和三价

[1]【美】皮尔斯：《皮尔斯文选》，涂纪亮编，涂纪亮、周兆平译，社会科学文献出版社2006年版，第275页。

的区分。比如在文字符号内部，拉丁字母与汉字构成一对关系项后，我们会发现字母文字是二价符号，它是按照约定性的意指方式建立的，人们仿佛只意识到字形（能指）与字音（所指）之间的二价替代关系，感觉不到它们的意指方式性质。而汉字则是典型的三价符号：形音义结合体。汉字的“义”在本书中解释为意指方式。

（7）意指定律　指符号的实体关联度决定符号关联度的性质，或者指符号的意指关系对结构关系的决定性质。我们具体从符号所指的实体性质决定意指方式，意指方式决定结构方式入手来分析意指定律。先看央视的“Family公益广告”[1]：

图2

在这个动画作品中，英文单词family（家）被二度符号化了：

一是字母的象符化。如上部分的画面，代表“爸爸”的F字母和代表“妈妈”的M字母共同表现出对I（代表“我”）的呵护之情，F、M、I变成了三个象形符号，构成一个温馨的家庭场景。

二是字母的意符化。如下部分的画面，每个字母变成了表意符号：F=father（爸爸），A=and（和），M=mother（妈妈），I由一个表

[1] 来源：研究生李萍的符号学课程作业。

元音的字母变成表单词的字I（我），L=love（爱），Y=you（你）。于是六个意符化的字母合成了“爸爸妈妈我爱你”这样的句子。

这样，英文字母组合“family”就有三种符号化状态：一是字母状态，它们仅仅是音素的替代符号，自身不表意，通过它们所记录的音素的线性组合来生成概念（家）。所以在字母符号的条件下，单个的符号与概念无关，它们只有在字母的线性组合中生成意义，这样的意义就是语义物，语义物与其能指（字母组合）之间的关系主要是约定关系。二是象符状态，字母被变形为某个现实物的形象，它们按照图像的法则被组织起来。象符与所指之间的关系主要是像似关系。三是意符状态，字母变成意符文字，其所指是观念物。意符与所指的关系是理据关系，字与词建立了意义关联，它们按照意义的法则组合成句。

由此我们看到一个意指定律：

① 所指的实体性质决定了意指方式。现实所指物决定了像似性方式，观念所指物决定了理据的方式，语义所指物决定了约定的方式。

② 意指方式决定了结构方式。像似性方式决定了象符遵循的是非线性的图像法则；理据的方式决定了意符遵循的是意合性的组合法则；约定性方式决定了声符（字母）遵循的是线性的形式化组合规则。

汉字历史演变的四个阶段：“刻符”、“象符”、“意符”和“声符”，也体现了意指定律：

刻符的所指是在场物，因此它们遵循的是物的放置语法即“物法”——符号的排列服从于物的空间位置和布局。所以刻符阶段的符号还不具有自觉意识，还没有自己独立的语法。

象符的所指是现实物，因此它们遵循的是图像的非线性空间语法，在象符阶段还没有真正意义上的线性书写。

声符的所指是观念物，因此它们遵循的是观念性的意合法则，但仍带有较明显的非线性特征。

声符的所指是语义物，它遵循的是形式化的线性组合法则，更接近语言结构规则本身。

③ 实体关联度决定了符号关联度。如所指的不同实体关联度（在

场物、现实物、观念物和语义物），决定了符号关联度。与意符、象符、刻符相比，声符的实体关联度最低，这就决定了它更倾向于靠形式化规则组织符号，更侧重于符号的同质性关联——语言单位之间的线性语法。而意符、象符和刻符涉及了符号外部的异质或实体要素，因此它们在符号组织上呈现非线性特征，而且实体性越强，这种非线性越突出，符号的异质关联度就越强。如意符更需要各意符之间的非线性意合关联，而象符则更依赖它与图像符号之间的过渡关系，刻符则总是处于一个异质符号场内，需要借助于实物的、仪式的、图像的、话语的等异质符号的补充。

意指定律的基本原则　“符号的实体关联度决定符号关联度的性质”，一方面是建立在结构主义符号学区分实体与形式这一对基本范畴基础上，另一方面则将实体与形式平等对待，甚至更强调实体对形式的反作用。它包括两个基本内容：一是所指的实体性质决定意指方式（见上所述），二是符号能指的实体性质对意指方式的决定性。

符号能指的实体性质或其物理质料要素对符号编码有决定性影响。如话语符号的声音介质与时间编码、图像符号的视觉介质与空间编码。再以文学符号为例，长期以来人们将文学看做是语言符号，而忽略了它的能指介质属于文字书写这一实体特征。文字书写或字符“具有音读和图视的声像双重性……所以，字符在实际运用中便不可避免地具有两种倾向：一种是倾向于仿拟语符，从而形成‘书面语’的语体型表现形式，基本呈现出听觉化（可音读或默读）的特征；另一种是倾向于书符的空间组织，更侧重对字符的视觉运用，由此形成的形式意味难以转为音读的语符”[1]。因此，从符号的实体介质看，文学是跨越听觉话语和空间图像的类符号。

（8）前台化　“前台化”原为景观文化的一个概念，将景观比喻为舞台的前台和后台。例如，景点是对游人开放的、刻意供人观看的部分，这属于“前台”，构成景观前台化的手段诸如地图、旅游手册、风

［1］陈浩：《语符与书符：文字的双重符号属性》，《浙江社会科学》1997年第5期。

景明信片、各种空间识别符号以及旅游组织机构等。而未被前台化的那部分生活世界则处于“后台”状态，因后台难以被外人看到而一般被认为这是更真实的部分。从符号学看来，前台和后台构成一种意指关系：后台是被意指的对象，而前台则是符号的能指。

与“前台化”相近的还有一个“前景化”的概念，原指人们通过观察将一事物从其他事物中凸显出来的过程，该事物成为前景而其他事物则趋向形成背景（如绘画作品中的前景和背景）。结构主义符号学又将“前景化”的概念引入到语言运用中，解释为一种陌生化、反常化的语言创造活动，也即通过对语言常规系统的违反，造成一种引人注目的、新颖的语言效果。例如王安石《泊船瓜洲》中的“春风又绿江南岸”这个名句，其中形容词“绿”字的动词用法阻滞了词语在线性一维方向自然的滑动，扁平的形容词“绿”获得了陌生化、视觉性的、动态的表达效果，这显然是对语言时间性规则的有意冒犯。这就是俄国形式主义者什克洛夫斯基所谓艺术的陌生化原则：

艺术的目的是使你对事物的感觉如同你所见的视象那样，而不是如同你所认知的那样；艺术的手法是事物的“反常化”手法，是复杂形式的手法，它增加了感受的难度和时延，既然艺术中的领悟过程是以自身为目的的，它就理应延长；艺术是一种体验事物之创造的方式，而被创造物在艺术中已无足轻重。[1]

我们将“前景化”糅进“前台化”这个概念中，并把后者改造为本书中的核心符号学范畴之一。所谓前台化，指将事物从自然世界中脱离出来而成为符号世界一员的符号化过程，也指某个符号单位（语言的、图像的、实物的等）通过某种符号化识别手段将自身从它所从属的符号系统或符号场中凸显出来的过程。

“前台化”首先是语言的一种符号化手段。除了我们所引用的“春风又绿江南岸”中的“陌生化”（前台化）手段以外，常见的语言手段，如直接引语、黑体字、标记性单位（如表将来的句式“他去”

[1]【俄】什克洛夫斯基等著：《俄国形式主义文论选》，方珊等译，三联书店1989年版，第6页。

和“他去的”相比，后者有标记单位“的”）、突出手段（如“据我所知，他还没结婚”，句中的“据我所知”是突出了信息来源及可靠程度）等。语言表达中一切被用来凸显某个符号单位的手段都是前台化手段。此外，某些词语被当做关键词或进入某个索引系统，也说明这些词语被前台化了。

从超语言文本的角度看，所谓的广告、宣传、媒体事件、政绩工程等，都是前台化的方式。当然，前台化同样发生在二次符号化过程中：第二次符号成为一次符号的前台化手段。如，文字就是有声语言的前台化手段，使稍纵即逝的有声语言被视觉手段所凝固。电脑屏幕又是文字的前台化手段，文字借助于数码信号而自由传播。整个互联网就是现实世界和各类符号的前台化手段，在今天，一切不被互联网前台化的事物或符号，对于“地球村”人而言等于不存在。

前台化作为一种符号化方式，主要有四种：

（1）在场物的前台化。如给一个实物贴上词语标签或说明，如实况视频、现场报道、B超、GPS定位系统等。

（2）现实物的前台化。如雷锋的某些照片是根据他的日记由记者补拍的，虽然不是现场的记录，但是照片是根据实际存在的事件（即现实物）来前台化的。

（3）观念物的前台化。如根据某个理念或宣传主题去组织新闻稿件。

（4）语义物的前台化。前台化所表达的内容是在符号自身的表述过程中形成的。语义物或语义性所指，也是一种概念或事实，但它不先于符号而独立存在，或者说，它是在被符号化或前台化的过程中产生的。譬如，在微博反腐中，仅仅是一条某人被“爆出猛料”的微博，这些内容还不是语义物。只有这些“猛料”在网络上迅速发酵，大量被转发评论，并引起民众的广泛“围观”，被充分前台化，这时成为媒体性事件的“猛料”才成为语义物——它们是网络前台化过程中的产物，没有这个前台化过程，“猛料”等于不存在。

前台化是通过让另外一些事实后台化的方式来实现某些事实的前

台化的。因此，前台化在突出了某些事实的同时总是导致对其他事实的遮蔽。相对而言，在场物的前台化和语义物的前台化，有较少的人为操作性；而现实物和观念物的前台化则有较多的操作性。

事物没有被前台化的状态称之为“后台化”。包括遮蔽的后台化和自然的后台化。遮蔽的后台化指有意对某些现象或符号进行遮蔽，如过滤词、潜规则、灰色收入、暗箱操作、隐私、军事秘密等。自然的后台化指事物或符号处于没有被进一步前台化的自然状态。如未被开发识别的自然景观、不具有充分识别性的品牌（如有些农家宴没有自己的区别性招牌）、无标记性符号单位（如汉语的书写是不分词的，“词”这一级单位在书写形态上被后台化了）等。

作为符号学的“前台化”范畴，是一种视觉符号和语言符号的双重编码，它既有视觉编码的显著性、识别性特征，又有语言的大众性、传播性特征。识别与传播构成前台化的两个要素，其中视觉性的识别是主导，附之以传播。这是一个视觉符号和语言符号跨界的类符号现象，这两种符号各以自己的剩余补偿了对方的不足。

第一章 文 字

文字，它一般以语言的记录工具身份而被当做语言学的一部分，但文字也具有异质于语言的独立符号特性。周有光认为，文字符号由三个要素构成："1符号的形式，2语段的长短，3表达法的层次。"[1]

"符号形式"，传统文字学叫做字形，符号学叫做文字的"能指"，包括字的形体结构形式和其物理载体（如汉字的"文房四宝"：笔、墨、纸、砚）。从文字发展史上看，文字的形式或能指主要有实物、图像、象符、意符和图形五种形式。

"语段"，即文字字形所代表的语言单位——某个层级的语音或语符单位。不同文字或同一文字的不同历史阶段，其字形代表的语言单位即语段的长短不一。如汉字代表汉语的语素或词这一级单位，而拉丁字母表的每个字母代表的是语言中的音素这一级单位，后者的长度显然缩减。"语段"，符号学叫做文字的"所指"，即符号能指（文字字形）所指涉或代表的对象。由于语段的声音要素是其主要特征，因此，文字的语段也可以看做是文字的"音"。任何文字都是以指涉语言的某级有声单位获得自己的存在价值的。其中，"有声性"或"记言性"是文字区别于图像和实物的重要标志。最宽泛的文字定义便是：能够发出语言的声音的一切视觉性符号，都可以看做是文字。当然，不同的文字类型的"语段发音"类型也不同：话语音、句段音、词音或者是音素。文字语

[1] 周有光：《比较文字学初探》，语文出版社1998年版，第442页。

段的发音类型涉及文字所关联的某个语音层面，我们叫做“语音关联度”，语段的语音关联度最高的一极是音素，关联度最低的一极则是话语音，后者的文字资格一般不被承认。

“表达法”这个说法很笼统，它只有在不同文字类型做比较的时候才能显示出来。比如一般说汉字是表意文字，使用拉丁字母表的语言是拼音文字，这里的“表意”和“拼音”就是两种表达法。当然，在汉字内部，存在着传统的“六书”（象形、指事、会意、形声、假借和转注）的划分，从造字的角度它们也可以看做是六种表达法，尽管这六种表达法划分的有效性常常引起质疑。表达法在符号学中叫做意指方式：形（能指）和音（所指）按照某种主观意向结合起来的方式。主要包括文字的文化编码方式、造字编码方式、构字编码方式和语言编码方式。文字的表达法也可看作是文字的“义”的要素，它不是指字代表的语言意义，而是指文字的意义生产或编码方式。这个“义”与我们传统上所谓“汉字是形音义结合体”中的“义”显然不同。但汉字符号学认为，文字与语言的关联点或文字的所指对象首先是语音，其次才是意义。因此，我们把传统上的字义归入“语音关联度”这个范畴。语音关联度越高的文字（如拉丁字母），个体越倾向于排斥词义的表达；而语音关联度越低的文字如汉字或象形字，则更倾向于形体直接表意，但我们把这种表意性看做是“语音关联度低”的表现，还是从文字的所指主要是“音”而不是“义”的立场去观察和分类。

这样，我们就可以用“形”（能指）、“音”（所指）和“义”（意指方式）三个要素来分析文字符号了。

本章还提出了“文字间性”这个概念：文字是在它与语言、图像、实物等异质符号的关联中建构和定义自身的，因此，文字外部关联或内部隐含着这些异质符号元素，文字与这些异质符号元素的关系就是文字间性。需要指出的是，文字间性是“符号间性”这个范畴在文字符号领域的具体体现。

第一节　文字的能指：字形

传统文字学中的字“形”是一个结构形式概念，它指文字的抽象的、模式化的结构形式，而与实现它的物质载体无关。[1]本书则认为文字的实体或硬件（字形的物质书写手段）是字形的一部分，因此，我们对字形的分类遵循了这一原则，将字形按照物质载体分为实物、图像、象符、意符和图形五类。

一、实物性文字

实物符号在历史上曾间接或直接充当过字形。

意大利哲学家维柯[2]曾提到，波斯大帝大流士（I. Darius）曾向亚细亚北部的一个叫西徐亚的王国宣战。西徐亚的国王伊丹屠苏斯派人送给大流士五种实物：青蛙、田鼠、鸟、犁、弓。这五种实物实际上代表五句话：“青蛙”指国王本人出生在西徐亚土地上，就像青蛙在夏天雨水中从土地里生出来一样；“田鼠”象征生在哪里就在哪里安家，也就是在那里奠定了国王的国家；“鸟”指国王本人具有占卜权，除神以外他不隶属于任何人；“犁”指土地是由他开垦和耕种的；“弓”指他作为西徐亚的最高统帅，有义务也有力量去捍卫他的祖国。

显然，这些实物已经变成了代表一定语言意义的象征或表意符号。维柯认为这些象征符号就是“实物文字”[3]。当然，这些“实物文字”的表意还带有言语的随意、偶然性，其所指（语段）即我们所谓的“话语音”。但我国云南的景颇族曾用“树叶信”来代替语言，就已经具有较强的社会约定性。他们把一些不同种类的树叶和其他东西分别

---

[1] 索绪尔主张将文字的实体排除在字形之外：（符号书写的方式是完全无关紧要的）“因为它与系统无关。我把字母写成白的或黑的，凸的或是凹的，用钢笔还是用凿子，对它们的意义来说都是并不重要的。”【瑞士】索绪尔：《普通语言学教程》，高名凯译，商务印书馆1980年版，第166、167页。

[2]【意】维柯：《新科学》，朱光潜译，人民文学出版社1986年版，第198页。

[3]【意】维柯：《新科学》，朱光潜译，人民文学出版社1986年版，第69页。

用来表示某种固定的意义。例如，叫做“蒲软”树的叶子所表示的意思是“我要到你们那里去”；叫做“豆门”树的叶子表示“你快打扮起来吧”。因为，在他们的语言里，树名“蒲软”跟“到达”谐音；树名“豆门”跟“打扮”谐音。[1]显然，这些以叶子为实物文字的符号，其所指已经是“句段音”，约定性地表达一些句子单位了。

以上我们分析了人类在史前通过实物符号、运用表意/谐音方式来表达语言的情况。实物被用于表意和谐音，这意味着人类从原始野性思维转变的第一道曙光。神话学的研究告诉我们，实物符号、图像符号之类的象征物在原始人那里具有原型的性质，象征物与原型是不可分割的，比如巴西原始部落的波罗罗人崇拜金刚鹦哥，他们就把金刚鹦哥与波罗罗人等同起来，伤害金刚鹦哥就等于伤害波罗罗人。在原始思维那里，肖像就是原型，符号就是对象的器官；伤害了象征物就等于伤害了原型本身。当人类自觉使用表意和谐音的时候，这就意味着他明白了符号与对象之间是可以任意结合的，符号不等于对象，于是人们就开始利用符号自由表达思想，理性的萌芽就出现了。最典型的实物性文字应该是考古学家们在西亚大量发现的公元前七千年至公元前两千年的黏土符号块，也叫做“陶筹”[2]。这些陶筹被认为属于一个悠久使用的符号系统：“很明显，每一个特别的形状都有自己的意义，一些代表数字，而另一些代表具体事物，特别是商品。没有必要对符号块加以理论化说明，乌鲁克泥板上的大量二维平面的象形文字几乎都是根据这些符号块再造出来的。”[3]也就是说，著名的苏美尔象形字的前身不是图像，而是实物性的黏土符号块，这些陶筹在变成图画性楔形文字以前，已经具有某种助记语言的类文字功能。

---

[1] 裘锡圭：《文字学概要》，商务印书馆1988年版，第4页。

[2] 拱玉书、颜海英、葛英会：《苏美尔、埃及及中国古文字比较研究》，科学出版社2009年版，第153页。

[3]【美】丹尼斯·斯曼德-贝西瑞特：《最早的文字》，载黄亚平、白瑞斯、王霄冰主编：《广义文字学研究》，齐鲁书社2009年版，第108页。

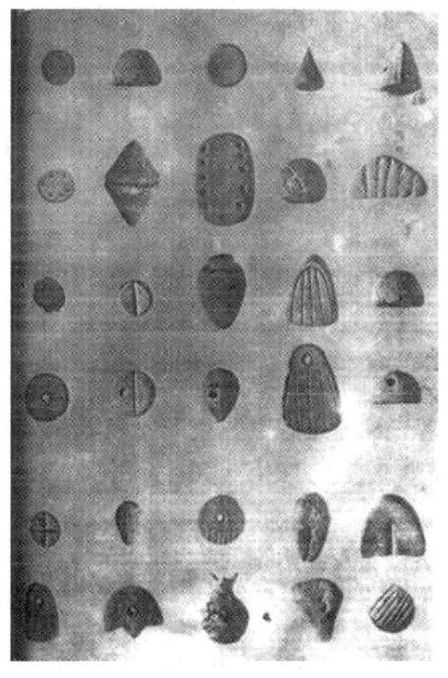

图3　出土于伊朗苏萨城遗址的黏土符号块[1]

这一史实颠覆了象形字单纯起源于图画的结论，至少在楔形文字那里，实物性、三维性的黏土符号块先于二维平面的象形字，只是随着城市兴起、贸易发展的需要，陶筹才逐渐退出历史舞台，“符号形象取代了符号块本身，象征物逐渐演化成了象形字”[2]。“原始契文经过几千年的孕育，由实物发端，几经变化，终于诞生。”[3]

通常人们把有无书写性文字作为划分“史前/有史”的唯一标准，它暗含了一个“史前没有文字记忆”的预设。阿斯曼纠正说：“无文字的社会并不是没有记忆，而是以另一种方式来记忆。”[4]德里达则干脆说：“事实上，被认为‘没有文字’的民族只是缺少某种类型的文字

[1]【美】丹尼斯·斯曼德-贝茜瑞特：《最早的文字》，载黄亚平、白瑞斯、王霄冰主编：《广义文字学研究》，齐鲁书社2009年版，第101页。

[2]【美】丹尼斯·斯曼德-贝茜瑞特：《最早的文字》，载黄亚平、白瑞斯、王霄冰主编：《广义文字学研究》，齐鲁书社2009年版，第116页。

[3]拱玉书、颜海英、葛英会：《苏美尔、埃及及中国古文字比较研究》，科学出版社2009年版，第132页。

[4]【德】阿斯曼：《有文字的和无文字的社会》，《中国海洋大学学报》（社科版），2004年第6期。

而已。”[1]维柯、阿斯曼和德里达都肯定了实物性文字（还包括图像、仪式之类符号）的存在价值，这大大开拓了我们关于什么是文字的理论视野。摆放在远洋公司门口前的铁锚、代表共产主义的斧子镰刀，它们背后的所指都是语言词语，它们也与实物性文字纠缠不清，我们必须要应对这一符号现实。

二、图画性文字

图画性文字“用图画来发挥文字的功用，起于二件事：一是以画记名，一是以画记史。以画记名者，古人往往在用器、祭器和明器上绘下作器者的族名，以表示器物的主权所属，祭统所谓‘夫鼎有铭，铭者自名也’，铭的初义就是名字。……以画记史与瞽者的诵诗传史同是文字未有以前的‘史’”。[2]陈梦家实际上区分了两种图画性文字：叙事性的和名物性的。叙事性的主要是文字画，名物性的主要是刻符。

1. 文字画

人类发现的最早原始图画遗物属于旧石器时代晚期的奥瑞纳－索留特列亚文化（公元前四万年到前二万五千年），这些早期图画都是孤立的、互不联系的，通常是静止地描绘动物的图像，不具有情节的叙述性质。旧石器时代晚期的马格德林文化（公元前25000－前15000年）的洞穴壁画，画法细腻，富有表情和动态，但仍是一些孤立的、缺少叙事性的图画（见图4）。

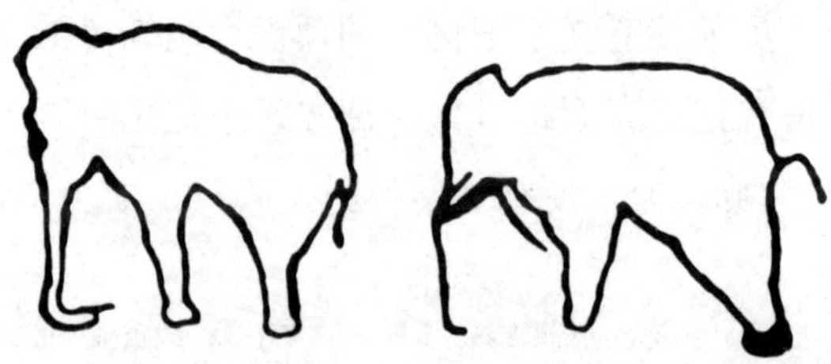

图4　两万多年以前的图画，静止的描写，不具有情节叙事性

中石器时代（公元前15000至前9000－8000年）开始出现文字画的

[1]【法】德里达：《论文字学》，汪堂家译，上海译文出版社1999年版，第123页。

[2]陈梦家：《中国文字学》，中华书局2006年版，第19页。

萌芽，中时期艺术出现了较复杂的具有情节叙述性质的组画，而早期人类的图画文字叙事性是很强的。一般认为文字画最终形成于新石器时代。在美洲和非洲，殖民主义者未涉足之前，有许多仍处在新石器时代的民族和原始部落，他们所使用的图画文字表明，这些图画已不是单独孤立的图形，已经有了叙事性和顺序相连的组图。这些图画已经有了记事和交际的功能（见图5）。

图5　原始部落的具有叙事性的图画，即文字画。

大意为：用一头野牛、海獭和绵羊交换三十只猎获（猎枪符号）的海狸[1]

2. 刻符

学术界一般把刻符看做是汉字的主要来源。所谓刻符，主要指刻或划在陶器、石器、龟甲、骨、玉等遗物上的原始符号。在上起公元前6000年下至公元前2000年的中国新石器时代遗址中，这类刻符广泛留存。

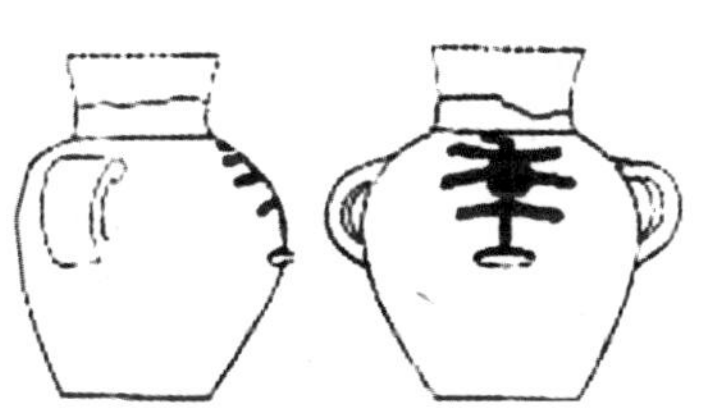

图6　大汶口文化的象征性陶符[2]

[1] 图4、图5引自【苏】B.A.伊斯特林：《文字的产生和发展》，左少兴译，北京大学出版社1987年版，第59、64页。

[2] 【美】杨晓能：《另一种古史：青铜器纹饰、图形文字与图像铭文的解读》，唐际根、孙亚冰译，三联书店2008年版，第116页。

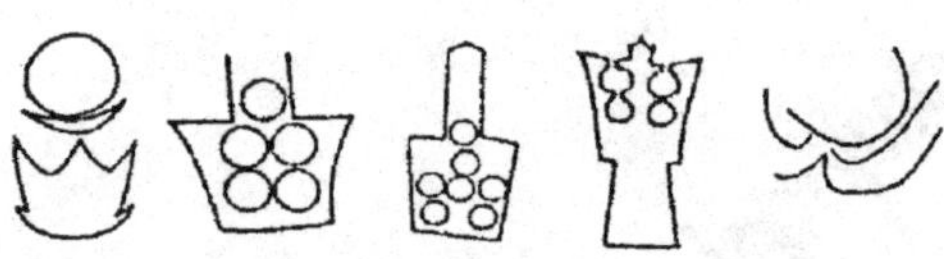

图7 大汶口文化陶器上的刻符：已经十分接近象形字[1]

史前刻符有以下几个特点：

（1）物名性 刻符的表意功能主要包括两个方面：一是记事，早期的陶符是说明与陶器相关之事，如陶工或陶器所有者的姓名、陶器容量、陶器盛装的内容以及相关的数字。这类刻符多是较为抽象的几何形符号。二是象征，指出现的礼器（墓葬、祭拜后占卜的陶器、玉器等）上的刻符和纹饰。主要表达共同崇祀的神名、视为神圣的图腾等（见图6）。相对而言，象征性刻画符号具有较强的象形性。

史前刻符的物名性体现在：①它们与器物之间是同时出现的存在性关联，是器物的标签、说明或阐释。因此，在结构形态上刻符多是“它们均单个出现，尚未连缀成书面语言”。[2]②其读音是具体物的名称音而不是概括性的词音。这些符号“是以各种品物与氏族之间的特有关系为背景的”，“目的是用它们来帮助记忆或辅助语言。人们望见图形便可知晓其物，原来人们对相关品物的称呼自然就成为图形符号的读音。所以，象形文字的读音原是在制字之前就先行存在的品物的名称，并不是图像完成后才确定其读音的”。[3]

[1]【美】杨晓能：《另一种古史：青铜器纹饰、图形文字与图像铭文的解读》，唐际根、孙亚冰译，三联书店2008年版，第116页。

[2]【美】张光直：《美术、神话与祭祀》，郭净译，辽宁教育出版社2002年版，第64页。

[3]拱玉书、颜海英、葛英会：《苏美尔、埃及及中国古文字比较研究》，科学出版社2009年版，第113、121页。

（2）类文字性 凡是介于实物符号与文字、图画与文字的中间状态的符号现象都是类文字，由于这些类文字产生于成熟的文字之前，所以我们叫做史前类文字。刻符与所表达的事物之间常常有着同时性依存关系，就像商品的图形商标是贴在商品上的视觉标识。这个标识并非是为了代表某个语言单位而是为了识别（商品）。但是那个被标识的商品物又有着自己的名称，因此商标在标识物品的同时又间接地代表了那个物品的语言名称。多数刻符也具有商标的这种性质："陶器符号有四个特点：① 它们是辨认标记；② 它们具有助记功能；③ 它们不直接表达语言；④ 它们是导致文字起源的因素之一。"[1]这四个特点显然是刻符的图像符号的特征，它的主要功能还是视觉识别。但有些刻符也具有了文字的某些特征：① 笔画化，它们具有相对稳定的视觉形式。② 语言化，它们开始具有稳定的物名关系，这种关系有可能导致由对物的具体名称的指涉向对词语的指涉的过渡。在这种过渡中的某些符号，最有可能成为汉字的直接来源之一。③ 那些可能成为汉字来源的刻符，常常与后起的甲金文象形字在形体上相似。因此，这类刻符我们称之为史前类文字。

使用"史前类文字"这个概念，意在用符号学观点阐释视觉符号中言文象相互渗透、相互作用、共同演进的规律。它是一种理论范畴而非描写性结论。传统的文字学研究严格把守文字与非文字的界线，竭力抬高非文字符号进入汉字或准汉字的门槛，其结果是将研究对象限制在成熟汉字可接受的标准之内。而符号学的类符号理论解构了文字与非文字的二元对立模式，将汉字起源转换为一个既不见原点也不见终点的互动演进的历史过程，进而大大丰富和扩大了史前符号研究的视野，一切类文字现象都可包容在"汉字的发生"这个大主题中。

（3）有史类文字 "有史"指有成熟文字以来的历史，这里的"有史类文字"，主要发生在甲骨文和青铜器铭文的商周时期。华夏文明进入文字时代以后，曾经在相当的一个时间段内存在着史前类文字的遗

[1] 拱玉书、颜海英、葛英会：《苏美尔、埃及及中国古文字比较研究》，科学出版社2009年版，第65页。

留，因它们常常与成熟的文字平行出现，我们称这类符号为"有史类文字"，主要分析族徽字、图像铭文和纹饰。

族徽字 商周时期的青铜器上铭刻的文字即金文中有两类符号：一类是用作族徽的文字，主要表示氏族图腾、祭品等的名称；另一类是用于记事记言的文字。族徽字的"象形程度显著地高于用于记事的一般金文。后者大都见于商代后期的晚期铜器上，字形跟晚期甲骨文相似。族名金文不管是见于早期铜器的，还是见于晚期铜器的，都比早期甲骨文还要象形"[1]。下面是族徽字与甲金文的对比[2]：

	虎	犬	牛	止	戌
族名金文					
早期甲骨文					
一般金文					
晚期甲骨文					

图8 族徽字与甲金文

族徽字具有临界性特征：一方面，它虽然属于主要表名称的物名字，但它的所指内容主要是现实物而非观念物，现实物与名称（如专名）有关，观念物与词语有关，这说明它还没有像成熟的文字那样直接与语言的结构单位（词语）关联。另一方面，它们"在构形上应该与……表意字同属一个范畴"[3]。"商周族徽文字又是成熟的有史文字体系的一部分，它的构形方式、构字意图、表达意象与金文、甲骨文有一定的联系。"[4]族徽字处于史前类符号与成熟象形字的中间状态，显然具有类文字的典型特征。因为它们与成熟的象形字并行使用，

[1] 裘锡圭：《文字学概要》，商务印书馆1988年版，第43页。

[2] 裘锡圭：《文字学概要》，商务印书馆1988年版，第43页。

[3] 王蕴智：《字学论集》，河南美术出版社2004年版，第50、51页。

[4] 黄亚平、孟华：《汉字符号学》上编（黄亚平撰），上海古籍出版社2001年版，第117、118页。

所以我们称族徽字为“有史类文字”。

学术界的主流意见认为族徽字比商周时代的一般象形字更为古老，是史前类文字的延续：“商周时期的族名金文，不仅在性质、功用上与史前陶器符号相同，同时在形式与内容上也与史前陶器符号一脉相承。”[1]但也有不同的看法，李学勤认为，族徽“只是为了把族氏突出出来而写的一种‘美术字’，并不是原始的象形文字，也不能作为文字画来理解”[2]。

这是很有意思的争议：倘若把族徽看做是史前类文字的延伸，那么它就是“向心化类文字”；如果像李学勤那样看做是“美术字”，它就是“离心化类文字”。这种讨论不仅会深化古文字史的研究，对符号学也大有裨益。

图像铭文 在商代与西周时期青铜器外底的部位，经常可见到龙形及其他动物的图像，学术界一般把它们当做纹饰看待，但美籍学者杨晓能认为，这类图像是“兼具铭文效用与纹饰外表的独特的视觉载体。或者说：它们看似纹饰，却有着铭文的功能，故名之为‘图像铭文’”[3]。

图9 图像铭文[4]

[1] 拱玉书、颜海英、葛英会：《苏美尔、埃及及中国古文字比较研究》，科学出版社2009年版，第112页。

[2] 李学勤：《古文字学初阶》，中华书局1985年版，第34页。

[3] 【美】杨晓能：《另一种古史：青铜器纹饰、图形文字与图像铭文的解读》，唐际根、孙亚冰译，三联书店2008年版，第202页。

[4] 【美】杨晓能：《另一种古史：青铜器纹饰、图形文字与图像铭文的解读》，唐际根、孙亚冰译，三联书店2008年版，第213页。

杨晓能认为这类具有铭文性质的图像主要有以下几个特点：[1]

① 它出现在铜器外底看不到的部位，因此其功能显然不是为了装饰或美观。

② 同一种外底动物图像（包括龙形），“往往分布于不同地区，存在于不同朝代，出现在不同器皿上”，显然它们已经脱离了物名的存在性关联而成为一种约定性象征符号。

③ 这些图像有与亲属铭文组合的至少有三例，说明它们非简单图画而具有与铭文相近的功能。

④ 外底有图像铭文的青铜器，内底也铸有常规铭文，这表明“它的含义和功能与常规铭文、图形文字截然不同”。

⑤ 绝大多数外底有图像铭文的青铜器，其器表都有纹饰，但器表的主题图案极少与外底动物图像一致。这说明二者的含义和功能都是不同的。“这是史前文化向青铜器文化发展的必然产物。外底图像铭文与器表纹饰继承、发展、分担了史前纹饰的多种功能，前者承担了象征和铭文的功能，后者则肩负纹饰、宗教和政治的责任。”

⑥ 金文和甲骨文中有大量与外底图像铭文相同的图形文字。

上述特征显然具有介于图像和文字之间的中介性质，因此杨晓能提出了一个类文字范式的构想：

> 其他地区或文明的人类遗存中有没有类似的介于艺术与文字、纹饰与铭文之间的灰色区域或中间载体？是否需要给艺术与书写、纹饰与铭文重新定义？……图像铭文实际上是一种介于两者之间的传达信息的方式。[2]

纹饰　青铜器表面的纹饰，常见的图案有饕餮纹、夔龙纹、凤鸟纹、蝉纹、云雷纹等。

---

[1]【美】杨晓能：《另一种古史：青铜器纹饰、图形文字与图像铭文的解读》，唐际根、孙亚冰译，三联书店2008年版，第213~216页。

[2]【美】杨晓能：《另一种古史：青铜器纹饰、图形文字与图像铭文的解读》，唐际根、孙亚冰译，三联书店2008年版，第223页。

图10　商代青铜器纹饰[1]

主流意见是这类纹饰既具有装饰作用又含载寓意。杨晓能认为，这些纹饰“以图像化的形式展示当时共享的宗教观和宇宙观，传播以兽面纹为代表的包罗万象的众神动物崇拜，致力于宣传王朝宗教，为王朝统治的合法性和凝聚力服务”[2]。也就是说，纹饰不仅是图像，同时也是具有广泛约定性的象征性意符，它比一般意义上的图像更具有笔画性（程式化的形式结构）、语言性（固定的词语阐释），因此指涉了一个超越具体在场物或事件的观念物，这个观念物寄存于词语中而成为纹饰的所指。这种具有意符功能的纹饰显然也具有类文字的特性。

三、象符

象符主要指象形字。撇开更早的实物符号不论，象形字的直接来源一是图画文字，一是刻符。从图画文字或刻符到象形字之间可能有个过渡，处于这个过渡性质的文字符号就是类文字。本书图76（见第四章第四节），是一个用图画文字“牛前腿”充当象形字的例子，这反映了二者之间的过渡性质。

自源文明中的三个典型代表，即中国、埃及和两河文明中，象形文字的使用是其共同特征。就目前所知，文字最早出现在今中东地区两河流域的美索不达米亚平原，该地区南部的苏美尔人为我们留下了距今

---

［1］【美】杨晓能：《另一种古史：青铜器纹饰、图形文字与图像铭文的解读》，唐际根、孙亚冰译，三联书店2008年版，第47页。

［2］【美】杨晓能：《另一种古史：青铜器纹饰、图形文字与图像铭文的解读》，唐际根、孙亚冰译，三联书店2008年版，第382页。

5000年以前的文字材料。根据研究，这种最早的文字是象形文字，它们从陶筹即黏土块演化而来，由简化的线条构成，用以模拟所指的物体。例如用牛头的线条表示牛；在三角形内加一线表示女性阴部，意指女人。把若干个象形文字组合起来，则可以表达一个意思，这样就形成了所谓的会意字。例如，在表示女人的符号旁边，添加一个代表山的记号，表示在山那边俘获的女人，意指女奴。学者们现在已辨认出约1500个早期象形文字。随着时间的推移，这些象形字的曲线笔画消失了。因为两河流域有大量的黏土和芦苇，人们用一头削尖的芦苇笔，在泥版上划写，就会出现楔形，于是这种文字就被叫做楔形文字。

起源于尼罗河流域的古埃及也是农耕文明。公元前3100年的“那尔迈调色板”是早期的象形字（见图11）资料。那尔迈的名字是鱼形（读作ner）和凿子（读作mr）的结合，放在正上方两个牛头人面像之间的长方形框里。其他人的名字或头衔，放在他们头的上方，用小的象形符号书写。[1]据考证，那尔迈大概是埃及历史文献上所说的第一王朝的第一王美尼斯。调色板的内容再现了埃及人的神权观念和独特的宗教思想。古埃及自统一王朝建立起，就完全进入了以神王——法老为中心的历史。

图11

[1] 引自【苏】B.A.伊斯特林：《文字的产生和发展》，左少兴译，北京大学出版社1987年版，第107页。

埃及象形文字由三类符号所构成：第一种是图像文字，也就是直接模拟物象的图式化符号，而将这些符号作各种组合，也可以表示种种观念。第二种是表音文字，即借用各种象形文字来表示语音，大致相当于汉字中的假借字。第三种则是限定符号（或称意符），用来表示所表达的物象是哪一种类型或属性。

黄河流域诞生的汉民族也属农耕文明。我们所能见到的系统的最早文字材料是殷商时代的甲骨文，但那已经是非常成熟的象形文字了。甲骨文也即殷人占卜的记录，所以简称为卜辞。由甲骨卜辞可以看出宗教祭祀活动在殷人的生活中占有十分重要的地位，也是商王军政事务决策的依据。

图12　上面一行是古埃及象形字（圣书字），下面一行是甲骨文[1]

1. 象符的特点

象形字具有这么几个特点：① 有相对固定的书写手段。如楔形文字使用泥版和芦苇秆，甲骨文主要使用兽骨龟甲以及刀笔等。②“所见即所得”。即字形的图像性较强，根据字形即可领会所表达的词语的意义。③ 有了较强的约定性，如表示固定的词语单位和读音、较规范的书写形式等。

史前类文字和象形字的主要区别在于：① 前者约定性较弱，一般与意义不太确定的言语单位（主要是话语性语段）相关；后者则固定地表达语言的词语单位，约定性强。② 史前类文字以图画为主，兼具文字表达功能；象形字以字为主，兼具图画的某些编码特征。它们的共同特征，其一是都具有某种程度“有声性”或语音关联度；其二是类符号性，它们都介于图画与文字、描绘与书写之间。

[1] 引自周有光:《比较文字学初探》，语文出版社1998年版，第168页。

2. 汉字象形字的类文字性

以汉字的发展为例，如果说史前类文字体现了由图像向成熟的象形字系统过渡的中间形态，那么商周时期以甲骨文和金文为代表的上古象形字系统，与之后的秦汉方块汉字（今文字）相比较，前者也具有类文字特征。主要表现在：

（1）图画性和线条性 笔画化与文字有关，线条化与图像有关，相对而言具有这双重性质的符号就是类文字。二者是一对符号间性范畴，它们的性质取决于两个对比项之间的关系。因此，在图像符号里面也有笔画化元素，如中国山水画画法中的“重叠的三角形山的母题”，山的线条轮廓呈现程式化的重叠三角形态；[1]文字符号里面也有线条化倾向，如象形字中的图画性质。这样，作为符号学范畴的笔画和线条就打通了各类异质符号之间的边界，使得本专属于某类符号的编码在更高的符号场层面上相互转移、渗透，出现你中有我、我中有你的类符号形态。

甲金文象形字的类符号性主要表现在表意功能与图画功能的双重性，这是在符号间性中——在甲金文与后起的今文字的比较中获得的。如甲骨文ʔ（人）字，像一个恭谨侧立的人的图像，表达汉语“人”的概念。这个象形形体作为字形，它有自己规范化的笔画和稳定的结构形态，并以观念物作为自己的所指（所谓“表意”性），行使的是相似性、象征性编码；作为图画，它的形体又出现“画成其物，随体诘诎”的线条性特征，并以现实物作为自己的所指，行使的是像似性编码。但它又不是单纯的线条（图画）或单纯的笔画（文字），总是集图文双重属性于一身。

（2）物名性 尤其是甲骨文，已经脱离了“制器题名”的存在性物名关系模式，而成为词语观念物或经验现实物的书写符号。从所指的演变看，汉字经历了以下几个阶段：实物的不在场，使物的标签或题名

[1]【美】方闻：《心印：中国书画风格与结构分析研究》，李维琨译，陕西人民美术出版社2004年版，第21页。

成为物的图像（如由刻符而象符）；现实物的不在场，使物的图像成为物的观念性意符（如由象符而意符）；观念物的不在场，使得观念性意符变成纯粹的声符（如由意符而声符即表音字）。一部汉字所指的演变史就是文字的物名存在性关系的断裂史，就是汉字所指与其实物性原点渐行渐远的历史。文字的物名性，主要指文字的所指与在场物或在场事件的接近程度，越是接近，其物名性越强。

商周象形字与史前、有史类文字相比，后者显然具有较高的物名特征：总是与所题名的器物建立存在性关联。到了成熟的象形字阶段，意符脱离了在场物的羁绊而成为一种离境化的抽象模式和约定符号，由关注书写对象转向关注书写符号自身：文字自身的结构规范、它与不在场的现实物和词语之间的规范的约定关系、它与语言结构单位的固定对应性、它与其他字符之间连缀或建构的组织规则等，都成为文字符号趋向成熟的重要标志。

但是，商周甲金文脱离了史前、有史类文字的“制物题名”的物名性特征之后，与今文字相比仍存在另一种更高形式的物名性：较强的记事性。它们较多地出现在一个仪式场内，是对在场的仪式性事件的记录和铭刻，文字与事件有着较高的在场性关联。例如，甲骨文主要是关于占卜事件的记录，而非文人的面壁虚构，所以也叫做“卜辞”。卜辞的刻写内容多为在场的事件，这与竹简的离境化、记言性、不在场写作有着重大区别：前者更具物名性。这种物名性也属于象形字的类文字性的表现。

“古代文字之刻于甲骨、金石，印于陶泥者，皆不能称之为‘书’。书籍的起源，当追溯至竹简和木牍，编以书绳，聚简成篇。”[1]古汉字“册”字像一捆简牍，编以书绳二道，最早见于殷商的甲骨文。书籍这种载体的出现，意味着物名性的减弱：人们可以脱离在场物或实际场景进行离境化的书写。学术界一般认为物名性的铭记（卜辞）与写作性书籍（典册）在商周时代同时出现。裘锡圭认为，

[1]【美】钱存训：《书于竹帛》，上海书店出版社2002年版，第71页。

“商代典册的内容无疑会比甲骨文、金文更为重要，文字篇幅也一定会更长。可惜竹木易腐，没能保存下来。”[1]

但我们认为，书籍性写作带有较强的离境化或记言性特征，代表了书写从物名存在性关联中脱离出来的理性主义倾向，是文字发展史上的更高阶段，代表了一种更高的文化类型。而殷商在整体上还是“国之大事，惟祀与戎”的仪式时代，即使存在书籍性写作的萌芽，以文人士大夫为主体的书籍书写时代还没到来；即使殷商时期出现书写时代的符号元素（竹简），也不能在整体上否认该时期的物名性、记事性书写的特征，以竹简为表征的记言性、不在场书写还没有成为汉民族文化场中的主导型。在中国汉字书写史中，真正脱离在场事件而进行离境化的、独立的文人写作，由记事为主转向记言、代言为主，还是出现在所谓的“轴心期”——春秋战国时代，以孔子为代表的文人士大夫阶层的兴起、竹帛书写的普遍使用为标志。

根据意指定律，符号所指的性质决定符号意指的方式，符号意指方式决定符号的结构方式。具体说来，汉字所指的物名关系性越强，文字的题名性越强，在结构形态上便越是以独立的、个体的、非连缀性句子篇章的方式出现。物名性越弱，文字的所指越是远离在场物，在结构形态上便越是倾向于线性铺排。文字最高抽象程度的语义性所指是拼音文字的音素，它在意指方式上是约定性编码，在结构形态上线性程度最高。正因为如此，在联合国五个常任理事国的同一文本的五个翻译件中，非拼音的汉字文本最薄。这意味着汉字书写的非线性的简约特征，或者说拼音文字的书写文本的线性连缀结构更为突出。就汉字内部而言，甲金文时期的物名性决定了它的非线性铺排特征，其铭文或卜辞以短句、短篇为主，以几个、几十个字为常态。长句和长篇的书写的兴起，还是在《春秋》的出现及其以后的写作中才逐渐体现出来。近代的白话文运动强调汉字所指的表音性（我手写我口），因此，汉字书写的线性铺排达到一个空前的历史高度。

[1] 裘锡圭：《文字学概要》，商务印书馆1988年版，第42页。

所以，汉字经历了一个从情境在场性记事为主到离境化记言为主的历史性转化。在这个转化之前，中国没有真正意义上的文人，只有巫师之类的仪式符号操作者。汉字的使用仅仅是图像、仪式、话语等多种仪式符号中的一个要素，而并未成为仪式文化符号场中的主导型。只有到了以孔子为代表的典籍或书写文化时代，汉民族的文化符号场才逐渐由汉字符号主导，这标志着华夏文明轴心期的到来。

（3）符号关联度强 上古象形字的物名性、记事性书写，呈现出实物符号、图画符号、话语符号和文字符号相交织跨界的类符号特征。根据我们讨论的意指定律，所指的性质决定了编码乃至符号结构的性质，这个符号结构也包括符号间性即符号关联度——异质符号之间的补充关系。

甲金文在所指上具有介于在场物和现实物之间的类符号性质。其物名关系性与在场物有关，这一特性决定了甲金文在符号间性上需要异质符号的补充。也就是说，一个符号所指的实体关联度（与在场物的接近）程度，决定了该符号对符号间性、对符号场的依赖程度。符号所指越接近在场物或物名关系，符号的能指形态越是简约、异质性越强，越需要其他异质符号的补充。

撇开仪式性语境不论，仅从文字能指符号形态上看，甲骨文与兆纹、金文与族徽字/图像铭文/纹饰之间总是发生符号场的连带关系。

以甲骨文为例，兆纹是甲骨经过烤灼后的裂痕，古人借此定夺凶吉。兆纹负载了占卜的核心内容，但作为抽象的图式，它需要借助于卜辞即甲骨文来阐释其意义。因此，兆纹的意义在仪式场景中是明确的，而一旦脱离当下语境，它的意义便转移到记录它的卜辞中，意义被卜辞所替代。甲骨卜辞不仅指涉兆纹，同时还指涉话语（占卜者的言谈），如卜辞中的命辞，是贞人发问之辞的记录。脱离语境后命辞成为话语的记录，它与话语之间构成替代关系。可见甲骨文处于一个复杂的仪式符号场内，其中最重要的有两种异质性关联：一是它与图像（兆纹）的共时性替代关系，一是它与话语的历时性替代关系。因此，我们认为，甲骨文必须站在它与其他异质性符号的关联中来定义自身，离开这种异质性关联的考察，孤立地把甲骨文作为形音义结合体来描述，实际上是分治观的文字纯正主义的表现，其局限是忽视了甲骨文的类符号性或异质性。

再以金文为例，商周的青铜礼器本身就是一个符号，它自身又负载了一个异质符号场，这个符号场内常常由族徽字、图像铭文和纹饰三者共同构成。

杨晓能对这个符号场三要素进行分析后指出，这三类符号的功能有所区别：

> 青铜器器表纹饰以图像化的形式展示当时共享的宗教观和宇宙观……
>
> 图形文字的主体是制作（和首次使用）青铜礼器时具体祭礼的记录，还有所信奉的神灵、作器者的族徽或徽识、作器时的占卜记录、其他专用名词诸如某一特定群体和事项的名称等。
>
> 图像铭文是历代所崇拜的动物形远祖和动物神灵的象征，是跨越时空、文化、民族的超级载体，或为那些代表性和影响力介于纹饰与图形文字之间的远祖神灵的一种特殊表现形式，目的是为了怀念远祖、追记远古动物神灵崇拜，同时兼顾特殊铭文的职能。[1]

我们用类文字的观点分析这三类符号，会发现它们在符号场内保持着某种异质性关系：其中纹饰符号代表符号场内最具图像性、线条性的一极，图形文字则代表符号场内最具文字性和笔画性的一极，而图像铭文则处于图像和文字之间的中间状态。这三类符号在职能分工的基础上相互补充，共同完成仪式符号的表意功能。

而在竹简性书写中，汉字已经脱离异质符号场而成为一个同质化的文字符号自组织结构。在竹简性书写中文字自身的线性长度大大延伸，借以补偿异质符号的缺席所带来的表意上的不确定性。而在异质性互补的符号场中，书写的线性铺排被多元的异质符号间相互补充所取

---

[1]【美】杨晓能：《另一种古史：青铜器纹饰、图形文字与图像铭文的解读》，唐际根、孙亚冰译，三联书店2008年版，第382页。

代。这表现为各异质符号之间的语境性互补，这也是青铜器铭文结构形态简短或个体化、题名化的主要原因。需要指出的是，同样是异质符号之间的补充，甲骨文更倾向于时间性替代（在补充对方的同时“抹去”对方），金文更接近于空间性补充（双方呈空间并置性关系）。相对而言，甲骨文更接近文字的性质，而金文则更具有图像符号的色彩，二者共同构成早期汉字象形字系统的类文字特征。

我们对早期汉字（象形字）的类文字性研究，揭示了一个文字与图像等异质符号相互区分、相互关联的广阔的符号场：它既是语言、文字和图像相互博弈的空间，又是它们相互妥协、相互勾连的产物。这种研究对揭示汉字文化的本质、对研究读图时代的多元符号文化等具有深远的理论意义。

（4）非汉字的象符的类符号性 我们了解了汉字象符亦图亦文的类文字性质以后，便会用这种观点来审视非文字性的象符，它们也是具有图像和文字双重特性的类文字。如：

机动车道标识

男女厕所标识

北京奥运会足球项目标识

小雨的气象标识

电话亭标识

防潮标识

^_^;　　尴尬（表情符号）

这些非文字象符与汉字象符共同的特点是：

① 具有明显的图画性。

② 具有较强的约定性和规定性。如一辆汽车的交通图形只能约定或规定为“机动车道”而不能直接认定为“汽车”。

③ 在表达方式上相通。如它们都是根据象形或会意、独体或合体的造字法设计的。

④ 表达内容的相似。象形字的所指对象是汉语中固定的单词，是固定的形体、发音和语义的三位一体。上述非文字意符虽然不是记录语言的文字单位，但也是固定的形体与固定的词组相结合的产物，具有较强的“语言性”，也就是说，这些图形符号锚固了某个语言单位，具有了“准”书写符号的性质。

因此，我们把上述具有较强图画性、约定性、规定性和语言性，在表达方式上接近象形字的图像符号叫做“类文字”或非文字意符。美国视觉文化理论家米歇尔也指出了上述符号的类文字性质，而传统图文分治观却认为这种类文字现象是“受语言污染最为严重的图像类型”：

> 标志以及象形文字、象形画面和象征，传统上都被认为是受语言污染最为严重的图像类型。实际上，标志是一种技术上的视觉—文字复合形式，是寓言形象配以文本注释。[1]

四、意符

“意符”，从其字形即能指的角度，指的是从图像性、象形性较强的文字符号演变为高度概念化、意象化的文字符号，以合体性的方块汉

[1]【美】W.J.T.米歇尔：《图像理论》，陈永国、胡文征译，北京大学出版社2006年版，第199页。

字为代表。

汉字在秦汉时期经历一次形体上的蜕变：由图像性强的独体象形字转变为抽象的合体方块汉字，“所见即所得”的像似性锐减。如“休”这个方块汉字，由两个意符“人”和“木”会意而成“人靠在树旁休息”的意象性画面。但这个意象画面不是字形提供，而是由字形的结构单位——两个意符提供的，不是“所见即所得”，而是概念联想后产生的意象——传统汉字学称之为“意符”，以区别于象形性的“形符”。汉字经历了由古文字到今文字、象符（形符）到意符的演变，我们今天的汉字也是处于意符阶段。

为什么把汉字叫做意符？有几个理由：

其一，这是就整个汉字形体的表意性而言的。虽然许多独体汉字形体今天已经不表意了，如“人”、“天”、“共”、“水”等，似乎它们仅仅是一个不表意的抽象记号字。但是这些字仍保留了“一个形体、一个音节、一个概念”的意符特征，除了个别的联绵字或音译外来词的书写形式以外，即单个汉字的形体总是携带某个意义，它的所指总是一个观念物。所以我们把这个形体不再象形但仍指涉一个观念物的文字单位叫做意符。

其二，在意符阶段，合体字是汉字的主要结构形式。合体字主要包括会意字和形声字。会意字是由两个或多个意符构成的，如“看”、“冰”、“仙”等；形声字是由意符和声符构成，如“珥”、“钱”等字，右边的部件是声符。但在文字界有很大影响的“右文说”倾向于认为，形声字的音符本来也是意符。如“珥”的声符“耳”兼意符，“钱”的声符“戋”具有“小”的意义。当然也有一些形声字的声符是纯表音的，但是说汉字合体字的主导部件是意符这一点，是符合汉字实际的。因此，当我们说汉字是意符时，不仅指它总是代表一个概念，还指它总是作为一个部件参与汉字的构成。

其三，汉字意符成为汉字结构（合体字）的主导成分，其符号学意义在于，它构成了符号性的能指，进而产生了二级符号性。如“湖”这个形声字由三级符号构成：① 氵/胡；② 古/月；③ 十/口。意符使得符号的能指本身具有意指性，它与所指构成了理据性、阐释性的二级意指关系。“湖”的能指是从意义（水）和读音（胡）两个角度去解释其所指的，二者之间建立了某种理据关系。当然，象符也带有某种程度的二级性，其图像性能指营造某种视觉形象，转指与之相关的某个词义。但是，象形字的所指是介于现实物和观念物之间的类符号（既不是纯粹的现实物也不是纯粹的观念物），象符能指的“所见即所得”的符号特性使得人们常常把图像能指与它背后的现实物关联而不是它的概念，比如我们看见这个象符（刀），会直接把它与现实中的刀相联系而不是它的词语；但是象符的所指又不是绝对的现实物，因为那样就会变成纯粹的图像，它被约定性地指向“刀”这个单词，因而又具有了二级性：象符＋词义。与象符相比，意符的类符号性消失了：它纯粹是作为一个二级符号的能指被使用的，相对而言其所指则是观念物。

1. 汉字意符形体的实体关联度分析

汉字意符的能指一般是具有某种实体性或意义性的符号，但它的形体已经是抽象的方块笔画，与其所指之间不具有像似性的图画关系。汉字意符的形体性质的分析，这涉及符号能指的实体性关联度问题。

（1）形体的实体关联度　符号的所指多数是不在场的，要么是虚构的观念或意象，要么是抽象的语义物或观念区别性特征。而能指必定是在场的、可感的、实体的。但是，能指的这种可感性（实体性）包括了程度差异的两极：抽象感性和具体感性。设一个字母A（能指）代表一个红球（所指），这个能指形体A作用于我们的视感官，我们按照事先的约定把它解读为代表红球。但是，这个可视的能指实体A是一种抽象感性，它强调的是自身结构形式的同一性而非物理表现的同一性。结构形式的同一性是指，无论什么情况下它必须写作A而不是B、C……，这个A不管用铅笔、毛笔、黑色、蓝色来表现，只要形体结构形式不变，它都是同一个A，对物理表现的实际差异可以忽略不计。所以，抽象感性实体的含义是：① 能指必须要由某个媒介、某个物理实体来负载和表现；② 它对实体的具体差异忽略不计而主要关注的是结构形式的差异。

但是，我们设一个红色的A代表红球，情况就发生了变化：能指实体的物理特征与所指有着一定的理据关联性（试想改用蓝色A代表红球，用红色A代表蓝球，显然效果不好）。这个红色A充当红球的能指，显然属于具体感性：符号能指实体与符号所指有某种理据性关联。当然，许多符号的能指并不是由像似性的或者由某种意味的物理载体（如红色的A）构成的，而是由已有的符号即意符构成的，如汉字“男”的能指是由两个意符“田”+“力”复合而成（会意字），这时的具体感性是由充当能指的两个意符提供的，它们结合后形成一个会意性画面：田里的劳动者。可见，符号能指的实体性包含了一个由具体感性到抽象感性的张力空间，这对立的两极的中间有着若干过渡情况，它们共同构成了能指间性这个概念：符号能指在具体感性和抽象感性之间产生的若干过渡单位，这些单位之间的关系就是能指间性。

以文字历史发展中的能指间性为例，其能指物经历了三维实物性形体、图画性形体、意符性形体和图形性形体（又分意味形式的图形：如前例红色的A；纯抽象的图形：如前例抽象的A）几个类型。在这四种形体中，三维实物性能指具体感性最强，其次是二维图画，再次是意符，最次是图形（稍后我们将讨论）。也就是说，实物能指和图形能指代表了符号能指具体感性和抽象感性的两极，其他则处于中间状态。

这就产生了一个能指实体关联度的概念：符号能指越是接近具体感性，它的实体性就越强，实体关联度越高；越是接近抽象感性，能指的形式化程度就越高，实体关联度就越低。

（2）汉字意符的形体的实体关联度较高　以意符为主体的汉字的“形”，大致相当于符号学的“能指”，但这个能指本身又是有意义的符号，不像字母那样是无意义的纯粹形式化图形。

汉字的“形”包括两个层级：

形体层：由特定的硬件系统（如传统的“文房四宝”笔墨纸砚）和软件系统（如笔画）构成的区别性视觉单位。

字符层：即构成合体字的符号性单位——偏旁，如形声字“根”的偏旁由声符“艮”和形符（或意符）“木”构成。

就汉字的形体层而言，汉字复杂的笔画结构与它的书写硬件系统有着内在的联系。拉丁字母使用的是硬笔，它的硬件系统倾向于迅速便捷地书写文字，因此属于技术性媒介，技术性媒介与文字形体之间内在关联性较低。汉字本质上属于软笔系统，毛笔属于技能性工具，它与汉字形体之间有着内在的关联性，如表现性的软笔更青睐繁体字和复杂的笔画，更倾向于使笔画具有线条化的图画特征。另外，汉字的笔画历时上脱胎于图画，共时上更易于被图像化、美术化。这些特征都是汉字形体层实体关联度高的表现（与拉丁字母相比而言）。

就汉字能指的字符层而言，每一个字符都是一个对其所指——汉语语素单位的理解形式，意符建立起与语素单位的意义性理据关系，声符则建立起与语素单位的声音理据关系（汉字声符是谐音联想原则：借助一个熟悉的、相近或相同的字音表达汉语语素的读音），因此汉字的字符层（能指）与所指之间具有理据关系。与抽象感性的拉丁字母相比，汉字的字符也是具象感性的实体。

下面我们重点分析意符能指的形体层和字符层的类符号性。

2. 汉字意符能指的形体层与类符号

根据“实体必杂质，杂质必类符号”的规则，一个实体关联度高的符号能指，它倾向于通过实体性差异而非形式化区别来表意，因此，这种对实体性差异的追求必然导致对杂质性媒介手段的综合利用，进而出现类符号特征。我们重点通过“书写性”（或“类书写”）和“类形体”这两种现象，来分析汉字形体层的类符号性或类文字性。

（1）类书写：一个书画相通的类符号现象　从文字的硬件角度讨论汉字的类符号性，主要涉及汉字的书写工具及其运用方式。

汉字使用硬笔是近现代西方文化冲击的产物，就其形体的硬件（物质媒介）而言，汉字本性上属于软笔系统：笔墨纸砚成为汉字书写、汉字书法艺术以及传统绘画共同的物理介质。这种介质具有书画相通的类符号特征：跨类的书写工具和跨类的书写方式。

今天的汉字书写工具已经多元化了。但中国人普遍使用硬笔还不到一百年的历史，在两千多年的历史中，固定地使用毛笔是汉民族书写和绘画的基本特征。所谓的“书画同源”，首先表现在书写（绘画）工具的通用上，因为毛笔具有集书写与描绘工具于一体的跨类性质。

汉字使用毛笔，其黑色的墨汁与纸面的空白承载了五彩缤纷的意象，这种高度抽象化的色彩远离现实，其符号性的实现更强调对书写自身线条结构的整体依赖，因此其形体具有抽象概括的特点。

汉字或中国画在书写过程中，饱蘸墨汁的毛笔在枯竭之前一般不能停笔，书写的行止往往以墨汁的枯盈为界。吸水性强的中国古代宣纸，墨水滴在上面要产生从高浓度向低浓度扩散的水晕，要再回复原样是不可能的，它的变化呈现时间的一维性，进而不宜像羊皮卷或今天表面油光的书写纸那样随时涂抹、擦拭。宣纸抗拒修改并保持形体的连贯整体性，要求书写过程的一气呵成和时间上的不可逆。

这种书写性的直接结果，是继时性的“意在笔先”和共时性的“一气呵成”之间的制衡。一气呵成的连贯性书写依赖于事先“胸有成竹”的意念，书写是对之前的意念的整体铭刻、抒发、追述。与之相反，可随时涂抹、擦拭、修改的书写或描绘性工具（如硬笔或者是西方的画笔、油彩），这种可逆性书写与意念的进程同行止，构成一种同时性的形意再现关系。中国传统写意画也具有“抽象概括、一气呵成与意在笔先”的特点。美国著名中国绘画史学家高居瀚指出：“我们必须牢记当画家用墨在绢上作画时，是不像画油画那样做修改和反复涂画的。”[1]他认为中国画的这种不可逆性书写与汉字书写有关：“据载，五世纪的画家陆探微已采用‘一笔’画法，这种技法衍生于笔画与字相互连接的一笔书。吴道子很可能已将这种书法模式发展为一种更加灵活、更富于表现效果的绘画方法……张彦远坚称，吴道子绘画中的这些观念，早在他动笔之前就已完全蕴含于其内心深处，因此他可以用有效的寥寥数笔完整地勾画图像，正如一个复杂汉字的草书形式，可循着一条转动、纠缠的线条，加以识别。”[2]

汉字“抽象概括、一气呵成与意在笔先”的书写性也可叫做“不可逆性书写”，这是介于文字书写、文章书写以及书法绘画之间的类符

[1] 范景中、高昕丹编选：《风格与观念：高居瀚中国绘画史文集》，中国美术学院出版社2011年版，第97页。

[2] 范景中、高昕丹编选：《风格与观念：高居瀚中国绘画史文集》，中国美术学院出版社2011年版，第68页。

号现象：以毛笔为核心的书写系统将时间性的书写原则转移到空间的、可逆性的绘画表现中去，使得绘画具有了书写性特征。从媒体的角度看，是由它的绘画工具即“文房四宝”所决定的，与西方的绘画工具相比，文房四宝是一种“不可逆性书写工具”。而毛笔用于汉字书写的时候，它与西方的硬笔相比又具有绘画的空间编码特征，如汉字书写的笔法——“永字八法”（点如高峰之坠石，横如逆锋落纸，竖如万岁之枯藤，短撇如鸟啄物，短横如策马……），如汉字书写的墨法（用墨的浓淡、干湿、疾涩等表现出的无穷韵味）等，都与书写工具的实体特性有关。与毛笔的介于空间表现和时间表达的类媒体、类符号状态相反，西方的绘画和书写工具系统是倾向于时空二元对立的，描绘性的画笔是可做修改和反复涂画的空间性表达，而书写性的硬笔（芦苇笔、羽毛笔、钢笔等）则适合于按照线性时间的维度快速划写。

所谓书写性或类书写，是指介于表意和表现、写作和描绘双重媒体之间的符号化活动。一方面，类书写将汉字及其硬件系统看做是汉语的表达工具，承载着语言“写意”的功能；另一方面类书写又是一个视觉形象的呈现过程，具有空间表现功能。中国的书法艺术是典型的类书写，相传王羲之的书法名篇《兰亭集序》，是边想边写、一气呵成的作品。这个过程既指向语言（文章内容），又指向视觉形象（书法艺术），这种对意义与形象的双重书写，就是类书写，就是“中国式书写”。

图13　不可逆性表达：一气呵成的中国画作画场景。
来源：新华网浙江频道（2008-04-28）

图14

可逆性表达：毕加索的《格尔尼卡》（来源：百度图片）的创作已知的习作素描就有四十五张。他在《斯坦因画像》创作过程中，斯坦因本人曾为这幅肖像做了八十次模特。[1]

（2）类形体：笔画与线条之间的舞蹈　汉字书写性的结果是产生类形体，指介于图像和文字之间的视觉形体结构，是类符号或类文字在能指上的表现。

类形体具有一般文字的语言指涉功能，但又保持了图像性而没有完全成为语言的替代品。学术界对于类形体现象的关注由来已久，主要集中在两个领域：一是文字起源研究领域的“意符说”，如沈兼士1946年发表的《初期意符字之特性》中指出：

> 由文字画蜕化为六书文字，中间应有一过渡时期，逐渐将各直接表示事物之图形变为间接代表言语之符号。其形音义或由游离变为固定，或由复合变为独立，今姑名之为初期意符字……[2]

显然，这里的“初期意符字”就是我们说的史前类文字。关注这种类文字现象的第二个领域是语言符号学中的“图像符号文字说”。如著名语言学家赵元任放宽了对文字的理解，将图像符号看做是文字，认为“凡是视觉符号，用来代表语言的就是文字”。他举例交通标志符号←┐，如果在上面打上＼，表示“禁止左转”，那它就是文字。我们若

[1] 鲍诗度：《西方现代派美术》，中国青年出版社1993年版，第134、139页。
[2] 沈兼士：《沈兼士学术论文集》，中华书局1986年版，第207页。

按此类推，一些公式符号或标点符号也就属于文字了。他还举例，一个骷髅跟两根骨头的图画，如果专指“有毒”这个意义，那它“就有文字资格了”[1]。值得注意的是，赵元任虽然没有区分常识中的文字与类文字，但他这里所分析的显然是类文字或类形体，而且包括两类：一是图画性类文字——本书称之为“类象形字”，如表示“有毒”概念的骷髅图；二是图形性类文字，如抽象的交通记号、标点符号等——本书称之为“类记号字”。我们把“类象形字”和“类记号字”都归为类文字中的类形体。

笔者在其《文字论》中使用“汉字的中介化”[2]这个术语来分析这种类形体现象，指文字符号自我异化为图像或图像符号异化为汉字的趋势：

图15
（引自：袁永，新浪网，2006年3月14日）

文字与图像之间这种既否定又肯定，既趋同又自我异化的性质，我们称之为符号的“第三空间性”[3]，也称之为“类文字性”[4]。

从汉字的形体结构看，其构成要件都具有笔画和线条双重性。

笔画，在本书中泛指能够重复使用的构成图像的最小视觉单位或抽象结构单元，它本身不含意味或意义，但笔画所构成的整体部件（字

[1] 赵元任：《语言问题》，商务印书馆1980年版，第140、141页。
[2] 孟华：《文字论》，山东教育出版社2008年版，第137页。
[3] 孟华主编：《三重证据法：语言、文字、图像》，吉林大学出版社2009年版，第64页。
[4] 孟华：《试论类文字》，《符号与传媒》2011年第2期。

或字符）则是表意的意符。如下图：

```
 ╭︿︿︿╮
 {/o   o/}
 ((oo))
 ︶︶︶
```

图16

这是一个“猪”的写意图，但它的基本单元不是依类赋形的线条，而是固定的可以重复使用的区别性单位，它们具有“像素”性质。汉字的笔画“点、横、竖、撇、捺”就是这类区别性单位。我们说笔画具有“像素”性质，这已超出狭义汉字学范畴而进入符号学视野：它也可以用来分析非汉字的视觉符号。

“线条”在本书中是与“笔画”对立的关系概念：“线条本身有其特殊的语言和习语。”“全长的横线不仅能唤起宽广的感觉，而且还能唤起重量感、静止感，确实，还有悲哀感。曲线易于使人联想到运动……”[1]

线条有两种：一是本身具有抽象意味（如尖锐的齿形线条与柔和的流线型相比）；二是具象摹状（如象形汉字的“口”是对嘴的具象摹状）。

由此，我们得出的结论是：笔画与文字有关，线条与图像有关。笔画遵循语言的线性法则（可分析性、约定性、重复性和线性一致性规则），线条遵循图画的非线性空间法则和像似的非约定性。

汉字的形体具有类符号、类文字性质或图文中介性质：它既是笔画又是线条。作为笔画，它构成字形；作为线条，意味线条构成汉字书法，摹状线条构成汉字美术字或文字画。作为线条，它包含某种意味形式和摹状形式，为图像符号做准备；作为笔画，它是任意性差别化的手段，为文字符号做准备。因此我们对汉字的这种图文中介化的类形体现象概括为：① 笔画的自由化、摹状化就是线条；线条的习语化、程

[1]【意大利】玛克斯·德索：《美学与艺术理论》，兰金仁译，中国社会科学出版社1987年版，第372、373页。

式化、规范化就是笔画。② 二者之间的徘徊构成了字法（汉字形体构造）与书法（包括美术字、文字画）的两极，这种徘徊和中介性质就是类形体性或类文字性。

从动态的过程来看，汉字的书写是笔画化和线条化两种力量的制衡。[1]汉字书写的线条化倾向使得书写总是在追逐对象、物象，笔画化又使得物象变得理念化而转化为概念化的意符或纯形式化区别单位。这两种力量的制衡既表现在汉字系统内部（如古文字追求线条化，今文字追求笔画化；或者独体象形字追求线条化，合体形声字追求笔画化等），也表现在汉字的外部——汉字与绘画的接壤地带。见下图：

图17[2]　在波涛汹涌的海的意象背后，我们依稀辨认出汉字“海”的原型。现代书画家邵岩的作品将汉字的线条化推向极致的同时，汉字的笔画（“海”字原型）依然与之遥相呼应。这是一种在笔画与线条之间舞蹈的艺术。

熟悉中国书法艺术的瑞士现代派画家克利（1879—1940）的《鼓手》（见图59）[3]，深得汉字书写性的奥妙。《鼓手》猛看上去似乎是汉字书法线条，但与邵岩的《海》相比，它完全摆脱汉字笔画的束缚而成为现代抽象主义绘画。这说明，书法艺术是笔画舞台上的线条之舞，它只能在笔画图式的前提下恣意妄为。但克利的作品已经突破了笔画的框架。

---

[1] 就这个问题青年学者匡景鹏与我进行过富于启发的讨论，特致谢意。

[2] 引自2011 www.shaoyan.cn

[3] 引自鲍诗度：《西方现代派美术》，中国青年出版社1993年版，第231页。

从类形体的角度看包括两类汉字：“离心化类文字”和“向心化类文字”。

向心化类文字　指的是“图趋文”的类形体趋势：线条的笔画化或图像的文字化，就是“向心化类文字”。如我们讨论的史前类文字，体现了图像向文字靠拢的过渡现象，就属于“向心化类文字”。广而言之，一切图像假如具有了笔画化、像素化的编码特征，都可以看做是向心化类文字，例如“文革”时期那些高度程式化、笔画化的刻板绘画，都具有类文字性。

离心化类文字　指的是“文趋图”的趋势：笔画的线条化、文字的图像化。如汉字书法是笔画向意味形式的线条转化的类文字化，书法是汉字进入笔画时代的产物，是对笔画或“书写”的有意偏离。而象形字则是线条主导的前笔画时代，那时虽然已有笔画，但其线条性特征更突出。而下图的“舞”则是汉字笔画向摹状性线条转化的类文字化：

图18　引自百度空间

汉字“舞”经历了从象形字的，到现代汉字的“舞”，再到美术化的“舞”三种形态，这体现了一条“线条化——笔画化——再线条化”的路径。

对汉字类形体性或类文字性的揭示，打通了象形字与文字、文字与图像的关系。那些具有笔画和线条双重特征的文字，有可能成为“文字化图像”或“图像化文字”，而这些类文字范畴具有图像和文字双重编码特性，它极有可能成为一种独特的视觉语言，这种宝贵的视觉符号资源对美术设计、图画创作、文字研究、视觉符号理论都有重要的理论指导意义。

3. 汉字意符能指的字符层与类符号

汉字意符能指的字符层就是，整个汉字能指本身是由意符而非象符构成的。字符层的类符号性，主要表现为意符中掺杂着象符元素，意符编码和象符编码交织在一起。

我们借用美国学者费诺罗萨的论述（印象派诗人庞德编选）来说明，汉字意符能指的这双重编码性质：

我们说

Man sees horse

很明显，这三个节点，或者说，三个词，只是三个语音符号，代表一个自然过程的三项。但是，我们可以很容易地用三个不以声音为基础的同样任意的符号，来表示我们思想的这三个阶段。例如，可以用三个汉字：

人見馬

……首先是人用两腿站着。其次，他的眼睛在空间中运动：用一个眼睛下长两条腿来表示，眼睛的图画是变形的，腿的图画也是变形的，但一见难忘。第三，是马用四条腿站着。这思维图画既由符号唤起，又由词语唤起，但生动具体得多。每个字中都有腿，它们都是活的。这一组字有连续的电影的性质。[1]

费诺罗萨和庞德都意识到了汉字意符能指的双重编码的类符号性质："这思维图画既由符号唤起，又由词语唤起。"

这里所谓的"符号"，指的是图像的像似编码性质，是"看"的要素，如汉字"人"是"用两腿站着"，汉字"見"是"他的眼睛在空间中运动：用一个眼睛下长两条腿来表示，眼睛的图画是变形的，腿的图画也是变形的，但一见难忘"。汉字"馬"是"用四条腿站着"。作者在这里强调的是汉字形体的象符或像似性编码性质，它们是以现实物为参照来描绘的形象。但是，作者并未忘记汉字本质上还是一个以词语为所

[1]【美】厄内斯特·费诺罗萨著、【美】埃兹拉·庞德编：《作为诗歌手段的中国文字》，赵毅衡译，载《诗探索》1994年第3期。

指的替代符号，因此，它们的所指“又由词语唤起”——即汉字“读”的要素和抽象意符的性质——意符指向词语及其意义即观念物。汉字的图形既是现实物的“速记图画”，又是词语的意符性标记，与拉丁字母相比，汉字具有显著的类符号或类文字特征。

其实，“人見馬”已经是失去象形特征的方块汉字了，而费诺罗萨显然是把“人見馬”这三个字作为“所见即所得”的象形字来理解了。

在象形字中，也存在图像化程度高低的差别。如“口”字显然像似度较高，它的形状就像人的嘴，其所指是现实物。而“大”字，就形体看是一个正面的人体，它代表的词义却是大小的“大”，一个纯观念物。像似度较高、代表现实物的象形字，唐兰叫做“象形”字；而像似度低且相似性地指向观念物的象形字，唐兰叫做“象意”字。[1]象意字就是更接近意符性质的汉字。

从象形到象意，我们看见象形字在像似与相似之间的徘徊，这是汉字类编码性质所使然。象意字的符号学意义在于：它从“可视”转向“可视性”。“可视”是所见即所得的观看，“可视性”并非指肉眼所见，则是指产生看的相似效果的符号编码方式。

海德格尔在分析世界图像的兴起时指出：“世界图像并非意指一幅关于世界的图像，而是指世界被把握为图像了。”[2]譬如看到一张某人的照片，我们可以有两种表述：①“这是某人”；②“这是某人的照片”。表述①即“关于世界的图像”，观看者关注的是图像背后的世界或对象，而不是图像与世界之间的关系。表述②则是“世界被把握为图像”，它引出并注意到了“某人与照片”之间的意指性关系或显示性过程，这种关系是把世界把握为图像的过程和活动。这就是“可视性”的含义：不是指物的形象或可见性，而是世界显示自己的符号化活动，是使物从不可见转为可见的符号生成机制。或者说，可视性“不是视觉对

[1] 唐兰：《中国文字学》，上海古籍出版社2001年版，第75—78页。

[2]【德】海德格尔：《海德格尔选集》（下），孙周兴选，上海三联书店1996年版，第899页。

象本身的物质性或可见性，而是看的行为，是隐藏在看的行为中的全部结构关系或者说对象的可见性何以可能的条件”[1]。

显然，象意的“大”字虽然不具备“可视”的特征，但却向我们展示了“可视性”的本质：一个纯粹的词语概念（大小的“大”），是如何通过可感、可视的方式被呈现出来。读者所“看”到的不是形象本身，而是概念的形象感，一种由像似向相似过渡中产生的既可见又可读的双重编码现象。

“象意”传统上也被用来称谓“会意”[2]。在古代象形文字褪色为抽象方块的意符后，会意字的偏旁由象形转化为象意——更重像似性的形符转换为更具相似性的意符。像似性与现实物的可视形象有关，相似性与观念物的形象联想有关。如“冰”字，《说文》：“水坚也。从仌从水。”这是个会意字，尽管我们从形态上已经无法感知它与现实物之间的某种象形性，但这个字的两个偏旁都变成意符：“仌”代表结冰的纹理，是“冰”字的形象特征，另一意符“水”则是冰的义类，二者共同构成一个概念性的视觉画面，被用来指涉“冰”字的意义：水坚也。虽然象意或会意字的意符更接近概念相似性编码，但是它们仍具有较强的视觉编码特征。

汉字意符能指的这种介于象符与意符、“看”与“读”、“可视”与“可视性”、图像与文字之间的双重编码性质，传统上也叫做意象思维或意象性，即介于意义与图像之间的性质。

在形声字中，其意符也具有图像和文字双重特征。如汉字形声字“炼”，其意符“火”字是说明或图解声符所代表的“熔炼”这一概念的：其一，当它作为一个“说明”成分来看待时，这个意符便是文字单位，一个有意义的字符解释另一个有意义的字符（声符也是有意义的，

[1] 吴琼：《视觉性与视觉文化》，载吴琼编：《视觉文化的奇观》，中国人民大学出版社2005年版，第15页。

[2] 班固的《汉书·艺文志》中提及的“六书”，有“象形、象事、象意、象声、转注、假借”。转引自李学勤：《古文字学初阶》，中华书局1985年版，第8页。

只不过它的意义在所指而非形体能指）。其二，当它作为一个“图解”成分来看待时，这个意符便是图画单位，它是以“火”的意象来图解、感受“熔炼”的概念。这种既是图像又是文字的意符就是美国诗人庞德所谓的“意符思维”：

中国表意文字并不企图成为某一声音的图形，或者唤起某一声音的书写符，但它仍是某一事物的图形；是一个置身于特定位置或关系的事物的图形，或者是诸多事物结合的图形。[1]

汉字的意符在某种意义上讲就是高度概念化的图像，或图像化的概念单位，这是其类符号特性的表现。当然它的类符号性是相对的：在甲骨文阶段，意符的图像度较大，所以意符也叫做“象符”或“形符”；在今文字阶段，汉字意符的形体之象转化为意义之象，但仍然历史地积淀了传统的形体之象。

五、图形

指以识别为主的抽象图像。如交通或公共空间的识别性标志、各种公式符号、抽象标记、拼音字母表等。图形的物理实体呈现为抽象化、系统化、复制性、技术性倾向，表达功能则趋于抽象识别性。字母文字是典型的图形能指。

1. 图形为能指的字母文字的特点

（1）高度形式化　字母是纯粹表语音区别的形式标记，高度形式化的另一个含义就是去实体化，即它与媒体、主体、客体这些实体性要素无关。

它与实际媒体没有依附关系。字母文字没有像汉字那样对“文房四宝”有着内在的关联性，它的硬件系统倾向于技术性而非技能性。技术和技能性的区别在于，前者不再由人来执行，而是由“生产体制来进行系统化的处理，而生产体制便是透过这一点（以及流行的普遍排列

[1] 转引自[美]徐平：《“物”与“意符诗法”》，涂险峰译，《长江学术》2006年第2期。

组合）来维持它自己的目的性”[1]。以字母的书写工具笔为例，从芦苇笔、羽毛笔、钢笔到今天的各种硬笔，字母的书写媒介一直遵循着快速划写的书写效率原则。只要不影响字母之间的区别和有效传播，使用什么样的实体媒介并不重要。效率原则使得字母总是倾向于采用当下最先进的媒体技术如印刷、电脑等媒介。而意符性的汉字则对技能性媒介（以毛笔为代表的文房四宝）情有独钟，一方面又吃力地追赶着媒体技术的每次更新。

它与表达主体没有依附关系。一个字母表只有几十个单位，它按照约定性原则成为语言的音素系统的替代物，只要熟悉了它们与口语单位之间的对应关系就可顺利地读写，一个儿童或一个普通人掌握识字能力就变得相对容易，因此，字母文字具有社会公器的品格，尽管文字总是为少数人垄断，但相对而言字母文字是最具大众性的文字类型。而意符性汉字脱离人们日常语音感知，每个字并不必然地对应某个类型化的语音单位，这样人们只能在意符层面上记忆文字，至少要记住几千个含有常用概念的汉字才具有成熟的读写能力。所以中国小学生的书包总是很厚很沉，回家后大量的作业与汉字练习有关。我的女儿上小学一年级时为写错一个汉字被老师罚写一百遍，而我女儿的女儿现在法国也上小学一年级（读法语），她已经抱着很厚的带图地理书饶有兴趣地阅读，并且已经开始通过自主阅读来形成个人的兴趣，这实在令人感慨。我们说字母文字的去主体性表现在：一是它的平民性、社会公器性质，不像汉字表现出的强烈的精英主义色彩。二是它超民族，拉丁字母表已经在世界上二百多个国家使用，成为全世界的通用文字。而意符性汉字则与汉民族文化有着内在的理据关联性，具有强烈的民族文化色彩。

它与现实要素（在场物、现实物、观念物）没有依附关系。字母表对应的是语言中的音素单位，单个的字母并不表意，它是通过对音素的切分和组配来表达概念的。例如英语单词pat（拍），其书面形式由

[1]【法】尚·布希亚（又译鲍德里亚）：《物体系》，林志明译，上海人民出版社2001年版，第7页。

三个拉丁字母构成，这些字母分别代表这个词的p、a、t三个音素。单个的字母是符号，但单个字母指代的音素在英语中一般不是符号，它们是语言中的结构组合成分，这些形式化单位只有按照一定组合规则组合成更大的结构单位——符号性的语素或单词时才能表意。当我们强调字母是音素的替代品或等价物时，字母是被当做语音单位即音素来看待的。因此，我们把通过形式化单位的组合而产生的概念性所指叫做语义物。而汉字能指单位所对应的语段是音节，在汉语中音节是基本的赋义单位，除个别联绵词、音译外来词以外，多数汉语的音节都包含一个概念。因此汉字的所指是符号性语段（含有意义的音节），是观念物。

字母与语义物的意指关系模式代表了一种具有普遍意义的符号学范畴。譬如网络购物，人们不必出现在现场（实指购物），而仅凭网上的词语操作便可生成一个所指对象（某个商品）。这个先经由网络系统符号的运作然后才最终到手的商品就是语义物：它本身是由系统生成的（当然，从符号学间性即另一观察角度分析，网络购物要求现实物必须最终成为在场物，这又是一种物名关系的物语。这说明，字母文化内在地包含了语义物和在场物的二元对立，越是语义的，便越是在场的）。语义物的确定和实现是建立在对网络语法——各种形式化文本及其关联法则的把握基础上的，在这个意义上讲，语义物仅仅是网络语法的一种可能性，一种广泛选择后的偶然结果。

（2）高度类型化　类型化的含义是，字母代表的语段（音素）是类型音而非具体音。如字母a或t，它们不是个别单词的读音，而是代表一种发音模式或类型，代表语言的音素系统中的元音a和辅音t的标准发音模式。字母系统是对语言的底层结构音素层的最高概括。汉字也表音，但它代表的不是类型音而是具体音。如“工”这个字代表汉语“gōng”这个音节，但这个字并非是“gōng”的必然形式，其他字如“公”、“功”、“供”、“宫”等也可以代表这个音节。所以每个汉字代表的仅仅是特定单词的那个具体音而非整个汉语语音系统的类型化单位。字母的类型化使得整个符号系统可以用极为有限的符号表达无限的信息，并且便于快速、大量的复制，有利于知识的普及和传播。

（3）高度结构化 结构化的含义是，每个字母的价值与系统内的其他成分有关，而与系统外的实体要素无关。因此，字母表中字母与字母之间的系统分配关系及其组合规则，成为字母符号价值决定因素。元音字母与元音字母的组合关系，辅音字母与辅音字母的组合关系，元音字母与辅音字母的组合关系等，都要受到系统规则的制约。例如，在英语单词中，音节字母组合可以-pt结尾，但不能以-tp结尾。

2. 图形性字母文字的历时演变和共时关联

当然，字母也是象形字向图形转化的结果，如图19显示了A、D、K、R四个字母从古埃及象形字到早期希腊字母阶段为止的全部历史。[1]这四个字母的历史变化展示了视觉符号由图像演化为图形的过程，这个过程可叫做图形化或者记号化。其实任何图像都具有记号化倾向，只是在它尚未达到某种临界值以前，我们仍称它为图像符号。如果以象形字（图像符号）和字母文字（图形符号）为两个对比项，那么意符性的汉字就处于图像符号和图形符号这两极的中间状态，这也是一种类符号性质。

埃及文	西奈文书	闪族多种文字	早期希腊文	希腊字母名称	闪族字母名称	闪称名称意义
		MOABITE STONE		ἄλφα	ALF	牛
				δέλτα	DELT	门
				κάππα	KAF	曲掌
				μῦ	MEM	水
				ῥῶ	ROSH	头

图19

[1] 引自帕默尔：《语言学概论》，李荣、王菊泉、周焕常、陈平译，商务印书馆1983年版，第97页。

图形符号的主要特征是结构形式的抽象性和任意约定性。除了字母文字以外，还包括数字符号、各种公式符号等。但是，图形文字在文字画时代也存在，裘锡圭称之为“记号字”：“在文字产生之前，除了一般的文字画之外，人们还曾使用过跟所表示的对象没有内在联系的硬性规定的符号，把这种符号用作所有权的标记，或是用来表示数量或其他意义。例如，云南红河哈尼族过去使用的契约木刻，以·代表一元，｜代表十元，×代表五十元……。”[1] 史前陶器刻画符号中有很多抽象的记号：

图20 仰韶时代（公元前4500—前3000年）中原地区刻画符号[2]

学术界对这类符号争议较大，有的认为它们与后期的文字无关，也有的认为“是具备了文字特征的原始初文”，那些“史前陶器的几何形符号，似乎应看做是品物图形的简化或抽象化形式”[3]。不管怎样，它们只要或多或少地与表达语言有关，我们都可以看做是准图形文字。

当然，从类符号原则看，图形文字的概念还包括共时的符号系统，伊斯特林认为，一些非语言的图形符号也具有表达语言的能力，它只不过是一段言语内容的减缩凝化：

相反，如果称之为“语言外的”符号的不是表示言语的某些要素

[1] 见裘锡圭：《文字学概要》，商务印书馆1988年版，第3页。

[2] 拱玉书、颜海英、葛英会：《苏美尔、埃及及中国古文字比较研究》，科学出版社2009年版，第98页。

[3] 拱玉书、颜海英、葛英会：《苏美尔、埃及及中国古文字比较研究》，科学出版社2009年版，第110、113页。

（整个信息、单词、词素、音节或音素），而是直接表示思维和概念的符号，那么则应把科学符号看做“语言的”符号。之所以应当把它们看做“语言的”符号，是因为新的科学的概念，以及随之而表示这些概念的符号（至少是基本符号，即不是通过基本符号组合方法所获得的符号），如果不是事先表现为词语的形式，那么通常不会产生，更不会固定下来。几乎任何一个科学符号或科技符号在语言中都具有与其相应的科学术语。只是这个术语有时代表一个词（例如：~“波型号”，∫“积分”，∞“无限”，∑“和”，O“氧”），有时代表整个词组（例如：≡“三键”，h“布朗克常数”）。在上述两种情况下，科学上新出现的概念最初是用词语表达或理解，然后才为这一概念选定一个专门符号。[1]

文字史告诉我们：文字结构、抽象化、字母化的程度与质料的易损化、类型化是成正比的。越是具象的文字，其质料却越耐久。“所谓文明化便意味着得到采用的都是那些容易损坏的书写材料。比如当时的木质泥板文书和皮革卷轴，由于文明的推动，它们代替了泥板；可是这样的文明化做法却直接导致了一个后果：文献由于不易保存而逐渐消亡……”[2]。

以上我们所分析的四种文字能指的类型：刻符、象符、意符和图形，它们代表了视觉符号的四种基本种类，这种研究将有利于我们打通文字与视觉符号的关系，以便在符号学、图像学、人类学这样更广阔的背景中思考文字的符号学本质。纵观文字能指形体的历时演变，我们发现，它经历了一个由尚未被理性压缩的三维空间（实物能指和刻符能指），再到二维平面（象符和意符能指），再到一维线性字母（图形能指）的演进过程，这也符合视觉符号的发展史。

我们在导论中已经阐明，符号是在符号关联度和实体关联度的双

[1]【苏】B.A.伊斯特林：《文字的产生和发展》，左少兴译，北京大学出版社1987年版，第13页。

[2]【德】瓦尔特·伯克特：《希腊文明的字母之源》，唐卉译，《百色学院学报》2010年第6期。

重关系中被定义的。刻符、象符、意符和图形既属于四种不同的异质符号，它们之间的关系属于符号关联度问题；但它们又是同一类符号的四个不同发展阶段，这属于实体关联度问题，即同一类符号的能指处于不同的实体化（或形式化）阶段：刻符处于实体化程度最高的一极，图形处于形式化程度最高的一极，象符和意符则处于中间状态。

就符号的实体关联度而言，除了刚才讨论的能指方面的实体关联度以外，还可从所指和编码方式两个方面讨论。下面我们先讨论文字所指的实体关联度问题。

第二节　文字的所指："音"

我们在导论中指出，符号的所指本质上是一个"所指域"，即它在在场物、现实物、观念物和语义物之间徘徊的状态。由此才能产生类符号问题。① 一个文字符号，它贴在物品上成为物品的标签，它的所指就是一个在场所指物。② 倘若我们揭下这个标签，让大家根据这个标签去想象或寻找现实对应物，这个标签所代表的不在场的对应物就是现实所指物。③ 如果这个关于某物的标签成为一个普遍概念的通名而不再代表具体某物，那么它就是一个观念所指物。④ 要是我们把"苹果"两字贴在香蕉上，但这个错误并不能改变香蕉的性质，因为这个标签的性质最终要由物来决定。但有些情况相反——物的性质反而取决于它的标签。譬如同样一个卫生间，贴上"男"字它就是男卫生间，贴上"女"字变成了女卫生间。某些高度同质化的商品也是，它们的区别只能通过标签（商标或广告）——所指物的性质不取决于物自身而取决于符号系统的制造，这个被符号系统所决定、所区分的卫生间或商品就是语义物。

一、文字的所指域分析

就文字符号而言，它的所指呈现为二级性：它的所指首先代表语言的某级符号单位，如话语、句段、词、音素等，即我们说的“语音关联度”；其次，这些语言单位的背后又关联着不同的意义世界或对象世界：话语的背后是在场物、句段的背后是现实物、词的背后是观念物、音素的背后是语义物等，我们称之为“真实关联度”，在场物是真实关联度最高的一极，语义物则是最低的一极。真实关联度和语音关联度是文字所指的双重性质，前者涉及文字的表意性，后者涉及其表音性。人类不同的文字就在这两种关联度之间进行选择。表音性的字母文字语音关联度较高，表意性的汉字则真实关联度较高。但就人类文字总的格局或根本性质而言，强调语音关联度还是文字符号之所指的普遍着眼点。但由于汉字的所指系统具有在真实关联度和语音关联度之间徘徊的双重编码性质，因此，我们对汉字符号所指系统的分析就同时兼顾真实关联度和语音关联度这两个侧面。下面先从汉字的真实关联度方面分析其所指系统。

1. 记事字和名物字的所指：话语与在场物

这里我们主要考察的是史前类文字符号。

助记语言的实物符号属于记事符号。“公元前8000年左右，人们便开始用陶筹记数记事。”[1]除了陶筹以外，记事符号还包括结绳记事、契刻记事等。记事符号并非完整地记录语言，而是提示、帮助对话语的记忆，助记性是其主要功能。因此，记事符号可能记录语言的某些成分，如名词、数词（后来才逐渐记录动词、介词以及前缀、后缀等）。[2]名词和数词在这里仅仅是充当一个话题或主题，通过对这些话题的提示，来恢复对事件或话语的记忆。所以，记事符号有两个特点：一是助记语言功能，这里的语言不是索绪尔的语言结构单位，而是言语——说话或话题单位。第二个特点是，记事符号具有当下性，它是对当下发生的事件的记录。话语的本质是指向当下的事件、事物和情

[1] 拱玉书、颜海英、葛英会：《苏美尔、埃及及中国古文字比较研究》，科学出版社2009年版，第153页。

[2] 拱玉书、颜海英、葛英会：《苏美尔、埃及及中国古文字比较研究》，科学出版社2009年版，第38页。

景，记事符号在助记话语的同时，也同样指向当下的事件或实物。一旦事过境迁，记事符号便失去其确定所指。而真正的文字符号在实物缺席的情况下，仍能保持自己的意义和所指。

史前还有一种类文字符号，即我们说的各种刻符，代表族徽、名称、数字等。刻符一般刻画在某个器物上，因此这种刻符有的学者叫做“名物字”[1]。名物字是名与物共同在场，而且它们之间是“物名”关系（名字后得于物，见下）：“人们对相关品物的称呼自然就成为图形符号的读音”，“（读音）是在制字之前就先行存在的品物的名称，并不是图像完成后才确定其读音的”[2]。这说明，名物字并非有自己固定的语言指称单位，它的读音是随着在场物的名称而定的。

所以，名物字（即刻符）助记语言的功能也具有三个特点：一是话语性，不是约定的语言单位。二是与当下在场的物直接关联，失去当下在场物（名称）的参照，人们无法获知它的声音、名称、意义或所指。三是名物字不是名物关系而是物名关系。在词（名）与物的关系格局中，二者之间发生或认知的先后顺序或者二者之间谁是主题、谁是对主题的标明和说明，是确定名物关系和物名关系的标准：名物关系是词先得于物或者词成为说明物的主题、话题；物名关系是词后得于物，或者物成为被说明的主题、话题。例如，在史前器物上的刻符的读音“是在制字之前就先行存在的品物的名称”，并且刻符是用来说明物的。这意味着，刻符的读音后得于物的名称并且是说明、标明器物的，因此它们之间是物名关系。

记事符号和刻符都具有助记语言的功能，都能发出语言的“声音”，具有某种程度上的文字性。但是这个语言是话语而非约定性的语言结构单位，因此它们只能辅助性地提示语言而不能替代语言，这种介于图画与文字之间的过渡情况就是类文字。这种史前类文字的共同特点

[1] 拱玉书、颜海英、葛英会：《苏美尔、埃及及中国古文字比较研究》，科学出版社2009年版，第121页。

[2] 拱玉书、颜海英、葛英会：《苏美尔、埃及及中国古文字比较研究》，科学出版社2009年版，第121页。

是，它们的所指既指向话语，又指向在场物（或当下事件、场景）。

2. 文字画和象形字的所指：句段与现实物

现实物是与在场物相对的概念。它的含义是：它是现实的存在但又不在场，是作为经验性现实的意象来充当符号所指的。与记事字和名物字的区别在于：文字画和象形字的所指主要是现实物而非在场物。

文字画不是一般的记事图画，记事图画提供的视觉内容由话语随意阐释，而文字画的视觉单位开始在某种程度上分解语言、替代语言。

图21

上图是一个文字画的例子，是沙巴文经书《虐曼史答》的第九幅，类似连环画的画面中一共有七个沙巴文字，记录八十二个音节，平均每个字要代表近十二个音节。[1] 显然，这些象形字处于图画与文字的过渡阶段：它们开始和语言中某些语意单位约定性地结合，如画面上区分出七个相对固定的文字单位；但是每个字代表十几个音节就说明了其表意的话题性，它的字义相当于围绕话题所构成某个意义域，在不同词（音节）之间转换，这个话题主要是由画面的形象提供的，图画形象与人们经验世界的某个事物对应而生成意义。因此，文字画的双重所指是：指向相对固定的语言性语段（句子、固定词组或一组近义词），指

[1] 朱建军：《从文字渊源物的角度对语段——记意文字类型学的探讨》，《大理学院学报》2003年第4期。

向不在场的经验世界——现实物。

到了成熟的象形字阶段，如甲骨文 [oracle-bone glyph]（山）、[oracle-bone glyph]（月），它们一方面指向一个现实物，字形像实际存在的山或月亮，一方面指向代表这两个物的词语。

所以，文字画和象形字的所指主要是句段、词语和不在场的现实物。

3. 意符字和观念物

这以今天的现代汉字为代表。其字形如“山”、“月”，已经褪去象形色彩而无法与经验世界直接关联，所谓的汉字意符，如“峡、朦”二字中的“山”和“月”，就是作为观念意义而非图像要素被使用的。所以，相对于象形字而言，一个现代汉字的意符直接对应的是汉语中的“一个音节、一个概念”。其“音节”，是汉字的语音关联度单位；其“概念”，是汉字的真实关联度单位。

为什么叫观念物？观念是现实事物的抽象形式，它以现实对象为基础并概念性地反映或约定性地代表着现实对象。视觉符号的抽象形体对应的是观念物，具象形体对应的是现实物。我们看到“鸟”这个抽象方块汉字，首先想到的是关于“鸟”这个词及其概念，然后才是由这个概念唤起并在脑海中生成的物象——鸟的形象，这个由概念生成的物象或基于物而生成的概念就是观念物。观念物的符号生成机制是“现实物→概念”；阐释的角度是“概念→现实物”。所以“观念物”的命题，是站在符号真实关联度（接近事物真相、原貌的程度）的角度，强调概念对现实物的依存关系。

汉字的观念物总是和某个音节有着固定关联，形成音义结合体。因此，它的所指同时又是汉语中的某个固定的语素或单词，从这个角度人们又说汉字是表词或语素文字。

观念物的音义结合性质影响了人们对汉字的不同定性。“表意文字说”是着眼于其真实关联度——所指的概念性而言的；“表词文字说”、“语素文字说”则是着眼于其语音关联度——所指的词语性而言的；“意音文字说”则强调了汉字所指的语音和概念综合特征。

4. 拼音字母与语义物

根据二次分节理论，汉字对应的是语言中的符号（词或语素）层，而拼音文字如拉丁字母对应的则是语言中的第二次分节单位：没有意义的音素层或音位层。因此，字母的表意必须通过字母组合而构成单词或语素来完成，或者说字母必须上升为第一次分节的符号层才能表意。因此，在拉丁字母书写的单词当中，意义不是由字母提供而是由字母的组合提供，如r、e、s、t四个字母（音素）组合成rest，表示“休息”这个单词。

二次分节性的字母（或音素）通过自身的组合来生成概念，而不是像一次分节性的汉字那样，它所直接凝固的概念是由现实物生成的。或者说，汉字表达的概念不可化解为组合成分，它直接依托于一个整体性的现实物；而字母（音素）组合的单词，其概念本身也是二次分节的产物，它可以化解为分析性的区别成分，如rest和rust，这两个单词概念的差异取决于字母（音位或音素）组合的关系的不同。

巴尔特使用“原级性”[1]这个术语区分了词语的两种不同的概念。主要不借助于符号之间的组合而借助于外部现实而形成的概念，就是原级性的。而借助于符号结构系统如字母或音素之间的组合而构成的概念是非原级性的。非原级性的概念就是语言学中的语义。当然，语义最终也要指涉现实物，所以我们把非原级性的语义称之为“语义物”。非原级性和原级性的划分其实相当于叶姆斯列夫的形式与实体的概念范畴：属于原级性范畴的概念它具有某种实体性，它独立于符号能指而存在。而语义物则属于形式的范畴，它依托于符号能指并与能指同时产生。

这样，同样是一个所指物（比如某个概念），它可能具有原级性和非原级性两个方面的性质：如果它是由能指系统而产生，那么它便是非原级性的语义物，是形式范畴（如汉语颜色词“红”这个概念，它的

[1]【法】罗兰·巴尔特:《符号学原理》，王东亮译，三联书店1999年版，第34、66页。

意义是由其他颜色词“橙、黄、蓝、绿、青、紫”等词意系统区别关系而确定的）；如果它是对现实物的抽象概括，则属独立于能指的现实观念，那么它便是原级性的观念物，是实体范畴（如还是“红”这个汉语词，如果我们不关注它的系统特征，而是关注它的概念的现实基础——是一种以通过能量来激发观察者的可见光谱中长波末端的颜色，波长大约为630~750纳米，类似于新鲜血液的颜色，那么这个“红”的所指便是原级性的观念物）。因此，同样是一个概念性所指，我们可以把它处理为形式单位（语义物），这是语义学的研究对象；也可以处理为实体单位（观念物），这是术语学的研究对象。作为语义物，主要强调它是由符号系统结构（如字母或音位、语素、词语等结构单位）的组合而构成。在语义物的分析中，实体性概念的缺席使得对现实世界的概念分类更倚重于符号自身的形式化规则。如果把概念性所指作为观念物来分析，则注重于观念对现实物的依赖，如概念总是摆脱不了现实物的纠葛或者叠加了后者的影子。所以，同一概念性所指的分析，可以会产生出语义物或观念物的不同结果，这取决于我们分析问题的角度以及符号自身的生成方式（所指源于现实还是源于符号系统），这属于符号学间性和符号间性的问题（见导论）。

对于巴尔特的原级性和非原级性概念，我们重新表述为实体与形式这两个范畴。其中的形式（非原级性）范畴就是指语义物，而实体性（原级性）范畴则较为复杂，需要进一步说明：其一，“实体”性所指其实是层累性的，在场物实体性最高，其次是现实物，再次是观念物；其二，这三类程度不一的所指之所以都称之为实体性所指，是因为它们都具有独立于能指而存在的共性；其三，这三类所指的实体程度不等的情况我们称之为实体关联度（或真实关联度）。

因此，字母文字的所指是音位和语义物（形式化组合产生的意义单位）。当然，语义物并非只是字母/音位区分的结果，在二次分节的语言各级单位中，无论哪级单位（音位、语素、词、词组、句段），只要是各单位之间的结构性差异所形成的内容差异，后者都属于语义物：符号的意义内容是由符号能指系统区别的结果。根据这个定义，那个由汉字“男”或“女”来决定其性质的卫生间，显然也是一个语义物。

语义物与其他所指的区别在于：① 观念物、现实物和在场物先于符号能指而存在，而语义物则是其符号结构系统组合的结果，其能指与所指之间是同时构成的产物。② 在文字和词语符号中，语义物就是由能指建构并与其同时产生的观念物。③ 语义物的本质，在于它是符号系统的产物，其能指和所指同时产生，因此它不限于语言文字符号：不管符号的能指是字形、语音还是图画、实物，只要这些能指从属于一个符号系统并由该系统所建构出的所指——它们都是语义物。

二、语音关联度、实体关联度和意指定律

1. 语音关联度

一般认为，狭义的语言结构单位包括五级：最底层的是音素，世界上多数语言的音素系统一般不超过五十个。如汉语有10个元音、22个辅音，共32个音素；英语共有39个音素；法语有36个音素等。第二层是语素，是语言中最小的音义结合体，汉语中常用的语素有几千个；再上依次是词、词组、句子。到了词组、句子这一级，就成了开放系统，数量几乎是无限的。再往上，变成了索绪尔所说的“言语”，我们主要指一种话语活动。这样，“语言”形成了一种层累性的结构单位：话语→句子→词（或语素）→音素。不同类型、不同时代的文字就在与这些语言单位的不同对应中，获得了自己不同的文字价值。

对应语言中最底层的音素而形成字母文字，是世界上多数文字的最终选择：

> 文字系统的一个普遍性特征，就是要利用相互区别的符号来表示包含在整体流动的语言之下的这些较小的单位。因此，文字和语言之间首要的且是最为重要的连接点，便是语言的声音要素……音素，才是与文字系统发生关联的主要成分。[1]

这就产生一个文字的语音关联度问题：文字记录语言的准确性或

[1] 黄亚平、白瑞斯、王霄冰主编：《广义文字研究》，齐鲁书社2009年版，第4页。

言文之间的同构关系度，是以文字与语言的关联点接近语言底层单位的程度来判断的。也就是说，文字的关联点越是接近语言单位的底层（音素层），其语音关联度就越高，如用26个拉丁字母去对应世界各语言中的几十个音素。相对而言，汉字的关联点是语素层，语音关联度低于拉丁字母。

2. **实体关联度**

符号与现实对象的对应程度，我们称之为实体（或真实）关联度。我们看到不同文字与现实对象对应的程度是不同的：语义物→观念物→实在物→在场物。对应程度较高或实体性程度较高的符号现象我们称为“原点”，较低的称之为“原典”；或者，符号以外的事实称之为“原点”，符号构成的事实称之为“原典”（另见第二章第二节）。可见，原点和原典的划分是相对的。

原点可以指符号所对应的事情的最早起源、本来面貌、真相，也可以指那些未符号化的“裸事实”，即事物的起源、原貌、真相本身。原点这个术语还可以是一个逻辑理性概念，指事物的本质或真理性。

进一步说，所谓的所指性实体关联度，就是符号接近原点的程度。实体关联度由原典而原点便是这样的格局：语义物→观念物→实在物→在场物。

3. **实体关联度和意指定律**

我们以汉字的演变史为例讨论了符号的两种实体关联度：① 能指的实体关联度，文字符号的能指主要有实物、图画、象符、意符和图形五种；其中图形的形式化程度最高、实体化程度最低，实物性能指则相反。② 文字演变历史上的所指实体关联度，主要包括在场物、现实物、观念物和语义物；其中语义物形式化程度最高、实体化程度最低，而在场物相反。

根据所指决定能指、意指方式决定结构方式和符号间性方式的意指定律，我们发现了文字演变史上、也存在于各种符号中的一个基本结构原则：

所指实体关联度的性质决定了能指实体关联度，或者说，实体关联度较高的所指，其能指的实体关联度也较高；反之亦然。二者之间具有正相关性。

以文字为例：史前类文字的主要类型是在场物与实物性能指的结合，然后是现实物与图像能指的结合，再次是概念物与象符、意符能指的结合，最后是语义物与图形能指的结合。

结构主义符号学将实体和形式这两个概念处理为非此即彼的二元对立关系。而本书则使用“实体关联度”这个范畴，旨在揭示实体与形式之间的中间、过渡和类符号状态。这种类符号研究更有利于揭示各种符号之间的跨界、渗透、过渡和交叉的情况，也便于指导我们研究史前类文字的类符号性质。

三、汉字的类所指性

我们在本章开篇中指出，汉字符号的能指是“形”，意指方式是“义”，所指便是“音”。作为汉字意指方式的“义”，在本书中指的是汉字看待汉语的一种符号化意向，这个意向指向文字使用者便是文字的交流方式，指向造字便是表达方式，指向构字则是结构方式，指向其所指“音”则是指涉方式。所以，汉字的所指与汉字的指涉方式是同一个问题的两面：指涉方式是能指以所指为认同坐标的关联方式，我们称之为“真实关联度”或“语音关联度”；所指则是这种关联的结果。

1. 从语音关联度方面看汉字的类所指性

汉字的所指其实并非是纯粹的“音”。从个体结构单位意义上讲，这个“音”是汉语中的某个结构单位，即语素或单词；从整体系统意义上讲这个“音”就是汉语；而在文本意义上讲，这个“音”则是汉字书写的替代者：汉语书写的话语或口语。

从个体结构单位的角度分析，文字准确表达语言语音的程度叫做语音关联度，它是通过文字单位与某个层级的语言单位的对应性来实现的，相对应的那一级语言便成为文字的所指。如拉丁字母对应的是语言的音素或音位单位，汉字对应的是音义结合体的语素或词这一级单位。

世界文字体系中，字母文字的语音关联度最高，而汉字的所指是语素，语音关联度较低。

（1）形音义的不对应关系 汉字形音义不对应性也叫“语文差异率”。主要的表现为：

同形同音异义：如“刻字”的“刻”和“一刻钟”的“刻”等。

异形同音近义：如“杈”、“汊”、“衩”、“叉”；“他”、“她”、“它”；“的”、“得”、“地”等。

异形同音异义：如“店”、“殿”、“垫”、“滇”等。

同形异音异义：如“生长”的“长”和“长度”的“长”等。

据有关统计，英文的语文差异率是1.23∶1，汉字的语文差异率是5.64∶1。[1]这种高差异率，降低了汉字的语音关联度。

汉字的语音关联度低是由它的类所指性质决定的：汉字的所指单位是音义结合体的汉语语素，它直接表意间接表音。汉字的所指既可以是现实物，如“杈”、“汊”、“衩”、“叉”，它们指涉了同一现实的不同经验形式；也可以是观念物，如“店”、“殿”、“垫”、“滇”，它们指涉了相同语音中的不同概念；也可以是包含多个音义结合体，如“刻”、“长”。纯粹的音是语义物，纯粹的义是观念物，但汉字的所指既不是纯粹的语音单位也不是纯粹的意义单位，而是直接表意间接表音，它的所指介于语义物和观念物之间（间或还有现实物）。汉字的指涉对象在观念物、现实物、语义物之间徘徊的性质就是类所指性。这种类所指性是由汉字的双重意指结构决定的，一般而言，其字面义负载了现实物的信息，语言义负载了观念物的信息。如“突”的语言义“突然”是抽象的观念物，但它的字面义却是建立在现实物基础上的可视性画面：像一条犬突然从洞穴中窜出的情状。“杲”的语言义是“明亮”，但它的字面义是“升起的太阳越过树梢”，画面的背后联结的不是观念而是经验现实物。形声字的意符承载了现实物所指，声符承载了观念物所指。如“河”、“湖”、“洗”、“汗”这些字左边的意符都是表“水”的意象，而右边的声符则表所指对象的概念。当然，所谓意符或意象表现实

［1］高汉平、尹斌庸：《音节形式的比较研究》，《语文现代化》1983年第1期。

物是相对而言的，意符自身也是“意”（观念物）与“象”（现实物）的融合。汉字的转义系统也常常是类所指性的：“冰心”的“冰”有纯洁的意义（观念物），但它又是以其本义“冰雪”的“冰”为理解背景的，或者说，“冰”的本义作为意象（现实物）参与了其转义的建构与理解，人们在理解“冰”的纯洁义时，无法摆脱“冰”本义的形象感的介入，造成现实物与观念物的融合，抽象的观念总是以可经验、可感受、有理据的现实物的方式表现出来。所以，汉字的类所指性，就是消解了所指的原点性，而使所指变成一种在原点与原典之间操作的符号化方式，把所指的最终意义交给语境、交给使用者。

（2）形声字声符和意符边界的不确定性 形声字中，汉字声符与意符相结合的位序没有强制的规则约束，如“鲸”的声符在右，“鹞”的声符在左，“娶”的声符在上，“箕”的声符在下。字符位序的这种不确定性，是汉字语音关联度低的表现：声符可以充当意符（指涉意义），意符也可充当声符（指涉声音）。如“鱼”在“鲸”字中充当意符来指涉意义，在“渔”字中则充当声符来指涉音节。汉字声符、意符身份的不确定性则决定了它的类所指性——在语义物和观念物之间徘徊的性质。

在古埃及圣书字（象形字）中，声符一律在前，定符（意符）一律在后。比如“”这个字意义是“仆人”，其中“”与“”是声旁，在左；“”的意义为“男人”，是“定符”，在右。通过位序严格区分了声符和意符，圣书字就表现了一种二元对立的所指观：追求纯粹的声符与纯粹的意符的二分性。相比之下，而汉字的声符和意符的界限模糊、类所指化了。

圣书字不仅通过位序，而且还是用形式标记来抑制类所指现象。比如汉字的意符被用来做形声字的声符时，并无形式标记，人们只能根据上下文揣摩。如“箕”的声符“其”、鹞的声符“奚”，从外部形态上看无法分辨它们是声符还是意符。而圣书字的意符兼做声符时，通常在意符下面或后面划“｜”来标记，说明这个象形字在此处不作声符而是意符（见图22）。“｜”这个形式标记区别了意符和声符，是为了抑制像汉字字符那样的类符号情况。[1]

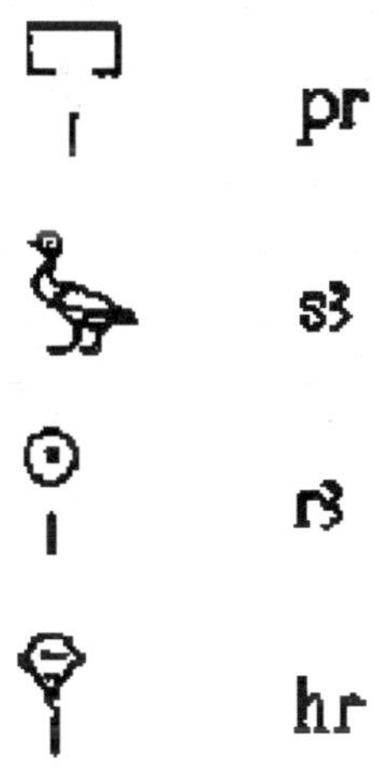

图22

汉字的语音关联度显然低于拉丁字母，这意味着汉字的实体性强或者说汉字异质于汉语的符号性较强；而在语音关联度较高的拉丁字母那里，文字被看做是语音单位的等价替代物。因此，我们可以将汉字和拉丁字母分别称之为替补性文字和替代性文字：从语音关联度的角度看，汉字保留了自己的异质性和符号性特点，它在替代汉语的同时，又以自己的异质编码补充性地指涉了汉语；而拉丁字母将自身同质于语言的音素系统，在指涉语音的同时又擦去自身，完成了对语言的替代。

纯粹的“补充”发生在异质符号之间。我们在导论中已经讨论了任何异质符号都有自己的剩余和局限，因此需要其他异质符号的补充。当汉字把自己的语音关联点建立在词或语素这一语段上的时候，它已经在替代、记录汉语的同时又异质于汉语了。因为语素这一语段本身就是符号实体，汉字符号与汉语符号相遇只能产生索绪尔所说的那种情况，汉字成了“第二语言”，一种视觉语言与另一种听觉语言之间既替代又

[1] 引自陈永生：《古汉字与古埃及圣书字表词方式的比较研究》，华东师范大学博士学位论文，2010年。

补充的替补关系。

2. 从真实关联度方面看汉字的类所指性

汉字所表达的所指具有介于现实物、观念物和语义物的中间性质。我们还是以形声字的意符和声符为例观察汉字的类所指性质：

戋，小也。此以声函义者也。丝缕之小者为线，竹简之小者为笺，木简之小者为牋，农器及货币之小者为钱，价值之小者为贱，竹木散材之小者为栈（见《说文》），车之小者亦为栈（见《周礼》注），钟之小者亦为栈（见《尔雅·释乐》），酒器之小者为盏，为琖，为醆，水之小者为浅，水所扬之细沫为溅……梁启超《从发音上研究中国文字之源》。[1]

上文以“戋”为声符的形声字，梁启超认为该声符均有“浅小”义。在“浅、笺、栈、盏、线……”这类由声符“戋”构成的字族中，徐通锵认为，这组形声字的声符即“戋”声的“小”义存在于各种不同类别的现象中，含义宽泛而笼统，可以泛指任何现象的“小”；而这些形声字的意符（如从水、从竹、从木、从皿、从纟）则表示“戋”声的“小”义所寄托的现实对象，意义比较具体，只强调某一种现象的“小”。

我们认为，徐通锵分析的这两类字符的所指的差异，说明了汉字（在指涉名物关系中）所表现出的类所指性：在观念物和现实物之间徘徊。

意义宽泛抽象的声符与观念物有关，意义具体形象的意符与现实物有关。

徐通锵分别将这两类字符叫做“义类”和“义象”，他得出的结论是：

1个字义=1个义类+1个义象。[2]

无论是徐通锵认为字义等于义类+义象，还是我们所谓的在观念物

[1] 转引自徐通锵：《汉语结构的基本原理》，中国海洋大学出版社2005年版，第107页。

[2] 但徐通锵在不同时期对义类和义象的界定并不一致，这里不做讨论。参见徐通锵：《汉语结构的基本原理》，中国海洋大学出版社2005年版，第107页。

和现实物之间徘徊，这种现象本身说明了汉字所指的类符号性。

相对而言，汉字象形字、形符或意符，是按照类图像的原则表达汉语，其所指关联的显然更接近经验状态的“物”；而假借字或声符则是表音的字符，其所指关联的是观念物或“名”。汉字形声字，它的所指既不是纯概念的也不是纯经验的，而是介于观念物和现实物中间状态的类所指。

再如，“窥闚、氛雰、棰箠”，这三组是异体字，体现了汉字用不同的意象表达同一概念的编码原则，其所指必然带有经验物而非观念物的特点，因为它们区别的是对象的物象而非概念。即使许多同源字，比如“杈、衩、汊、叙……”，它们也都可以看做是对同一意义概念（“分叉”）的意象性呈现。但这种意象性表达又不是纯粹的图像化，它们同时又是一种概念形式，甚至还是语义物的区分形式——当汉语的意义单位是由汉字的形体所区分的结果而不是相反，这些所指也具有语义物性质，诸如此类的还有“的、地、得”、“他、她、它”等，这些词义是汉字分割的结果而非汉语自然的产物。汉字的这种类所指性质使得我们主要靠在不同的符号间性和符号学间性关系中来确定是现实物、观念物还是语义物。

汉字的类所指特征最终导致一种跨界性的名物思维：将物概念化，将观念物化；或物的名化，名的物化。这也是中国哲学的根本世界观：热衷于在名与物之间进行暧昧操作。这种暧昧性哲学首先将对原点性事实处理为一个所指域，并将所指域中的不同层级的所指物之间的界限模糊化，并按照有利于我的方式进行运作。这种名物思维或暧昧哲学最终导致中国人生活在一种信息雾霾的现实当中，人们热衷于对所指域的暧昧性运作而放弃对真相和真理的追求。信息雾霾指符号的能指与所指之间的非对应性关系所造成的意义的神秘性。人们既无法让所指通过能指有效地显示自身，也不想让能指成为所指的纯粹可辨识性手段，二者之间是一种相互缺席和在场的权力游戏。信息雾霾导致真相的缺席，人们不喜欢真理或“普世价值”的根本原因首先是信息雾霾使人失去了对真相的兴趣或信心。

当我们说汉字的所指是一个意义概念时，又会发现它常常被字形的可视形象所表征化，仿佛所指的不是概念而是一个具象物；当我们说汉字的所指是一个具体物的时候，这个物又被抽象化，成为一个观念物。进一步说，汉字的类所指性表现为：它将所指涉的概念意义世界物化为一个可视的自然世界，又将一个可视的物的世界改造为意义性、意象性的、人的世界，并且在这两个世界之间做语用性、权衡性、临界性的选择。

汉字类所指的这种名物思维，导致了中国文化的“汉字存在”和“汉字化存在”。“汉字存在”在史学上表现为王国维所说的“一重证据法”：古典的历史研究都是建立在汉字书写和典籍资料这“一重证据”基础上的，人们将汉字书写的历史等同于历史事件本身，将汉字书写的观念性、意象性所指物化为一个可视的自然世界，人们相信汉字呈现的符号事实等同于自然的事实本身——这就是中国经学传统的符号学本质。王国维提出“二重证据法”[1]以对汉字所指的类文字性进行反思：汉字提供的仅仅是符号事实，因此，我们研究历史除了汉字资料以外，还要注重地下的考古材料（第二重证据）。正是这第二重证据观的出现，使长期笼罩在中国史学中的名物思维变成一种记号思维，一种由约定性编码原则所支配的记号思维，汉字类所指的名物思维之权力性本质得以清理。

如果说我们以上分析的主要是“将观念物化”的类所指情况，下面则是“将物概念化”的类所指现象。主要表现为中国文化符号的“汉字化存在”即普遍被汉字所隐性书写的现象。

一座高层公寓的售楼处，许多人愿意要七楼而不选八楼，仔细打听以后才知道有“七上八下”的说法：“七楼”代表人生上升曲线，而“八楼”则代表下降。显然，这里的七楼和八楼作为一个实物，已经被语符化了。它们分别负载了人生“上升”或“下降”的观念，这种观念是因为与汉语成语“七上八下”相关，这个成语成了七楼和八楼这两个

[1] 王国维：《古史新证》，清华大学出版社1994年版，第4页。

语符的所指。许多人相信物质的楼层与相关的人生安排有着自然联系，于是被汉字书写的所指成了神秘的谶语。这就是将物概念化的名物思维：一个物被汉字（成语）隐性书写后具有了意义性；明明是汉字任意性、约定性的书写，人们却把它看作是某种神秘的自然力量。物的意义性所指被掩饰为一种自然的物质力量，物的能指与被物化的所指之间就像某些物质符号，譬如看见烟而想到火，看到指向北方的风向标而想到北风，看到脸红而想到心情激动，这些符号皮尔士叫做指索符号，一个物的能指自然地关联着另一个实物性所指。但是“七楼”和“八楼”作为语符它不是指索符号，其能指和所指之间仅仅是人们的任意约定和主观附会，但符号阐释者却把它“指索”化、自然化了。这就是名物性思维的“物的概念化”：一方面将物变成某种概念的语符，一方面又将这种约定性语符掩饰为自然性的指索符号或实物性所指。因此，作为语符的“七楼”、“八楼”，其所指具有概念性和实物性双重性质，并且界限不清，正是这种亦此亦彼的类所指现象，使得楼层变成神秘的谶语。

我们再看这张照片：

图23

它直接呈现的是雷锋在学习《毛泽东选集》的场景。根据中国新闻网（2003年2月26日）介绍，这张照片是由张峻根据雷锋1960年写在笔记本上的“入伍一年有感”文稿的内容补拍的。

现拍和补拍的区别是：现拍的照片，其能指（形象）和所指（事件）之间有着内在的自然联系，相当于一个指索符号。而补拍时镜头则不是直接面对事件本身，而是对事件的叙事（笔记）的再叙事。这就涉及两类所指：现拍的照片的所指，能指与所指具有当下性关联而必然为真（不包括造假照片）；而补拍照片的所指是建立在文字书写（雷锋笔记）基础上的，它切断了与事件的直接联系而不必然为真。当然，我们相信照片反映的是史实，这是因为我们相信发表照片的媒体，相信树立典型的党组织。而就符号自身规则而言，补拍的书写所指本身并非必然为真。

这张补拍的照片背后隐含着汉字的隐性书写，但这种书写性所指又将自己掩饰为自然事件本身，因此，这张照片的所指就具有书写性和自然事件性双重属性，显然是一种类所指：它将物（自然事件）概念化（书写）的同时，又将这种概念（书写）物化、自然化了。

四、汉字建构下的系统单位——汉语的类所指性

汉字所指的“音”从个体看是音义结合体的语素或词，但从整体系统而非个体单位的意义上讲，这个“音”就是汉语。

梁启超比较了中西文字的言文关系差异：

西人惟文字与语言合也，故既有一物，则有一音，有一字，有一名。中国惟文字与语言分也，故古有今无之物，古人造一字以名之者，今其物既已无存，则其字亦为无用。其今有之物既无其字，则不得不借古有之字而强名之，此假借之例……。[1]

所谓的西方语言的言文“相合”，实则是因字母文字的语音关联度强而在言文之间产生一种共时的在场关联：字母的直接所指是音素，它的间接所指才是语义物（音位组合成单词表意），字母与音素共存亡，其中任何一个要素的改变都会导致双方关系的变化。

梁启超所谓的汉语的言文“相分”，其实说明了由于汉字与汉语之

[1] 转引自【意】马西尼：《现代汉语词汇的形成》，黄河清译，汉语大词典出版社1997年版，第94页。

间的语音关联度低，双方都不因对方的存亡而作出共时性的调整，进而导致的一种言文之间的继时关系：汉语（以及它代表的现实世界）或者先于汉字而消亡或者后于汉字而存在。

汉语先于汉字而消亡，是指早期的某种汉语单位、某种古代事物已经在历史上消失了，但记录它的汉字还存在，如文言文或某些古字；汉语后于汉字而存在，是指汉语的重大发展和剧变，常常是汉字主动建构的结果，汉字建构在先，汉语变化在后。这反映了汉字对其所指——汉语的建构性。汉字总是在推迟汉语的在场过程中呈现或建构汉语，因此，作为所指，汉语打上了汉字的深刻烙印，这就是汉语的汉字性问题。[1]进一步说，被汉字化了的汉语就是一种类所指。

下面我们围绕“汉语后于汉字而诞生”这个话题，以现代汉语多音节词的产生途径为例，来讨论汉语的汉字性问题，也即汉语的类所指性质。

1. 黏合与命名：现代汉语多音节词产生的两个途径

我们所说的汉语其实已经是建立在汉字条件之下的汉语，它是以汉字的可能性为自己的可能性的。以现代汉语多音节词的产生为例，它有两个途径：一是黏合，二是命名。所谓黏合，指由于语言系统自身的发展演变和社会集体无意识的约定俗成，使某些词语单位发生了多音节化，索绪尔称之为“黏合”：“原来分开的但常在句子内部的句段里相遇的要素互相融合成为一个绝对的或者难于分析的单位，这就是黏合的过程。”[2]例如“央告”一词，它在近代汉语中有四种等义的结构形式：央、告、央告、×央×告。从这四种可以互换的等义形式到今天凝

[1] 我认为徐通锵的汉语字本位理论的最大贡献是发现了汉语的汉字性问题。他的研究旨在揭示一个事实，汉字不但是汉语基础单位的物质存在形式（如他说汉语的基础单位具有“一个形体、一个音节、一个概念”的结构特征），同时还是汉语语法的深层结构规则（如他说形声字的向心和离心造字法是汉语语法结构的“两种最重要的规则”）。我把这两点概括为：汉字既是汉语存在的基本条件，同时又为汉语提供了语法化规则。见孟华：《伟大的迷惘》，《中华读书报》2008年7月17日。

[2] 见【瑞士】索绪尔：《普通语言学教程》，高名凯译，商务印书馆1980年版，第248页。

固为“央告”唯一的形式，其间经历了一个构词词素可分可合或可插入其他成分的“黏和”过程：[1]

合：

金老大无可奈何，只得再三央告道：“今日是我女婿请客，不干我事。”（《古今小说·金玉奴棒打薄情郎》）

分：

我去之时，也曾央朱三老对我丈夫说，既然有了主儿，便同到我爹娘家里来交割……只见几家邻舍一齐跪上去告到：“相公的言语，委实睛天！”（《京本通俗小说·错斩崔宁》）

该例中，“央告”的两个词素可分开单用而意义不变。

插入其他成分：

心中割舍不下，依旧又往外边东央西告，只是夜里不敢进院门了。（《警世通言·杜十娘怒沉百宝箱》）

再如“把守”一词在近代汉语中其构词词素的前后次序可以随意互换：

请兄长分一半头领，把守山寨。（《水浒传》63回）

解珍、解宝守把山前第一关。（《水浒传》51回）

又如“造反”一词，在近代汉语中它其中的一个词素“造”可与另外一个同义的词素“作”随意互换：

妄造妖言，结连梁山泊强寇，通同造反，律斩。（《水浒传》40回）

如此作反，自霸称尊，目今早晚兵犯扬州。（《水浒传》90回）

以上各例说明，“央告”、“把守”、“造反”三个词在近代汉语中处于组合比较自由的半凝固状态，它们或者可随意分合（央/告/央告/×央×告），或者可随意变序（把守/守把），或者可随意换素（造反/作反），而到了现代汉语中它们的结构便已凝固定型。可见，这三个词由组合比较自由的半凝固状态到结构凝固定型，其间经历了一个“黏合”

[1] 见孟华：《命名的构成方式》，《青岛师专学报》1991年第3期。

的过程，所以它们多音节化是由黏合的方式产生的。

多音节化的第二个途径是命名。

命名是语言使用者有目的、有动机地创造语言的行为，尽管这个创造过程必然是要受语言系统自身规律的制约，但少数人的个体言语创造在多音节化过程中起主导作用。比如“消肿”本是一个词组，当年邓小平主持军委工作时提出“部队要消肿”，后来“消肿”就作为一个“精简机构”的固定用法流行一时[1]，这就是命名。

命名产生的多音节化词具有以下几个特点：[2]

① 它是少数人决定的产物。大量的修辞用法、翻译外来词、人名、商名、专门术语都是命名的产物，它们一开始就是少数人而非全社会约定俗成的产物。它们来自少数人的深思熟虑，可以不经过言语实践直接进入语言：只要父母决定，婴儿的名字便可公布于世；只要少数专家认可，就可赋予一项新技术或外语词某个汉语名称；只要不侵权，董事会可以为新产品任意定名、改名并向大众媒体发布……显而易见，命名是少数人的言语行为。

② 命名具有较强的独立创造性。黏合式产生的多音节词语往往是集体无意识的产物，它较多地受语言结构尤其是组合关系的制约[3]。而命名是一种有意识的语言创造。“家乐福”是由法语“Carrefour”音译而来，译名又包含“家家快乐又幸福”的意思，很适合做大型超市的名称，是译名中的妙品，具有鲜明的创造性色彩。命名在某些方面与诗歌的创作原则或是修辞原则是一致的。

③ 命名遵循“音义继时”的原则。黏合式方式产生的多音节词，其音义即词的形式和概念，是作为同时性的固定结合进入语言结构的。而命名产生的词语，则是命名对象与名称相互分离的继时性关系，有一

[1] 见孟华：《消肿》，《辞书研究》1989年第1期。

[2] 见孟华：《词语的符号性及其命名理论建设》，《解放军外语学院学报》1997年第2期。

[3] 索绪尔意识到了黏合与命名的区别：“（黏合）是过程，而不是程序，因为后者含有意志、意图的意思，而没有意志的参与正是黏合的一个主要特征”（索绪尔：《普通语言学教程》，第248页）。他所说的“程序”含有人为的设计即语言创造的意思。

个命名对象，人们主动地为它寻求一个合适的名称。这个继时性是双向的、可分的：命名对象既先于名称而存在，又后于名称而诞生。“先于名称而存在”是指，站在符号所指的角度看，是对象在先名称在后；“后于名称而诞生”是指，站在能指的角度看，命名是借助已知表达未知的过程，即用“已知”的符号去命名“未知”的现象并通过符号让对象显现、存在，命名是对象的建构活动。一个人做了坏事便想“匿名”，做了好事则想“扬名”。这个人既先于他的名称而存在——名称的存现不影响他自然肉身的有无，又后于他的名称而诞生——对社会大众而言，匿名与扬名涉及此人的社会化生存：擦去一个名称等于擦去对一个人或事物的集体记忆，创造一个名称等于建构一个人或事物，让它在集体记忆中诞生、存在，此所谓“后于命名而诞生”。

2. 话本黏合词和外语译名：现代汉语多音节词产生的两个来源

现代汉语多音节词的第一个来源，是宋元以来的话本以及明清白话小说，如上所述，这些多音节词的产生以黏合式为主。第二个来源则是近代传教活动、清代洋务运动、现代新文化运动所产生的大量多音节性意译和音译外来词，这些多音节词的产生以命名方式为主，是少数人决定的产物。

其中对现代汉语影响最大的就是意译、音译、半音半意或仿译等各种形式的多音节外来词。因为在这个中国历史文化转型期，国外的新事物、新观念依托着外来词而大量涌入中国。这与我们的近邻日本的情况有些相似，有人说日本的现代化得益于两大进口：一是对西方科技的引进，一是对西方外来词的引进。中国近现代的新事物、新观念也多数是以外来词命名的方式被引进的。

清代魏源编著的《海国图志》是一部以外文翻译文献为基础、关于世界地理历史知识的综合性图书，它收录了很多传教士的著作，记录了许多现代汉语词汇，如贸易、文学、法律、火轮船、火车、公司、西洋、新闻、国会、铁路、铁辙、文学、法律、政治等。《海国图志》还有大量的音译词，“在19世纪初，这些译音词被广泛使用，但它们对语言的影响，远不如意译词和仿译词那样大”[1]。近现代大量类似《海国图志》这样的译著，成为外来词进入汉语的主要通道。

马西尼在其《现代汉语词汇的形成》一书中附录了19世纪中国书刊上所出现的新词的词表，共有500个左右的词目。其中，今天常见的多音节外来词汇有：

百货店、版权、保释、保险、保障、报纸、北极、辩护士、冰窟、兵事、博览会、博士、博物、博物馆、不动产、赤道、传播、传染病、传声筒、出口、代表、代数、大脑、大学、电报、电车、电灯、电话机、电机、电缆、电气、电线、电信、帝国、地理学、地球、地质学、动产、动物、法律、方程、方法、法庭、法学、飞机、改进、改良、钢笔、工厂、共和、公司、工业、公园、工资、广场、光学、管理、观念、固定资本、归纳、规则、国法、国会、过问、国债、海军、寒暑表、画报、化石、化学、化妆、化妆品、会话、会社、会员、混凝土、火车、火轮船、火性、检查、建筑、交际、教授、交通、交易、教育、教员、解剖、积分、机关、几何、机会、警察、经济、经线、经验、进口、技师、救命拳、记者、剧场、军事、咖啡、课程、科学、空气、会计、蓝皮书、联络、离婚、理科、历史、留学生、力学、陆军、轮船、伦理、马力、马铃薯、贸易、煤气灯、美术、煤油、面包、民权、民主、南极、内容、农场、农民、农学、判断、判决、破产、普通、汽船、全国、权力、权利、全权、全体、热带、人之权利、人力车、日报、入口、商店、商会、商务、商业、上议院、社会、社会学、生产力、生理、绅士、师范、世纪、世界、试验、石油、首领、手枪、水龙、水泥、硕士、数学、司法、特别、特权、跳舞、体操、铁道、铁路、通风机、统计、团体、图书馆、外部、晚报、瓦斯、微分、卫生、微生物、委员、温带、文法、文科、文明、文凭、温室、文学、物理、乌托邦、悟性、物质、宪法、宪政、消化、小脑、消息、校长、细胞、

[1]【意】马西尼：《现代汉语词汇的形成》，黄河清译，汉语大辞典出版社1997年版，第32页。

协会、写真、刑法、行政、信号、新闻、选举、学会、学校、洋琴、议会、意见、医科、影像、营业、银行、艺术、义务、医学、医院、议员、邮局、邮票、邮政、预备役、杂志、政策、政党、政府、证券、政治、哲学、职工、植物、中学、种族、专制、主权、主任、主义、资本、自来水、自然、自行车、自由、自治、自主、宗教、总理、总统……[1]

需要说明的是，更大量的外来词是多音节音译词，还没有列出，它们多数是地名、人名以及专业术语；进入20世纪初的新文化运动以来的翻译外来词亦未统计在内。

3. 现代汉语多音节词的命名性与汉字对汉语的建构

以上分析了现代汉语多音节词的两个来源：黏合式的宋元以来的白话文著作和命名式的近现代翻译著作。其中，黏合式多音节外来词呈现古汉语和现代汉语的过渡状态，而真正对现代汉语产生巨大影响的还是以命名为主导的多音节外来词。其命名特征表现在：

（1）它们是少数人决策的结果 汉语外来词主要靠书面翻译著作传播的，而翻译是少数掌握中外语言的文化精英。因此，近现代外来词的翻译总是与少数精英人物或翻译机构有关。如早期引入西方外来词的重要人物有林则徐（组织了官方第一个英语翻译小组）、魏源、徐继畬等，他们被马西尼称为“翻译先驱”[2]。与日语外来词引进有关的两个早期代表人物则是黄遵宪和梁启超。与引进外来词有关的重要翻译机构，是19世纪的北京同文馆（翻译的多数是法律、历史方面的外来词）和上海制造局（翻译的多数是科技词汇）。[3]这说明，外来词的大量涌入不是平民日常言语生活的结果，它来自少数文化精英的顶层设计，是通过命名的方式而非言语性的黏合产生的。

---

[1]【意】马西尼：《现代汉语词汇的形成》，黄河清译，汉语大辞典出版社1997年版，第188—274页。

[2]【意】马西尼：《现代汉语词汇的形成》，黄河清译，汉语大辞典出版社1997年版，第18页。

[3]【意】马西尼：《现代汉语词汇的形成》，黄河清译，汉语大辞典出版社1997年版，第72页。

（2）它们是汉字书写的结果　这些多音节外来词不产生于人们日常的口语生活，它主要是靠了少数人的翻译、书面文字的传播得以形成的。没有汉字的书写，现代汉语多音节词汇就丧失了一个最重要的来源。或者在某种意义上讲，现代汉语多音节词汇的来源总是与汉字书写有关（即使黏合式的多音节词语，也多是源自宋元以来的白话文著作，是文人书写的产物）。

（3）汉语后于汉字而诞生　多音节外来词大量的涌入，大大拉长了汉语句子的长度，从根本上改变了近代汉语的面貌。根据意指定律，符号基本单位的性质决定了其结构性质。汉语的基本单位倘若是单音节词为主，由于词语意义负荷量大（多义、多功能、多词性）而导致句法组织简短而重意会、重语境的特征。汉语的基本单位词语的长度一旦拉长，比如"道路"、"道理"、"说道"、"道德"这些多音节词分担了单音节词"道"的多个义项，从而变得意义、词性单一，使得句子成分功能分工明确、线性规则趋向严格、句子长度增加、非意会的逻辑思维得以强化等，这些恰恰是现代汉语的重要特征。

因此，现代汉语的形成，在相当程度上不是来自民间日常语言生活的自然衍生，而是来自19—20世纪中国历史上剧烈的社会转型和文化革命，它们是少数人的顶层设计、命名的结果。在中国历史上，文化革命从来是少数人的事情，而又总是与汉字的书写有关。例如，魏晋南北朝时期也是汉语词汇多音节化的一个繁盛期，有两个最重要原因：一是佛教著作的翻译，一是汉语书写的骈文化倾向[1]。这两个原因都与汉字书写有关。骈文表现的是一种两两相对的偶值结构精神，它恰恰是方块汉字偶值结构精神在书写文本中的投射。"五四"的白话文运动、20世纪30年代的大众语运动，都是将文言文作为对立面的文化革命。在这场由少数人"命名"主导的文化运动中，既有"高跟鞋"式的欧式白话文，也有张恨水式的旧式白话文；既有赵树理式的"山药蛋"白话文，

[1] 许昌秀：《魏晋南北朝时期汉语词汇双音节化现象繁盛的原因》，《现代语文（语言研究版）》2009年第6期。

也有汪曾祺式的故意“漂白”汉语的白话文。正是这些作家们左右了我们的语言生活。

所以，我坚持认为，现代汉语在某种意义上讲是汉字命名的结果，是少数文化精英书写的产物。当然，我们不能否认汉语源自大众言语生活的一面，但是在漫长的中国文化史上，大众的言语生活从未能在与文化精英的博弈中胜出，因为汉字总是和文化精英、国家权力结盟，话语权总是倒向汉字一极而非大众言语一极。

这就是“汉语后于汉字而诞生”：汉字成了汉语建构和存在的基本条件——它是通过汉字的投射和遮蔽来完成的。[1]“‘发酵’按照字典应当读fājiào，但是很多人说fáxiào。声旁‘孝’发生了影响。‘龋齿’按照字典应当读qūchǐ，但是很多人说yūchǐ。声旁‘禹’发生了影响。”[2]部分汉字声旁对部分汉语词语语音结构所发生的影响，就属于投射原则。再如“的、得、地”三个助词、“他、她、它”三个代词，在口语中它们无法区别，但汉字能将它们明确分为不同的词汇单位，是汉字造就了这些词的差别。汉字影响和建构了汉语单位的过程是汉字的投射。而汉字选择性地呈现语言则是遮蔽原则。例如，tank（坦克）、NewYork（纽约）这两个英语词中的“k”是辅音音素而不是一个音节，书写成汉字形式后，便要么被改造为一个独立的音节（坦克的“克”），要么将其省略（“纽约”的译名形式没有将“k”译出）。“k”这个辅音无论是改造为独立的音节还是被省略，都说明汉字无法标记辅音音素。二者间的不同构性，使得汉字的书写形式将“k”的实际读音情况遮蔽了。由于汉字不能反映音素这一级语言单位，所以上古汉语的复辅音现象被遮蔽了：“自单音象形字固定以后，无法以一字表现复声母，而在实际语言中，复声母则仍然存在，于是乃以联绵字济其穷，张有《复古编》所举联绵字如髣历、昆仑等，皆合二字为一名，二声共一韵，其为复声母所演化无疑也。”[3]

---

[1] 孟华：《汉字的遮蔽与投射》，《香港语文建设通讯》2004年3月总第77期。

[2] 周有光：《语文闲谈》下，三联书店1995年版，第104页。

[3] 陈独秀：《中国古代语音有复声母说》，载赵秉璇、竺家宁编《古汉语复声母论文集》，北京语言文化大学出版社1998年版。

4. 类所指与实体关联度

汉字在指涉现代汉语的过程中又指涉自身。当它指涉汉语的时候，这时汉字行使的是记录汉语的功能，它向汉语自身的符号特性——“音”靠拢而把汉字降低为一个透明的载体工具，我们叫做汉语的音本位性；当汉字自我指涉时，它通过遮蔽和投射建构了汉语，使得汉语打上汉字的深深烙印，我们叫做汉语的汉字性或汉语的字本位性。汉语作为汉字的所指，它在音本位和字本位之间徘徊，这种临界现象就是汉字“音”的类所指性或者是汉语的类所指性。

第三节 文字的意指方式

根据本书的分类，汉字符号的能指是“形”，所指是“音”，意指方式或编码方式便是“义”。符号的意指方式指符号能指和所指结合的方式，譬如字母文字与汉字相比，前者被认为是任意约定性的符号，后者的字形（意符）对汉语意义具有某种解释性，因而是理据性的。这里的任意约定和理据性就是两种意指方式。

根据人们使用符号的功能意向，符号的意指方式可从四个方面分析：

① 如果功能意向指向文字使用者的社会关系及其意识形态，这便是文字的交流方式，如汉字的“奸、妒、妖、娄、媚、奴、妄”这些“坏”字眼带有女性歧视的意识形态色彩。

② 如果文字的功能意向是造字者的表达方式，这便是文字的造字方式，“假如有一条河叫做‘羊’，一个部落的姓也叫做‘羊’，一种虫子也叫做‘羊’，古人就造出从水羊声的‘洋’，从女羊声的‘姜’，从虫羊声的‘蛘’……”[1]。显然，作为河名、族姓、虫名的“羊”本是一个有着独立意义的假借字，为了区别这个多义假借字，汉字社会就

[1] 唐兰：《中国文字学》，上海古籍出版社2001年版，第86页。

在“羊”字上，加注了意符“水”、“女”、“虫”，分别构成了三个形声字。但在造字之初，后来成为声符的“羊”是有独立意义的形音义结合体，它和意符相加完全是两个意符的相会，即会意的方式。所以徐通锵明确地指出，形声字的“‘声’与‘形’都是表面形式，它们的实质都是‘义’……字义的结构就是这样由‘声’表示的义类（或义象）和由‘形’表示的义象（或义类）的结合，体现‘类’与‘象’的合二而一”[1]。也就是说，像“洋”、“蛘”、“姜”这类后来被称为形声字的汉字，从动态造字的角度看它们是按照会意的方式被制造出来的，是褪了颜色的会意字。传统上的“象形、指事、会意、形声、假借、转注”六书，就是六种汉字的表达方式，但从共时静态结构角度分析，则是六种结构方式或构字方式。

③ 如果功能意向指向文字的共时结构本身，则是文字的结构方式或构字方式，如“洋”、“蛘”、“姜”这三个字从共时结构的角度分析，它们属于形声字，因为在共时静态的条件下我们看不出其声符“羊”有任何意义，只能把它当做声符来看待。大量的汉字形声字都是这种情况：从造字方式看它们是会意方式，从构字方式看它们则是形声方式。

④ 如果功能意向指向文字的所指“音”则是指涉方式或叫做表音方式，如“洋”、“蛘”、“姜”这三个字的所指是汉语中的语素这个语段，与音素性的字母文字相比汉字是一种语音关联度较低的表音方式。

这四种意指方式中，①、②、③与符号的能指有关，因此属于能指性的意指方式；④与所指有关，属于所指性意指方式。本节讨论的是能指性的意指方式。

一、汉字的交流方式

交流方式涉及符号的意识形态目的，汉字的交流方式主要体现为它成为汉民族文化记忆的本源性手段和意识形态工具。张光直指出：

古代中国文字的形式本身便具有内在的力量。我们对古代中国文

[1] 徐通锵：《语言论》，东北师范大学出版社1998年版，第296页。

字与权力的认识看来证实了这种推测。文字的力量来源于它同知识的联系；而知识却来自祖先，生者须借助于文字与祖先沟通。这就是说，知识由死者所掌握，死者的智慧则通过文字的媒介而显示于后人。

从东周的文献可以看得很清楚，有一批人掌握了死者的知识，因而能够汲取过去的经验，预言行动的后果。这种能力无疑对各国君主都有用处。《左传》记载，鲁公和春秋时期（公元前771—前450年）各国君主经常征询相国或大臣的意见，后者也时常引述古代圣王的事迹作为自己建议的有力论据。……可以《孟子》为例。全书二百六十节，处处是孟子对君主的谏言，至少在五十八节中他引古人为证。有十节提到帝尧，二十九节提到帝舜，八节提到大禹，十节提到商汤，十七节提到周代先王，十二节提到周代早期诸王……这段历史的行为模式为学者们预见未来提供了依据。[1]

君王们“预见未来”以操控现实社会的依据是古代圣贤的事迹，而这些事迹（实际上是汉民族关于华夏文明起源的汉字叙事）又主要是由儒家学者通过汉字的书写和阅读来完成的。随着起源事件的消失或不在场，对起源进行回忆就只能留存在汉字书写的文本（如“六经”）中。借助于原始起源事件的不在场，文人掌握的书写性文本尤其是儒家经典成了汉民族对自身起源和历史记忆的唯一方式。也就是说，借助于起源的缺失，汉字及其文本反而成了起源或所指。作为记录起源的工具、作为能指的汉字，借助于起源和所指的消失和不在场，使自己成为本源和所指。人们通过掌握文字而掌握历史叙事或本源模仿的权力，并通过这种叙事权力而获得世俗的统治权——君权。所以许慎在《说文解字·叙》中说：“盖文字者，经艺之本，王政之始，前人所以垂后，后人所以识古，故曰‘本立而道生’。”对此宋永培解释为：

这里的“经艺”是指六经。认清汉字是“经艺之本，王政之始”的本质，也就明确了汉字与六经、王政之间“本立而道生”的关系。六经的内容是先王之“道”（《荀子·大略》云：“先王之道，则尧舜

[1] 张光直：《美术、神话与祭祀》，辽宁教育出版社2002年版，第66、67页。

已。”），而汉字是表述六经内容之根本，有了汉字这个“本”，六经才能记载先王之“道”，所以说，“本”立，而“道”生。凭借着由汉字连缀而成的六经篇章，前人的史实、传闻得以远播后世，后人乃得以认识、研究前闻与古史。[1]

汉字与“六经”、历史起源之间“本立而道生”的关系，就是历史叙事的文本位性或汉字的元符号性。诚如德里达所说：

历史性本身与文字的可能性联系在一起。[2]

1. 古文性：汉字在意指关系中的交流方式特点

从汉字和汉语的关系看，表意的汉字负载了流动的汉语所不具备的早期文化信息，其形体结构具有“考古文字学”价值，汉字成了后人通古识古的基本条件，汉字所注重的与前人、传统的交流倾向我们称之为汉字的“古文性”。

（1）汉字的古文性和今文性 汉字的古文性，是指汉字示源、通古即凝固、保存古代语言的能力。拉丁字母缺少这样的能力，今天的英国人读不懂14世纪乔叟的作品，因为拼音文字跟着语音的变化走，语音变化了，字母的拼写形式就发生变化，所以后人就不能通过今天的文字来理解当时的语言了。而汉字的这种古文性质，保持了华夏文明的连续性。当然，汉字作为看待汉语的一种物质铭刻方式，同时也具备另一种“今文性”的功能，即适应汉语变化和需要而淡化历史记忆的功能。例如，意为斗争的“鬥”，繁体字还保留了两手格斗的象形性，而简化后写为“斗”，其古文性丧失，而服从于简便、经济的书写目的，这就是今文性。古文性和今文性作为一对文化功能的范畴，二者的主要区别在于：其一，汉字的古文性更强调形体表意的理据性，而今文性淡化理据性（如汉字在隶变前称为“古文字”，而之后称为“今文字”，主要是因其象形性、图画性、理据性强弱而得名）。也就是说，汉字的古文性维护表意性原则，今文性则更强调其表音性（如对假借的使用，就淡化

[1] 宋永培：《〈说文〉汉字体系研究法》，广西教育出版社1999年版，第26页。

[2]【法】德里达：《论文字学》，汪堂家译，上海译文出版社1999年版，第38页。

了表意汉字的历史记忆）。其二，古文性更强调繁体性，今文性更强调简体性。

汉字的古文性便于对传统文化的继承，所以在古文性占优势的时候，如隶变前的古文字或简化前的繁体字阶段，汉字能保留古代汉语的意义系统，具有示源通古、保护传统的文化功能。今文性的断源特点使它失去了文化记忆的优势，却具有了现代性、工具性的特点，不仅成了更加大众化、广泛化的记录语言的工具，而且适应了信息处理对汉字规范化和经济原则、准确原则的较高要求，反映了语文现代化的要求。学术界当前发生的繁体字和简化字孰优孰劣的争论，其实是历史上的“古文派”和“今文派”之争在今天的延续，着眼的是汉字不同的文化功能。

（2）汉字古文性的两个层次　汉字是通过单字或字系两个层次来执行其文化记忆或古文性的功能的。

1935年陈寅恪在给沈兼士的信中说：“依照今日训诂学之标准，凡解释一字即是作一部文化史。”[1]臧克和写了一本《汉字单位观念史考述》[2]，就是将个体汉字作为文化史来考察的。该书取“文”、“美”、“宜”、“德”、“舞”五类汉字，探讨了汉民族古代的审美观念的形成和演变以及古代乐舞的发生衍进。刘志基在《汉字文化综论》[3]一书中，则进一步将单字文化记忆功能分解为字形、字义、字音的文化蕴涵考察。如“册”的甲骨文的象形写法，很直观地显示了古代书籍的特有形态：以绳线编结长条物（竹简）而成，这种考察属于“字形文化蕴涵论”。“宅”、“室”二字皆有两义：一指“人之居所”，一指“墓穴”。这两义有引申与被引申的关系。本义是“人居”，“墓穴”乃其引申义。这种引申关系反映了先民灵魂不灭的观念，“墓穴”被视为特殊的“人居”，所以人们将很大的财力和精力花费在自己身后栖息的墓穴上。这种引申关系反映出的文化观念属于“字义文化蕴涵论”。再如汉

[1] 沈兼士：《沈兼士学术论文集》，中华书局1986年版，第202页。
[2] 臧克和：《汉字单位观念史考述》，学林出版社1998年版。
[3] 刘志基：《汉字文化综论》，广西教育出版社1999年版。

字读明母的字，其字义多与阴界有关，如“冥”、“亡”、“墓”、“歿”、“庙”等，这种透过字音探求文化信息的方式称为“字音文化蕴含论”。以上“三论”实际上反映了汉字形音义三要素的文化记忆功能，人们可以“在文字的字形中探寻某种思想和制度的起源”[1]。

汉字系统所发挥的古文性文化记忆功能，即字系的文化记忆。例如，据现有的金文资料，西周时期的姓不到三十个，其大多数从女，如姜、姚、姒、姬、好、姞、妊、妃、嬴等，这是中国古代社会母权时代在字系中的折射。[2]据宋永培的研究，被称为“中国历史的起点”的尧遭洪水事件，更早、更系统、更完备地保存在《说文解字》汉字古义系统中。宋永培将与“尧遭洪水”事件有关的汉字字义场划分为43个义系。臧克和也认为，《说文解字》的字义系统中保存了“中国上古三代洪荒故事，主要是指‘尧遭洪水’的历史”[3]。

下面是从宋永培概括的43个义系中选取的10个义系：

“浩大”义系：滔、浩、滂、沆、溥、澜、混、浑等。

“泛滥”义系：洪、泛、滥、洚、溃等。

“满溢”义系：满、浾、滋、溶等。

“涌滕”义系：涌、滕、汹、洸、波、沖等。

“沉没”义系：陷、湮、湨、湛、灭等。

“惊惧”义系：危、惶、恐、惧、怵、慑、悼、愓、惊、骇、吁等。

“悲痛”义系：孱、恫、呻、吟、悲、愤、惜、慨、愍、殷、恻、忼等。

“进登”义系：登、进、跻、迁、就、陟等。

“高土”义系：州、陼、渚、沚、坻、岛、垚、尧、丘、虚、陆、阜、陵等。

[1] 葛兆光：《中国思想史》第一卷，复旦大学出版社1998年版，第123页。
[2] 申小龙：《汉字人文精神论》，江西教育出版社1995年版，第19页。
[3] 臧克和：《说文解字的文化说解》，湖北人民出版社1995年版，第391—409页。

"居处"义系：处、屋、里、营等。[1]

显然，这些字义系统积淀着特定的民族情感和历史文化信息。

（3）汉字古文性的类符号特征 主要表现为字与词、词与物之间的边界的消失，进而使得汉字书写的事实与真实的现实之间的界线消失了，掌握汉字书写的社会精英正是借助于这种类符号特点，获得对真理、对世俗权力的占有权。

古希腊哲学产生于词与物的分裂。这是一种主客相分的二元对立思维或分治性的符号思维：追求词与物、字与词的分离与边界清晰。因此，古希腊时代"贬低文字，而文字曾被视为中介的中介，并陷入意义的外在性中"[2]。将符号与对象、能指与所指、语言和文字尽量清楚地加以区别，一直是西方的思想传统。

汉字并不追求对上述二元要素的分离及其界线的划分，我们称之为汉字的"名物思维"，即词与物不分、字与词不分。汉字符号成了对象本身，被物化了。名物思维表现在言文关系上，就是将汉字掩饰为汉语的字本位倾向。

"名物"是指上古时代某些特定事类品物的名称。在传统训诂学中，"名物"是与制度（或曰度数）联系在一起的，名物词也曾作为训诂学的研究对象而受到重视。用符号学的观点说，"名物性"就是通过建立符号与对象直接的指称关系，使符号成为对象的替代者。所以，"名物制度"体现了先民对自己的经验世界的感知和分类。在汉民族的名物制度中，"名"在古代主要是书写的汉字，主要是指汉字所参与分类的对象世界，"名物"的分类主要是汉字的分类。许慎说"文者物象之本"，也就是说汉字与汉民族经验世界和精神世界有着必然的理据性联系。由于表意汉字的动机和理据性质，人们极易将汉字的"象"当做对象本身，将能指掩饰为所指。这就将汉字"名物化"了：本来属于汉字性、符号性的主观认识范畴，结果成了客观的知识体系，成了事物本

[1] 宋永培：《〈说文〉汉字体系研究法》，广西教育出版社1999年版，第306—332页。

[2]【法】德里达：《论文字学》，汪堂家译，上海译文出版社1999年版，第16页。

身的存在方式。汉字的世界变成了对象世界。据我们考察，东汉许慎的《说文解字》鱼部有84个字，其中多数是淡水鱼，所列的“海鱼”字中也有许多是洄游性鱼种，它们经常在淡水域出现。淡水鱼为主的名称体系实际上是建立在中原的农耕生活方式基础上的知识体系。其实鱼的最丰富种类还是海鱼，但与海洋文化经验的隔膜使得这些鱼类名称不能在汉字造字系统中得到充分的反映。当我们使用汉字系统来巩固鱼类知识的时候，丰富的海鱼种类便被遮蔽了。倘若我们把由汉字名物化的关于鱼类的知识当做是自然秩序本身，这种名物化的意识形态结果便是：汉字把它所携带的中原中心主义知识分类系统强加给一切使用汉字的中国人，无论你处于何方，是在海边还是草原，只要使用汉字，你必须服从这个分类并相信它是一种自然秩序。

《说文解字》对“王”字的解释也体现了汉字将自身的意义强加到汉语身上，并混淆了二者的界线：

王，天下所归往也。董仲舒曰：古之造文者，三画而连其中谓之王。三者，天地人也。而参通之者，王也。孔子曰：一贯三为王。

在这里许慎对“王”字进行了经学阐释，以字面义取代了词本义。许慎的《说文解字》，本意是追求字的本义的，他在分析“王”的形体的时候也是当做本义来解释的。但经今人考证，《说文解字》这个释义是错误的，因为许慎的《说文解字》分析的是小篆时代的汉字。“王”在甲骨文、金文那里不是一个天地人的造型，而是用一个斧子的形状来标志王位。也就是说“王”背后有一个漫长的形体演变链条。“王”字到了《说文解字》那里已经发生了形体的变化。由于历史的局限，许慎见不到甲骨文等远古的文字材料，只能把小篆体作为汉字的源头。于是，漫长的符号演化链条被从中间切断，许慎告诉大家他这个小篆系统就是汉字的本义系统，你按照本义理解就可以了。如果我们把小篆时代的字形义掩饰为整个汉字系统的原始本义的话，那么它就把能指变成所指了。这种掩饰除了因为许慎自己所处的时代的局限以外，还有他的经学目的。我们知道过去的儒家经书主要是以小篆字体书写的，所以说许慎尽量地建立小篆和经义之间的必然联系，往往把小篆的字义系统看成是汉字本义的一个源泉，这样就把它本源化了。这就是表意汉字的名物性或古文性：把一个能指的东西掩饰为所指，把字义掩饰为词义、掩饰为对象本身。正是在这种掩饰中，汉字获得了本源性和真理性。许慎因为看到了这一点，才说“盖文字者，经艺之本，王政之始，前人所以垂后，后人所以识古”[1]。

2. 替补性：汉字在汉文化符号场中的交流特征

在汉文化符号谱系的各类成员中，如口语、图画、舞蹈、音乐、仪式、实物、汉字等，它们之间又构成一个更大的华夏文明的文化符号场。其中，汉字扮演了精英文化符号的角色，其他文化符号则更具有大众、民俗色彩。因此，汉字与其他文化符号的关系其实是精英文化意识形态与民众文化意识形态、中原文化意识形态与非中原文化意识形态之间的交流关系方式。在中国文化符号场中存在着“汉字中心主义”或“文字主导”的传统，即在文化记忆中倾向于以汉字书写符号主导、替代、抑制或遮蔽其他文化符号的倾向，同时汉字在替代其他文化符号的过程中又是通过补充的方式实现的。这种符号场的交流关系方式我们称之为“替补性方式”。在使用拼音文字的西方，在文化符号场中更倾向于言、文、象差异、区分、互补的交流关系，我们称之为“补充性方式”。

（1）法国“象符号”文化分析 补充性方式的一个重要表现，就是文字符号和“象符号”（视觉性图像和实物符号）各自有着自己的剩余与局限，坚持各自的异质性和边界性，相互之间的补充成为必要。这使得文字的力量被削弱，而“象符号”的异质性被强调并在文化符号场中扮演极为重要的角色。下面我们以法国文化为例重点分析几类象符号。

历史记忆符号 除了狭义的文字以外，下列象符号在西方文化中充当了极为重要的历史记忆载体：

建筑。建筑是人类重要的活动空间，房子的历史就是人的历史，建筑成为人类历史记忆最重要的象符号之一。我去法国旅行时，住在法

[1] 许慎：《说文解字·序》。

国中南部阿尔卑斯山区的一个叫拉米尔的小城。我住的房子是房主的姥姥的祖父买的二手房，有几百年历史，房顶的阁楼上在“二战”时期曾藏过犹太人。于是这栋楼房与所发生的这段历史建立起记忆联系。百年以上的房子在这个常住人口几万人的城市占多数，中世纪的建筑比比皆是，钟楼下洗衣台的水管从中世纪一直流淌到现在，中世纪建的至今还在使用的交易市场、中世纪地方贵族的私宅，等等。整个城市就是一个古建筑群。我走了法国中南部七八个小城市，绝大多数都是这样古朴的面貌。法国大中型城市的老市区更是保留了各个历史时期的古建筑，在巴黎塞纳河的游艇上观光，两岸的古建筑群使你感到整个巴黎仿佛是一个历史博物馆。我旅游过法国的格勒诺布尔、里昂、巴黎、兰斯，以及比利时的布鲁塞尔、荷兰的阿姆斯特丹、德国的波恩和特里尔，到处都是古建筑群。更重要的，多数古建筑不是作为文物或遗址而与社会生活隔离，它们至今还在使用，继续演绎着、延续着历史。在中国的多数城市里，几百年的老房除非作为文物保留，其它的多数早被拆掉，历史记忆空无傍依，以致慕名初来中国的西方人常常惊讶地提问：中国几千年的历史都到哪里去了？其实回答并不困难：中国的历史大都藏在汉字书写的古籍里。

图24　法国lamure市从中世纪至今一直在使用的交易市场

器物、纪念性符号。譬如家具，倘若系上辈所传，它就具有两个功能：使用功能和历史记忆功能。我的法国房主的好几件常用家具至少有四五代的历史。我去了四个普通法国人的家庭，家家都有一些祖上传下来的旧式家具，据说这种情况在西方家庭中比较常见。我所旅居的法国拉米尔市历史上曾经因采矿而建有小铁路，矿井关闭后小铁路成为历史，市政当局刻意保留这一段铁轨作为纪念。铁轨成了历史记忆的“象符号”。“二战”时期，拉米尔市的一位十四岁少年，在骑自行车时被纳粹无辜枪杀，人们在事件发生地点立碑纪念。在格勒诺布尔市郊的一条公路旁，当年拿破仑去巴黎称帝，路经此地时受到保皇派武装阻拦，人们在历史事件发生地点立了一个拿破仑骑马的雕像以做纪念。在法国的城市、乡间到处都可以看到这样的纪念性“象符号”，尤其是“二战”纪念碑。

博物馆。档案馆和博物馆都是历史记忆的符号系统，但它们运用的史料符号形态不同：档案馆属于语言文字符号，博物馆则以实物展品为主，是“象符号”。法国的博物馆之普及也是令人惊叹的。一个常住人口五千人的小镇芒斯也有自己的博物馆，拉米尔的博物馆里陈列了本市自中世纪和宗教革命以来各个时期的历史文物。几十万人口的中等城市格勒诺布尔有十几个博物馆，像巴黎、里昂这样的大城市，博物馆更多。博物馆是欧洲最重要的历史记忆载体之一。

空间性标识符号　地图或方位示意图是城市最重要的标识符号，它们也属于“象符号”。在法国城市的制高点常常设有示意图，远处的市景与眼下的示意图构成形象的指涉与被指涉、说明与被说明的关系。我在里昂市、格勒诺布尔市、拉米尔市都看到这样的示意图。格勒诺布尔大学分三个分校，没有围墙和校门，只是分别在三个相连的社区有自己的示意图。人们凭借示意图以及标识系统，不用问路即可到达想去的地方。甚至在拉米尔的天堂山上也看到这样的“象符号”（示意图）：远处是阿尔卑斯山脉，天堂山上树立的示意图就是对远山的诠释。市内公共汽车站也都有地图以及相关的交通信息。法国的城市里到处都是各种指示性标记，而不像中国城市充斥的是广告。法国的山上也一般设有路标。空间的充分标记化是我在法国最深的印象之一。由于有发达的标识系统，法国人对地图的依赖远远超出我的想象。中国人出门习惯问路，法国人则更乐意查地图——对“象符号”的依赖大于语言符号。这种“象符号”的普及是对口语交流的一种重要的补充：在巴黎的地铁站甚至没有口语报站，外来游客只凭借车窗外反复呈现的站牌来分辨下车地点。

（2）中国文化里“象符号”的文化记忆功能被削弱　建筑在中国负载历史记忆的作用远远不如西方。除了刻意保护供参观的古建筑以外，中国的城市里很少有居民仍在使用百年以上的房屋，除非这些建筑是西方殖民者留下的。尤其是近20年以来，有计划大规模的拆除旧房和房地产热，干净、彻底地埋葬了那些旧房所负载的历史记忆，一个一个的带有浓郁民俗传统的社区随着大规模的拆迁运动而消失。中国人是以否定历史的方式来延续自己的历史的，近20年来对历史记忆载体的破坏比“文革”的“破四旧，立四新”有过之而无不及。我曾对中文系一个班的学生做了调查，他们来自全国各地（山东人占半数），37个人中只有一位同学家里，有使用三代以上的家具或传下来的用具。普通中国人即使有祖上传下来的器物，多半也是作为纪念收藏；很少像法国人那样仍在使用，仍是自己生活和历史中的一部分。在中国，建筑、实物等只有与某种神圣的现象结缘，比如帝王将相、文人政客、英雄劳模的遗迹，才能具有历史记忆功能，才得以被保存。凡是没有被仪式化、神圣化、权力化、商品化的历史记忆载体，都当做纯粹实用工具随用随弃。

中国人不习惯在历史事件发生地点保存纪念性铭刻物，而更依赖府志、县志等官方文字记载，即强调文字对“象符号”的替代性。据新华社记者王文化报道：“时下影视作品中，常见表现冀中抗日的情景，然而记者冀中寻访抗战遗迹，发现大多遗迹已泯灭无痕，尚存不多的遗迹也大都没有得到有效保护，一任风吹雨打。”“1942年，日军在定州市北疃村地道里毒杀我抗日军民近千人，去年这里建起了纪念展室，但具有讽刺意义的是，资金竟来自日本‘三光作战调查会’成员的捐款。记者在这个展室看到，大多数展橱里空空如也，有限的一些书籍、报刊资料均是日文的，连杨成武同志所写《冀中平原的地道斗争》一文也只有日文的资料。”[1]

我所居住的青岛是一个仅有一百多年历史的城市，德国殖民者来这里建市以前是一些小渔村和清政府设置的海防机构。今天的青岛作为一个现代化大城市，它的历史实际上经历了殖民地时期、北洋政府、国民党统治和共产党领导等几个时期。但我去青岛市历史博物馆参观时，并没有设立这个城市自身发生、发展史的展厅。所谓历史馆陈列的只是青岛周边地区自原始社会直至清末的历史遗迹，最主要的是青岛的下属市胶州、胶南、平度等地的古代历史材料，而这些城市在二十多年前还不属于青岛，是潍坊市的下属县。作为青岛这个城市的本体历史被整体性遗忘了，“象符号”的博物馆遗忘了青岛自身的历史，这实在令人震惊。笔者向博物馆的管理人员查询青岛城市历史的资料时，她告知说这段历史应该去市档案馆查询。果然，我在档案馆里找到了这个城市极为丰富的文字史料。[2]

这里表现出一种替代性的文化观念：按照功能的划分，城市的历史博物馆一般是实物记忆符号，档案馆是保留文字历史资料的地方。也就是说，档案馆行使的是文字的历史记忆功能，博物馆则行使“象符号”的历史记忆功能。在一种文化中，当博物馆的历史记忆功能缺位时，其档案馆的功能必然得到加强，于是文字记忆替代了象符号的记忆。

我们再看纪念物。通过下面两幅照片的对比，反映中国文化中的文字本位性。

[1] 来源：2005年08月30日 新华网。

[2] 这段文字写于2008年，现在青岛历史博物馆有了一定变化。

图25

“二战”时期，法国lamure市的一位十四岁的少年，在骑自行车时被纳粹无辜枪杀，人们在事件发生地点立碑纪念。采用的是雕塑方式辅之以文字说明。

图26

青岛市政府在事件发生地点树立的墓碑上，刻写着一位因救人而牺牲的英雄的事迹。采用的是纯文字性表达方式。

不仅仅是历时记忆更多地依赖于汉字而非象符号，共时层面上汉字文化也倾向于以语文思维替代象符号思维。

例如，翻阅国外出版的图书，无论是小说还是一般读物，往往比国内出版物有更多的插图或图片，这种图文并茂是符号场中的补充型交流方式。在西方，图文互补性传统可谓源远流长，有人甚至认为距今三千多年以前的古埃及的《死亡书》，就是人类有史以来最早的书籍插图。[1]欧洲现今所知最早的附有插图的手抄本是古希腊诗人荷马的诗史《伊利亚特》和古罗马诗人维吉尔的诗篇（“梵蒂冈的维吉尔”插图）。在中世纪，每个基督教修道院的教士们在抄写宗教作品的同时还给内容配图。文艺复兴以前这种插图的传统更是发扬光大，一直保持至今。在中国，图文互补应该也有悠久的历史传统，但是：

> 由于图谱传世远比文字书籍困难，西汉刘向、刘歆父子创立《七略》体例时收书不收图，再加上历代文人学士或着力辞章，或追求义理，均将才情学识系于“语言文字”，而相对忽略了图谱之用，使得国人没有真正养成读图的习惯。这一点，宋人郑樵撰《通志略·图谱略》时，已有相当深刻的反省。[2]

当然宋元以来尤其是明清小说作品中的插图还是相当精致和丰富的，只是说相对而言西方文化更看重插图罢了。

我们再比较一下公交站点的图文文本。下面左图是中国青岛公交站点，右图是荷兰阿姆斯特丹市的一个公交站点。青岛站点张贴的是广告即劝服性文本，而阿市的站点张贴的则主要是一个地图，以帮助乘客辨识方位，这是一个标识性符号。笔者走过的欧洲许多城市，所见到的绝大多数公交站点都主要张贴着本地的地图。而在中国城市的多数公交站点上没有这样的标识符号。相对而言，劝服性的广告符号更多的是文字性的（尽管辅之以图像），标识性符号更多的是图像性的（尽管辅之以文字）。

---

[1] 余凤高：《插图的文化史》，新星出版社2005年版，第3页。

[2] 陈平原：《看图说画》，三联书店2003年版，第8、9页。

图27

下面的图29是一个一年级的法国小女孩，她的课后作业主要是拼图游戏，她的书包就是一个装有各种玩具和造型物的小篮子。这是一种象符号的教育和学习。而在中国，一年级小学生很大的时间用到汉字识字教育中（图28）。也就是说，汉字或语文思维的训练在中国的初级教育中占了更大比重。

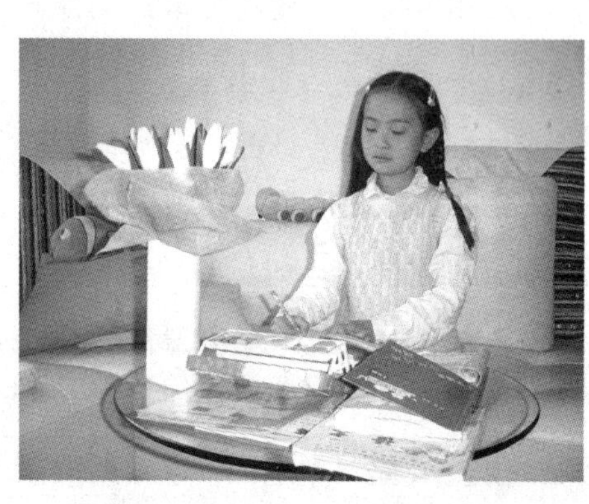

图28

图29

（3）替补性交流方式的类符号性 在中国文化符号场中，汉字具有主导和替代其他文化符号的趋势，但值得注意的是，汉字对其他符号的替代常常是通过替补，即类符号的方式来实现的。譬如我们看欧洲的店铺（见图30），常常喜欢使用（字母）文字与图像并置的招牌。因为字母文字较为抽象（这是它的“局限”），需要一个异质性的图像作为补充，这两种异质符号在同一符号场内保持了一种对立性补充关系：首先各自保持了一种非此即彼的区别性，然后在此基础上构成功能性互补。而在中国，店铺的招牌更倾向于单独使用造型艺术化的汉字（见图31）。汉字符号既充当了意义识别的文字单位，又具有图像符号的功能，汉字在替代图像的同时，又使自己图像化作为补充手段，进而呈现为亦文亦像的类符号状态。

图30　法国某城市的招牌：补充型　　图31　中国某城市的招牌：替补型

再如北大、清华的校徽，它们既是一个图像识别单位，又是一个汉字书写文本，二者的界线消失了：一方面在徽标设计中以汉字替代了图像元素，一方面汉字自身的图像化又补充了纯文字符号的局限。汉字在排除图像的同时又使自己图像化了的替补性也就是类符号性。

图32

3. 替代、补充、替补及其意指定律

（1）替代、补充和替补　用字母a代表语言中的某个元音，这种方式是替代，二者建立起等值的替换关系。在一段短讯的末尾加上^_^，这个表情符号与前面的字词之间是补充关系——空间图画符号没有替代线性的语言符号，而仅仅是对前者的某种情感性烘托。

替代关系是同质性的，替代者与被替代者之间的实体性差异（如上例的替代关系有着视觉的“形”与听觉的“音”的实体差异）被忽略不计；补充关系是异质性的，异质性符号之间总是不等值的，各有自己的剩余和局限。因此，它们彼此之间的关联不是替换关系而是补充关系：补充者和被补充者分别以自己的剩余补充对方的局限，譬如图像性的表情符号对线性语言符号的补充。

与字母a相比，^_^是一个空间性的图像符号，但如果把这个符号看做是“微笑着说话”的准象形字（所谓的网络表情符号多为这类准象形字），即这个图形代表语言中“微笑着说话”这个固定的语段，那么^_^便有了既替代（具有替代语言单位——语段“微笑着说话”的文字性）又补充（具有形象烘托语言的图像性）的类符号性质。这种双重属性我们叫做替补。

在多数语言学家看来，字母文字基本上是替代性的：

在语言学家看来，除去某些细微的枝节以外，文字仅仅是一种外在的设计，就好像利用录音机一样，借以保存了过去言语的某些特点供给我们观察。[1]

其他的符号，如国际音标、汉语拼音字母、电报代码、旗语等也都是语言的替代品。

相对而言，汉字是替补性的。因为它的语音关联度低、实体关联度高的性质，决定了它的不能充分“替代”语言的局限被自己异质地补充语言的“剩余”所抵偿，汉字的这种异质性就是它一脉相承的视觉传统——图画→象形字→意符之间无法割舍的关联。

替代、补充、替补，作为符号学范畴，它们超越了具体的符号实体而成为三种具有广泛解释力的符号编码方式。如，纪实照片中的景观（景观本身也是一个符号、一个物语符号），照片与景观之间就是替代关系；艺术照片中的景观，照片与景观之间就是替补关系，因为艺术照在替代景观的同时，又突出了照片符号自身的编码特征，如对视角的选择、明暗的处理等。而人们一边说话一边打着手势——手势与话语之间

[1]【美】布龙菲尔德：《语言论》，袁家骅等译，商务印书馆1985年版，第357页。

则是补充关系。

相对而言，替代和补充保持着异质符号的各自边界：替代性符号是替代者对自己的异质性忽略不计；补充符号双方之间则保持着各自异质性。替补性符号是消解了同质和异质的边界，异质符号之间既是替代关系又是补充关系。

“替补”是德里达文字哲学的重要概念，但他并不理会文字系统内部的差异（如汉字与拉丁字母的差异），他强调的是文字符号整体与其他符号相比而言的替补符号性质：“文字尤其属于替补。”[1]但我们认为，强调文字对语言的“替补性”的同时还应该考虑到不同文字之间的差别：

其一，文字从属于语言的听觉符号性质，是语言的同构形式和替代手段，我们称之为文字的替代性。凡是文字单位等值于语言单位的情况都可以看做是替代。

其二，文字独立于语言的视觉符号性质，是对有声语言局限性的视觉性补偿和空间性表达，我们称之为补充性。比如，遮蔽和投射原则是文字对语言补充性的重要体现。遮蔽原则是指文字遮掩了语言本来的面貌，导致人们把文字当成语言本身。索绪尔举了法语单词oiseau（鸟）的例子，实际上该词应读［wazo］，字母读音与该词的实际读音完全不同。据此索绪尔指出：“文字遮掩了语言的面貌，文字不是一件衣服，而是一种假装。”[2]人们常常把书写形式误作读音规则，结果产生了文字对语言的遮蔽。再如，汉民族阅读活动中特有的“秀才识字读半边”的误读现象：造诣（zào yì）中的“诣”读成“zhǐ”，谆谆教导（zhūn zhūn jiào dǎo）的“谆”读成“hēng”。几乎每一个汉族人在识字之初都有过这种经历。tank，disco的中译词是：坦克（tanke）和迪斯科（disike），其中克（ke）、斯（si）都以一个音节对应了英语词中的一个辅音字母k，s。音节性的汉字将英语中的音素这一级单位遮

[1]【法】德里达：《论文字学》，汪堂家译，上海译文出版社1999年版，第449页。
[2]【瑞士】索绪尔：《普通语言学教程》，高名凯译，商务印书馆1980年版，第56页。

蔽了。所谓的投射原则是指文字的结构力量投射到语言上，引起语言的变化。[1]索绪尔十分清楚地认识到了文字的投射原则：

但是字母的暴虐还不止于此：它会欺骗大众，影响语言，使它发生变化。[2]

索绪尔举了一个例子，来说明文字引起的语言的变化。法语词Lefebvre仅仅是Lefevre（文绉绉的）讲究词源的另一种写法而已，b音从未在这个词里真正存在过，而现在，人们可真照着这个念了[3]。也就是说，语言中没有b这个音，仅仅是因为文字误读的结果，人们硬是按照书写的暗示造出了一个b音而成为语言中的固定成员，这就是投射原则。

其三，文字介于替代与补充之间的中介性质就是替补性，比如文字总是以补充的方式完成了对语言的替代，这就是一种类符号、类编码现象。相对而言，拉丁字母是替代性的，汉字是替补性的。

（2）意指定律 我们在本章第二节曾谈到，从语音关联度的角度（意指关系）看，汉字保留了自己的替补性特点，它在补充的同时又替代性地指涉了汉语；而拉丁字母将自身同质于语言的音素系统，在指涉语音的同时又擦去自身，完成了对语言的替代。

这里面包含了一个符号悖立关系：语音关联度中是替补性的符号（如汉字），在符号关联度（符号场的异质符号之间的关联）中也是替补性的；语音关联度中越是替代性的符号（如拉丁字母），在符号关联度中却是补充性的。

这说明，拉丁字母代表了一种二元对立的编码方式：它在语音关联度的替代性是坚持了自己与语言符号的同质化原则，而这种高度同质化的符号单位一旦进入异质符号场，它又坚持了自己区别于其他象符号的异质性原则，从而倾向于补充关系。

而汉字消解了同质与异质之间的界线，而在二者之间做语用性选

[1] 见孟华：《汉字的投射与遮蔽》，《香港语文建设通讯》2004年3月总第77期。

[2][3]【瑞士】索绪尔：《普通语言学教程》，高名凯译，商务印书馆1980年版，第58页。

择：它既要记录汉语又要保持对汉语的异质性，既要替代象符号又要将自身图像化。汉字的这种类符号性从交流方式上看，体现了一种深刻的“为我所用”的权力游戏。

二、汉字的表达方式

符号的表达方式和结构方式的区别在于，“表达”是符号动态的生成方式，如命名、造词、造字、创作、设计等符号化过程都是表达的问题。表达编码涉及人与符号之间的关系，涉及表达者选择何种符号化方式进行表达或编码的问题，比如同样是象形字，古埃及的圣书字就比较写实，而中国的甲骨文则更加写意。写实与写意之间的差异就是表达方式的差异。汉字的“六书”（象形、指事、会意、形声、假借、转注）从造字的角度看也可算作六种表达方式。

符号的“结构”则是在悬置表达者、语境外部实体要素而专注于符号自身结构关系静态分析的产物。如图画符号的布局、点线型；语言的语法、构词；文字的笔画、偏旁及其结构规则。

同一个符号可以分别从动态表达与静态结构两个方面进行分析。如“娶”这个形声字，从共时结构（构字）的角度分析，它是一个形声字：从女取声，上声下形；但从表达（造字）的角度看，即动态的符号创制角度看，它是由会意的手法构成的。《说文解字》：“娶，从女从取，取亦声”，这说明“取”作为一个意符和另一意符“女”共同构成会意关系。因此，表达方式是动态的符号化过程的分析，它涉及符号的主体因素，即表达者对表达方式的动机性选择的问题。当然，这个表达者或主体可以是个体性的，如相传武则天就造了许多字。但文字的创制者一般是集体性主体，因此文字表达方式的主体性一般与民族的文化动机、思维方式、符号化习惯有关。结构编码则是在“去主体”的条件下共时地、静态地考察一个符号自身的结构关系规则，重点分析符号要素之间的关系性。宋代王圣美提出“右文说”，认为形声字左边的形符标明义类，右边的声符标明意义（如“钱”、“浅”、“贱”等字的声符都有“小”的意义），这显然是从历时动态的造字方式角度分析的；如果我们今天站在共时的结构角度分析，右边的声符便是单纯的声音记号。

下面重点讨论汉字表达方式的类符号或类表达性质。

什么是类表达？指表达者对异质性符号编码方式的综合运用中所表现出的临界现象。比如，照片中融进了绘画的表现方式，或者小说书面叙事中采用了电影蒙太奇的手法等，都是类表达。在汉字符号中，类表达最典型的特征就是词语的相似性原则和图像的像似性原则的糅合。

至于表达与结构之间的中介现象，我们称之为“类结构”（见本节三）。

1. 意指意象的类表达：相似与像似的糅合

我们在本章第一节中讨论了美国学者费诺罗萨对汉字“人見馬”的分析，他敏锐地指出汉字意符的类表达或双重编码性质：“这思维图画既由符号唤起，又由词语唤起。”这里所谓的“符号”，指的是图像的像似编码性质，是“看”的要素，如汉字“人”是“用两腿站着”，汉字“見”是他的眼睛在空间中运动：用一个眼睛下长两条腿来表示。它们是以现实物为参照来描绘的形象，这是图像符号主导性的表达方式：像似性。但费诺罗萨并未忘记汉字本质上还是一个以词语为所指的表意符号，因此，它们的所指“又由词语唤起”，即汉字“读”的要素和指向词语及其意义即观念物。作为观念物的汉字，它的形象不是由像似性的形体提供的，而是由概念提供的。也就是说，汉字的形象性表达方式中既有视觉形象的要素又有概念形象的要素。汉字的形象性表达方式相当于词汇学中形象色彩这个概念。[1]

我们说到“冰”这个词，伴随着它的概念出现在我们脑海中的还有冰的晶莹、洁白的形象。这种伴随观念物而来的形象感就是形象意义，它是词汇的所指即词汇意义的一部分。但是，当我们说“浮冰”、“棒冰”时，这些词的字面义中包含了冰的视觉形象（漂浮状或棒型），即形象色彩，它是符号化过程中的一种主动的视觉化方式，属于

[1] 参见贾宝书：《论词的形象意义和形象色彩》，载于《葛本仪汉语词汇理论体系研究》，山东大学出版社2012年版，第161页。

符号的能指范畴，它包含了相似性和像似性两种编码元素，是类表达。

我们知道，相似性是比喻或隐喻的编码原则，其前提是喻体与本体之间具有观念上的相似性联想特征。相似性的比喻虽然具有视觉特征，但其视觉性仅仅是一种形象意义，这并不是它的本质，而观念的自由联想才是相似编码的根本性质。“可视性”编码则不同，它重在提供一个观看的角度或方式，并通过这种方式让不可见的东西变得仿佛可见、可感。但这种可见、可感又不是纯视觉性的，而是通过意义概念所营造的一种视觉画，它类似比喻不是比喻、类似图像不是图像，既是可视性的又是可读（可联想）性的。这种具有像似和相似的双重编码特征在会意字中表现得最为突出：

“仙”——以山中之人的可视性画面代表“神仙”的意义；

“突”——犬从穴中窜出来的可视性画面代表“突然”的意义；

“杲”——太阳升上树梢的可视性画面代表“明亮”的意义；

“苗”——田里长草的可视性画面代表“幼小植株”的意义，等等。

我们也可以将汉字的这种介于图像和词语编码之间的类编码性质叫做“意象性原则”或“意符思维。”：“意”代表使用概念性的意符，“象”代表可视性地表达。

2. 组合意象的类表达：意象性和约定性编码的融合

意指轴的意象原则弹向组合轴，便是组合意象的类表达。汉字形声字中的造字过程就体现了这种意象性表达情况。

汉字的合体形声字与独体象形字的主要区别在于，象形字是对语言单位和现实物时间化的双重表达：先像似性地指涉现实物，然后相似性地转向物所代表的语言概念；形声字是对语言单位和现实物双重表达的空间化并置：并置的两个字符中，一个指向语言概念（声符），一个指向概念的视觉形象（意符）。独体字“羊”被借作河、姓氏、虫子的名字时，它是一个假借字即概念性、表音性字符，语言社会在这个字符基础上加上意符分别构成形声字“洋、姜、蛘”以后，形声这种造字法就表现出用意象符号（意符）去阐释、界定、标注概念性的有声语言

（声符）。这个“声符＋意符”的基本原则之所以是意象思维，是因为它代表了一种可视性地看待有声的汉语的一种文字方式：既承认汉字具有声符的性质以及汉字向汉语靠拢的一面，它遵循的是约定性编码；又坚持汉字的表音是一定要建立在意象的基础之上，强调汉字意符之意象对汉语的描绘和标注功能，主要遵循的是像似与相似混合的意象编码，约定编码与意象编码的结合构成了形声字的类表达原则：可视性地[1]看待有声语言。

形声字的这种“意符＋声符”的类表达或意符思维，同样体现在汉语书写性文本里。唐代孟棨在《本事诗》中写道：“白尚书姬人樊素，善歌，妓人小蛮，善舞，尝为诗曰：‘樱桃樊素口，杨柳小蛮腰。’”此处，诗人在形容樊素的口（或者更准确地说，她的唇）非常红艳，而小蛮之腰十分纤细。但他并没有使用“红”和“细”这类字眼，而是用“樱”比喻“樊素口”，以“杨柳”比喻“小蛮腰”。[2]

显然，“樱桃”、“杨柳”这些意象性的符号代替了直白的概念“红”、“细”，相当于形声字的意符；而“樊素口”、“小蛮腰”则是直接表达有声语言的概念单位，相当于“声符”。它们的结构式为：

樱桃（意符）+樊素口（声符），杨柳（意符）+小蛮腰（声符）。

汉语中的“雪白、碧绿、天大、海量、樱口、鼠窜、蛙跳、猫步、菜色、仙逝、奶白、油滑、（一）捧水、（一）把米、（一）包书、鬼哭狼嚎、枪林弹雨……”等词语，也属“声符＋意符”的意象思维结构：划线的语素相当于意符（视觉意象），其余的则相当于声符（听觉的语言概念单位）。

汉字的意象性类表达，实际上隐含了书写与语言、图像与文字的博弈关系。象与意之间、意象性意符与约定性音符之间的差异，正是汉

［1］“可视”与“可视性”概念不同：“可视”是所见即所得的“看”；“可视性”是一种看的方式，使可视成为可能的符号活动机制。汉字的象形、指事、会意、形声便是一种可视性的生产法则。参见孟华：《文字论》，山东教育出版社2008年版，第6、7页。

［2］参见【美】徐平：《“物”与“意符诗法”》，涂险峰译，《长江学术》2006年第2期。

字书写编码与汉语语言编码的分野。类表达就是消除二者之间的边界。这种隐含着言文博弈关系的类表达在中国古典诗学里，集中表现为所谓的“比兴”手法。

刘勰在《文心雕龙·比兴》中指出：“故比者，附也；兴者，起也。”周振甫解释为，“比”就是比附，就是打比方；“兴”就是起兴，用含意隐微的事物来寄托情意。[1]所以刘勰认为“比显而兴隐”，可见古人对这两种手法还是有区分的。

《诗经·关雎》可谓“兴”的典型之作：“关关雎鸠，在河之洲。窈窕淑女，君子好逑。”雎鸠与淑女之间并没有直接的可比性，如果强行将“淑女”直接比作河边的“雎鸠”，显然令人可笑。那么，“兴”与所咏之事是如何关联的？

朱熹对兴的定义是：“先言他物以引起所咏之词也。”[2]20世纪三四十年代的学者对朱熹的观点有所发挥，多数人认为“兴”是协韵起头，就像民谣中见啥唱啥的起头一样。按照这种说法，兴的工作机制是：“诗人听见河边一唱一和的雎鸠，直觉地生发了一种情绪：几分思慕，几分神往，撩动了诗人对美丽贤淑的女子的渴望，透露出一种难以割舍的期盼与追求。”[3]按照这种理解，“兴”显然属于视觉编码：目击在场物所生发的诗意和想象。宗白华则倾向于把“兴”理解为现实物的表达方式：兴是“由于生活里或自然里的一个形象触动我们的情感和思想，引导我们走进一个新的境界”[4]。比如诗人可视性地回忆起（而不是可视地看到）雎鸠唱和的情景而生发出诗意。“可视”是所见即所得的目击活动，它强调面对在场物或在场物的像似性替代（图画）时的直觉活动，这种基于可视活动的“兴”，只会发生在民间即兴编唱的歌谣中或者是仪式性的现场表演中。倘若我们注意到《诗经》是源自

[1] 周振甫：《文心雕龙今译》，中华书局1986年版，第324、325页。

[2] 朱熹：《诗集传》，中华书局1962年版，第2页。

[3] 白晓东、李璐：《语言与文字之华：“隐喻”·“比兴”》，《西北大学学报》2008年第1期。

[4] 转引自彭锋：《诗可以兴》，安徽教育出版社2003年版，第133页。

口耳传唱，如果我们把《诗经》还原到未被书写的口语状态，那么“可视”编码的兴，可能是诗经中“兴”的最早源头，但今天它已经被书写、被汉字遮蔽了。而朱熹所谓兴是“先言他物以引起所咏之词也”、宗白华所谓“生活里或自然里的一个形象触动我们的情感和思想”，他们都是基于现实物。现实物并不在场，在场的仅仅是人们对物的视觉经验或对物的可视性回忆、想象。因此，基于现实物的视觉编码是可视性：并非是眼睛所见，而是指产生视觉经验效果的符号化方式。

无论是可视还是可视性，无论是在场物还是现实物，“兴”都预设了物的在场，都涉及到了词与物的关系：物“放置”在那里，接着便是词如何去感悟那物。这虽然发生在书写文本层面，但是背后却纠结着视觉的编码与书写的词语两种表达方式，或者说，“兴”是以物象的方式去表达语言观念，这与形声字的意象原则一样，都属于类表达。

“今天流行的古代文论教科书中，兴多被解释为一种修辞手法，相当于修辞学所讲的比喻或隐喻。其实，这种说法只是对经学传统中的兴义的发挥。”[1]所谓比喻，它是建立在观念物的相似基础上的，是线性语言的表达手法，具有时间上先后的言此意彼性，所以“兴”“先言他物以引起所咏之词也”，也具有比喻的相似性联想性质。然而，“兴”更具有物象的空间并置性质：一个是可视的物或可视性的物象，一个是词语观念，就像形声字意符和声符的意象性二元并置。所以，“兴”消解了比喻和物象之间的界线，成为一种介于词语表达和视觉表达之间的类表达。请看《诗经·采薇》：

昔者我矣，杨柳依依；

今我来思，雨雪霏霏。

（昔日离家出走，杨柳依依不舍；

今日回家途中，雨雪纷纷漫天。）

这两段中的前句是“情”，是词语观念物，是语言编码；后句是“境”，是现实物或在场物，是图像编码、语言的意和物境的象，构成

[1] 转引自彭锋：《诗可以兴》，安徽教育出版社2003年版，第131页。

情景交融不可分割的意象性类表达。当然，我们也可以理解为纯粹的线性隐喻关系：昔日离家出走，我和家人就像杨柳那样依依不舍；今日回家途中，心情就像雨雪纷纷那样伤感。但是，汉字呈现《诗经》时并未完全放弃图像、物象的空间表达方式，并未完全遵循“A像B”那样的线性比喻方式，而是用“兴”这种介于空间图像和时间词语之间，基于在场物、现实物和观念物之间的类表达或意象性原则。

诗经“兴”的意象性原则背后隐含着汉字书写与口语之间的张力关系。倘若我们把《诗经》还原为口传的诗，那么“兴”显然属于空间并置的“睹物生情”视觉法则；倘若我们把“兴”理解为比喻，这实际上指的是书写的《诗经》的线性编码原则。在书写条件下，口语诗歌面对面的情境消失了，剩下的只有线性字词之间的关联：“这就是影响了话语本身的大变动。当指称向着显示行为的运动被文本截断的时候，语词开始在事物前面消退，书面语词成了自为的语词。”[1]原来如此，汉字书写借着实物的缺席而将自身实体化了。汉代以来的“兴”学之所以将其理解为比喻，是因为汉字遮蔽的结果，人们误把汉字呈现的诗经当做本来的诗，当原点在汉字遮蔽下消退时，剩下的只有物的线性表达，而遗憾的是人们经常错把这种物的线性表达当做“兴”的本质。

三、汉字的结构方式

文字的结构性编码，主要从共时静态分析的角度，考察符号如何依赖自身的结构规则来产生意义的。结构方式主要包括意指方式和组合方式。意指方式是能指和所指两个结构项之间的关系方式，组合方式是符号组合单位的结构项之间的关系方式。我们这里重点讨论的是意指方式——能指和所指两个结构项的关系方式。符号的意指方式主要包括约定方式和理据方式。如拉丁字母，它主要依靠字母组合的系统约定来产生意义，并不依赖于任何结构外的因素。高度记号化的汉字也是如此，

[1]【法】保罗·利科尔：《解释学与人文科学》，陶远华等译，河北人民出版社1987年版，第152页。

如简化汉字“见”，形音义的结合主要靠系统的约定性规则，看不出有多少外部的理据性。这种编码或意指方式叫做约定性编码。

但是，多数汉字的结构编码常常涉及到结构系统的外部实体要素，诸如文字结构中蕴涵的表达动机或对象的客观特征。或者说，不借助于这些外部理据，汉字结构就不能自足地生产意义。比如繁体汉字“見”，从结构关系看它已经高度笔画化了，成为一个词语的视觉区别单位；但在费诺罗萨眼中，这个字还保持了某种图画线条的特征，是对符号外的客体——人的形象（两条腿顶着“目”的形象）的形象临摹。因此人们必将涉及系统外的实体要素——结合现实物来理解这个字形，没有现实物的参照这个前提或理据，“見”的象形性便不成立。当然，“見”的象形性理据还与表达动机有关。我们看到，“見”的象形性远不如甲骨文[illegible]（见），或者说它们之间有着表达方式“写意”和“写实”的差别。表达方式涉及到命名者的观察视角，与符号外部的动机性理据有关。从命名过程看叫做表达方式；从共时的结构分析看叫做动机理据。

由此可见，汉字的结构编码并不是完全靠结构系统自身的规则来产生意义的，它常常需要借助于和系统外部事实有关的外部理据。这种外部理据包括两个方面：动机理据和对象理据（与符号所指物有关的理据）。

动机理据又包括表达理据（如写实还是写意、象形还是形声）和交流理据（字形中所负载的某种思想观念或认知方式）。

汉字用“羌”、“闽”、“蛮”、“狄”、“貉”等字表示我国少数民族，许慎《说文解字》在“羌”字下解释说：“南方蛮闽从虫，北方狄从犬，东方貉从豸，西方羌从羊。”这些构字从表达理据来看是“六书”中的形声，从交流理据看它们表明了当时中原文化对少数民族部落的主观看法，认为他们与豸（zhì）犬相似。当然，这里面除了动机理据以外，也包含了对象理据，如“羌”字的意符结构从人从羊，《说文解字》：“西戎牧羊人也”，也是对羌族生活、生产方式的真实记录。

汉字的意指方式是理据性的，这导致一种类编码或类意指（见导论）：任何具有双重意指的符号所产生的能指和所指之间彼此交界、难以分辨、距离感消失的情况，都是类意指或类编码。汉字的类意指特征更显著。

除了动机理据、对象理据以外，汉字的意指方式中还有结构理据（内部理据），即汉字自身的结构规则系统。所谓的结构理据，指的是由于汉字自身结构形体的原因导致了意指性理据关系发生。常见的结构理据包括以下几类。

1. 类化

所谓的类化，指由于字符之间的相互影响而使得某一汉字的意指关系发生再理据化。如“火伴”类化为“伙伴”，“胡蝶”类化为“蝴蝶”，“燕婉”类化为“嬿婉”，“仓浪”类化为“沧浪”，“焦炷”类化为“燋炷”，“耳海”类化为“洱海”，“朱儒”类化为“侏儒”等。“火”、“胡”、“燕”、“仓”、“焦”、“耳”、“朱”这些字在类化后被添加了意符，再理据化了。

下面这些类化现象，则是不同的意符类化后造成了构形理据的丧失。例如，“田”像阡陌之形，“里”从田从土；“黄”从田从光，地之色也。然而，从“田”的并非都是“田”字。“思”本不从“田”而从“囟”，像头或脑盖之形。“思”字从囟从心，会意。“胃”从“田”，篆书上面像胃里有米之形，隶书省去了四点。小篆的“胃”字，中间的“米”字是斜的，横竖呈巴岔之形；隶书又承大篆，作横竖之形，并将大篆的胃形类化为四方形。“富”、“福”等下部的“田”字也不是“田地”之“田”，是类化所得，两字从“畐”。《说文解字》：“畐，满也。从高省，象高厚之形。”诸如此类，类似“田”的字都类化成“田”。[1]

2. 意符化

汉字分析和标记的不是汉语的语音系统，而是一个个具体的词语

[1] 引自张建民：《汉字构形的类化和汉语语法的类推》，《西北民族大学学报》2008年第1期。

或语素单位。如汉字“马”并不代表汉语中mǎ这个音节（汉字中的“码、玛、犸、蚂”等字都读mǎ），而代表mǎ这个音节和所负载的个别语言单位意义的结合体。由于汉字记录的是汉语第一分节的符号单位，这使得它倾向于使自身成为一个有意义的符号来记录有意义的汉语语符（语素或词），要求汉字在意指关系上保持一个有意义的形体和一个有意义的音节之间有理据地对应格局。意符化是汉字类意指的主要表现，它易造成双重意指间的模糊状态。而一旦违背了这“两个一”的结构原则，譬如当一个汉字的形体不再具有意义理据时，或者当一个汉字代表的音节不再有意义时，汉字系统往往会作出适当调整，这个调整的过程我们叫做汉字的意符化，对这种调整的抗拒或反向趋势则叫做汉字的声符化。

如外来词“茉莉”早期翻译为“末利”等，汉字的字形没有意义理据，违背了“两个一”原则，于是后来加上草字头写作“茉莉”；“琥珀”早期译作“互婆”、“互破”等，后来改为带“玉”字旁的“琥珀”……这个过程就是汉字字形的意符化的过程，意符化使得汉字形体重新获得意义理据性。汉字形声字多数是在音节化的假借字或记号字基础上加注意符产生的，声符加注意符的过程也就是汉字字形意符化的过程。

当汉字的所指是纯粹的音节而不再具有意义的时候，“两个一”的原则也会促使这个音节重新赋意，这便是汉字音节的意符化。如“蝴蝶”只是一个语素，但却用两个汉字来记录，“蝴”和“蝶”这两个汉字的所指只表音不携带意义，不符合汉字“两个一”的意符化原则，于是汉语社会便做出了调整，让没有意义的纯音节符号“蝶”重新获得意义：蝶泳、蝶蛹、化蝶、花蝶。诸如此类的还有：

蟹：螃蟹、蟹肉、蟹壳；

啤：啤酒、扎啤、青啤；

蛛：蜘蛛、蛛网、蛛丝、喜蛛；

驼：骆驼、驼肉、驼毛、驼峰；

巴：巴士、中巴、小巴；

的：的士、面的、的哥、的姐。

上述的“巴、的、啤、蛛、蟹、驼”等字本来是无意义的音节，但现在都“意符化”为形音义结合体的符号单位了（这种音节意符化的现象是陈保亚总结的，他称之为“字化”[1]）。但是它们的具体情况还有所不同：“碟”和“蟹”是一类，它们的意符化程度最高，甚至在一定语境中可以单用，如“看碟”、“卖蟹”。“啤”、“蛛”、“驼”是第二类，它们的意符化程度稍次，虽不能单用但可意会。“巴”、“的”是第三类，意符化程度相对最低，它们更依赖于某些特定的组合结构。这三种类型反映了意符化的不同阶段的情况。

可见，汉字的意符化的“两个一”原则包括字形（能指）的意符化和汉字音节（所指）的意符化。其中后者是汉字的根本原则：汉字的所指总是倾向携带一个赋意性的音节，这个音节所包含的意义一般是观念物而非语义物。但在符合“两个一”的汉字意符中，由于其能指的意符性，其所指意符所携带的意义倾向于介于现实物和观念物之间的所指物，或者是充满现实经验或视觉色彩的观念物：譬如汉字中用来表示珍贵的物（如珊、瑚、珍、玫、瑰等字），用来表示精致地加工、玩赏等行为（如理、琱、琢、玩等字），或者用来表示晶莹剔透的颜色、纹理、声音等意义（如莹、瑮、玻、瑳、璃、玲、玎等字），其字形都有意符“玉”，这个能指意符为汉字的所指概念（实物、行为、声色等）附上一层形象色彩，进而使得汉字的所指物不仅能被观念性地意识到，还能被可视性地感觉到，成为现实物和观念物的融合体，即类所指。

3. **声符化**

声符化是与意符化相反的结构力量，汉字结构中对意符化的制衡或解构的要素。汉字中最常见的声符化趋势包括以下方面。

（1）假借字 许慎给假借的定义是“本无其字，依声托事”，这就是说，用意符化的方法造不出的字，就用个同音字来表示，这叫做假借。如“而”，古字的形体像胡须，是个象形字。它因为和当连词用的

[1] 陈保亚：《20世纪中国语言学方法论》，山东教育出版社1999年版，第371页。

“而”同音，连词“而”又不可能用意符化的方法造出来，于是就借用同音的象形字“而”来表示。汉字的假借把一个意符变成一个声符，表现了“去意符化”、向口语靠拢的表音倾向。

但应该指出的是，假借是意符性汉字存在的必要条件而非颠覆性力量：第一，汉字假借的目的是一字多用，是对汉字意符的数量无限膨胀趋势的制衡（表意体制倾向于为每一个概念和对象造字，这实际上是不可能的）。第二，假借并没有像字母那样纯代表一个语音单位，假借汉字代表的仍是一个语素、一个音义结合体，其所指仍是意符性的。第三，假借的表音是谐音原则而非字母文字的记音原则。谐音原则的基本含义是：字符不是语音单位的必然形式，如同一音节可用不同汉字书写，同一汉字可有不同读音；字符代表的是个别的词音或语素音，而不是汉语语音系统中的类型音。记音原则是字母是某个类型音的必然形式，在字母文字中，字符与语音单位之间有着大致的对应和固定的分工关系，每个字母代表语言中的某类音素而不是具体某个音素，是对语音系统分配的结果。

（2）理据性偏离　指汉字意符的形义理据一致的对应关系转变为不对应的情况，主要表现为一个字形对应多个语言单位（如多义词、同音词、多义字等），或多个语言单位对应一个字形（如多音字、同义字、异体字、形近字）。

（3）理据性磨蚀　指汉字形符或意符的造字理据逐渐减弱，而形义之间的任意约定性、记号性加强的趋势。如：

→ → 刀　　→ → 大　　→ → 车

上例每组中的后项都表现了对前项的记号化，即理据性磨蚀的倾向。

在汉字的种种声符化倾向中，假借最值得注意，它是在文字使用中对汉字意符原则的有意冒犯，体现了一种话语权的博弈意识。意符化是汉字造字者决定了对语言的阐释权，而假借的反意符化则是用字者对这种阐释权的有意消解和制衡。如故意使用谐音手段“神马”（什么）、

"曲奇"（饼干）、"镭射"（激光）等，是一种对意符话语的制衡。但是，假借的这种制衡思维与意符思维一样，都是反约定的，都是对话语权的一种争夺，而不是话语权的分享。假借思维与意符思维一样，都属于汉文化最深层的符号思维机制，一种制衡性的独白话语。

（4）简化 由于经济原则或汉字结构统的调整，某些汉字的结构发生了简化。这里只分析形声字的简化，如"省声"、"省形"。省声，指形声字的声符在形体上有所简省。如《说文解字》："夜：舍也，天下休舍也。从夕，亦省声。""疫：民皆疾也。从疒，役省声。"省形，指形声字的意符在形体上有所简省，《说文解字》称"某省"。如《说文解字》："亳：京兆杜陵亭也。从高省。"省声和省形是为了适应笔画结构平衡或者避免字形臃肿的需要而产生的结构调整，[1]其结果导致理据性的偏离或丧失，这也是一种声符化倾向。此外，不同的意符类化后造成了构形理据的丧失（"囟"字类化后与"田"字同形），也是一种声符化倾向。

（5）声符化倾向并未改变汉字的意符本质 意符化和声符化是汉字的两大结构力量，是汉字"六书"深层的二元化结构机制，我们称之为汉字的"两书"[2]。在汉字的意符化和声符化这"两书"中，意符化是汉字的主导型。多数形声字其实是面对汉字声符化后再意符化的产物，即形声字产生于对汉字声符化的补救。主要包括两种情况：其一，形声字产生于汉字的理据性偏离。一个意符和词义相对应的汉字，由于词义的引申、演变而变得不再对应，进而理据发生了偏离。如"俞"，本义为木舟（《说文解字》：俞，"空中木为舟也"），其形体构意与舟有关。木舟曾为先民最基本的运输工具之一，故"俞"又引申指运输。这样"俞"字的理据性发生偏离，于是汉字社会又在"俞"字旁加了"车"字，构成形声字"输"，使"俞"的运输的含义再意符化了。其二，形声字产生于汉字的假借。假借后汉字在形体上去意符化了，于是

[1] 引自张其昀：《"说文学"源流考略》，贵州人民出版社1998年版，第27页。
[2] 见孟华：《文字论》，山东教育出版社2008年版，第207页。

汉语社会在假借字旁加上意符，使之再意符化。如“箕”字在甲骨文中本作“其”（像手捧簸箕之形）。后因“其”字被假借用为代词且渐呈凝固化之势而被声符化了。于是汉字社会在声符化的“其”字旁增加意符“竹”（表示制作材料），造出形声字“箕”作为表示“簸箕”义的专字。

此外，仅就声符化的汉字而言，如假借字、简化字、记号字以及理据性发生偏离或磨蚀的汉字等，虽然它们在字形上消解了意符性，但这些字的所指单位多数仍是意符性的——指涉的仍是一个有意义的音节而非纯粹的语音单位。从表达一个有意义的音节单位这一点上，绝大多数汉字，都是意符而非声符（拼音字母意义上的声符）。我们说汉字是意符性文字的最重要根据就是它的所指单位的意符性：首先保持指涉的是有意义的音节，其次才是有意义的字形。所以在汉字意符的“两个一原则”中，最重要的是音节的赋意性。汉字从刻符、象符、意符最终发展到今天的声符阶段，这个“声符”本质上仍是意符，因为今天的汉字的形体尽管有许多已经不表意了，但绝大多数汉字的所指单位仍是一个赋有意义的音节。

再次，少数汉字的所指是纯音节单位，如“葡萄”中的“葡”和“萄”，但它们仅仅表示某个单词的读音而非代表整个汉语语音形体中的类型化结构单位，因此它与字母文字的表音有着本质区别。

所以，汉字的声符化倾向仅仅是对汉字意符体制的一种调节、制衡而绝非是颠覆的力量，声符化是意符性汉字的体制内思维，绝不代表汉字走向拼音字母文字的趋势。

4. 意合规则

意符既是汉字结构单位的主导型（就意符与声符的相互关系而言），又是汉字结构单位的基本性质（就多数汉字的所指都是赋意性音节而言）。根据意指定律（见导论），符号的实体关联度决定符号关联度的性质，表现在汉字结构方式上就是，汉字意指单位的意符化决定了汉字结构组织的意合性。

（1）关于意合 在语言学中，“形合”和“意合”是语言单位的两种横向组合方式。“所谓‘形合’（hypotaxis），指借助语言形式手段（包括词汇手段和形态手段）实现词语或句子的连接；所谓‘意合’（parataxis），指不借助语言形式手段而借助词语或句子所含意义的逻辑联系来实现它们之间的连接。”[1]学术界一般认为汉语语法主要是意合语法，比如可以说“我吃馒头”，不能说“我喝馒头”；因为“喝馒头”违背我们的生活常理，句子的组合要符合句子外的生活理据。可以说“我吃过饭，你再打电话给我”，不能说“你打电话给我，我吃过饭”；因为后者的语序与事件发生的自然顺序不符合。[2]可见，汉语语法组合的合法不合法的标准常常要看是否符合系统外的实体性事实，要素的组合还要结合结构外的实体要素来理解和产生意义。“形合”强调通过结构体各要素之间形式化的线性一致原则来产生意义，而与外部实体要素无关。如下边的例子[3]：

a 他坐公共汽车到这儿。

a’ He came here by bus.

b 他到这儿坐公共汽车。

b’ He came here to catch the bus.

a句中，“坐公共汽车”在前，“到这儿”在后，因为他是先乘车后到这儿。b句中，这两部分的次序颠倒，因为他是先到这儿然后坐汽车到别处去。这说明，汉语语法的次序反映了现实世界中相应的两个事件的实际事件顺序。这就是戴浩一提出的汉语的“时间顺序临摹原则”：“两个句法单位的相对语序决定于它们所表示的观念里的状态或事件的时间顺序。”[4]相对而言，英语语法较少受到外部世界的实体要素的影响。如上例的两句，汉语句子译成英语后，a’句是把动词放在介词短语之前，b’句是把动词放在不定式短语之前。也就是说，英语句子

[1] 潘文国：《汉英语对比纲要》，北京语言文化大学出版社1997年版，第334、335页。

[2] 张黎：《汉语意合语法学纲要》，中国书店2001年版，第22页。

[3] 见谢信一：《汉语中的时间和意象》，载戴浩一、薛凤生主编：《功能主义与汉语语法》，北京语言学院出版社1994年版，第224页。

[4] 戴浩一：《以认知为基础的汉语功能语法刍议》，载戴浩一、薛凤生主编：《功能主义与汉语语法》，北京语言学院出版社1994年版，第202页。

中的核心成分——谓语动词的位置或语序是稳定的，不受外部事件的先后顺序的影响，“它看来常被更有力量的形态和句法限制所压倒……汉语则相反，词和句子的各部分按临摹排列，很少或无须抽象类的句法或形态标记”[1]。

汉语语法单位的组合受制于外部世界或实体要素的影响，是由于汉语语法基本单位的意符性决定的，即汉语语法单位是一个观念物而非语义物。在上例中，汉语的动词是现实事件的概念形式，因此，词的顺序跟着词义背后的事件的顺序走。而在英语中，动词所表达的概念是语义物，它的意义受制于语法形态内形式化原则，因此摆脱了对外部现实的临摹性意指关系。我们再看一个词语的例子：

组1	组2
老张高于老李	鲸鱼大于大象
老李高于老王	大象大于奶牛
老王高于老宋	奶牛大于奶羊
老宋高于老谭	奶羊大于母鸡
老谭高于老赵	母鸡大于麻雀

读者看完了第一组以后，我突然问：“老李和老赵谁高？”读者可能不会马上回答我的问题。而第二组例子，我突然问：“大象和麻雀谁大？”人们都能马上说出答案来。

这里面涉及一个符号的意符化问题。也就是说，老李和老张这些词是代词，没有确定的对象，它是一个任意性的符号，它的确定所指是在符号系统中形成的，脱离了这个系统的制约，代词就只是对象一个抽象的代码，所以代词的所指仅仅是一个语义物，你想确定它的意义，必须放在上下文里面，必须经过线性语言结构符号的推理过程，才能最终知道答案。或者说，组1代词的语义物性质决定了它们的意义一定要放在线性的结构中才能被确定。而鲸鱼、大象、奶牛这些词，它们本身

[1] 见谢信一：《汉语中的时间和意象》，载戴浩一、薛凤生主编：《功能主义与汉语语法》，北京语言学院出版社1994年版，第225页。

有一个确定的观念对象，我们一看到这些词，马上就知道它代表哪种具体的动物，这些符号的所指与我们对外部世界的观念和经验物相关，所以，我们脱离线性语言结构，仅凭符号所指与外部观念和经验世界的联系，就能肯定“大象比麻雀大”。

所以说，代词的所指是语义物，是相对形式化的约定符号；名词的所指是观念物或现实物，是相对意符化的符号。根据意指定律，越是意符化的符号，它对语言的线性结构的依赖性较低；而形式化的符号的意义确定有赖于线性结构的制约。汉语句法中也包含了这样一个意指定律：汉语句法单位对外部现实依赖的意符性（观念物而非语义物），决定了它在组合上的意合性——指不仅借助符号的形式化手段，同时还借助符号单位（与外部世界关联）的意符性来实现单位之间的连接。

（2）汉字的意合性 意合作为一种普遍的符号组织方式，它最典型地表现于汉字结构中，我们甚至认为汉语的意合思维是由汉字提供的而不是相反。意合性组合首先源自汉字的意符化原则：通过“两个一”原则，其意符化倾向使得汉字的单个单位更倾向于借助于外部世界的观念和经验物作为参照来形成自己的所指意义，意符化的汉字单位之间的组合不像拉丁字母那样严格遵循一种线性形式化规则，而是一种意符之间的会合，这就是汉字的“会意”。我们认为，汉字“六书”中的会意，是意合原则的典型范式。它的符号学原理在于，两个意符化的单位组合成一个更大的单位时，受意指定律的影响：它们的横向组织关系倾向于一种观念物或现实物的组合，既受线性结构关系的制约，又受外部现实的规定，从根本上讲更受制于外部观念物和现实物的影响，进而呈现一种松散灵活的横向组织关系，一种介于非线性互文和线性组合之间的类结构性质，这种受意符决定的意合结构我们也叫做“据义构形”：根据意符的意义进行组合而不是根据线性形式化规则进行组合。“义”即意符，“形”即意符单位之间的组合形式，“据义构形”就是意符的性质决定了组合的意合性质，这便是意指定律。相反，字母文字的组织法则是“据形构义”：由字母之间的线性组合来产生词语的意义（语义物）。据义构形是“义”先得于形，据形构义是“义”后得于形。如

《说文解字》中的几个会意字：

图，厕也。象豕在囗中。

北，乖也。从二人相背。

字，乳也。从子在宀下。

删，剟也。从刀册。

烦，热头痛也。从页从火。

构成这些会意字的两个意符是一种整体的凝结和叠加，二者互为语境、相互指涉、相互渗透，两个意符的意义融会为一个完整的画面："豕在囗中"、"二人相背"、"子在宀下"、"从页从火"。这些画面的构成既不是按照逻辑概念的推理，也不是靠两个意符之间的类似于语法中的"主谓、偏正、支配"线性关系组合而成的，而是用类似于电影"蒙太奇"的手法将两个事象元素并置、罗列、凝结而成。爱森斯坦甚至认为电影中的"蒙太奇"与汉字"六书"的"会意"如出一辙：

（会意）通过两个"可描绘物"的组合，画出了用图形无法描绘的东西。

例如：水的图形加上眼睛的图形，这就是"泪"，

耳朵的图形放在门的图形旁边，这就是"闻"，

犬和口就是"吠"，

口和鸟就是"鸣"，刀和心就是"忍"，如此等等。

这不分明就是蒙太奇吗！！

是的。这和我们在电影里尽量把单义的、中性含义的图像镜头对列成为有含义的上下文和有含义的序列的做法完全一样。[1]

爱森斯坦所谓的"有含义的镜头"，就是意符化的电影图像单位，它们之间按照意合或会意的法则组合起来。以电影《野草莓》中的一个镜头为例：老人在赴京城的途中，经过他诞生的故居，正当他从坡上向下看自己的故居时，他孩提时的形象和他现在的形象同时出现在同一镜头上，互相对峙着。这是两个不同时间的经验并置在同一个舞台上，中

[1]【俄】C.M.爱森斯坦：《蒙太奇论》，富澜译，中国电影出版社2003年版，第477页。

间无需通过说明与解释，便呈现了其间所潜孕着的张力与冲突，而时间与人事的变迁与变幻都尽在“不言”中。[1]可见，电影中的蒙太奇指两个镜头按照意合的原则组织在一起，其中的每个镜头形象都被意符化了：各自应合一个意念或现实物，进一步组合成会意性的脉络与系列。在蒙太奇结构中，一个镜头是一个有待补充的符号间性单位：它是实体化的符号即意符化的现实形象，因此，实体符号（意符）之间的组合遵循的不是形式化符号的线性一致原则，而是符号场中各实体单位之间的替补性原则。这个符号场中的每个实体单位：

它自身含有辩证的自我否定和消逝，也就是说，它含有一种美学或戏剧上的欠缺、要求和紧张性，又促使下一个镜头去完成，以便从视觉和心理上形成一个整体。[2]

蒙太奇意符的“欠缺”，即我们所说的符号的“局限”，它需要另一个意符（镜头）的剩余来补偿，因此它们有着空间的非线性补充关系；但是，这个“欠缺”的单位又是时间性的替代关系，它包含着“自我否定和消逝”，“促使下一个镜头去完成，以便从视觉和心理上形成一个整体”。由此可见，蒙太奇语法既是时间的先后关系又是空间的主次或并置关系，这与会意字的意合原则是一致的，一种融时间线性规则和空间非线性规则于一身的类结构法则。

会意字的意合原则或“据义构形”主要表现在两个方面：

首先是意符化——通过可视性的意象来喻指观念物，进而使文字的所指（观念物）成为仿佛可经验的现实物。如“折”，《说文解字》：“断也。从斤断草。”通过草被斤斧斩断的可视意象来表示断的概念，并使该抽象的概念成为仿佛可视的经验活动。再如“囚”，《说文解字》：“系也。从人在囗中。”通过人被关在四处不通的处所的可视性意象表示被囚系的概念义，使得抽象的所指物获得现实物的效果。其次是

[1] 引自叶维廉：《中国诗学》，三联书店1992年版，第24、25页。另见【俄】C·M·爱森斯坦：《蒙太奇论》，富澜译，中国电影出版社2003年版，第475—477页。

[2] 【法】马赛尔·马尔丹：《电影语言》，何振淦译，中国电影出版社2006年版，第130页。

通过含混、跳跃、省略、凝结、连续、并置、偶值化等时空交错的方式使两个会意成分之间直接黏合在一起，来表示复杂的所指内容，它遵循的既是图像的空间并置法则又是语言的时间线性法则，是二者的融合的"蒙太奇"——时间的限定关系和空间的主次关系的融合。

下面重点分析会意字介于时间语法和空间语法之间的意合性特征。

我们首先看会意结构的时间限定关系。徐通锵将形声字也看成是会意关系，他称形声字的声符为"义类"，意符则是"义象"，两个意符显然构成会意关系。徐通锵借用叶斯帕森的"三品说"[1]，将义类称为"首品"，义象称为"次品"。叶斯帕森根据结构单位之间的限定与被限定的相互关系来确定符号的"品级"，所谓的"首品"是被限定的对象，"次品"则是起衬托、限定、说明、修饰作用的单位。如"伍"这个形声字，陈梦家认为其中的意符"人"是次品，另一声符（同时也是意符）"五"是被"人"限定的对象，是首品，[2]这与徐通锵的观点相近。根据这种观点，我们认为传统的会意字中也有首品和次品：会意字的意合结构中有说明关系和施事关系。说明关系是构成会意字的其中一个意符承当主题或主要意义（首品），另一个意符对它进行说明、补充衬托、修饰、限定等（次品）。如"屋"（"至"说明像屋形的"尸"）、"社"（"土"说明"神"）、"幼"（从力的角度说明"小"）、"仙"（"山"说明"人"）等。说明关系与传统经学中的"注疏"精神是一脉相承的。如《论语注》、《春秋传》、《周礼注疏》等注释性作品中的"注"、"注疏"、"传"等都是对儒家经典作注解说明的。这种"经（首品）＋注（次品）"结构就是会意字说明关系的放大。会意字中的施事关系是动词性的，表动作的意符是次品，动作的对象（受事）则是首品。根据叶斯帕森的观点，名词性意符无论是做动词的主语还是宾语都是首品，如吠、戍、伐、祟、炙、看、睡等。可见，无论会意字

[1]"在任何一个表示事物或人的词组中，我们总发现其中一个词很重要，而其他的词则结合在一起从属于该词……因此我们就根据词与词之间限定与被限定的相互关系确定词的'品级'。在词组extremely hot weather（极热的天气）中，最后一个词weather显然是主要概念，可叫做首品；hot限定weather，可叫做次品；extremely限定hot，可叫做三品。"见奥拓·叶斯帕森：《语法哲学》，何勇等译，语文出版社1988年版，第114、115页。

[2]见陈梦家：《中国文字学》，中华书局2006年版，第87页。

还是形声字，其核心部分都可进行首品和次品的主次限定关系分析，遵循的是语言的线性结构法则。

① 构成限定关系的会意结构单位是离散性单位，它们被区分成不同的、可分析性的线性组合单位，它是为构成更大的组合单位而存在的。离散性是时间语法的重要特征。如“吠”可离散化为“口”和“犬”两个组合单位，“吠”不是这两个组合单位简单地相加。离散性单位是线性关系的基本特征。符号的线性关系是由两个方面决定的：其一是语言符号声音媒体的时间特性，声音的基本单位（音素、音节）是按照一维时间的关系依次出现的，文字符号单位的线性关系便是对语言时间性的模仿；其二是语言所指的特征。语言符号的所指内容只能通过概念的组合来表达整体性事物，如对一个人面部的整体描写只能离散化为线性结构为“脸色/红润，精神/饱满”，于是出现结构单位排列的先后顺序。

② 会意结构单位（意符）的语义性。构成限定关系的意符之间，其每个意符的意义是在限定和被限定关系中产生的，符号的排列与现实无关而与系统有关，因此其结构单位具有语义物的性质。如“吠”，有人认为它们是主谓关系（犬在叫），有些牵强，意符“口”或者理解为含有“叫”的动作性语义，也可以理解为名词性的“嘴”的语义特征，但限定关系要求解释者作出排他性选择，无论解释为哪种语义特征，都是在这个特定的会意组合中产生的。确切地说，限定关系使得会意字的所指介于观念物和语义物之间，它既是一个观念物（意符与某个外观现实的概念发生关联），又是一个语义物（这个概念又由意符之间的限定关系而产生），这种中介化状态便是类所指。

③ 这种限定关系开始有了形式化的倾向。我们把相当一部分形声字也看做是“褪了色的会意字”，这样，会意字家族就呈现复杂的情况：由会意而成的形声字以及传统上称为“会意兼形声”的会意字，它们的两个意符开始具有一定程度上的固定位置，即语序性：[1]

[1] 字例引自周克庸：《“会意兼形声”是拥有大量字例的重要汉字结构类型》，《文史哲》2009年第1期。

输：车＋俞（水路运输工具），“俞”兼声符。

映（会意过午的太阳）：日＋央，“央”兼声符。

供：人＋共，“共”兼声符。

腰：月＋要（“腰”的本字），“要”兼声符。

鳒（比目鱼）：鱼＋兼（有“并”义），“兼”亦声符。

缝：纟＋逢（有“缝合”义），“逢”兼声符。

上述“会意兼形声”的字例中，意符中的“首品”（即兼做声符的意符）一般居右，“次品”一般居左。组合单位在结构链上位置相对固定而不受外部世界和观念的影响，趋于形式化规则的制约。

当然，传统狭义的会意字（形声字以外的会意字，如“吠”、“休”、“明”、“男”、“苗”、“仙”等），具有上述前两个线性结构特征，而第三个线性特征不鲜明，这反映出了这些会意字更具非线性的图画特征。下面我们再分析这类会意字的空间语法特征。

① 现实临摹原则。汉字意合结构中的绘画性还表现为对现实物的临摹原则：“符号的排列与其说是根据固有的代码独立决定的，不如说是根据对象世界发生的事件决定的。”[1]如：

祟，神祸也。从示从出。（《说文解字》示部）“示”代表鬼神类，“出示”略同今所谓“出鬼”。可见，“祟”这个字的意符组合次序是对“出鬼”事件发生的时间顺序的模仿。

屋，居也。……一曰：尸象屋形；从至。至，所至止。室、屋皆从至。（《说文解字》尸部）会意字“屋”的形式结构与它所代表的事物的形状相似：“尸”象上顶旁壁，居上部而覆。[2]

杲，明也。从日在木上。（《说文解字》木部）字序模仿日出树梢的场景。

杳，冥也。从木在日下。（《说文解字》木部）字序模仿日落树下的场景。

---

[1]【日】池上嘉彦：《符号学入门》，张晓云译，国际文化出版社1985年版，第91页。

[2]以上三例的分析援引自王作新：《汉字结构系统与传统思维方式》，武汉出版社1999年版，第57—59页。

炙，炮肉也。从肉在火上。（《说文解字》炙部）模仿火在下、烤肉在上的事理。

益，饶也。从水、皿。皿，益之意也。（《说文解字》皿部）盥，澡手也。从臼水临皿。（《说文解字》皿部）字序与水在皿中的事理相似。

即，会意字。即食也。古字像人面对盛食器皿跪坐之形，表示去吃饭。既，会意字。食毕。古字像人口（头）背着食物而跪坐之形，表示吃完饭。

上述会意字意符的结构位置和置向都与字所表达的物象一致，"这样组合完全体现了事物的本来情景，是实际物象的反映"[1]。

② 可视性原则。临摹性原则使得意符是建立在外部世界的现实物基础上的，因此其意符及其组合成为现实物的可视性能指，会意结构造成某种画面感或形象色彩，但这种画面是意象性的而非视像性的，这与蒙太奇并不完全相同。蒙太奇镜头是可视、可感的视觉形象，而会意字的意符的形象是由观念营造的意象和形象色彩。"杲，明也。从日在木上。"杲字借助于日出树梢的意象来指涉"光明"的词义，使得抽象的所指可视化了。可视性原则使得符号的所指也具有类所指性：介于观念物和现实物之间，既是抽象的意义概念又是具象的现实经验物。

③ 蒙太奇剪辑原则。尽管意象性意符和视像性镜头有重大区别，但共同之处在于，它们都是按照画面的剪辑原则组织起来的。会意字的每个意符类似于蒙太奇的镜头形象。因为会意字的意符排列经常是"据义"——对外部现实事理的模仿，因此在"构形"上更侧重于画面布局法则而非形式化规则。这种两个画面空间并置、剪辑的结构原则就是蒙太奇。如会意字"委"，《说文解字》："随也。从女从禾。"禾随风而倾，女性依随男子，二个"随顺"画面表示字义。从蒙太奇的角度分析，会意字的意符不是离散单位，它们不是线性组合结构成分而是画面整体的两个有机部分：两个带有"随顺"含义的画面彼此呼应、并置、

[1] 王作新：《汉字结构系统与传统思维方式》，武汉出版社1999年版，第51页。

补充、融会。

所谓意合性或会意性，就是介于时间性组合和空间画面整体融合之间的类编码。我们以上从时间语法和空间语法两个方面分析了会意字“据义构形”的意合性。意合原则其实是一种类结构方式，一个由现实/观念物组成的非线性画面和观念/语义物组成的线性结构的混合状态。如会意字“男”，我们可以说“力”是首品，“田”是充当限定成分的次品。但这样进行语法化、组合化的分析后，“男”字的整体画面感就变成了抽象的意义单位（观念/语义物）的限定性组合。限定性关系是一维的、时间性的：限定单位（次品）最终消逝在向被限定单位（首品）的过渡中，信息重点由首品承担。如“男”字最终落实在“力”上，“仙”字最终落实在“人”上。而“吠”字最终落实在“口”还是“犬”上是有歧义的，要由解释者来选择：如果将“口”理解为动词性的“叫”，那么首品是“犬”；如果理解为名词性的“口”，那么它就是首品。相反，如果我们着眼于“男”字的可视性，它则展示了一个放置于田间的劳动工具（“力”字在甲骨文里像犁之类的工具）的整体画面，其中的两个成分“田”与“力”也可以被当做两个观念/现实物的视觉形象来看待，它们相互依存、并置。在非线性的空间语法或图画法则中，构成画面的几个成分之间虽有中心与边缘、前景与背景之分，但它们之间是同时并存而不是相互覆盖、依次出现的关系，而是可逆性的，在各成分之间进行整体观照的意会关系。

因此，单纯地将意合或会意定义为限定性组合或画面的非线性布局都不准确。合体字的意符其实处在徘徊于现实物、观念物和语义物之间的类符号状态，作为观念/现实物的形象符号，它倾向于非线性的画面组织；作为观念/语义物的符号，它倾向于线性语言组合关系。但无论意符摆向哪一极，它总是不能摆脱另一极的制约而成为一个具有时间编码和空间编码双重特性的类符号。意合的这种类符号特性我们也可以喻为“汉字蒙太奇”。

（3）汉字意合性的三种类型 主要有图像蒙太奇、意符蒙太奇和声符蒙太奇。

图像蒙太奇 即由象符构成的会意字。我们从汉字的演变中也可以看出合体字的意合结构整体性画面的历史关联：

如下面的“吴”字，其初文是一个整体画面，后来分化为两个意符：

犾毁 → 同毁

由整体图像分化而来的两个象符仍保留了图像性特征，最接近电影蒙太奇的性质，因此我们叫做图画蒙太奇。再如下面的“弄”字，其初文是一个人形双手捧玉的整体画面，后来这个人的整体画面简化为两只手（代整个人体），玉与手分化为两个意符：

玑鼎 → 天尹铃

从“吴”和“弄”[1]的历时演变来看，许多会意字是由一个整体画面逐步解体、分化为两个象符而形成的意合结构。画面形象转化象符的过程，就是由非线性整体布局向几个象符之间的线性组合结构转变的过程，但这种转变使得象符具有画面构成单位和语言结构单位双重性质，进而其结构关系是意合性的类编码。

从汉字衍生的角度分析，图像蒙太奇的汉字也发生在所谓的独体象形字中。试以“ ”和“ ”这两个独体象形字为例：

文字学中将数量不多、却是构成汉字系统基础的象形字叫做“字根”，如“人”这个字根成为其他字的构成基础：“休”、“仁”、“从”、“信”、“位”等。但“字根”是一个时间性的生成概念，如果我们忽略其时间因素，重点考察两个关系项之间的空间布局关系即意合性，那么我们便将字根改称为“字元”，它与它的衍生体构成一种共时性的意合关系，主要有以下意合关系类型：

变形关系。主要包括省略或变形：

大（ ）→交（ ），便是将 变为交错的线条来衍生出“交”字。

[1]“吴”由联体化为散体、“弄”由全体化为分体的分析，引自陈梦家：《中国文字学》，中华书局2006年版，第37、38页。

大（ ）→夭（ ），《说文解字》：“夭，屈也。从大，象形。” 就是对元字的变形。

添加关系。即在字元上增加某些表意成分构成意合结构：人（ ）→女（ ），是一个下蹲的人形，是对 的变形，同时又加上表胸部的部件。而“母”（ ）又是 （女）的增笔（加两点）。“姜”（ ）也是在“女”的基础上增加羊头的形象。通过对“人”的变形和增笔的方式产生的象形字很多，如身（ ）、兄（ ）、鬼（ ）、儿（ ）等。

“大”（ ）通过添加衍生的字如“天”（ ），在 的基础上增加人头的形象，以表示“颠顶”义。其他如立（ ）、亦（ ）、夫（ ）等。添加关系既是一种时间性的衍生关系，也是空间性的意合关系（这里重点分析其空间意合性）：一个字元＋一个说明部分。如“儿”（ ），上部像小儿头颅未合之形，是在一个字元上加一个头形。“鬼”（ ）是一个字元上加一个怪异的人头形象。其说明部分与字元构成部分与整体的意合关系，而且这些二元结构成分之间相互依存、相互说明、相互指涉。虽然这些衍生字仍是独体象形字，但它们内部隐含了一种历时衍生性、共时对比性的意合关系。“六书”中的“会意”方式就是由这种意合关系发展而来的。可见，所谓的“会意”即符号学的意合，并不仅仅指合体字的构字方式，同时也是独体的象形字中最重要的方式。

变序关系。通过对字元的变序而产生的另一字符，二者之间构成变序关系。

大（ ）→ （今作“逆”），便是将正面人体的“大”倒写，表示不顺的意思。

人（ ）→ （匕），《说文解字》：“匕，相与比叙也。从反人。”即 的反写。

对比关系。字元和另一字符之间产生对比性关系。

大（ ）→人（ ），是人体的正面侧面对比。

比（ ）→化（ ），是人体的正反对比。

大（ ）→立（ ），是通过增加表地面的“一”构成二字意义上的对比。

另如“鸟”和“乌”这两个象形字极为相像，其区别仅仅是鸟头部是否多一“点”。也就是说，单独的“鸟”字或单独的“乌”字都不能独立地代表所指对象，只有将它们放在彼此相互指涉、相互模仿、相互重叠、相互对比的关系当中，每个字的意义才能确定。

重叠关系。同一字符的重复放置便是重叠关系。如：人（）→比（）。

以上意合性理据的分析说明，在衍生性的独体象形字那里，它们共时凝结、隐含着一个偶值性的会意结构。在这种偶值性的会意关系中，字符B（字元）总是出现在字符A（衍生字）的结构里，二者之间具有模仿、改造、借用、参考、重复等各种意合理据。我们只有了解了“”（母）的字元“”（女）才能更好地理解“”（母），只有理解了“”（女）的字元“”（人）才能更好地理解“”（女）。

可见，象形字的意合理据是隐含性的，即它的结构形体隐含了它与另外一个汉字之间的意合关系，不参照这两个汉字之间的关系，它的意合理据就无从发现。

字本位语言学的倡导者徐通锵先生将这种意合关系描述为“A犹如B”的模式：“A借助于B，从A与B的相互关系中去把握、体悟A和B的性质和特点。”[1]徐通锵认为在汉字形声字、汉语句法关系乃至整个汉语思维方式中都表现出这种意合性的“A犹如B”模式。比如传统语文教学中的对仗训练：

云对雨，雪对风，晚照对晴空，来鸿对去雁，宿鸟对鸣虫，三尺剑，六钧弓，岭北对江东，人间清暑殿，天上广寒宫，两岸晓烟杨柳绿，一园春雨杏花红……

上述形成对仗的两点之间不是靠线性一致关系或逻辑推理建构的，而是在A与B的意义对照、类比、关联中确定结构的意义。

我们对汉字独体象符即图像蒙太奇的意合理据的分析，表明即使

[1] 徐通锵：《汉语字本位语法导论》，山东教育出版社2008年版，第67、68页。

在独体的象形字阶段，汉字也是一个双重指涉的符号：一是象形性地指向一个语言单位，二是意合性地指向另一个象形字。后者说明了单个的汉字总是从属于一个符号链，这个符号链就是图像蒙太奇，或如“互文性”概念的首创者克里斯特娃所说：

任何一个文本的写成都如同一幅语录彩图的拼成，任何一篇文本都吸收和转换了别的文本。[1]

我们用图像蒙太奇打通了内含二合会意结构的独体象形字和由两个象符构成的合体会意字之间的关系，它们都是按照会意或意合的原则建构的。它们的区别是：其一，字符性和非字符性。独体的象符的会意结构中的两个成分之间，其中一个是非字符；而合体的象符的会意字的两个成分都是由固定的象符构成。其二，整体性和离散性。独体象符的会意结构呈现出整体性特征，而合体的会意字的两个结构成分具有明确的可分析、离散的特征。其三，临摹性和限定性。独体象符的会意结构倾向于整体临摹外部的现实物，并把自己的会意结构隐藏起来；而合体的会意字倾向于首先对两个象符之间的限定关系进行认知，然后再转向被临摹的对象。再如：

独体的象符的会意结构：（眉），是在字元（目）的基础上加上非字符性的眉毛形象构成的；（聿或笔），是一个字元（又或手）的基础上加上一个非字符性的笔的形象构成的；（何），是一个字元的基础上，加上一些非字符性的形象如肩扛的工具构成的。相对而言，这些会意性的独体字更具整体性、临摹性图画性特征。

合体的象符的会意结构（即一般所说的会意字）：（相），由“木”和“目”两个象形字符构成的；（初），由“衣”和“刀”两个象形字符构成的；（占），由“口”和“卜”两个象形字符构成的。与独体的会意结构相比，这些合体会意字更具有离散性、限定性的线性语言符号特征。当然这仅仅是与独体字的对比而言的。

---

[1]【法】蒂费纳·萨莫瓦约：《互文性研究》，邵炜译，天津人民出版社2003年版，第4页。

意符蒙太奇　指的是构成会意字的字符由象符变成了意符，视像变成了意象，图像蒙太奇变成意符蒙太奇：

→相　→初　→采　→逐　→伐　→明

“→”符号所连接的前后两项表示由图像蒙太奇向意符蒙太奇的转变。随着象符的意符化，根据意指定律，其结构关系也相应地发生变化。它们的区别是：其一，图像蒙太奇的两个象符之间的画面整体性更强，而意符蒙太奇的结构单位离散性更强；其二，图像蒙太奇的临摹性更强，意符蒙太奇的意符之间的限定关系更强。

但是，会意字或蒙太奇结构由象符到意符的变化仅仅是视像到意象的转变，并未从根本上摆脱“可视性”的语法，我们仍可以从两个意符的关联中找到蒙太奇的语法。

声符蒙太奇　会意字的其中一个象符或意符失去临摹功能而变得声符化了。如下例：

→沫　→洗　→浴　→益　→盡

以上几个字都与器皿、水有关。其字符的结构位置和置向都与字义代表的现实物象一致，为了描写出人在器皿中洗脸（沫）、洗脚（洗）、洗澡（浴）的情景，以及器皿中水的满溢（益）和空无（盡）的状态，在组字时，器皿一定放在下面；水及用水的动作的字符位置放在器皿上边或里面。[1]但是这几个会意字演变为现代汉字以后，其中的一个象符或意符已经失去理据，变成一个声符或记号。今天我们无法根据这些会意字的共时分析看出其会意性来，但它们又保留了一定程度的形象色彩（从水或从皿）。

大多数形声字都是这种情况，一个意符＋一个声符（或记号），是一种褪了颜色的会意字。但根据徐通锵的观点，声符表义类，代表字义的大致概念；意符表义象，代表字义概念的形象特征。我们认为，这种义类＋义象的二合结构还是一种蒙太奇：一种可视性地看待和处理语言意义的组织手段。当然，与意符蒙太奇相比，声符蒙太奇更接近线性

[1] 参见王宁：《汉字构形学讲座》，上海教育出版社2002年版，第51页。

语言特征：其一，意符蒙太奇的画面整体性更强，声符蒙太奇的结构单位的离散性更强；其二，意符蒙太奇的现实临摹性大于声符蒙太奇，后者更强调横向单位之间的限定关系。其三，意符蒙太奇的所指在现实物和观念物之间；声符蒙太奇的所指则在观念物和语义物之间。

图像蒙太奇更侧重于意义的图像生产；意符蒙太奇更注重观念性图像；声符蒙太奇则强调语言主导中的可视性。汉字的这些结构原则可能也是电影或其他视觉艺术的编码原则。

（4）会意不等于会意字　这样我们通过三种汉字蒙太奇形式的分析可以发现，会意、意合、蒙太奇这三个术语是同一结构方式的三种表述形式，它既存在于独体的象形字中，也存在于合体的会意字和形声字中。会意不等于会意字。会意字是会意方式的结果和典型形式，但会意或意合作为一种结构方式，存在于整个汉字结构编码系统中：独体象形字中有会意，合体形声字中也有会意，会意字更是由会意方式构成的。

（5）汉字结构编码的类结构性质

我们讨论了以会意字为代表的汉字结构编码，它提供了一个偏离索绪尔结构主义模式的东方结构主义：类结构精神。这种类结构从本质上讲就是介于形式化和实体化之间的“半结构”或“半实体”状态。

从意指关系看，会意字的每个构成成分或意符都是外部理据（系统外实体性因素）和内部理据（系统内的形式化因素）的二元互补。外部理据使得符号意义来源于系统外部的知识经验，内部理据使得符号的意义更依赖于系统内部的形式化组合规则。汉字只有在这两个参照系（外部理据和内部理据）的共同作用下才能完整地生产意义，在这个过程中，外部理据往往起主导作用，它为理解汉字的语言意义提供了已知的知识和经验，体现了“借助已知表达未知”的会意思维模式。

从结构关系看，会意字、形声字的每个单位都是可以重复的已知符号，借助于这些表已知性意符的意合性关联构成新的符号体。因此，多数汉字具有二级符号性：借助于已有的、被反复使用的字符通过会意的方式构成新的符号。这种二合性的构字方式不仅在意符阶段，即便是象符（象形字）阶段也是主导性的编码方式（见第一章第三节）。在会意结构中，意符不像字母完全受制于线性形式化规则，这些表已知的、可重复使用的意符因其外部理据的原因而具有很大的组合自由度，如“杲”和“杳”这些意符的组合变化产生了不同意义，其根本原因是对外部理据的模仿（日出还是日落），形式化让位于现实理据。另一方面，这种自由的组合又是形式化的体现：“杲”和“杳”由两个基本字符“日”和“木”组合而成，这两个可以被重复使用的字符还可以在无数个组合中与其他字符构成新字：明、旷、树、松等。这些组合又被规则所限定和制约，如单字的笔画数量、笔顺规则、方块格局、左形右声等等。

汉字结构编码的这种半实体、半形式化的性质，决定了汉字的结构精神既非纯粹的形式化复制或重复（字母a在英文中按照读音规则它总是特定音素等价物的重复出现），又不是高度意指化的单位。汉字的同一字符在保持自己的抽象、范畴义的形式化特征的同时，又在不同组合中总是保留了灵活特殊的实体性意义，如“日”的范畴义与阳光有关，但它在“杲”中是亮的意义，而在“杳”中则是暗的意义。

汉字结构这种介于实体化与形式化中间状态的性质，我们称之为类结构。

第二章 词 语

本书中的词语已经跳出语言学的范畴而成为符号学的单位。它具有类符号特征：介于形式与实体、语言与话语、语言与文字、语言学单位和符号学单位之间。我们既要廓清这些二元关系单位之间的边界，更要揭示它们的相互跨类性质。从符号学单位的角度看，词语属于“言文象”符号场中的“文”的范畴。

什么是符号学的词语？语言学的词语通常被看做是语言系统中的一个结构单位，而与系统外的实体要素无关。但从汉字符号学的立场看，词语首先是在它与系统外部的实体要素，诸如它与文字、它与所指物（外部世界）、它与其他异质符号（话语、图像、实物等）、它与符号的使用者以及其他外部语境要素的关系中定义自身的。因此，我们把符号学的词语定义为：词语是按照约定性编码组织起来的、指涉某种所指关联物、由书写所凝固的语言表征符号。这个定义主要包括三个方面：① 从能指看，词语是以文字为物质外壳或实体媒介的语言符号，它既可以专指语言系统中的“词”，也可以指“语言”及其各级语法单位如固定词组、短语、句子，还可以指名称、术语、标签、标题以及与话语相对的书写性文本。② 从所指看，词语指涉的是一个真实关联度或所指域：语义物、观念物、现实物和在场物。③ 从编码方式看，词语更强调社会约定性和所指的语义性。

第一节　词语能指的书写性

一、词语的区分

语言学中的词有着自己的边界。同样一个词语形式，它可能是话语、文本或词语。语言学词语的界定取决于对这三者之间的区分。

1. 词语、话语和文本

一个人指着天空说“鸟！”，这句话里的“鸟”如果出现在日常会话中，它就是一个实体性的话语单位（索绪尔的“言语”范畴），它有着自己特定的物理形态（某个体发出的声音）和特定的所指（亲眼看见的那只鸟）。其次，这句话如果是通过阅读获得的，“鸟”就是一个文本单位或独词句，它的声音无法亲耳听到，它的所指无法亲眼看到。与话语单位相比，作为文本的“鸟”的能指和所指都是去实体化、形式化的抽象类型，但它还是在上下文中有着自己的具体含义、用法。第三，这个“鸟”如果是在词典里看到的，或是作为一个词类（动词还是名词），或是句子成分被分析的（主语还是宾语），它是一个脱离语境的语言结构单位，即本节讨论的语言学意义上的词语：

> 词是一种语言建筑材料的单位，也就是造句的时候能够自由运用的最小单位。[1]

“鸟”的上述三种符号形态，语言学分别称之为话语、文本、词语。

2. 实体与形式

话语、文本和词语的根本区别还是与实体和形式这对符号学范畴有关。“实体，是所有那些不借助于语言之外的前提就不能被描述的语言现象。”[2]如上例中作为话语单位的“鸟”，特定的说话者、特定的发音以及特定的所指对象（在场物），都是独立于语言之外的、常常被

[1] 高名凯、石安石主编：《语言学概论》，中华书局1987年版，第103页。
[2]【法】罗兰·巴尔特：《符号学原理》，王东亮译，三联书店1999年版，第30页。

叫做“语境”的要素，它们是语言外的实体性事实，但又是理解语言意义的前提。“形式，即无需借助于任何语言之外的前提便可被语言学加以详尽、简明与连贯（认识论的标准）描述的东西。”[1]如词典中的“鸟”，它有着社会约定的读音形式和意义范围，它们并不以语言外的实体性事实所决定。或者说，在形式化的状态下，词语仅仅是一个社会约定的发音类型和意义类型（语义物）的结合体。

文本的“鸟”这个符号则具有双重性：它相对于词语，属于话语单位（的书写性再现）而具有实体的性质，如它的能指带有特定语境赋予的风格或语体色彩，它的所指在上下文中有特定的具体含义，这些都是实体性的。但是，文本又具有离境化的形式化特征：它的所指是类型化的观念物而非实体化的在场物，它的能指是字音（规范的读音或语音类型）而非某个人说出的具体音。文本符号的这种类型化特征也可以与图画符号相对比：唐诗“鹅鹅鹅，曲项向天歌”中并没有说明“鹅”是一只还是几只，保留着书写性文本所指的抽象概括特征，而一旦为这首诗配上画面，图像中的鹅就一定要是确数：要么一只，或者两只、三只……；圣经中说亚当摘下果子递给夏娃，但这段故事在卢卡斯·克拉纳赫（1472—1553）的油画中，画中出现的不是抽象的“果子”而是具体的苹果。显然图像符号擅长表达具象的东西，更具有表征性特点。而书写的文本切断了它与实体对象的联系，其所指而成为变为抽象的语义模式，可以适应任何语境。

因此，文本既是经由文字书写的话语（实体、言语），又是具有词语编码特征或是放大了的词语（形式、语言）。我们只能在一定的关系框架内界定文本的符号性质，或者把它作为词语的延伸，或者把它作为话语的视觉再现。

这样，话语和词语就代表了形式（语言）与实体（言语）符号的两极。站在符号学词语立场上，它不仅包括各级语言单位（从词到句子），也包括词语编码的延伸状态——文本（从句子到篇章）。

[1]【法】罗兰·巴尔特:《符号学原理》，王东亮译，三联书店1999年版，第30页。

二、 词语的形式化特征

我们来分析布龙菲尔德关于词语符号形式性的论述：

比方，好几次听到某一个语言形式，如I'm hungry（我饿了），我们假设：（1）声音上的某些差别是无关紧要的（非语音的），（2）好些个说话人的环境包含某些共同的特征，而这些环境之间的差别是无关紧要的（非语义的），以及（3）这个语言意义同这语言中的任何其它形式的意义是不同的。[1]

这段论述从词语的能指（声音）、所指（意义）和编码（结构系统规则）三个方面说明了词语的形式化特征。

1. 能指的形式性

布氏所说的第（1）点“声音的某些差别是无关紧要的”，讲的是词语符号能指的类型化或形式化特征：词的实际读音之间的差别不重要，重要的是要保持该语音形式的同一性，以及该语音形式在语言结构系统中与其他语音形式之间的区别性。比如，汉语词“妈、麻、马、骂”，单念时的调值分别是【55】、【35】、【214】、【51】，这里的“调值”是一个语音形式概念而不是指实际的读音。我们知道这四个词的声调由不同的男、女、老、少发音时实际的音高是不一样的，但他们只要共同遵守和保持不同音高之间的【55】、【35】、【214】、【51】关系规则（这种规则是全社会约定形成的），人们之间就可以顺利交流。这个关系规则即调值就是语音形式。语言形式是由两个原则确定的：其一是同一性原则，即对其物质属性的差异忽略不计而专注于其形式的同一性和社会共同约定性，就是布氏所说的“声音的某些差别是无关紧要的”。其二是区别性原则，即一个语言形式的性质不来自于其实体（如物理或生理因素）性质，而来自于它与其他语言结构单位的区别，如“妈”【55】的声调的调值来自它与“麻”【35】、“马”【214】、“骂”【51】的区别。这一点索绪尔说得更清楚：

在词里，重要的不是声音本身，而是使这个词区别于其他一切词

[1]【美】布龙菲尔德：《语言论》，袁家骅等译，商务印书馆1985年版，第192页。

的声音上的差别，因为带有意义的正是这些差别。[1]

2. 所指的形式性

布氏的第（2）点所说的语境中某些共同特征和某些无关紧要的差别，是就词语符号与实际的指涉对象的关系而言的，讲的是词的所指的形式化特征——它是一个语义物。所谓的“某些共同的特征”，是指词语超越具体语境而具有的全社会约定俗成的语言意义，如“水”这个词的意义是泛指一切无色、无味、透明的液体，这是全社会共同的理解。所谓“无关紧要的”差别，则是指具体语境中的所指，如是河水还是井水、淡水还是咸水、饮用水还是非饮用水等。显然，布氏认为词语的具体语境意义是不重要的，关键是它脱离语境的抽象的语言义，这个语言义同样保持了自己同一性和区别性的特征：所谓同一性，是指它在任何具体的、千差万别的语境中都保留了自己统一的抽象规定性；所谓区别性，是指不同词语的语言义之间的系统差别关系。如传统汉语的七个颜色词“赤、橙、黄、绿、青、蓝、紫”，其中一个词的意义都与其他词的意义差别密切相关，取消了其中的一个词，整个词义场的意义关系就要重新分配。

3. 编码方式的形式性

布氏的第（3）点，“这个语言意义同这语言中的任何其它形式的意义是不同的”，实际上涉及了符号的结构原则：区别性。词语符号间的真正差别既不纯粹是语音的，也不纯粹是词义的，而是负载一定意义的形式的差别即符号整体结构系统间的差别：语音系统的对立导致了词义系统的区分，词义结构系统的区分也必然通过形式系统上的差别表现出来。[2]结构主义认为词语的意义只赖分节产生，即对能指团与所指团

---

[1]【瑞士】索绪尔：《普通语言学教程》，高名凯译，商务印书馆1980年版，第164页。

[2] 参见索绪尔的论述：“如果我们从符号的整体去考察，就会看到在它的秩序里有某种积极的东西。语言系统是一系列声音差别和一系列观念差别的结合，但是把一定数目的音响符号和同样多的思想片段相配合就会产生一个价值系统，在每个符号里构成声音要素和心理要素间的有效联系的正是这个系统。所指和能指分开来考虑虽然都纯粹是表示差别的和消极的，但它们的结合却是积极的事实；这甚至是语言唯一可能有的一类事实，因为语言制度的特性正是要维持这两类差别的平行。”参见【瑞士】索绪尔：《普通语言学教程》，高名凯译，商务印书馆1980年版，第167页。

同时加以切分。例如对比替换检验法[1]，就是在表达（能指）层面上人为地造成一种改变，以观察这种改变是否在内容（所指）层面引起相应的变化。像“tian jian dian”这些汉语音节通过改变声母即能指来改变意义即所指，而“wo vo”的两个声母的改变并不区分意义，于是被汉语归为同一类声母。这就是所谓的通过对比替换产生意义，即意义只赖分节产生，一个符号的意义来自结构关系即能指结构系统的改变决定所指的改变。

编码方式的形式性与能指、所指的形式性是同一个问题的不同表述。词语能指、所指的去实体化，必然导致对符号结构系统关系的依赖，即对形式大于实体的结构原则的依赖。

结构系原则具体表现为索绪尔所谓的任意性和线条性编码，我们将在本章第三节讨论。

三、 词语的类符号分析

通过我们对词语形式化的分析可以看出，词语就是话语的结构单位和结构规则的类型化、形式化的结果。它属于索绪尔的“语言”的范畴（“话语”则是其“言语”范畴）。我们把“词语”当做“语言”的表征，在这个意义上讲，广义的“词语”的范畴包括了分节语言的各个层级单位：从音素到句子，从句子到篇章或文本。我们就是站在词语表征着分节语言的立场来讨论词语的，词语的问题便是语言各级单位乃至整个语言系统的问题。这个立场也是沿袭了索绪尔的方法：他在讨论语言的基本范畴，诸如能指和所指、组合与聚合、共时与历时、语言与言语、任意性与线条性等，都是基于对词语符号的分析。

离散型的语言这个符号系统在分治观（二元对立）的语言学中有着自己明确的边界。索绪尔把它看作是人们言语活动中被社会共同约定的东西，如词典中的词语单位或教科书中的语法规则；言语活动被索绪尔排除在语言的概念之外。但从合治观（类对立）的符号学立场看，代

[1]【法】罗兰·巴尔特：《符号学原理》，王东亮译，三联书店1999年版，第58页。

表语言范畴的词语符号与代表言语的范畴的话语符号之间实在无法截然区分——这种状况就是类对立或类关联性。符号学的词语是将词语放到异质符号关系中、实体与形式的关系中，或者说类对立关系中考察词语的性质，如词语与话语、词语与书写、词语与象符号等的关系。

1. 形式与实体的类对立

词语既内在于又外在于实体性的文字或话语——它与文字、话语的临界性质就是类对立性或类符号性。我们仅讨论词语与文字的类对立问题。

词语内在于话语，即词语为代表的各级语言单位及其结构规则潜存于话语活动中，这些单位和结构规则都是高度习俗化、形式化的，它们借助于话语实体来发挥自己的作用。但话语在依照语言规则进行交流时，人们又意识不到词语及其规则的存在，词语处于话语的深层潜伏状态。

词语外在于话语，是指形式化词语若不从话语中浮现出来，它便不被认识，不能接受理性的反思和加工，不能自觉有效地运用话语。词语（及其形式化规则）外在于话语的途径有两个：

第一个途径是通过大众的重复和普遍使用而使话语中的语言单位浮现出来。如“工程师们正在给机器会诊”，本来“会诊”是医学术语，这里临时改变了它的用法，属于特定的言语现象。但倘若人们都接受这种临时的修辞用法，它普遍、反复地出现在话语实践中，“会诊”临时比喻用法就会变成固定的引申义：共同商讨对问题的解决方案。于是这个引申义便从偶然的东西变成话语中稳定的单位，它被公众记忆并储存在集体的大脑词汇库中。因此，重复性、习俗性成为词语从话语中分离出来的物质手段之一。例如某个微博的段子被公众大量复制、转载、引用、评论而成为一个公众话题或“话语事件”，这个段子就成为符号学意义上的“词语”——它具有了稳定的、被重复和普通使用的语言形式。

第二个途径是书写。人们大脑的记忆能力有限，于是发明了文字，将话语中稳定的、反复出现的东西（主要是词语）记录下。于是，视觉性的文字变成了让语言性词语实体化、可视化的手段。文字使得词语及其形式规则得以从无意识的深层浮到显意识的表面。文字是词语外在化最重要的可能性条件，语言是“以文字的一般可能性为基础的可能性”[1]。

由此可见，形式化的词语同时又是实体化的：第一，它要通过实体性的话语（言语活动）来发挥自己的符号功能，第二，它要借助于重复，尤其是文字来获得自己的实体性存在。

索绪尔意义上的语言，其实是被文字外化了的语言。但他采用二元对立的立场，对文字的实体化忽略不计而只关注语言的形式特征。

2. 时间性和离散化的类对立

当词语内在于话语时，它的编码遵循的是话语语音的时间线条性特征：词语依次出现的、连续的言语流，具有一维时间的不可逆性。当词语外在于话语比如书写状态时，它呈现出离散化特征，包括线条性和分节性两个方面：

其一是线条性。话语声音的时间一维特征，在书写性文本中变成了线条性。时间性和线条性是不同的概念：前者是依次排列、一次性擦拭，具有时间的不可逆性（下一音节的出现建立在对上一个音节“擦拭”的基础上）。而后者即线条性则指在按照时间先后次序排列的同时，又具有空间的非线性特征：一维排列的两个分节单位同时并存，以及具有时间上的可逆性（可以重复读或写）。

其二是分节性。指话语中存在着各级结构单位及其规则，如音素、语素、词、句子等。但在话语过程中分节作为潜藏的深层结构规则，支配着人们说话行为但人们又意识不到它的存在。分节属于索绪尔意义上的语言，是社会公共约定的要素。这种分节性只有借助于文字描述才得以现形。所以，语言学意义上的“语言”或“分节”，来自文字、书写、对话语的视觉化处理。

我们以语言中最底层的结构单位音位为例来说明，文字是语言的

[1]【法】德里达：《论文字学》，汪堂家译，上海译文出版社1999年版，第72页。

离散化手段。音位学家们指出："我们就是要在最初的字母文字系统的草创时期寻找音位原理的原始踪迹。"比如古希腊"字母表的音位化程度很高"[1]。是字母给了音位以确定而凝固的、占有特定空间位置的、可以相互区别的和可以被琢磨的物质形式。是字母发现并成就了音位。仅靠非字母的汉字文化自身永远产生不了音位学。所以，字母文字不仅仅是音位的发现者，同时也是音位存在的物质方式。字母是能指，音位是所指，二者是一张纸的两个面，我们无法舍弃一面去建构另一面。正是在这个意义上，德里达才说："语言学—音位学则只是这种文字学的一个附属的专门领域。"[2]洪堡特早就敏锐地发现了字母与音位之间的互补关系，他认为，发明字母是语言自身分节和切分的唯一途径，没有字母的发明，"就无法识别言语的基本成分，切分的概念也就不可能在整个语言中得到贯彻"[3]。也就是说，是文字发现并构成了语言。语言字母（包括音标）与音位、文字与语言之间在此获得了高度的统一，使我们无法撇开字母去思考音位，我们也不能抛弃音位来理解字母。字母就是音位的物质表现形式，是一张纸的另一面。撇开字母，音位永远处于潜藏状态而不为人知。语言和文字在相互填充中各自完善了自身。

"词语"（语言）这个概念既可以指口说的话语，也可以指被文字从口说的话语中分离出来的分节性语言符号及其规则系统。索绪尔把前者叫做"言语"，后者叫做"语言"，但他忽略了"语言"的文字性问题[4]：①"语言的本质正是在于切分"[5]，语言是对言语进行分离的形式化规则。当人们说话语（语言）具有分节性的时候，是在强调话语

---

[1]【捷】伊·克拉姆斯基：《音位学概论》，李振麟等译，上海译文出版社1993年版，第3、4页。

[2]【法】德里达：《论文字学》，汪堂家译，上海译文出版社1999年版，第40页。

[3]《洪堡特语言哲学文集》，姚小平译，湖南教育出版社2001年版，第93、94页。

[4]"语言和文字是两种不同的符号系统，后者的存在只是为了表现前者。语言学的对象不是书写的词和口说的词的结合，而是由后者单独构成的。"【瑞士】索绪尔：《普通语言学教程》，高名凯译，商务印书馆1980年版，第47页。

[5]《洪堡特语言哲学文集》，姚小平译，湖南教育出版社2001年版，第93页。

或言语中潜存的语言性质，一个句子可分析为主、谓、宾等成分，一个音节可分析为元音、辅音等成分。分节性最终表现为一种离散的线性结构。② 语言的这种切分性或者形式化规则是文字铭刻、物化的结果，文字使话语内在的语言结构得以呈现和被把握。

词语符号既是时间的又是离散的，既是语言的又是文字的，这种中介性质就是类对立、类符号性。

3. 词语文字性的进一步分析

词语的类符号性表现于它与书写的类对立关系。这里重点讨论词语的文字性问题，也可以称之为言文关系的类对立性。

（1）索绪尔和德里达对词语文字性的观点 索绪尔注意到了词语与文字之间的这种纠结。一方面他认为文字仅仅是语言的外在的记录工具，它唯一的存在理由是在于表现语言，因此可以在排除文字的条件下研究语言。另一方面，他又认识到语言结构或词语本身是隐藏在言语背后的深层结构和抽象规则形态，它离不开文字对这些类型和形式的建构："我们一般只通过文字来认识语言"，如果想揭示语言的线条性，只能把音响"译成固定的视觉形象……在文字中用相应数量的符号把它们唤起"，"文字就是这些形象的可以捉摸的形式"。[1] 也就是说，只有借助于文字的物化，语言或词语才能从集体无意识的深层结构中浮现出来，变成"可以捉摸的形式"，具备了线条性、任意性的诸多特征。

这样索绪尔就陷入了一种悖立关系：一方面，他承认文字与词语之间的互构性和文字内在于语言的性质；另一方面，他又坚持文字仅仅是外在于语言的工具和附庸，语言的性质与文字无关。

德里达认为索绪尔的困境源自他的二元对立方法：坚持文字与语言的边界区分，强调语言对文字的优先性，因此，索绪尔只将音响形象看做词语的能指，把文字排除于语言系统之外。德里达揭示了文字对词语能指的建构性：

当言语不能支持在场时，文字就必不可少。我们迫切需要用文字

[1]【瑞士】索绪尔：《普通语言学教程》，高名凯译，商务印书馆1980年版，第37页。

来补充言语。由于言语是自然的……或约定俗成的东西，文字便作为摹写或再现对言语进行补充并与之结合起来。[1]

“言语不能支持在场”，即话语符号声音实体上的稍纵即逝和形式规则上的深层无意识状态，文字便是话语在场的物质手段或者就是话语的结构形式的物化。于是德里达取消了文字与语言的界线，实际上将传统的语言或文字处理为一个介于二者之间的类符号形态，并将这种类符号统称为“文字”、“分延”（又译作“异延”、“延异”）、“痕迹”等。

这就是词语介于话语和文字之间的类符号性：它既是话语内在的分节单位和深层规则，又是被视觉性书写分离出来的、独立于话语的类型化单位及其抽象规则。

（2）词语能指的文字性 文字与词语之间的互构关系使得词语的能指具有书写性质，即“我们迫切需要用文字来补充言语”，词语成了“类似于文字的书写符号”。[2]

词语的形式化能指（词音、词形）是以文字书写作为其存在条件的。它主要表现在两个领域：一是脱离语境或上下文的词语，如词典或语法书中的词语；二是书写性文本中的词语。当然，口语谈话中也离不开词语（语言）的运用，但我们认为，话语中的词语单位已经具有表征、实体的特征，属于话语符号而非词语范畴。

以“精炼”、“精练”两个形容词为例，它们在话语状态的汉语中是音同义近，甚至完全可以看作是同一个词语，但听觉汉语的这种音义的整体关联性被汉字的视觉编码肢解了，被书写为“精炼”、“精练”两个单词——我们对话语词语的切分要受制于汉字的分类原则。它们之间统一的语感被汉字视觉形式所分割。这就是词语能指的书写性：汉语大量的同音词的存在（如“工”、“公”、“宫”、“供”、“弓”……）使得这种词汇形态的示差性（汉语的“局限”）要靠汉字的视觉书写形式来补偿（汉字的“剩余”），当汉语的词形通过汉字被显示为不同汉语词汇

[1]【法】德里达：《论文字学》，汪堂家译，上海译文出版社1999年版，第208页。
[2]【法】德里达：《论文字学》，汪堂家译，上海译文出版社1999年版，第72页。

单位的时候，词语又推迟了自我的出场，成为文字分类的产物。

这就是德里达的分延[1]或我们说的类符号现象：语言和书写、词语和文字既相互区别又相互擦拭；语言借助于文字建构了自身，同时又将文字当做语言的替代物。因为索绪尔意义上的“语言”是潜藏在话语流当中，如果要从话语连续体中解析出社会公认的离散的词语形式，需要一种视觉性的描述机制。而语言机制自己不能描述自己，人类必须创造一种外在于言语的视觉符号系统，才能将语言机制描述出来。这种语言的描述机制就是文字。所以，词语是文字条件下的语言基础单位，离开文字，语言亦不存在，它们之间是一张纸的两面。文字不仅外在于语言（记录、描述语言的功能），按照德里达的意见，还具有内在于语言的功能——文字就是语言形式的构造：“语音要素、词项、感性的丰富性，如果没有给它们赋予形式的差别或对立，就不可能如此显示出来。”[2]

（3）词语文字性的祛除 德里达把文字既外在于又内在于语言的双重性叫做“痕迹”：“当他物如此显示自身时，它却在自我的隐蔽中呈现出来。”[3]或者说，文字在建构词语形式的过程中隐蔽了自身（如中国的文言文，它是汉字建构的语言，人们却常常将它看做是古汉语本身），正是这种隐蔽，使得索绪尔误把书写性的词语（语言）看做是独立于文字的纯粹的任意符号系统。

词语的书写性被抑制为隐性状态，它便以纯粹“语言”面貌出现，词语能指的书写性被祛除而能指透明化了：

人们容易放弃的东西并非与所指或事物不可分割的能指，而是失去价值的能指。如果儿童能够花钱或知道金钱的用处，他就不会轻易放

---

［1］“因此，分延就是形式的构造。另一方面，它又是印象中被映现的存在物……声音印象是被听到的东西，它不是指被听到的声音，而是指声音被听到的过程。被听到的过程具有现象性结构，它的顺序完全不同于世界上的真实声音的顺序。我们只能通过现象学还原对这种精微而至关重要的异质结构进行划分。”参见【法】德里达：《论文字学》，汪堂家译，上海译文出版社1999年版，第89页。

［2］【法】德里达：《论文字学》，汪堂家译，上海译文出版社1999年版，第88页。

［3］【法】德里达：《论文字学》，汪堂家译，上海译文出版社1999年版，第64页。

弃金钱。[1]

德里达这句话的意思是，人们并非真的放弃了词语能指的书写性，因为这种书写的物质铭刻是词语得以形成的前提，是词语无法消除的“胎记”。问题的症结在于词语的这种书写性是“失去价值的能指”，即词语的文字性可以被忽略不计，被人们淡忘了，它正像儿童手里的金钱一样，钱本身并未丧失价值，它仅仅在儿童眼中失去了价值。诚如传统汉语和汉语文本是汉字书写的结果，但“五四”前后新文化运动的“去汉字化”思潮，使得“传统蓄水池”的汉字在中国人面前成了失去价值的、汉语的透明工具。有的学者批评到，简化字成了“没有理”的文字。但其积极意义在于，“去汉字化”的直接结果是让汉字由少数精英控制的文化记忆符号变成了多数人的交流工具。这是最深刻的文化革命，令神圣的传统文化变成一种可以自由把握、可以戏谑和反叛的思想狂欢。

这是词语书写的两个方面：一是词语的书写性是无法消除的胎记，它使得词语在书写和话语符号之间游走。二是词语的书写性是“失去价值的能指”，词语的书写性在显示词语的能指时又将自身隐藏起来。它们都与类符号有关。

（4）词语在言文象符号场中的位置　尽管词语具有类符号性，索绪尔二元对立的分治观还是把它归于与“言语”（或话语）符号对立的“语言”类。根据类符号的合治观，语言是文字铭刻的结果，因此，我们将词语归于符号学的文字范畴——词语在“言文象”符号场中属于“文”的一极。言文象符号场中的“文字”包括两类：一是传统语言学意义上的，即与语言对立的文字；二是文字与语言单位（词语）对立消逝后的文字，即符号学文字。

语言学文字与符号学文字是不同的。前者如汉字、拉丁文字等，后者则是德里达论述的泛文字或广义文字，包括狭义的文字和由它铭刻而来的词语（语言）。但德里达取消了二者的边界使之成为一种纯粹的

[1]【法】德里达：《论文字学》，汪堂家译，上海译文出版社1999年版，第296页。

跨类现象。而本书的符号场的文字或类符号，则是一种合治观：既保持各异质符号之间的边界和区别，又肯定它们之间的跨界性质。因此，在符号场中（“言文象”三大文化符号）“文”的类符号性表现在：

其一，从分离性原则来看，当文字从词语中独立出来而作为一种词语符号的补充方式来看待时，它便是狭义的文字；当它在书写词语过程中“失去自身价值”而完成了对词语的替代时，它便是词语——广义的符号学文字。当文字与词语（语言）对立时，它成为视觉符号的一部分，成为象符号的家族成员；当文字与象符号对立时，它又与词语结盟而成为听觉的语言符号单位。

其二，从统一性原则来看，文字既外在于词语又内在于词语：当文字作为一个透明的能指对自身忽略不计时，这个符号就是词语，尽管它是书写内化的结果，这时关注的焦点是文字的所指——语言单位。当文字在指涉词语的同时又意识到了自身，这个符号就是文字，这时关注的焦点是文字的能指。如看到“鲸”这个汉字，我们可以把它当做是一个纯单词来看待，对其书写性忽略不计；也可以把它看做是以“形声方式”记录的汉语单词，而它的字面义（意符“鱼”）参与了词义的建构，这就恢复了该词的文字意识。本书的第一章“文字”就是从外在于词语或能指的角度来考察文字的；本章“词语”则是从文字内在于词语或所指的角度来考察文字的。

所以，在言文象符号场的“文”中，文字符号在自我（文字）与他者（词语）之间徘徊、在与象符号的靠拢或疏离中的跨界状态，就是它的类符号性。

四、汉语词的类符号性

我们在导论中讨论了汉语字词之间难解难分的情况：“一支手杖”和“一枝手杖”中“支、枝”可以互换，但在“一支山脉”和“一枝红梅”中的“支、枝”不能互换。这就涉及到词语的分离性和统一性的问题：它们是同一个语素的不同书写形式，还是不同的语素？或者说它们是汉字单位还是汉语单位？

徐通锵的研究已经涉及到汉语词的汉字性问题，或者说是汉语词的类符号问题（介于汉字与汉语之间的性质）：汉字不但是汉语基础单位的物质存在形式（如他说汉语的基础单位具有“一个形体、一个音节、一个概念”的结构特征），同时还是汉语语法的深层结构规则（如他说形声字的造字法是汉语语法结构的“重要的规则”）。我把徐通锵的这两个发现概括为：汉字既是汉语存在的基本条件，同时又为汉语提供了语法化规则。[1]因此，汉语的词与汉字处于一个类符号关联空间中。

汉字是汉语的第二能指，是汉语的理据化存在的基本条件。主要是通过汉字遮蔽原则实现的：汉字将自己掩饰为汉语的能指本身，这就是遮蔽原则。主要表现在三个方面。

1. 字形掩饰为词形

“的、得、地”三个助词在口语中它们之间无法区别，在听觉上乃至语感上都是一个词语单位，但汉字却将它们分为三个不同的词。“他、她”两个人称代词也是如此，近代汉语中本无区分男女第三人称的单数代词，“五四”新文化运动初期“他”字泛指男女，后来由刘半农、周作人、茅盾、胡愈之、叶圣陶等人积极倡导和实践，“他”开始专指男性，并另造一个“她”字专指女性。[2]汉字造就了这些词的差别形体，但在今天，我们已经把字形的区分当做词形来看待了。再如汉语中“工、公、功、供、宫……”这些词共用一个音节，只能靠字形来分别，字形等同于词形。

2. 字音掩饰为词音

在一字多音的情况下，其中有一个音往往是人们熟悉的、常读的，这时人们就倾向于以字面上常读的音代替生僻的音，如山东费县的“费”，旧读为bì，是生僻音，现已改为常读音fèi；“叶公好龙”的叶，旧读为shè，今改为常读音yè；“暴露”的暴，传统的读音本应是pù，但

[1] 孟华：《伟大的迷惘》，《中华读书报》2008年7月4日。

[2] 黄兴涛：《“她”字的故事：女性新代词符号的发明、论争与早期流播》，载《新史学》2007年4月创刊号。

现已约定俗成，随常读音改作bào。在一字多音的格局中，由于常读音的影响，致使某个生僻音的发音产生变化而向常读音靠拢，变化前的读音是“言”（词音）的范畴，变化后的读音是“文”（字音）的范畴，因为这种变化动因不来自于语音系统自身，而是汉字字音系统内部调整的结果。

汉语中“词音”和“字音”的界限常常是不分明、互相渗透、互相转化的。如传统上的“读破”现象：

“衣”字当衣服讲时，音yi，平声。而在古代当“穿”讲时读破为去声，音yì。“食”做“吃”讲时，音shí，入声。而在诗经《七月》“食我农夫”中，“食”当“给……吃”讲，读破为去声，音sì。

这类“读破”又称“破读”、“破字”、“四声别义”、“圈发之法”等。“读破”本指改变一个字的读音以表示其意义的转变。字的读音的变化经常表现为声调的变化，但也可以是声母、韵母的变化。但是，这种读破是因为在读古书时为了别义的需要而“读破”的呢，还是因为语音自身的变化而造成了字音的分化？或者说，“读破”是读书音还是词汇音？

如果是前者，读破就是一个“字音”的问题；如果是后者，就是一个“语音”的问题。但由于二者彼此渗透、纠缠不清，学术界很难给一个确定答案，于是人们就采取二元对立的方法，要么倾向于将“读破”看做是训诂学术语而归结为一个字音的问题[1]，要么将“读破”看做是语言学中的“内部曲折”而处理为一个语音的问题[2]。但站在合治观的立场上，我们认为“读破”应该是类文字、类符号现象。揭示出“读破”背后的言文关系运动及其规律，应该是“读破”乃至整个古汉语语音今后的研究方向。

前些年，“呆”这个字在“呆傻”中读“dāi”，在“呆板”中读“āi”。在汉字的两个读音中，如果其中一个音人们都熟悉，而另一个读音较生僻，语言社会就会倾向用熟悉的读音代替生僻的音。所以，人

[1] 见刘世俊：《论训诂学术语及其规范》，《宁夏大学学报》1996年第1期。
[2] 见温锁林：《汉语的内部屈折及相关的语言理论问题》，《语文研究》1999年第2期。

们常常将“呆板”（āi bǎn）错读为“dāi bǎn”。现在国家有关权威机构根据从众原则，已经承认了读“dāi bǎn”的合法性。

这说明一个问题：寓于同一个汉字形体内的两个语音单位，其中一个读音被另一个读音所同化（由“āi”变为“dāi”），同化的原因不是语音系统自身的演变，而是汉字内部字音系统相互影响的结果。相对而言，被同化单位“āi”是语言的实际读法，属于语音范畴；而同化单位“dāi”作为书写单位的读音对另一读音施加影响，这个“dāi”就是字音。“呆板”一词读音的改变就是字音影响语音而发生变化的典型案例。

在汉语中同一个字常常还有古音/今音、文读/白读、普音/方音等两读的情况，其中前者的读音一般是由汉字所凝固、所携带，后者则是口语中实际的读音。所以，相对而言前一项是字音，后一项是语音，二者构成一对言文关系。

汉语读音系统中另一个典型言文互渗的类符号现象是所谓的“调值”和“调类”。

一般认为调值是某一个声调的实际读音，如普通话中的“妈、麻、马、骂”四个字的调值分别是55、35、214、51。把调值相同的字归并成类，则叫调类。如在普通话里，“妈、他、天、乡”等字的调值都是55，因此它们都是同一调类，传统上叫“阴平”。在一种方言里，有几种调值就有几种调类，二者是统一的。之所以区分这两个术语，是因为调值是一个语音概念，它是着眼于语音系统的实际情况；调类是一个文字概念，它所着眼的是汉字单位读音的类别。调值调类过去常常讲不清楚，就是因为没有从言文分离的角度来区别它们。

在同一方言里或普通话的共时平面分析中，调值、调类的划分没有太大意义，如普通话的阴平就是55，调值“55”就是调类“阴平”。但在同一方言的历时演变和各方言之间的共时关系上考察，调值和调类之间就呈现出一种错综复杂的面貌。

一般认为，普通话和方言的声调都是从中古语音的“平、上、去、入”四声演变而来的，但是这个“四声”是一个调类和字音的概念，它们的实际读音即调值已经不得而知。这样，我们根据“四声”的分类，拿着汉字跟现代汉语普通话和各方言的实际调值进行对比，调类和调值之间就是一种纷杂的言文关系。或者说，调类是汉语的字音系统，调值是汉语的语音系统。关于调值和调类的一切问题必须站在类符号的角度来考察和解决。

由于字音与词音的难分难舍，人们易把字音与词音混同起来。

3. 字义掩饰为词义

字义即汉字字形自身携带的意义，也叫字面义；词义则是汉字形体所表达的语言意义。

例如，“初”字的字面义是“用刀裁衣”，其词义是“开端”、“开始”。“鲸”的字面义是鱼类，而词义则是海里的哺乳动物。“茉莉”是一个外来词，最早写作“末利”，后添上草字头改为“茉莉”，这样，该词的书写形式就不是纯表音的形体单位。“茉莉”的草字头包含的“植物”意义和该词的概念义（一种绿灌木）就是言文关系：前者是字义范畴，后者是词义范畴；字义解释说明词义，实际上参与了词义的构成。当然，字义和词义经常不一致，如“鲸”，其字义表示为“鱼”，而其词义却是指一种哺乳动物。

在单音节汉语词中，其本义往往存留在汉字字形中，因此，本义和引申义之间就相对地构成了一种言文关系。如“一片冰心在玉壶”的“冰”字，它是一个层累的叠加意象系统，各义项不在一个平面上。诗中的直接意义是“高尚、纯洁、光明磊落”的意思，这是“冰”字的后起引申义。但“冰”字的本义系统也参与了诗意的营造，它包括了从字面义“坚水”到“凝结”、“脂膏”、“洁白、晶莹”的层层符号互文链条。这种意境是汉字所独有的。假如我们将“冰”字置换为汉语拼音“bīng”，层累的语义场就会变为平面的、一级的某个词义的简单在场。拼音文字自身不携带意义，所以只能“唤出”所指，并不能参与意义的构成。而表意汉字的字形所负载的本义与后起的引申义之间构成了一种层累的意义系统，人们在理解“冰”的时候经历了从汉字最上位的能指（字面负载的“坚水”义）到最下位的所指（“洁白、纯洁”义）语义运动，这个过程犹如层层剥离的卷心菜，由最上层逐渐涉入里心：

坚水→凝结→脂膏→洁白、晶莹。其中最下位的所指符号代表诗中的词义（言），那么叠加在它之上的能指链条则是由汉字凝结的字义系统、文本系统（文），恰恰是这个字义系统构成的意象叠加成为诗意的重要来源。

与字母写音的西方语言不同，写意汉字记录的汉语多义词更倾向于一种历时的语义系统，表意字的形体义通过文字的物质铭刻性，获得了在多义系统中时间和本源上的优先性，无论“冰”的意义将如何引申，其“从仌，从水”的本义因被汉字所凝固而将永远处于意义引申链条的最前端，这个字形所凝结的本义借助于最早的语言义的永远逝去，使自己成为本源，成为一个意义链条的开端。即字形义成了一个词内部意义系统的源头，和后起的意义之间构成了一种历时的意义投射关系，字本义经常影响、参与词义的构成和理解。因此，后起的引申义与字本义之间就构成了一种言文关系：引申义是词义，字本义是字义。

正因为字义和词义的相互渗透，像“扠、杈、衩、汊”四个词，它们都有“分叉”的词义，而且音同。这几个词的意义区别是由汉字的字形义提供的，字形义介入了词义的建构。

第二节　词语的所指

词语的所指在语言学中叫词义。但在符号学看来，词语的所指是多形态的，具体包括语义物、观念物、现实物和在场物，词语的所指就是由这些具体不同的所指物构成的所指域或所指间性，对词语的释义可能会在各具体所指物之间进行选择。词语的所指域会导致类所指或类符号的问题。当然，在所指域中的各所指单位之间有主导型，我们认为词语所指的主导型是语义物，即语言词典中对词的释义部分。

一、词语的所指物

1. 实体性所指：观念物、现实物和在场物

汉语书写性文本中，“他把小老虎（实物）放进了笼子里”和“他

把小老虎（心理概念）忘了”这两句话中“小老虎”的所指是不同的，它们处于不同的层级或实体状态：一个指的是现实物，与人们的实在经验的事物有关；一个指的是观念物，与人们对现实物的概念化反映、联想有关。如果“他把小老虎（实物）放进了笼子里”这句话是面对实景说的，那么“小老虎”则是在场物。

观念物、现实物和在场物之所以是实体性所指，因为它们是独立于或先于词语能指而存在的语言外部要素。

2. 形式化所指：语义物

先看一个小幽默：

老师：迈克，你现在懂得单数和复数的区别了吗?

迈克：是的，懂了。

老师：那么你给我说说看，“裤子”这个词是单数还是复数?

迈克：上边是单数，下边是复数。

显然，老师和迈克对“裤子”这个单词的所指的理解有所不同。老师所谓的“单数、复数”指的是该单词（指印欧语言）的语法意义，它与现实的观念无关，而与语言系统规则有关，因此是语义物；而迈克所谓的“单数、复数”则是就“裤子”这个单词所代表的现实对象的实际形态而言的，是现实物。

作为语义物的所指是索绪尔语言学研究的主要内容。索绪尔用“能指”和“所指”两个术语来分别指称词语符号的“音响形象”和“概念”时，他的“所指”（概念）既与现实物无关，也与观念物无关。它不具有上述意指的层级性和实体性的差异。索绪尔的“所指”不是现实世界的任何一个具体物品及其概念，而是由符号能指系统划分出的：概念“纯粹是表示差别的，它们不是积极地由它们的内容，而是消极地由它们跟系统中其他要素的关系确定的”[1]。因此，索绪尔的概念或所指其实是语义物。或者说，同样一个概念，如果我们强调它的形式性，是语言能指系统区分的结果，那么它就是语义物。譬如，词语的

[1]【瑞士】索绪尔：《普通语言学教程》，高名凯译，商务印书馆1980年版，第163页。

分离性（即如何区分词与词组、词与词素的问题），词语的同一性（即如何区分一个词还是两个词的问题。如“花钱”和“花朵”这两个组合中的“花”是同一个词吗？“练”和“炼”是同一单位的不同书写形式还是不同语言单位？）等，都属于词语能指（词形）系统的各种分配关系，它们影响和决定了词义的划分。这时词语能指和所指的联系不能从外部世界寻找原因来解释，只能把所指看做是能指系统的产物。

反之，如果强调词语所指的实体性，它是现实物的抽象反映，那么它就是观念物。

词典中的词语，如果是术语或百科知识性词典，词的所指是观念物或现实物；语文性词典的词语重点描写词的意义、功能、用法等语言系统特征，因此它的所指是语义物——关注的是词的语言系统意义。

可见，语义物是符号系统示差的产物。系统示差表现在符号的各个层级中，比如在语言结构的第二分节（音位层）中，系统示差主要是语音形式（音位）的示差性所产生的意义区别。如汉语nán、lán这两个音节在南方一些方言中不区别意义（“南京”也可以说成是“lán jīng”），但在普通话中它们是区别意义的；这种区别产生的结果是语义物。在语言第一分节的词语层中，系统示差主要表现在词汇场对词义的分配和制约性。如汉语“贬值”的本义是“货币含金量减少”；升值则是“货币含金量增加”。但“贬值”有自己的第二义项：“事物价值降低”。因受“贬值”的影响，“升值”也产生了新的义项：“事物价值提高”，如“知识升值、时间升值”等。“升值”的第二义项的产生是词汇系统调整、分配的结果，它便是一个语义物而非纯粹的概念。在第一分节的句子或语段层面，系统的示差性则是句段表述结构的变化导致所述内容的变化。巴尔特举例说，当杂志说“胸系带系于背后，领子系成小披巾状”，与“胸系带不再系于背后，而是系于胸前”，那么它们传达的是两种服装的流行式样。这两种不同的流行是由句段的表述方式造就的。[1] 这两种由句段表述差异而产生的“流行”便是语义物。

[1]【法】罗兰·巴特：《流行体系——符号学与服饰符码》，敖军译，上海人民出版社2000年版，第26页。

作为语义物的所指，将语言符号与其所反映的社会生活和现实世界割裂开来，从而把语言视作一个具有独立价值的符号系统和符号体系。“索绪尔的伟大成就是迫使我们关注作为一个社会事实的语言本身。”但是，“他很少关心或不关心这一能指/所指的关系如何能服务于我们先前所称的指称的目的，即让我们联系到外在于语言而存在于‘现实’世界的物、人和事”。而皮尔士则“更多地关注能指/所指的关系以及他称为指称物的东西”[1]。这说明了索绪尔与皮尔士符号学的重要差别：前者关注语义物，形式化所指；后者关注的是实体性所指：观念物、现实物和在场物。

结构主义符号学家克里斯蒂娃提出的“文本间性”或“互文性”这个术语，也意味着文本的所指是语义物而非实体性所指，一个文本的意义来自与另一文本的关联，意义在文本间生成。

在修辞格中，明喻、衬托、排比、反复、回环等便涉及两个表达项（喻体和本体、衬托和被衬托物等）之间是一种共时互涉型文本间性关系，文本之间就像马赛克般的外形所拼嵌起来的图案。而暗喻、象征、双关、夸张、拟人等是一种历时互涉型互文关系，文本之间就像将原有文字刮去后再度使用的羊皮纸，在新墨痕的字里行间还能瞥见先在文本的未擦净痕迹。在多数情况下，修辞或诗歌的创作活动都是共时和历时的互文性的双重运动。这种双重的文本间性运动，法国哲学家德里达叫做“分延”（differance）[2]，它包括“区分”和“延搁”两层含义。“区分”是文本间共时的意义限定关系，即符号的意义不能最终确定，而只能在文本间的区别中决定。“延搁”是符号间历时的意义限定关系。德里达认为总是延搁所指的在场，确定一个能指的所指意味着无尽的延搁过程。如在中国传统诗词艺术中，“凭栏抒怀”是常见的意象。张抡的“雕玉栏杆深院静，嫣然凝笑西风”；周邦彦的“叹往事，一一堪伤，旷望极，凝思又把阑干拍”；李煜的“独自莫凭栏，无限江山，

[1]【英】斯图尔特·霍尔编：《表征》，徐亮、陆兴华译，商务印书馆2003年版，第34页。

[2]【法】德里达：《论文字学》，汪堂家译，上海译文出版社1999年版，第92页。

别时容易见时难”；辛弃疾的“把吴钩看了，栏杆拍遍，无人会，登临义”；岳飞的“怒发冲冠，凭栏处”；杜牧的“闻君亦多感，何处凭栏杆？”……中国古代诗词中的“栏杆”意象，实际上构成了一条历时的文本间性链条，诗中截取这个链条的任一环节，必定连带潜在的整个意象系统，它们在读者和作者心理中建立起特殊的文本间性的网络，该网络由于千百次的重复而逐渐被巩固和强化，成为文学传统的一部分。如上文所述的“栏杆”意象，我们要认定它的确实意义（所指）几乎是不可能的，这种认定过程实际上是对“栏杆”的历时能指链无限展开的过程。不同诗人笔下的“栏杆”意象，无限制地延搁了我们对该意象确切含义的理解，这种延搁成了意义无限的生成过程。由此可见，“延搁”就是上文所说的历时性文本间性关系。

一个符号（文本）总是“区分”（共时互文）和“延搁”（历时互文）的双重运动。顾城的诗“黑夜给了我黑色的眼睛，而我却用它寻找光明”，就是“区分”和“延搁”的双重运动。从共时的“区分”看，诗中的“黑夜”、“黑色”、“光明”三个文本从同义和反义两个方面构成了共时指涉的互文关系：“黑夜”的意义是从“黑色”和“光明”的互文性中获得的；反之亦然。这三个文本互为能指和所指，使诗的意象更加开放和具有多义性。从历时的“延搁”看，“黑夜”的意义理解，又是一个其所指不断延搁的过程，它意味着漫长的黑夜，多难的人生，社会的黑暗，苦闷的心情？……这些潜在的历时意指单位，形成了一个无限的意象联想链条，为诗歌增添了无尽的意蕴。

这种文本间纵横互涉交织的关系，所产生的所指意义都是语义物，它们与外部现实无关。正是在这个意义上，德里达说：“文本之外空无一物。”[1]

3. 词语的所指间性与主导型

本书综合了索绪尔和皮尔士的观点，将词语的所指概括为四类：语义物（如“面包车”与“微型客车”同义）、观念物（如“面包车”

[1]【法】德里达：《论文字学》，汪堂家译，上海译文出版社1999年版，第235页。

代表的是一种微型客车的概念）、现实物（如面包车是关于我们经验过的那种微型客车的意象）和在场物（如我们看着一辆微型客车并与“面包车”这个词语相对应）。

一般地谈到词的所指时，下意识想到的就是指词的意义或概念。“多义词”则是一个能指有多个所指，仍没有脱离索绪尔的“所指”即语义物的范畴。索绪尔的问题是，他在放弃了能指的实体性（如书写性）的同时，也放弃了所指的实体性、异质性问题，即词语的所指是由不同状态的、异质性的所指对象构成的层级系统，这个所指层级系统及其关系我们称之为“所指间性”。

所指间性构成一个关系场，主要由四个层级的单位构成：在场物、实在物、观念物和语义物。譬如，“狗”这个词语的所指可能有如下几个存在状态：① 我们指着一个在场的动物叫它“狗”；② “狗”的所指只是存在于我们脑海中的一个经验形象或意象，如自己家或邻居家的那只黄色的“金宝”；③ 它是一个抽象的概念，指犬科类的一种动物；④ 它是一种语义，如“狗”这个词语在不同语言中它属于不同的意义分类系统（汉语中“鸡鸭猪狗”常常并列，狗被列入“家畜”而非犬科类）或具有不同的评价意义（汉语中“狗”常常带贬义）。对于“狗”的所指的这种层类间性结构，就是四级单位构成：① 在场物、② 实在物、③ 观念物、④ 语义物。

在这四种所指物中，语义物和在场物分别代表了形式化和实体化的两极，观念物和现实物则是这两极的中间状态。

但是，就词语符号在整个符号场中的关系而言，它的所指主导型还是语义物，即处于词典中词语意义的状况。在场物和现实物，是索绪尔所谓的动态“言语”使用中的词语的意义；而观念物，则将词语看做是一个百科知识单位来处理，它反映着现实和人们的精神世界，而与语言系统关系不大。只有作为语义物的词语，它的所指性质与语言系统有关。语义物的词被置于一个离境化的词语系统中，处于词典的静态备用状态，其意义保持着自己概括性、多义性的特点。它只有在具体语境中才能确定自己的意义或所指物（观念物、现实物或在场物）。另外词义的语义物性质还取决于词所处的语言聚合（词的音义系统和整个语言的音义系统之间的分配关系）和组合关系（词与其他词语之间的搭配组合关系）。

4. 汉语词的类所指性

词语的所指在语义物、观念物、现实物之间徘徊的性质就是类所指。汉语词的类所指表现在两个方面：介于语义物和观念物之间，介于观念物与现实物之间。

（1）介于语义物和观念物之间 主要表现在汉语词语的意义在语言义与语用义之间徘徊的性质。词语的语言义即词典中的规范意义，它被语言系统所约定，进而是语义物；语用义则与具体语境的意义有关，属观念物。如汉语中“蛋”这个词，语言义指鸟、龟、蛇等生的带有硬壳的卵。但在汉语社会人们说起吃蛋，一般会理解为“鸡蛋”。“蛋”的专指“鸡蛋”的意义，既非语言义（还没完全成为词典义）又非偶然的个人用法（带有习用的特点）。这种介于语言义和语用义的中间状态就是类所指。此类的还有“肉”，语言义是泛指人或动物的肉，但汉族人说到“吃肉”一般专指“猪肉”；“研究生”的语言义包括硕士和博士，但我们说到“研究生”时一般专指“硕士研究生”，等等。

（2）介于观念物和现实物之间 汉语词语的所指还带有较为明显的意象化特点，即介于观念物和现实物之间的状态。这与其理据化、意象化的能指是相辅相成的。有人研究了名词性动物词（单音节）1482个，其中有形象色彩理据的占多数。如，声音理据：“鸭”、“鸦”；形体理据：“蛔”（体迂回而长）、“蟒”、“牤”、“鲸”（体形大）；纹色理据：“燕”（鸟之白颈者），等等。[1]这些词的形象色彩凝结在汉语词的第二能指——字形中，其实这是汉语词的所指意象化的外在表现——汉语词的所指常常与外部经验的现实对象有关。对此，美国学者徐平指出：[2]

欧洲语言的问题之一，恰恰在于它们之中包含着过多的“没有血肉的形容词抽象化”。但是在汉语中……正在于它们维系自身与“物”

[1] 引自徐通锵：《汉语字本位语法导论》，山东教育出版社2008年版，第48页。

[2]【美】徐平：《“物”与“意符诗法”》，涂险峰译，《长江学术》2006年第2期。

而不是与抽象概念之间联系的倾向和能力。

如“杈、衩、汊、扠……”，它们也都可以看做是对同一语义概念（“分叉”）的意象性、表征性呈现。这种由汉字理据性能指分割的不同词义，显然不是高度类型化、概念化的，而是保留了意象性，其所指概念显然分别赋有“从木”、“从衤”、“从氵”、“从扌”的视觉意象，也可以反过来说，正是这些具有视觉意象性特征的所指要求其能指具有形象理据性。

这说明，汉语词语的所指具有“维系自身与‘物’而不是与抽象概念之间联系的倾向和能力”，表现出较明显的类所指特征或名物思维：将物概念化、将概念物化。

当我们说汉语的词义是一个意义概念时，又会发现它常常被某种可视形象所表征化，仿佛所指的不是概念而是一个具象物；当我们说其所指是一个具体物的时候，这个物又被高度意象化，成为一个观念物。进一步说，汉语词的类所指性表现为：它将所指涉的概念语义世界物化为一个可视的、经验化的自然世界，又将一个可视的物的世界改造为观念性、人的世界。

根据汉语类所指或名物思维所划分的对象世界，如福柯例举的“中国某部百科全书”的分类，在西方人看来是令人惊奇的：

“动物可以划分为：① 属皇帝所有，② 有芬芳的香味，③ 驯顺的，④ 乳猪，⑤ 鳗螈，⑥ 传说中的，⑦ 自由走动的狗，⑧ 包括在目前分类中的，⑨ 发疯似地烦躁不安的，⑩ 数不清的……”[1]，显然这不是科学概念意义上的分类，它是建立在汉民族的经验秩序基础上的，建立在观念物与现实物的混合体基础上的经验分类。汉语词的类所指更倾向于词语的意义世界反映着民族经验的世界图景。

二、根据所指单位的差异区分出的词语

我们根据所指单位的实体性差异，区分出标签、指称、术语和词四类单位。

---

[1]【法】米歇尔·福柯：《词与物》，莫伟民译，上海三联书店2001年版，前言。

1. 标签

指依附在实物上面的识别符号（词语）。如贴在商品上的词语商标、展品的名称、货架上的物品名、挂在胸前的人名等。词语性标签做了能指，它的所指则是在场物。当一个词语充当“标签”的功能时，它就丧失了自己的基本语法特征，一个名叫“光荣”的品牌（标签），无所谓词性（名词还是形容词），无所谓句法特征（主语还是谓语）。标签的组织法则是在场物的法则，它遵循的是物语的“摆放”法则而非词语的线性语法。

一方面，标签具有任意约定性特征，它不能从它与对象的自然关联中获得意义。但另一方面，标签与所指物有存在性空间关联，这又是一种理据性：标签成为物的“肌肤”或外部识别特征，就像一个人脸上的黑痣。

2. 指称

一个标签的所指物不在场时，这个标签就成了指称或名称。指称表达的是现实经验世界中独一无二的东西或经验对象。如“鲁迅”，这个名字的所指不在场，但却指示着曾经在场或可能在场的实际对象。再如“水果”这个词语，一般情况下我们是作为一个观念物来理解它的。但有时它的所指又是一个具体物的指称，比如“水果”一词在中国北方人脑海中显示的多半是“苹果”，在南方人脑海中显示的常常是“香蕉”。虽然实物不在场出现，但它是以意象或经验物的方式反映着实际对象。指称的所指是由现实物构成的。

当指称具有唤出其所指——现实物出场的功能时，指称变成标签，其现实物的所指变成在场物所指。如饭店中的菜谱，虽然实际的菜品不在场，但我们凭借菜谱可以使不在场的菜品出场。这是一种继时性标签或在场物：二者之间的意指关系是同一事件的先后过程。传统百货商店消费者通过售货员选择商品，就是继时性标签或在场物。与之相对的是共时性标签或在场物：标签与所指物同时在场。如现代超市，售货员退隐，购物者直接面对商品和标签。就一个城市而言，最大的标签系统就是城市空间识别系统：该系统主要由识别符号和导向符号构成，如交通符号、门牌号、汽车站牌、地图、各公共设施或单位的名称标志、招牌以及各种公共指示性或服务性信息等。空间识别系统的主要功能就是使现实物在场化：最大限度地缩小标识记号与在场物之间的距离，使得接收者通过记号迅速辨识他所寻求的在场物。

标签与指称之间相互转移的性质也是一种类符号性。或者说，它们的性质取决于符号学间性——我们观察它的不同角度。

3. 术语

“狗”这个词，在它的主人的记忆中和动物学家的头脑中显然不同，后者是从理性概念的角度思考其犬科动物的属性。科学术语的所指多为现实对象的概念形式，是观念物。“龙”这个词的所指则是没有现实对象的观念物。百科知识词典中的词一般是术语。

4. 词

词是最具词语编码特征的符号。语文词典中的词义多是语义物，它们是被置于语言能指系统的框架下来考察其词义的。另外，语义物还表现在言语的运用中，如果我们把“暗礁、陷阱、地雷、圈套、定时炸弹”这些词放在一起，会发现它们的共同所指是“隐患”。这个所指的意义与在场物、实在物、观念物无关，“隐患”的意义是在上述临时的词语语义场中产生的，“它们不是积极地由它们的内容，而是消极地由它们跟系统中其他要素的关系确定的”。这种纯粹由词语系统的分配而产生的意义对象，就是语义物。

由语义物充当所指的词语就是“词”。在语义物的条件下，词的组织法则服从于线性词法、语法规则。

当然，一个词语总是在在场物、实在物、观念物和语义物之间徘徊，总是处于一个跨类的临界状态，纯之又纯的单一所指状态是少见的。我们对词语的这四种分类是为了便于认识词语的所指间性或所指域这种复杂现象。

三、意指定律

索绪尔的所指是纯语义物。我们将词语的所指还原为一个层级的所指间性概念，这种层级性突破了索绪尔语言中心主义符号观，又克服了皮尔士非系统的单纯意指观的局限：词语的所指既与语言符号系统有关，又与它指涉的现实世界有关。

1. 实体决定形式

意指定律是索绪尔结构主义符号学和皮尔士意指符号学结合的产物，尤其是颠覆了索绪尔的符号观：不是符号的形式决定实体而是相反。符号所指的实体性质决定了符号能指及其编码的性质。

实体关联度最高的词语是标签，标签的性质决定它自身的语法服从于它所标志的实物的摆放法则，标签能指成了在场物的外在视觉识别性特征。其次是现实物，它的经验性和意象性决定了词语的能指对视觉经验的强调。如用摹状、拟声方法构造的词语能指的形象色彩，以强调所指物的现实感。比如“天蓝、桃红、鹅卵石、狮子狗、马尾松、席卷、雀跃”等都是以摹状方法构造的词语，它们都会引起人们对事物视觉形象的联想；“蝈蝈、布谷鸟、乒乓球”等都是以拟声方法构造的词语，它们都会引起人们对事物听觉形象的联想。再次是观念物，这种抽象的所指要求它的能指要么是纯抽象的语音形式，要么其能指采用理性、逻辑的表述方式，如“激光、汽车、计算机、热气球、宇宙飞船、有机蔬菜”等。形式化程度最高的语义物，它要求其能指纯粹作为一个差别化形式而存在，其能指的理据性原则让位于任意约定和系统分配原则。

2. 结构符号和意指符号

这样就有两种符号，一种符号是它的意义主要来自于线性结构关系，如我们称之为结构符号。一种是它的意义主要来自非线性的意指关系，我们称其为意指符号。

在语言符号中，结构符号是以语义物为所指的词语，意指符号则是相对于结构符号而言的、以实体性较强的观念物、实在物和在场物为所指的词语。结构性词语对语言系统结构的依赖性更强，而意指符号则更依赖于现实世界。在结构符号那里，能指和所指不是一个引出另一个的关系，而是二者同时任意结合的关系。这种能指和所指结合的整体性原则导致了现实对象的缺席，词汇单位的变化与现实无关，是词语符号自身的能指和所指系统的关系调整的结果。如汉语的金属语义场包括“金、银、铜、铁、锡”五类，而在英语和俄语中“金、银、铜、铁、锡”却是互不相干的5个义项。汉语普通话中，人们把固体、液体、气体纳入人体内的动作，切分为“吃、喝、吸”三个义项，而方言中却切分为一个或两个义项——吃（吃茶、吃酒、吃烟）。[1]这种语义场的不对应性说明，不是普世性、超民族的概念决定了义项的划分，义项是由语言自身的形式结构决定的。

但意指符号的立场正好相反，是实体决定了形式。例如，汉族把狗列入“六畜”之一，但动物学把它和狼视为一类，同属犬科，并认为普世的概念（犬科之一）优先于民族性的语义（“六畜”之一），语义不过是概念的多样性表现。意指符号强调实体对于形式、所指对于能指的优先性和决定性。

3. 词语的实体关联度

实体性最强的所指是在场物（标签），依次是现实物（指称）、观念物（术语）、语义物（词）。巴尔特使用“原级性”（见第一章第二节）这个概念来描述符号所指的实体关联度问题，即接近原点的所指（如现实物和观念物）是原级性的：“它借助于概念的‘原级性’（而非纯区分性）内容……缺陷在于它仍过分依赖所指的（意识形态的）实体，却非它们的形式。”[2]

显然，“原级性”概念指的是符号所指的意义“过分依赖所指的（意识形态）实体”即原点的性质，它预设了有一个独立存在的客观实体，这个实体决定了概念的性质，概念又决定了词语的性质。这个层层决定的等级制格局被德里达批判为“逻各斯中心主义”。但承认符号的“原级性”或“原点性”却是本书的基本的方法论立场之一。这样，词语就成了客观对象或概念的直接意指，虽然巴尔特把这种“基于真实、

[1] 张志毅、张庆云：《词汇语义学》，商务印书馆2005年版，第64页。

[2]【法】罗兰·巴尔特：《符号学原理》，王东亮译，三联书店1999年版，第34、35页。

客观与法则”[1]的直接意指看做是一种“意识形态”，是伪真形式或自然幻象，但我们不能否认符号所指所存在的“原级性”——我们称之为真实关联度的问题，即符号的所指越是贴近客观的原初事实、真相，它的所指就越是原点性的，实体关联度或真实关联度就越高；反之，越是远离原点的则是一种负的真实关联度，我们叫做“原典”。

4. 符号所指间性方式：原点和原典

符号所指的实体关联度——原点与原典的关系问题，也即所指间性方式。主要包括两种所指间性方式：原点化所指（如在场物和现实物）和原典化所指（如观念物和语义物）。

结构主义符号学在强调符号所指的原典性的同时，也否定了符号的指示功能——符号能够真实地替代或指示“原点”的功能。这种原点功能尤其体现在由异质符号充当所指的案例中。例如，漫画符号的所指与照片的所指相比，照片更接近原点；照片与录像相比，后者则更接近原点。在相对的关系项中，总是有一种所指是更加逼近原点的，尽管它不是原点事实本身，但人们只有把它当做原点，相关的交流才能进行下去。这种符号条件下的原点胡塞尔叫做“信仰动机”[2]，也相当于德里达所批判的“逻各斯中心主义”——就是坚信符号背后一定隐藏着原点性事实或某种本质性的东西。

我们承认符号条件下的原点，尽管从本质上它仍是事实的“痕迹”或“原典”。在以下诸情况中之一，人们会倾向于把一个符号现象确定为原点：其一，在一对关系对比项中，其中一项更接近初始性原点，如漫画与照片相比；其二，人们约定它为原点，比如一棵消息树，倒下表示“鬼子来了”；其三，人们视它像原点，如照片与原型人物；其四，人们信仰它为原点，如坚信喜鹊叫会带来喜事；其五，人们推论

---

[1]【法】罗兰·巴特：《S/Z》，屠友祥译，上海人民出版社2000年版，第65页。

[2]“某人现时地知晓一些对象或事态的存在，这些对象或事态在下列意义上为此人指示了另一些对象或事态的存在：他把对一些事物存在的信念体验为一种动机，即信仰或推测另一些事物存在的动机（并且是一种不明晰的动机）。”参见【德】胡塞尔：《逻辑研究》第二卷，潘策尔编，倪梁康译，上海译文出版社2006年版，第33页。

它为原点，如指纹代表某人。

“原点”这个术语就是一种“实体关联度”或“真实关联度”，一种向真正原点无限逼近的一种符号化行为和信念。而把“原典”看做是拉大与原点距离的符号化活动及其结果。“原点”与“原典”的确定是关系性的：两个对比项中其中一个更接近原点，那么另一个就是原典符号，如漫画与照片、照片与录像。

在所指间性的四个要素中，在场物和语义物代表了“原点”和“原典”的两极。二者之间的二元对立关系使得一方在区别于另一方时又依存于对方。如实体购物（在场物）越来越依赖网络搜索（语义物），而网购（语义物）则日益重视如何使虚拟物在场化，如实体体验店、可靠的物流配送及验货系统等。越是语义物越是需要在场物作为补偿。而处于中间状态的观念物和现实物，则缺少上述对立互补关系。

第三节　词语的编码

一种符号有一种符号的编码，如话语符号的编码主要是交流性和观念物；图像符号的编码主要是像似性和现实物；词语符号的编码主要是任意性和语义物；实物符号的编码主要是空间指索性和在场物……但这并不是说各种符号的编码是单义的、排他的。词语符号也有交流性编码或空间指索性编码，只不过每一符号都有自己的主导编码。

本节在讨论词语的结构编码和表达编码之后，重点探讨汉语词语的类编码性质：介于结构编码和表达编码之间、介于实体化和形式化之间的类符号性质。

一、 词语的结构编码方式

任意性和理据性是词语符号基本结构编码的两极，也是符号意指编码的两种基本方式。一般意义上讲，理据性是指符号能指和所指之间具有某种逻辑的、联想的或实在的关联性。而理据性的减弱则意味着任意性的加强，后者指符号能指和所指结合的无理据性或任意约定性。当然我们将会发现，无论是任意性还是理据性，这两种编码方式的界线并不是十分清楚的，它们之间存在着复杂的交织情况。

1. 系统任意性编码

系统任意性编码主要发生在一级语词符号中。由一个简单的能指和简单的所指直接结合而成的符号是一级符号，如索绪尔关于“符号”的定义是一级性的[1]。符号的能指或所指本身又是由符号构成，这样的符号是二级符号[2]。

就一级词语符号而言，其音义结合的任意性其实是受制于系统（语音系统和概念系统）的分配关系，与语言系统外的现实无关，这就是系统任意性编码。

（1）系统任意性的特征 词语不是话语符号。词语是从话语语流中离散出来的抽象的结构单位。因此，词语所代表的语音，即符号的能指，不是具体的交流中发出的声音而是类型化的语音模式，索绪尔叫做“声音印象”——它是关于声音的一种抽象概括而非实际的发音。当索绪尔将声音印象与声音材料区别时，他已经将声音与意义、能指与所指分开，并看做是纯粹的差异和任意性编码单位。

话语中实际发出的声音是非任意性的。美国学者沃尔特·翁在1967年就认为：“声音比其他可感受事物更为实在地存在着，而且是更为短暂的。声音本身比过去或将来与当前的实际事情有关。它必然被此时此刻的可见到的事件激活，其结果是涉及声音就是涉及现在，涉及此时此刻的存在和活动。”[3]也就是说，声音总是与当下的交流情景有关，它主要的编码特征之一就是当下性和及物性：言与物的统一、言与思的统一。这种人的身体的在场所产生的及物性将声音与思想、声音与

[1] “我们建议保留用符号这个词表示整体，用所指和能指分别代替概念和音响形象。”参见【瑞士】索绪尔：《普通语言学教程》，高名凯译，商务印书馆1980年版，第102页。

[2] 参见【法】罗兰·巴尔特：《符号学原理》，王东亮译，三联书店1999年版，第83页。

[3] 转引自胡壮麟：《口述·读写·超文本》，载孟华主编：《三重证据法：语言·文字·图像》，吉林大学出版社2009年版。

物建立了不可分割的存在关联。

但词的语音是结构化的发音模式，这种抽象的发音类型潜存于我们每次具体的发音行为中，同一个词语不同的人发音虽绝不相同，但人们仍能分辨出它们同属一个词语，这“同一个”就是发音模式。

这个发音模式从属于一个结构系统，如汉语中有10个元音音位和22个辅音音位，加上四个调位（声调），共组成1200多个基本音节。这个由音位的组合而构成的1200多个音节是一个价值分配系统，其中每个要素（音节）承载或区分哪个汉语概念，要取决于整个语音系统的分配关系，以及概念系统与音节系统的对应关系。这说明，单个要素的音义结合体的任意性其实是受制于系统（语音系统和概念系统）的分配关系，这种语言系统是社会约定俗成的结果，因而与语言系统外的现实无关。语言系统外的现实因素主要包括：现实世界、人的动机以及符号能指的物质质料等实体要素对音义结合所发生的影响。这个语音模式对应的概念也不是实体性的，它不受现实对象的制约而依赖于整个符号能指和所指系统的分配关系。索绪尔明确指出，词语不是名称：名称“假定有现成的、先于词而存在的概念……而事实上绝不是这样……语言符号连结的不是事物和名称，而是概念和音响形象”[1]。也就是说，词语的所指不是观念物而是语义物。观念物依赖于现实世界或主观世界，而语义物依赖于语言内部系统的分配。词语的所指世界一旦脱离实体性的观念、经验或现实对象而指向一个虚构的语义世界，那么这个语义世界便不是由客观世界所决定而由能指的差异和系统分配关系所控制。

可见，所谓的系统任意性有三个特征：其一，它的能指是抽象的形式或模式而非实体性、表征性的；其二，这种模式或形式的价值取决于整个能指系统的分配关系以及能指系统与所指系统之间的对应关系；其三，系统任意性编码产生的符号所指是语义物而非实体性的所指物。实体性的所指物（观念物、现实物和在场物）都是语言系统外部的异质

[1]【瑞士】索绪尔:《普通语言学教程》，高名凯译，商务印书馆1980年版，第100、101页。

要素，而唯有语义物产生于符号系统内部。

词语是系统任意性的典型符号，但这种编码方式同样可以转移到非语言符号中去，如红、黄、绿交通灯，它们各自的所指——“停、缓、行”主要来自整个交通灯系统的分配规则。

（2）系统任意性编码的相关内容

规范 规范即符号使用者共同遵守的符号组织规则，它是系统任意性编码的主要内容，包括结构规则和对应规则。结构规则指符号能指要素之间的组织规则，如汉语音节中声韵调的拼合规则，主谓一致规则（如英语中的主语的单、复数人称与谓语动词的单、复数保持一致）等。对应规则指符号能指和所指之间的稳定对应关系，主要有三种：① 能指和所指一一对应（单义词）；② 能指多样、所指有限（同义词、异体词）；③ 能指有限、所指多样（多义词或同音词）。结构规则主要涉及能指系统各要素之间的区别关系，对应规则涉及能指系统与所指系统之间的配合关系，它们都是系统任意性编码的结果。

用法 叶姆斯列夫使用“用法”一词取代索绪尔的言语，其含义是某种规范的具体应用和实现[1]。任意性编码既是一种静态的抽象模式和规则（如某个词在词典中的标准发音模式），又是一种动态的符号使用规范（如某体性对某个词的具体发音）。在遵守了共同的发音规范的同时，又带有个体性的声音特点或变异。用法体现了任意性编码灵活、变异、选择性的一面。

2. 其他任意性编码及理据性

除了系统任意性以外，下面我们将讨论非系统的任意性、结构理据中的任意性和外部理据中的任意性这三种编码情况。

（1）非系统的任意性 学术界对任意性编码的理解并不一致，其中最具区别性的是索绪尔和皮尔士的不同观点。索绪尔认为语言符号没有外部的基础，不能从外部世界寻找能指和所指结合的原因。而皮尔士则相反，认为符号是对客观对象或心理对象的表征，因此符号的编码

[1] 见【法】罗兰·巴尔特：《符号学原理》，王东亮译，三联书店1999年版，第6页。

方式与符号的外部世界有关[1]。二位符号学家对任意性有着显然不同的解释。比如，红、黄、绿三色构成一个交通信号灯的符号系统。按照索绪尔的观点，其任意性主要指红、黄、绿三个能指系统之间的差异与停、准备、行三个所指（概念）系统之间的差异关系，以及能指系统与概念系统之间的任意结合关系。这种任意性是系统的、社会约定的。按照皮尔士的立场，他主要考虑的是红与停（或黄与准备、绿与行）能指与所指之间的人为规定性，这种规定性与系统无关，就像我们面对一个客观物随便选一个名称给它命名。

因此有两种任意性：一是我们已经讨论的系统任意性，这是索绪尔的观点。二是皮尔士的基于外部现实的任意规定性或称非系统的任意性，这个概念与自然性相对，表示规约性的含义：能指和所指之间没有自然关联，人们通过社会规约强制性地使用某个名称（或能指）与对象（或所指）结合。如《圣经·旧约》创世纪第二章所描述，上帝把各种走兽和飞禽带到亚当的面前，亚当“怎样叫各样的活物，那就是他的名字”。这种非系统的任意性编码，有五个特点：其一，它是主动的命名和制定规约的行为。其二，非系统任意性编码的能指和所指是实体的，而不是形式的。形式化的能指和所指，双方以对方的存在作为自己存在的条件，但实体化的能指和所指则都是外在于对方而独立存在的。其三，形式化的能指和所指是区别性的（能指或所指产生于系统的区分关系），因此对它们可以进行结构化分析；而实体化的能指、所指是非区别性的，它们不依赖系统区别或其他符号的介入，但依赖系统外的实体要素（如人为的规定）来产生意指作用，因此它们是无结构的或无需进行结构再分析的单位。其四，假若能指和所指都是实体化的，就意味着二者不是同时产生的，是建立在对象或所指先于符号或能指而存在的基础上的。其五，这种非系统任意性更关注符号与对象、能指与所指之间的规约性和非理据性，而忽略符号的系统性关联。

（2）结构理据的任意性 如果说系统任意性和非系统任意性是对

[1] 张绍杰：《语言符号任意性研究》，上海外语教育出版社2004年版，第86页。

一级符号编码的分析，那么结构理据的任意性则是建立在二级符号的结构分析基础上的。

所谓二级符号，是指符号的其中一个要素——能指或所指本身也是符号的状况，或者是在已有符号的基础上构成的更大符号。包括合成性二级符号（如合成词“红旗”、“绿化”）和意指性二级符号（如多义词，词音和本义整体做了能指，与新的所指即引申义构成更大的符号）。在意指性二级符号（多义词）中，音义结合的本义成了引申义的理据性载体。

二级符号的结构理据编码指词语是人们自然地遵循语言线性组合规则的产物，是语言系统自身调节的结果。语言中大量的非修辞性、非命名产生的复合词，如汉语中并列式的“道路”、“美丽”；偏正式的“飞快”、“塑料桶”；主谓式的“夏至”、“全家福”；支配式的“理发”、“聊天”；补充式的“提高”、“脏兮兮”，等等，这些词语都是在已有的符号基础上再组合而成的二级或合成符号单位。但这些词语的构成并非像命名关系那样带有鲜明的命名者的主观动机，它们是在遵守语言系统自身的组合规则的过程中逐渐凝固而成的符号单位，其字面义与词义具有较大的一致性或等值性。索绪尔称之为“相对可论证性”或“相对任意性”，[1]我们称之为结构理据。结构理据具有两个特点：其一，它具有结构上的可论证性；其二，这种可论证性是一种结构衍生关系，它与系统外的现实无关，不是来自意义理据或某种命名动机，而是产生于语言符号系统自身的约定俗成和语法的力量，因此在本质上也是任意性的。

当然，我们说结构理据与系统外现实无关，这是相对的。其实任何语词结构中都携带某种主体意识，只不过在结构理据编码中主体意识仅仅表现为群体文化的潜意识而非个体的主动创意。比如汉语中“兄妹、夫妻、公婆、男女”等词总是男性词素位前，它反映的不是个体意

[1]【瑞士】索绪尔：《普通语言学教程》，高名凯译，商务印书馆1980年版，第181—184页。

识而是系统理据或集体无意识——男权思想。这种词语结构中隐含的潜意识也是结构理据的一部分，它本质上是文化性的。更深层的结构理据，如汉语语法结构中的临摹原则（词语的排列顺序遵循现实的逻辑事理）、意合原则（语法形式服从于意义内容）等，都体现了汉民族的思维方式，这种集体意识内化为一种语言结构暗中支配着我们的言语活动。

结构理据不限于合成符号，也包括派生符号。如多义词的派生义分为引申义和修辞义，引申义一般是语言系统内部结构调整的结果，属于结构理据。如“升值”受“贬值”的影响，也有了自己的引申义（见本章第二节）。

索绪尔之所以将结构理据称之为“相对任意性”（系统任意性他称之为“绝对任意性”），是基于对语言外部理据的否定，而在语言系统内探求其内在的理据性基础。[1]

（3）外部理据的任意性 我们从外部理据及其选择性的角度讨论外部理据的任意性。

外部理据性 语言学中的理据性这个概念和任意性一样，也包括两种含义[2]：一是指基于语言结构系统内部的理据性，即索绪尔的“相对可论证性”或我们说的结构理据；二是指基于符号系统外部现实的理据性，如汉字的象形字，其意指作用较多地依赖于系统外现实（如造字者的主观动机和字形对事物客观特征的形象描摹），这些系统外的动机因素和对象因素就是外部理据。本书中的“外部理据”是在第二个含义上使用的。

语词或符号的外部理据又包括动机性理据和对象性理据。动机性理据，指符号编码中反映了命名者的交流动机或表达动机，如人名的命名，其字面义虽与对象无关但反映了取名者的美好愿望和心理期待。对

[1] 参见张绍杰：《语言符号任意性研究——索绪尔语言哲学思想探索》，上海外语出版社2004年版，第141页。

[2] 参见张绍杰：《语言符号任意性研究——索绪尔语言哲学思想探索》，上海外语出版社2004年版，第138页。

象性理据，指符号的编码中体现了命名者的客观动机或客体意向，表现为以表达对象的客观特征为旨归的编码倾向。如皮尔士的像似性编码，以及科学术语命名所遵循的逻辑性编码。我们以术语为例分析语词的动机性理据和对象性理据：

含有动机性理据的术语：鼠标、电脑、伏特（以人名代本体的相关性转喻），银河、软着陆、仙人掌（相似性的隐喻）等。它们都体现了在指涉所指过程中人的表达动机和主观视角。

含有对象性理据的术语，其能指客观反映了所指对象某些真实内涵或重要特征。如三角（数量）、导线（用途）、合力（性质）、音频（领属）、互感（方式）、凸镜（形状）、南极（方位）、高频（程度）、黄金（颜色）、火车（动力）、中国红（地域）。[1]

外部理据的选择性 外部理据也内含了符号的任意性原则：社会集体的任意约定——命名之初的任意选择性。比如同一种煤球可以叫它"藕煤"，也可以叫它"蜂窝煤"，单从每个词的字面义看它们都基于外部现实的某种理据（像藕或像蜂窝），但从命名过程看这种理据是社会任意选择的结果。

结构理据和外部理据都是社会选择的结果，但结构理据的任意性是一种消极的、被动的、系统的任意选择，而外部理据的任意性却更多的是主动命名行为和非系统的选择。

（4）小结：任意性和理据性 词语的任意性编码主要有四个方面的含义：其一，指的是系统任意性。符号意义的产生不依赖于实体性的能指和所指之间的理据关系，而来自系统间的示差、区别关系。其二指的是非系统任意性，仅就一个符号的能指与所指之间没有任何意义关联或解释性理据关系而言的，这种任意性不再依赖于系统差异而依赖于人为的强制性规约。其三指的是结构理据的任意性。符号的理据与符号系统的外部现实无关而来自于自身的组织结构。其四指的是外部理据的任意性。指符号动态生成和运用中的人为选择性。

[1] 引自冯志伟：《现代术语学引论》，语文出版社1997年版，第117页。

上述其一和其三，是索绪尔的理论模式，他强调符号的编码与系统外事实无关；其二和其四是皮尔士、卡西尔、洪堡特符号学的模式，他们强调符号的编码与系统外事实的任意性。

词语的理据性也有两个方面的含义：其一是与符号外部实体因素无关的结构理据。其二是外部理据，主要包括以客体事物为认同坐标的对象理据或自然理据；以主体意向（交流动机和表达动机）为认同坐标的动机理据。

我们可将任意性和理据性进一步概括为：在能指和所指、表达层面和内容层面之间，具有较大的等值替代关系而较少的解释或论证成分的介入，在能指到所指之间没有理据性阐释所产生的距离感，二者之间犹如一张纸的两面是同时产生关系，其意指功能较多地受系统内差别规则的制约，这样的意指方式叫做任意性；反之，二者之间不能等值地替代而有较多的解释或论证成分的介入，由于理据性的介入使得能指与所指之间具有思考的延时性和距离感，其意指功能较多地受系统外事实的制约，这样的方式叫做理据性。

（5）形式化和实体化 相对而言，任意性方式主要与符号的内部系统有关，即它的意义是直接地由系统内部的规则产生的，理据性方式则常常借助于系统外的事实来表达符号的所指。譬如“酸、甜、苦、辣”这四个汉语词，它们的音义之间的结合是任意性的，我们按照约定和规范即可在音义之间做同时的等价转换。但是，如果我们试图恢复这四个词的理据性——“甜”的声母发音部位在舌尖（而舌尖对甜味比较敏感）、“酸”的声母发音需要卷起舌的两侧（舌的两侧对酸较为敏感）、“苦”的发音部位在舌根（舌根对苦较为敏感）、“辣”的发音要张大口（辣味刺激需张口），恢复这些词的理据性就可能要还原出命名之初发音方法与食物味道、与人的实践活动方式、与命名者的动机选择等外部理据的关联性，这种理据性分析已经进入到符号的外部——符号与现实之间自然联系的溯源。

综上所述，任意性编码是倾向于形式化的。所谓形式化或非实体化，就是把异质要素做同质化处理或把系统外的现实要素排斥在系统之外，并将系统内的事实变成区别项。比如，我们不考虑“酸甜苦辣”的外部理据，而只分析这四个单词的音义结合受制于系统内的任意差别关系。再比如，我们不考虑语词的书写性对语词能指的影响，而将书写的词看做是语言的词的等值替代物，词的价值仅仅受词语的系统区分关系的影响而不受它的实体性载体——文字的制约。

理据性编码是倾向于实体化的。所谓实体化或非形式化，就是符号依赖于系统外事实的性质。比如符号的语义性所指与非语义性所指（观念物、现实物、在场物）相比，后者“仍过分依赖所指的（意识形态的）实体，却非它们的形式”[1]。当然这种实体性是相对的：在场物实体性最强，观念物则更接近形式化。

语言符号系统内部的实体化、理据化的对立无处不在：虚词和实词相比，后者接近实体化编码；名词和动词相比，名词接近实体化编码；形态变化丰富的印欧语与较少形态变化的汉语相比，汉语接近实体化编码；拉丁字母与汉字相比，汉字接近实体化编码……

因此，任意性编码是符号系统的同质、形式化要素，而理据性编码是符号系统中的异质、实体化要素，后者总是与语用、与符号外事实有关。

3. 结构编码的意指定律

一个任意性的字母a自身没有意义，它需要线性组合才能产生意义；一个意符性、理据性的汉字“尘”（理据义是“小土”）其两个字符合成的字面义对所指有阐释性。因此，这两个不同的文字单位隐含着一个意指定律：任意性符号倾向于线性组合关系；理据性意符倾向于线性意合关系。

索绪尔认为语言符号有两个最重要的特征：第一是任意性，第二是线条性。任意性是指符号的能指（语音）和所指（观念）之间“没有任何内在的联系”[2]，线条性是符号的能指在时间上是一条线：“它的

---

［1］【法】罗兰·巴尔特：《符号学原理》，王东亮译，三联书店1999年版，第35页。
［2］【瑞士】索绪尔：《普通语言学教程》，高名凯译，商务印书馆1980年版，第102页。

要素相继出现，构成一个链条。”一个要素“只是由于它跟前一个或后一个，或前后两个要素相对立才取得它的价值”[1]。在线性组合结构中是排斥符号的意义的，比如“我在写字”、“他在吃饭”这两句话，意义不同，但主谓结构关系一样。“我”、“他”是主语，这不是由语义而是由它们在语序中的位置决定的，也就是说，在线性组合中某个结构单位的性质（比如主语、谓语）不是由它自身的意义决定的，而是由整个线性组合单位之间形式上的对立和分配关系决定的。符号结构的线条性是建立在其基础单位的任意性之上的，一个任意性的结构单位必然依靠其外部的线性组合和形式差异来产生意义——这就产生了符号的任意性意指定律：一个符号系统中，其基础单位的意指关系是任意性的，该符号系统的结构关系必然是线性组合的。

印欧系语言的基本结构规则是意指单位（词word）的任意性和结构单位（句sentence）的规约性的两位一体。它体现了任意性意指关系决定了线性结构关系的规约性这一意指定律。请看下面的这个英语句子：[2]

The old farmer killed the duckling quickly.

| | | | |
定 主 谓 宾 状

（这个老农民迅速地宰杀了这只小鸭子。）

主语、谓语、宾语、定语、状语这些句子成分实际上都是语法的一种职务，需要由具体的词去承担这种职务。比方说，在主语或宾语的位置上，farmer，worker，man，John……这些词都可以承担这种职务，而killed就不行；相反，谓语的职务就只能由kill，go，come……这些词去承担，farmer等就不行。

印欧语句法研究句子的构造规则（即结构关系的规约性），词法

［1］【瑞士】索绪尔：《普通语言学教程》，高名凯译，商务印书馆1980年版，第106、171页。

［2］英语的分析材料引自徐通锵：《汉语结构的基本原理》，中国海洋大学出版社2005年版，第75—78页。

研究词的构造规则和变化规则（即意指关系的有标记）。规则虽然很多，但核心的规则只有两条，这就是一致关系所维系的“主语—谓语”的结构框架（规约性），和词类划分和形态变化（有标记性）二者的一致性。在印欧语中，每一个词必须属于某一个特定的“类”，每一类词都有一些特定的办法转化为其他的词类，以适应造句的需要。印欧语的构词法为什么采用词根加前后缀的派生法？其中一个深层次的原因就是词缀需要服务于词根实现语法功能的转化，以便在造句的时候能自发地生成句法结构所需要的词。在现代的印欧系语言中，名词、动词、形容词等词类差不多都有其特有的构词词缀，以适应和满足造句时的功能性转化的需要。例如英语，名词的后缀如：-er，-or，-ar，-ess， -ise，-ster，-ard，-ant，-ion，-tion，-sion，-ant，-ation，-ness，-ance，-age，-ician等；形容词的后缀如：-able，-ian，-ant，-ent，-ern，-ful，-ish，-ive，-ative，-al，-ous，-less等；动词的后缀如：-ate，-fy，-ize，-ise等。每一个后缀差不多都有它特定的用度，如-ness用于形容词向名词的转化，-ful用于名词向形容词的转化，等等。英语的后缀除构词外，语法上的功能主要就是用于词类的转化。

徐通锵详细探讨了语言符号的意指关系与结构关系的一致性：“汉语是以理据性的约定为基础性编码原则的语言，印欧语言的基础性编码机制是无理据的约定性。”[1]由于印欧语系的基础单位“词素”是没有理据的任意性单位，所以“印欧系语言的编码的理据性集中于符号的组合，因而词的构造规则和句子的构造规则就成为语言学的主要内容”。而汉语的基础单位“字”是理据性的，所以就说明了“汉语传统的研究为什么只有以字的研究为基础的文字、音韵、训诂三部分，而没有构词法和造句法，其终极的原因就在这里”。徐通锵进一步指出了这两种语言的结构差异：“汉语的突出特点是语义，而印欧系语言的突出特点是它的语法结构，因此我们可以把印欧系语言叫做语法型语言，把汉语叫做语义型语言。语法型语言重点研究‘主语–谓语’的结构和与

[1] 徐通锵：《汉语字本位语法导论》，山东教育出版社2008年版，第49页。

此相联系的名词、动词、形容词的划分，而语义型语言的研究重点是有理据的字，突出语义、语音及其相互关系的研究，而不讲主、谓、宾和名、动、形之类的语法。”[1]显然，徐通锵这里说的“语义”并不是本书中的“语义物”，而是实体性的意义。

二、 词语的表达方式

意指方式是能指和所指的动态结合方式，主要是对单个的语词或符号的意指结构进行动态过程分析的结果。如果符号是一个言语片段，一个篇章或更大的组合体，它的能指便可以叫做表达层面，其所指相应地叫做内容层面，二者由表达者主动结合起来的方式叫做表达方式。表达方式是符号意指方式在更高符号组织层面上的延伸。

任意性编码和理据性编码是对符号进行静态结构分析的结果，都是符号的结构方式；而表达方式则是从命名、创造、主动的言语活动过程的角度考察的，与人主动地对符号的选择有关。

1. 线性的表达方式：隐喻和转喻

所谓的线性表达方式，指在言语活动中语词在线性排列组织的不同选择方式。

语词在线性表达中都要遵守语言的组合关系规则和聚合关系规则，但对这两种规则的不同侧重导致了线性表达方式的区别。如：

春风又绿江南岸
满
入
过
到

相传王安石在创作《泊船瓜洲》中的这段名句时，先后用了“到”、“过”、“入”、“满”等十多个字，最后才选定“绿”字。该句中的横组合关系是时间性一维排列，但它又是建立在纵聚合的可逆性和二

[1] 见徐通锵:《语言论》，东北师范大学出版社1998年版，第37、52页。

元对立选择（“绿”与其他聚合单位之间的历时性选择以及与其他组合单位的共时性差异）基础上的，因此具有可逆、同时并置和结构可分析性。任何一个词语符号单位都是处于此双重关系的某一交点上。

但是，不同词语单位对此双重编码特性还是有所侧重：组合关系更接近声音的时间属性和线性规则；聚合关系则更接近空间示差性和非线性规则。对二者的不同侧重构成了词语符号不同的表达方式。

假如说“春风又到江南岸”，这里的词句是正常搭配，人们可以按照线性语法的习惯力量去表达和理解，侧重的是词语的时间性编码。而王安石最终改为“春风又绿江南岸”，这个静态画面的“绿”字具有了动感，它阻滞了词语在线性一维方向自然的滑动，扁平的形容词“绿”获得了陌生化（示差的）、立体的、空间的动词表达效果。如果说“到”字体现了对话语时间性、组合性规则的习惯顺从，那么“绿”字的选择则体现了对这种时间性法则的有意冒犯，更关注的是对线性结构单位的空间选择和调配。

由此可见，聚合选择已经涉及系统外的实体要素，如对空间编码的导入，按表达者意向进行的动机性选择等。

结构主义符号学将上述“到”与“绿”所代表的两种不同表达方式，分别称之为转喻和隐喻[1]：更遵循组合关系原则或系统内表达规则的方式是转喻，更突出聚合选择关系或对系统规则的有意冒犯的表达则是隐喻。如散文和诗歌就是转喻和隐喻的代表性语体：前者更侧重于直接的、习俗化的表达，后者更侧重转义的、诗学的表达。

在符号学中转喻和隐喻并不是两种修辞格，转喻性表达方式应该是任意性意指方式在表达层面上的延伸，它们的共同特征就是按照语言符号自身的规则自动地生产意义；隐喻则是理据性意指方式在表达层面上的延伸，它们的共同特征是阻滞语言规则的自动化进程，通过引进语言系统外的因素——通过人的创造性联想、对语言规范有意的冒犯等修辞的、诗学的方式来使得语言规则“陌生化”。

---

[1]【法】罗兰·巴尔特：《符号学原理》，王东亮译，三联书店1999年版，第52页。

2. 意指的表达方式：直接义和间接义

线性的表达方式主要是表达层面上的问题，而意指的表达方式则主要是表达层面和内容层面的非线性关系方式即意指性的表达方式。

从意指性表达方式看，其表达层本身也是由符号充当（二级符号），因此，构成了表达层和内容层之间的双重意指。如果这个双重意指已成为词语结构的稳定模式，是语言性的（如“仙人掌”这个词的表达层面即字面义和内容层面，即所指义之间构成了约定俗成的比喻关系）；如果这种双重意指是临时的，依赖于具体语境，则是言语性的。在言语性双重意指中，第一层的字面义称之为直接义，第二层的非字面义称之为间接义。一个词语（或文本）符号，它的直接义背后另有所指便是间接义[1]，这个间接意指是在特定语境中产生的，还没有成为符号的固定义项，是对直接义的有意偏离。在间接意指中，第一级的能指符号表达的是语言的直接义，第二级则是间接义。[2]例如：

闺意献张水部 ［唐］朱庆余

洞房昨夜停红烛，待晓堂前拜舅姑。

妆罢低声问夫婿，画眉深浅入时无?

这是一首以此喻彼的名作。它有两重意义：第一层是诗的字面意义，指新娘很早就起来梳妆打扮，准备拜见公婆前的景象和忐忑不安的心理状态。第二层是诗的深层所指，是作者担心自己的科举应试是否合乎主考大人的心意，故而向水部侍郎张籍发出的一种试探和询问。

显然，如果我们想理解诗的本意或间接义，就遇到了一个更大的符号系统：整个诗的形式和字面义所构成的一级符号系统成了能指，与新的所指结合为二级符号。这个新的所指是诗深层蕴藏的内涵，它的寓意就是试探张籍。二级符号的隐喻性研究被巴尔特认为是符号学和文学批评的任务。一级符号表明语言说了什么，二级符号则意味着使用语言

[1]【法】罗兰·巴尔特：《符号学原理》，王东亮译，三联书店1999年版，第84页。

[2] 应该区分这两个概念：“间接义”和“多义”。多义指的是语言性引申的结果，指多义词或习俗性的多义结构；“间接义”则是对语言常规用法的有意突破，属于个体的言语性创造。我们这里仅分析后者。

来表明“言外之意”。而这种言外之意是文学或美学的主要特征。

巴尔特更关注的不是上述具有张力关系（喻体和本体的差异和距离感明细可辨）的隐喻，而是那些隐伏于直接义之内的含蓄义，进而难以区分喻体（直接义）和本体（含蓄义）。如“印花布衣服赢得了大赛”这句话，直接义是描述了一个事件。但这个事件描述的背后则是意指着流行（间接义）。[1]喻体和本体、直接义和间接义的张力消失了，间接义（真正的表达内容“流行”）则寄生于直接义之中而仿佛是纯客观自然的描述。

这种张力的大小构成两种隐喻：强调张力关系的（如《闺意献张水部》）巴尔特叫做修辞学；消解喻体和本体的差异和对立，将喻体掩饰为本体的隐喻叫做“意识形态”或“神话学”[2]：后者把人为的动机性表达伪装成事物自然本性。由修辞所形成的间接义我们称之为转义，由意识形态目的形成的间接义我们称之为含蓄义。含蓄义旨在消弭直接义和间接义之间的界线。

双重意指的直接义和间接义的关系是：① 它们之间是继时性的。即间接义以直接义为前提，但直接义不以间接义为前提。间接义总是通过直接义而产生，而直接义则不依赖于间接义。② 但言语性的间接意指与语言性的多义相比，多义是继时性的，间接义是共时性的：在多义条件下，基本义仅仅是引申义的过渡中介，本质上是单重意指现象；而在间接意指的条件下，直接义和间接义是同时被意识到的双重意指现象，二者之间具有相互过渡的跨界性或类符号性。③ 直接义是语言性的，间接义是言语性的。如一个姑娘在回答她的年龄的问题时说“我都一百岁了”，其直接义是按照语言的常规用法和意义获得的，但其间接义“我不告诉你”则是临时语境的产物。④ 间接义被语言化后就变成多义或象征。[3]如“雷锋”这个专名有着多重间接义：助人为乐、忠

[1]【法】罗兰·巴特：《流行体系——符号学与服饰符码》，敖军译，上海人民出版社2000年版，第40页。

[2]【法】罗兰·巴尔特：《符号学原理》，王东亮译，三联书店1999年版，第85、86页。

[3]【日】池上嘉彦：《符号学入门》，张晓云译，国际文化出版社1985年版，第84页。

于党、解放前是苦孩子、时尚青年、个头不高，等等。但现在人们已经把雷锋看做是“助人为乐、忠于党”的形象代言，这些间接义已经被社会所认可约定，成为一个语言性的多义。多义词的产生都是这样：先是经过一个言语性的间接义阶段，然后逐渐固定或约定俗成为语言性的派生义。词语的间接义在词汇学中也叫做伴随义。[1]

3. 类表达

任何一个词语单位，被临时赋予一种创造性的双重意义、双重表达功能，使一个词语单位在此双重指向中徘徊、跨类、过渡，这种现象就是类表达。包括一个词（文本）的双重表达和两个词（文本）间的双重表达两种情况。

（1）多义性：一个词（文本）的双重表达 线性表达的隐喻、转喻和意指表达的双重意指（直接义和间接义）显然属于这种类表达。

线性表达中的隐喻和转喻，虽然涉及两个线性单位，如“月亮代表我的心”（喻体“月亮”隐喻着本体“心”），但此属于同一线性修辞单位而非两个不同修辞单位，因此，它们是一个词（文本）的双重表达。所谓的同一线性修辞单位，指的是喻体和本体之间的一维组合性，人们从喻体过渡到本体而产生的言此意彼性，这是时间语法；所谓同一修辞单位的双重表达，是就喻体和本体之间的空间可逆性编码而言的，其中每一要素都包含双重意识：本体“心”被喻体“月亮”所映照，喻体“月亮”被本体“心”所锚固。二者在恪守自己的边界的同时又指向对方。

转喻、隐喻的双重表达又分移心型和执中型（另见第四章第四节）两种情况。请看下例：

A. 一树凤凰花就像一支烧燃的火把。

B. 共同语是现代教育的血液。

例A是传统修辞格中的明喻，其喻体“火把”和本体“凤凰树”之间用比喻词“像”联系起来。比喻词“像”与“是”相比有一个重要区

[1] 见孟华：《试谈词的伴随意义》，《汉语学习》1985年第4期。

别：前者明确地告诉你两个修辞成分（喻体和本体）差异性的存在，让你始终保持一种距离感和边界意识，喻体和本体不是相同的事物，是一种“像”的关系而非“是”的关系。可见，明喻中的“像”旨在澄明二者边界的同时，又指向对方，进而形成一种你中有我、我中有你的双重意识。这种情况我们称之为移心型类符号（表达）。

例B是传统修辞格中的暗喻，其喻体“血液”与本体“共同语”二者关系是用比喻词“是”来联结。“是”在这里具有肯定两项关系的现实性、真实性的作用，即把喻体和本体当做实有其事的现象来表现，二元结构项被掩饰为统一体，差异感消失了。因此，比喻词“是”把不具有真实联系的现象当做实有其事来表现，意在掩饰、消解差异性和边界的存在，造成二元对立的中和，这属于执中型类符号（表达）。

这两种类表达也表现在诗歌中，请看下例：

A. 昔者我矣，杨柳依依；
今我来思，雨雪霏霏。

——《诗经·采薇》

B. 人群中这些脸庞的隐现，
湿漉漉、黑黝黝的树枝上的花瓣。

——庞德《地铁车站》

《诗经·采薇》中所创造的情景交融的境界，模糊了喻体（杨柳依依、雨雪霏霏）和本体（昔者我矣、今我来思）之间的边界，二者仿佛是用比喻词“是”联结的一种暗喻关系，差异项被统一意识所同化，属于执中型类表达。当然，我们曾分析（见第一章第三节）到，《采薇》中的情景交融是意象性的类表达，“昔者我矣，今我来思”是“情”，是词语观念物，“杨柳依依，雨雪霏霏”是“景”，是现实物，这是一种意指结构分析。如果我们把二者看做是纯线性修辞结构单位（非意指单位），便是隐喻分析。由此可见，所谓的隐喻仅仅是一种语言线性修辞手法，在汉语修辞学和汉语诗学中，非线性的意象原则或意合分析可能更是本质性的。但无论从哪种分析角度，都显示了“执中型”类表达这一特点。

意向派诗人庞德的《地铁车站》，上下两句虽然也是类比关系，但我们还是可以窥到这两个叠加的意象放在一起所产生的缝隙和裂痕，喻体“花瓣”和本体“脸庞”之间仿佛由比喻词“像”联系起来，这两个意象之间的距离感和边界还是明晰可见。正因为保持了这种距离感，使人们看到了意象间的思想跳跃或同义选择的痕迹，是移心型类表达。加拿大学者高辛勇认为：西方的比喻“强调比喻中两个单元之间的离异隔绝性”，中国的比喻在两个单元之间“大多存在着某种实质的共同性或感官所能察觉到的类同”。[1]

就意指关系的双重表达（直接义和间接义）而言，转义性修辞属于移心型类表达；含蓄意指则属于执中型类表达。

（2）互文性：两个词（文本）间的双重表达 这就是结构主义符号学所谓的“文本间性”或“互文性”表达：每个词语或文本，都与另一词语或文本产生互构关系，相互间包括复读、强调、交叉、浓缩、转移和深化等关系，一个词语（文本）总是包含、指涉着另一个词语（文本）。如下例：

两人重新抱在一起滚在床上，庄之蝶就又趴上去，妇人说：“你还行吗？”庄之蝶说：“我行的，我真行哩！”口口口口口口（作者删去五百一十七字）这时，就听得楼道里有人招呼：“开会了！”（贾平凹《废都》）

作者刻意戏拟中国古典小说《金瓶梅》的语气，“写到煽情处，更戏拟了文字检查的陈规，故意挖掉那些也许本来不存在的性描写……似乎有某种形而上或元批评的追求”[2]。这样，《废都》和《金瓶梅》之间就构成了滑稽性的互文模仿关系，也叫做戏拟或滑稽模仿。在音乐中也有滑稽模仿：一首严肃的歌曲或者某个传统的曲调，故意改变它的风格，就可能产生滑稽模仿的效果。如崔健用摇滚风格唱《南泥湾》、《东方红》。其中的一个文本在自我指涉的同时总是跨界性地指向另一

[1] 高辛勇：《修辞学与文学阅读》，北京大学出版社1997年版，第72页。

[2] 刘康：《对话的喧声》，中国人民大学出版社1995年版，第240页。

个文本，进而造成一种类表达性。

互文包括语境对立型和语境并置型两种。语境对立型涉及互文关系的两个文本并不出现在同一语境中，其中一个出现，相关的另一文本就不再出现。如上述《废都》与《金瓶梅》之间的互文就是语境对立型的。

语境并置型指构成互文关系的两个文本同时出现在同一语境中。如顾城的诗“黑夜给了我黑色的眼睛，而我却用它寻找光明”，其中的“黑夜”、“黑色”、“光明”三个词语从同义和反义两个方面构成了共时并置的互文关系：“黑夜”的意义是从“黑色”和“光明”的互文性中获得的；反之亦然。把原文或引文纳入到当前文本中也是并置型互文，如新闻标题《农民工拜曹雪芹讨薪，元芳你怎么看？》（山东新闻网2013－02－06）中的“元芳你怎么看？”一句，是引用了《神探狄仁杰》中的一句话，引文与当前文本之间的并置使严肃的官媒表现出调侃、诙谐的效果。并置性互文中还有一种叫做“粘贴”的方式，两个异质性较强的文本并置而产生一种马赛克式的表达效果。如毕加索将现实的物品——脏衬衫缝在画布上，就是一种粘贴。另如在文学文本中贴入某些现实物，如宣传册、报刊文本、图画等。互文中的粘贴与异质符号间性概念不同，粘贴中的异质要素不是作为异质符号而是作为现实物进入互文本的，衬衫被缝进图画不是它的符号性而是因为它更真实，它被纳入到同质化的文本统一体中思考，这个现实物不与现实关联而与另一文本关联而产生意义，于是，这个现实物自身的实体性被忽略不计了。由此可见，互文性本质上是一种同质化的系统关系，它更依赖文本与其他文本之间的关系而不是这种关系以外的实体要素：“把文本从其背景中独立出来进行直观的审视，而不参考任何外在的内容或界定因素。”[1]

互文性结构的基本单位是文本，这个文本的意义不来自系统以外

[1]【法】蒂费纳·萨莫瓦约：《互文性研究》，邵炜译，天津人民出版社2003年版，第2页。

的实体要素，而产生于它与其他文本的互文关系。这显然是一个放大了的词语系统单位，它的所指是语义物而非实体物。

但是，互文性关系与词语单位之间结构关系（组合关系和聚合关系）的区别是，后者更强调其线性时间编码：组合关系是在时间轴上一个词语与另一词语依次组配的关系；聚合关系是在线性时间轴的某一节点上一个结构单位与另一结构单位之间的替换关系。无论是组合还是聚合，线性时间关系的本质是替代和擦拭，一个单位在结构体中的显现总是建立在对另一单位的擦拭和替代基础上的。因此，词语的线性结构关系一方面是由于文字的固化而得以被把握和显现的，另一方面它又反映了言谈口语符号的时间性特征。

而互文关系是反时间、非线性的："它引导我们了解一种新的阅读方式，使得我们不再线形地阅读文本。我们可以将互文的每一处相关参考进行替换：要么把此类地方只看成是并无特别之处的片段，认为它仅仅是构成文本的一个部分而已，从而把阅读继续下去；要么去找相关的原文。"[1]这种非线性的往复关系恰恰是书写的空间本质：可逆性地阅读和写作。文字和书写就是悬置了实体物（在场物、现实物和观念物）而导致的对符号能指自身系统的关注，这便是文学的特性："对于某些文学表述被重复（通过引用、隐射和迂回等手法）所进行的相关分析……互文性让我们懂得并分析文学的一个重要特性，即文学织就的、永久的、与它自身的对话关系。"[2]"文学把文学看成是自己临摹的对象。"[3]

（3）移心型和执中型：互文性的两种类表达方式

互文本作为一种类表达，它使文本成为一个织品，一个在自文本和他文本之间徘徊、跨界、过渡的类符号：每个文本都具有自我和他者

[1]【法】蒂费纳·萨莫瓦约：《互文性研究》，邵炜译，天津人民出版社2003年版，第83页。

[2]【法】蒂费纳·萨莫瓦约：《互文性研究》，邵炜译，天津人民出版社2003年版，第1页。

[3]【法】蒂费纳·萨莫瓦约：《互文性研究》，邵炜译，天津人民出版社2003年版，第65页。

双重意识。这种互文性类表达也分为移心型和执中型两种方式。

如有标记和无标记的互文。“小李说‘我不去了’”和“小李说他不去了”，一个是直接引语，一个是间接引语。引语是别人的话语插入当下文本而造成的一种互文性。但直接引语有形式标记（引号），间接引语则是无标记的。有标记的互文突出了两个文本之间的边界性及其在差异基础上的相互过渡、跨界，属于移心型类表达；而间接引语在形式上消解了二者之间的差异关系而倾向中和，是执中型类表达。

引用和抄袭。它们都是把另外一个文本移入到当前文本中。但引用总是让人们意识到他文本的出处、来源或独立性；抄袭则是二者差异或边界意识的消逝。前者是移心型，后者是执中型。

戏拟和仿作。在非书写领域这两种互文的区别更为鲜明。如双簧戏，前台演员和后台演员就是一种戏拟性互文关系。而对口型和假唱则是仿作，前台演唱的不是当下的文本而是另外一个事先准备好的文本。戏拟属于移心型，而仿作是执中型的，后者意在掩饰二者之间的互文关系。

无论何种情况，移心型的类表达总是表现出一种意在被识别、被识破、被辨认的互文性和临界感；执中型则倾向于淡化这种识别性。中国文化中的互文本通常是执中型的，譬如儒家经典著作多数不是原作者的一次性创作，而是经过若干作者、多层文本、长期积累而成。但由于缺少识别性，后人几乎难以确定这些经典的真正作者。每个作者都在创作着文本，但又都强调自己是“述而不作”——将自己的写作和对原文本的引述这二者之间的边界消解了。

三、汉语类编码：实体与形式、结构方式与表达方式的中间状态

理据性和隐喻意味着系统外部因素对语言常规或形式化规范的渗透、挑战和偏离，属于实体化编码范畴；任意性和转喻则表现为对形式化规范的顺从（不是我说语言，而是语言说我），属于形式化、自动化编码的范畴。

所谓类编码，则表现为实体与形式、结构方式与表达方式两种编码之间的中介化状态，包括系统外和系统内两个方面。所谓系统外的类编码，指两种异质符号相遇时，其不同编码之间产生的你中有我、我中有你的中介现象。系统内的类编码，指符号系统内的同质化、形式化的符号规则中，杂糅了系统外的异质要素。

1. 系统外类编码

词语符号的能指系统一般是由书写性媒介来规范和凝固的，因此，词语就涉及了视觉的书写和听觉的语言两种异质符号编码即言文关系的问题。词语中言文之间你中有我、我中有你的双重编码交织现象，就是系统外类编码。

词语能指是语言运用中具有社会约定性的语音类型，它的编码遵循的是语音的线性时间组织原则：一个音节在否定和擦拭掉上一个音节的过程中形成话语链条。话语是一个不可逆事件，沃尔特·翁指出，话语的“声音是在失去存在的过程中存在。我们不能让词的一切都同时存在。当我们说‘existence’一词时，说到‘-tence’这个音，‘exis-’已消失了”[1]。由于语音类型或词语的能指潜藏于言语流中而难以独立，难以表现自身，因此，只有被书写、被文字记录、被收入规范词典或语言教科书、被视觉化和固态化，我们才能发现和自觉地运用和遵守词语能指或语音类型的规范。但是，文字是以否定语言的方式来记录语言的，这个悖论表现在：当文字把线性的语音模型凸显出来的时候，又把自己的空间并置的编码原则投射给了语音。也就是说，书写词语是一个可逆性结构：“字母意味着，词是物，不是事件。”如把“p-a-r-t”四个字母不同组合可发音成“trap”或“part”。但把口语中的“part”放在录音带上，然后倒放，便得不到“trap”的语音，而是完全不同的声音。因此，书写使得语音模型、使词语的能指具有双重编码性质：一方面，书写单位之间的排列模仿了时间性语言依次排列的线性特征；

[1] 转引自胡壮麟：《口述·读写·超文本》，载孟华主编：《三重证据法：语言·文字·图像》，吉林大学出版社2009年版。

另一方面，这种线性是视觉性线条而非时间性声音，词语构成线条性排列的两个语音单位之间是同时并置的二元对立关系，如书写的词语“existence”的两个结构单位“exis-tence”就呈线性并存结构状态，它既是时间的（线性特征）又是空间的（可逆的、同时并置）。

所以，文字既是语言模式和规范的空间形态和可琢磨的形式，又是言语的替代品和记录者。这里的“空间形态”与“替代品”不是一个概念。前者意味着是（形式）替代关系，后者意味着是（实体）补充关系。

（形式）替代关系指的是作为语言媒介手段的文字，不能独立于语言而存在的性质，它被同质化为语言的等价物和替代品。在替代、记录语言时文字本身并不能发音，它只能按照一定的系统任意性规则将视觉符号转化为听觉符号，因此，文字替代和记录的是语言的模型和形式化规则而非实体的话语。作为形式化替代手段的文字，其自身的空间视觉属性被贬斥、被淡化了。所以索绪尔说符号书写的方式是完全无关紧要的，“因为它与系统无关。我把字母写成白的或黑的，凸的或凹的，用钢笔还是用凿子，这对它们的意义来说都是并不重要的”[1]。在这里，文字的物理表现被忽略不计，言文关系高度同质化了。

（实体）补充关系指的是作为视觉符号的文字或空间编码独立于、异质于语言的性质。在这种异质性的言文关系格局中，文字作为实体性的视觉符号，与听觉的语言构成相互补充的关系，文字将自身的剩余——空间编码去补充语言的局限（时间编码的稍纵即逝性），进而形成语词能指的时空交错、两种编码互渗的类编码现象。索绪尔所谓的语言的线条性原则，其实既是对话语的时间性的物化，同时又是对话语时间性的否定（具有空间上的可逆性，凭借这种可逆性使书写的词语和语言能够被修改、加工和反思，从而诞生了书写的或高级形态的语言）。语词的线条性是在肯定话语时间性的视觉呈现的同时又否定了这种时间

[1]【瑞士】索绪尔：《普通语言学教程》，高名凯译，商务印书馆1980年版，第166、167页。

性，或者反过来说，是在否定话语的时间性过程来呈现这种时间性（线条性）。所以，语言的线条性不是话语的时间性而是时间性的空间表现，是一种以非线性的空间方式（书写）呈现的一种先后序列，当然有时我们也叫它时间性，但这是一种视觉仿拟条件下的时间性。

词语的书写性所决定的这种对时间性和空间性的既对立又消解、既示差又擦拭的双重运动，就是系统外类编码或类符号性的根本特性。

如果说，形式化替代关系主要侧重于任意性编码和转喻，那么实体化的补充关系则以理据性编码和隐喻为主导。因为所谓的补充，本身就意味着异质符号之间存在着某种结合的理据性和人的主动创造性。比如汉语词的造词、构词编码与汉字的造字、构字编码之间存在着异质补充关系。请看下例：

木+日→東；東+壬→重；重+力→動；……

“東”由象形字“木”、“日”构成，而“東”又可以作为声符借助另一个字“壬”构成“重”，“重”借助“力”构成“動”，依次类推……声符在生成过程中居于一种“纲”的地位，而不同的“形”则是语义上的限定，因而构成一种“义类（声）——义象（形）”的会意关系，既是一种结构理据（构字）又是一种表达方式（造字）。作为表达方式，它是会意，从造字看这种会意方式与系统外的实体因素——造字者“借助已知，表达未知”的隐喻思维有关。作为结构方式，它是形声，声符与意符之间是一种语义限定关系。因此，形声字具有表达与结构双重编码性质，即类编码。据此徐通锵总结出一种形声字的编码规则[1]：

前字的位置|后字的位置

义象　+　义类

徐通锵进一步认为这种汉字的编码生成机制也是整个汉语如词法和句法的组配机制。仅以构词法为例：

虫草、稻草、灯草、干草、甘草、花草、粮草……

[1] 徐通锵:《汉语结构的基本原理》，中国海洋大学出版社2005年版，第143页。

“草”是义类，而“草”前的字是义象。义类是纲，义象起限定作用。它说明汉语的词法与汉字的字法精神是一致的。这种一致性，就是文字编码与词语编码的相互补充性。从实体化补充的角度说，文字是看待语言的一种符号化方式，是语言存在的最基本理据性条件之一。文字既是语词的理据载体（文字建构了语言）又是其等价替代物（文字呈现了语言）。这是类符号观的立场，同质符号观不考虑这个问题。

2. 系统内类编码

我们讨论了系统任意性编码的规范问题（结构规范和对应规范），它是纯语言系统内的形式化规则，不以系统外的个人性、语用性、实体性要素为前提。所谓的系统内类编码，就是介于集体规范和个人用法之间的中间现象，或者说系统中内含、杂糅了某种系统外的异质要素。这种类编码我们也可以叫作“类语法”——介于语言和言语中间状态的语法现象。我们认为，类语法或类编码是汉语系统的基本特征。如会议主持人常说的“各位领导，各位来宾”，这句开场白的两句话在语义上并非并列关系，“领导”是“来宾”的下位概念。之所以将“领导”一词前置，是由于系统外的因素——大众心理中领导总是突出于普通群众的。但这种语用的编码又带有很强的习俗性，已经成为非强制的“惯例”：它不符合规范但符合惯例。这种介于规范与偏离之间的过渡状态就是类编码。

（1）类词缀　“X客”——“黑客、红客、博客、闪客、播客……”，是汉语中所谓的“类词缀”[1]，它处于词根向词缀转化的中间状态，一方面它有着词缀的固定位置和类化功能，另一方面其语义又未完全虚化。词根和词缀虽然都是构词单位，但相对而言词根是具有实体意义的单词，词缀则语义虚化且更侧重于作为语法形式来使用。根据符号所指的真实关联度或实体关联度，词缀属于语义物，词根属于观念物。也就是说，词根与符号外部事实的关联性更强，而词缀则属于符号内部结构因素，因此，从词根到词缀的虚化过程也是一个从符号的实体

[1] 类词缀的分析见吕叔湘：《汉语语法论文集》，商务印书馆1999年版，第517页。

向形式、由异质到同质的转化过程，这个过程的中间状态便是类编码现象。语言中的语法化问题，如实词虚化——语言中具有实在意义的词转化为无实在意义、表语法功能的成分这样一种过程或现象，其中的中间状态都属于类编码。

（2）骈偶结构 汉语句子结构的骈偶化倾向也具有类编码特征：

1）飞车闯祸，行人遭殃。

2）去年十运会，伤心又痛心；今年女超赛，解气又解恨。

这种骈偶结构编码具有互文性特征[1]，其偶值性二元单位之间既是一种组合关系又是一种聚合关系（二者在形式上和意义上进行相似性补充）——处于介于形式化的组合规则与实体化的聚合选择的中间状态。汉语的偶值性编码还可以从系统外（两种异质符号相遇时）类编码的角度来分析，即汉语的偶值性编码在很多情况下是汉字编码在汉语中的投射，汉语越是靠近书面语、越是接近文言，它的偶值性就越强。这从一个侧面反映了汉语的偶值性编码与汉字的关系。汉字从独体的象形字到合体的会意字和形声字，内含了由“1”（奇）到“2”（偶）的结构化过程。汉字的1（独体字）不是一个纯形式化单位而是意符，英语单词rest（“休息”）的每一个字母都不是意指单位，其表意功能只能借助于字母之间的线性组合。而汉字形体的附义性或意符性使得它在线性组合过程中必然发生偶值性会意关系（形声字也是两个附义性单位之间的相互解释）。这种偶值性编码徐通锵概括为“从A与B的相对关系中去把握、体悟A和B的性质和特点”[2]。当汉字的偶值性编码投射到汉语中成为汉语的编码原则时，便使得线性的汉语结构杂糅了非线性的特征而呈现为类编码现象。

（3）过渡词 系统内类编码的分析，实际上揭示存在着一个表达编码和结构编码的中间状态，表达编码属于个人的、语用的、理据的实体性的语言创造和灵活运用；结构编码则属于社会约定的形式化刚性规

[1] 郭富强：《意合形合的汉英对比研究》，中国海洋大学出版社2007年版，第106页。

[2] 徐通锵：《汉语字本位语法导论》，山东教育出版社2008年版，第67页。

则，处于二者之间的中间状态我们称之为“类结构”或“系统内类编码”。类结构的概念，有利于解决索绪尔“语言/言语”二分概念所带来的某些困境。一切属于个体的、临时性使用的语言用法都属于“言语”或表达编码，而集体性、约定性的语言使用现象则属于“语言”或结构编码。叶姆斯列夫提出了“用法”的概念代替索绪尔的“言语”：它具有一定的社会惯用性但又未充分形式化为语言结构。巴尔特认为“这样做有利于解决出现在索绪尔的语言/言语区分中的一个矛盾”。“用法”的概念消解了语言和言语的绝对边界，出现了一个中间地带：“我们已经看到，言语除了有发音上的千变万化外，也可被定义为（重复出现的）符号的（多样）组合……由此看来，分离语言和言语的界限可能不太牢靠，因为该界线在这里是由‘某种组合度’构成的。”[1]

显然，巴尔特所谓的“某种组合度”就是一个类结构概念：某些组合既具有临时表达的言语性质，又在某种程度上具有习用特征。因此它们介于语言结构和言语表达之间。例如，近代汉语中有一个非常普遍的“过渡词”现象，某些合成的产生往往经历了一个“结构不太凝固、其构词词素的组合比较自由的过渡阶段”[2]：

把守/守把：

A. 请兄长分一半头领，把守山寨。（《水浒传》第63回）

B. 解珍、解宝守把山前第一关。（《水浒传》第51回）

折磨/磨折：

A. 你怎么遭这等折磨，在此受罪！（《西游记》第95回）

B. 日常虽受了些磨折，也只算与他拂养。（《醒世恒言》第27卷）

热闹/闹热：

A. 那条路却静，不甚热闹。（《警世通言》第20卷）

B. 正说的闹热……。（《儒林外史》第2回）

这些过渡词就是介于言语性自由表达与语言性凝固结构之间的中

[1]【法】罗兰·巴尔特：《符号学原理》，王东亮译，三联书店1999年版，第7、8页。

[2] 孟华：《近代汉语中的粘合式过渡词》，《现代语文》2000年第6期。

间状态。这是汉字、汉语中的一个非常重要的现象。过去我们研究语言常常在语法/修辞、语言/语用之间进行非此即彼的排他性选择，其实大量的却是类结构现象。诸如汉语的离合词（可分可合的词，如“理发”、“洗澡”、“睡觉”、“走路”等）、类词缀（介于词根和词缀之间的中间状态，如“人员、专家、物品、器具”，“说它们作为前缀和后缀，还差点儿，还得加个‘类’字，是因为它们在语义上还没有完全虚化，有时候还以词根的面貌出现”[1]）、简称（吕叔湘称其为“过渡形式”，如“人大”、“语文”）、某些介于固定短语和临时表达之间的组合（如“城乡居民”、“水路交通”）、工程词（不是固定的结构单位，但为计算机处理的方便而切分的相对稳定的组合），等等。因此，吕叔湘清醒地认识到了类符号、类结构现象是汉语语法的重要特征：

由于汉语缺少发达的形态，许多语法现象就是渐变而不是顿变，在语法分析上就容易遇到各种“中间状态”。[2]

（4）句样 臧克和分析了钱钟书《管锥编》中的“句样”现象。例如，张畅《若邪山敬法师诔》：“庄矜老带，孔思周怀，百时如一，京载独开”一句中的“孔思周怀”常为后人所惯引：在李汉《昌黎集·序》里仿构为“周情孔怀”；在赵以夫《沁园春·次刘后村》中仿构为“韩情杜思”，谓韩愈、杜甫；在张炎的《甘州》中为“周情柳思”，谓柳永、周邦彦；在龚自珍那里变成“羲情轩思”，谓伏羲和轩辕；在刘禹锡那里改造为“乌思猿情”；杨万里那里改造为“山思江情”……[3]

臧克和定义为：“‘句样’，依样也，重在不断为本族语言使用者仿构的过程。‘句型’，定型也，重在凝固化了的结构程式。”[4]

显然，钱钟书和臧克和所谓的“句样”，是一种类结构：介于形式语法和言语创造之间的类编码，一种半凝固状态的惯用法。

---

[1] 吕叔湘：《汉语语法论文集》，商务印书馆1999年版，第517页。

[2] 吕叔湘：《汉语语法论文集》，商务印书馆1999年版，第487页。

[3] 臧克和：《语象论——〈管锥编〉疏证》，贵州教育出版社1992年版，第4页。

[4] 臧克和：《语象论——〈管锥编〉疏证》，贵州教育出版社1992年版，第6页。

"句样"的基本单位显然不是高度语法化单位，而是意符化的表意符号。"某思某情"这个固定结构中的"思"和"情"，臧克和叫做"语象"，这些意符隐括着某个具体概念或形象。一方面，这些意符化的语象带有习俗化或语法化特征：总是对举、固定表达某种幽古情思。孤立的一个"思"、一个"情"，都不会产生语象（它们仅仅是词典中的抽象概念单位），但只有在对举中、在二者的组合中它们才各自获得了具体性的意象。另一方面，这些意符又是按照非线性的实体符号，它们总是与外部的某个现实物，如柳、周，韩、杜，山、江……建立关联，因此无需线性语法规则，人们凭借两个意符与现实物的关联便可意会出句子含义。可见，"句样"便是放大了的会意字。这种半语法化、半语用化的"句样"，是按照意合规则组织的，这可能是认识汉语、汉诗学本质的一把钥匙。

现代汉语中的"句样"在网络语言中表现得最为活跃[1]：某个临时性组合形式被网络放大后快速传播而成为"句样"，比如最近几年流行的"子弹体"、"凡客体"、"见与不见体"、"丹丹体"、"方阵体"、"元芳体"等层出不穷。影片《让子弹飞》以其独特的幽默方式吸引了大批网民对其片名进行模仿，出现了《让油价飞》、《让房价飞》、《让物价飞》、《让股票飞》等不少"子弹体"："阿德尔曼问：'肖恩，三分球投不进了？'巴蒂尔：'让篮球飞一会儿。'"所谓的"子弹体"，其基本句式为"让××飞（一会儿）"，这种半惯用语、半语法、半个体创造相混合的表达形式，也是一种类结构现象。

（5）准语境 外部语境的实体要素半形式化为系统内的准成员，成为系统内符号意义理解的必要成分。如《红楼梦》第十六回：

忽见赖大等三四个管家喘吁吁跑进仪门报喜，又说："奉老爷的命：就请老太太率领太太等进宫谢恩呢。"

从上下文看，主语是复数（三四个管家），而谓语动词"说"后面的小句内容又是单数性的（个人性的说话内容）。因此文中的说话者的复数和说话内容的单数发生逻辑冲突：众人之口除非有意排演，绝不

[1] 材料引自研究生于兆艳的作业论文《"句样"类符号性小议》。

会说出完全相同的话来。但在《红楼梦》中，这类复数性说者和单数性说话内容的矛盾情况比比皆是。这只能借助于文本以外的要素来解释。这种矛盾性其实是话本小说语体的痕迹，在讲述性话本中，经常是说书者居高临下地代替故事主人公说话，进而出现了复数主语“说”出单数性内容的矛盾情况。也就是说，句子外的实体要素——故事讲述者与故事中的说者之间的关系，已经半形式化为句法中不可或缺的要素，这也是汉语意合语法或类结构的一种常见现象。

第四节　符号场词语

处于符号间性或符号场中的词语是符号场词语。所谓的符号间性，指符号场内异质符号之间的某种关联性，如图文关系、言文关系、名物关系、物名关系等。

一、 符号场词语的三种类型

从异质符号关系场（符号场）的角度看，词语既是单纯的语言单位，也可以充当其他异质符号的所指、能指或编码方式。后一种情况便是符号场词语[1]。主要包括三种类型：

1. 词语成为其他异质符号（话语或象符号）的媒介性能指

一个异质符号成为不在场另一异质符号的再现性媒介，我们称之为媒介性能指[2]。如埃菲尔铁塔是巴黎的象征符号，它如果出现在照片中或文字描写中，照片和文字变成了铁塔的媒介性能指。

[1] 巴尔特讨论了符号场词语：“语言具有不同的功能特征：它可以是纯语言单位，也可以作为所指，也可以作为能指出现。这涉及到语言与服装符号的区别以及语言自身功能的转换。”参见罗兰·巴特：《流行体系——符号学与服饰符码》，敖军译，上海人民出版社2000年版，第39页。

[2] 研究生林培丰在我讲授的符号学课程上所交的论文《从符号学角度解析〈舌尖上的中国〉的影像物语叙事及神话建构》，把电视影像呈现的物语（如各种饮食符号）称之为“影像物语”，真实的饮食物语通过“视觉影像这一媒介得以固定、展示”。“影视物语”便是饮食物语的媒介性能指，依此类推，我们还可以有“文字物语”、“图像物语”等媒介性能指。

（1）媒介能指与二级符号能指的区别 ① 二级能指是词语内部产生的二级符号化，媒介能指是词语与异质符号相遇时产生的二次符号化。② 二级符号的直接意指性能指与第二级意指之间具有转义或隐喻关系，而媒介能指则充当了不在场的异质符号的等值替代形式，人们假定在二次能指的条件下呈现的铁塔符号就是其物语本身的在场。③ 二级能指主要遵循的是词语的编码原则，而二次媒介能指则以充当所指的异质符号的编码原则为主导。如词语充当物语符号的媒介能指时，如象征词，它以词语的方式记录了诸如“十字架”、“天安门”、“埃菲尔铁塔”、“玫瑰花”、“牛仔裤”这类具有某种文化象征意义的实物符号，因此，这些语词不是按照词语符号而是按照实物符号的法则进行编码的。词语或文本符号充当话语的二次能指时，所构成的言文关系，如书记员所做的庭审记录，便是语词对现场口语记录的结果，这种书写属于媒介能指，它遵循的是话语编码原则。

（2）词语性二次媒介能指与前台化 当一种异质或实体符号成为另一异质或实体符号的二次媒介性能指时，这个过程叫做“前台化”（另见本书导论）。比如一个实物符号系统（商品符号、饮食符号、服装符号、景观符号、建筑符号等），假如它们不借助于二次媒介性能指（如语词性的报纸、图像性的电视广告、综合性的网络宣传）就无法把自己推向社会前台而难以被公众知晓，这种未被前台化的状况便是“后台化”。一个实物符号的二次前台化的过程也是脱离自己的实体物象而被逐渐形式化的过程：它以否定自身的在场的方式被前台化的，因此也有着被歪曲的危险。但是，符号的二次前台化过程又是符号被社会公众认知和传播的必要手段，没有被二次前台化的符号往往成为“冷事件”——在公共认知上等于不存在的事件和符号现象。比如“巷子深的好酒”，在今天的广告社会可能会成为冷事件。只有通过“前台化”，冷事件才会变成热事性。

2. 成为其他异质符号的所指

词语行使的是元语言功能，即我们将要在第五章讨论的物名关系的情况：一个象符号（图像或物语）做了能指，它的所指意义是由语词负载的，后者成为解释象符号的元语言，如实物的标签——博物馆展柜中附在实物符号下面的说明性文字。在特殊情形下话语符号也可以由词语符号充当所指，如影视作品中的人物对白时，屏幕下方出现的文字。当然，话语符号也可以成为其他异质符号的所指，如导游面对景观（物语）所做的口头讲解。

这里又涉及到词语在与在场物发生意指关系时如何辨识它的功能的问题：在词（名）与物的关系格局中，二者之间发生或认知的先后顺序或者谁是主题/主题的标明、说明，是确定名物关系和物名关系的标准。如果词与物之间关系的发生或认知起点是词语，那么作为标签的词语与一个在场物发生意指关系，在场物便是其所指，词语则是能指；如果词语发生或认知顺序的起点是物语，作为标签的词语成为标明或说明物语的元语言，那么词语标签便成为物语的所指。

3. 成为其他异质符号的编码方式

图像符号的主导编码是像似性、空间性编码，画面布局服从于现实物的秩序。当图像符号使用的是相似性编码（以观念物为所指的隐喻性词语符号），这便是词语编码开始介入到图像符号的编码方式中。古埃及人不去画他眼前直接看到的瞬间现象，而是根据他头脑中已有的稳定概念和表象（记忆）来作画的。例如，描绘脸时通常用侧画法（见图33），正面画法不易表现鼻子，古埃及人认为如果没有鼻子，此人在冥界就会丧失嗅觉。而眼睛适合于正画法，这样一来，眼睛的视觉功能可以得到充分展现，其他部位也采用同样方法，人复活之后就能在墓中“健康地生活”了。由此可见，古埃及图画的所指不是现实物而是观念物，作为观念物所指，它遵循的便不是真实临摹性的像似性编码而是语词和象征符号的相似性编码。故而贡布里希称古埃及绘画是“概念性艺术”[1]。这是语词的观念性编码介入绘画的结果，就是图像出现程式化、类型化、概念化的倾向。动画与电影相比，动画形象更侧重于相似

[1]【英】E.H.贡布里希:《艺术与错觉》，林夕、李本正、范中景译，湖南科学技术出版社2004年版，第90、91页。

性的观念编码而非像似性的现实编码。如美国动画片《猫和老鼠》中，这两个动物的形象高度观念化了，成为机灵与蠢笨的隐喻符号，于是，它们的行为特征便更接近的是语词的相似性编码而非图像的像似性编码。

图33

二、 词语充当异质符号能指时的主导编码

词语在充当异质符号的能指或所指时，努力擦去自身的意义而仿佛变得透明。因此，它的编码特征主要来自于它所关联的异质符号的性质。

我们重点讨论词语做象符号（图像和物语）的能指以及做话语符号的能指。前者产生名物关系，后者产生文言（书写与话语）关系。这两种不同关系的主导编码是有区别的。我们先讨论名物关系的主导性编码。

1. 名物关系的主导型编码：实体关联度

符号场词语充当异质符号的媒介性能指，最主要的编码方式是实体关联度：词语符号的能指和所指双重实体化的关联程度。具体包括媒体关联度和对象关联度。

（1）媒体关联度 词语符号作为物语的媒体性能指，其物质载体性质对所指对象的呈现和传播效果有着直接影响，因此，对词语的物理表现的不同选择就成了它与所指对象之间的媒体关联度。常见的有：

冷的媒体和热的媒体[1]：如词语的手写和印刷。

低语境媒体和高语境[2]媒体：如词语的媒体是大街的宣传栏或学校的宣传栏，前者是低语境的，面对流动的人群因此词语的内容可以固定不变；后者是高语境的，面对固定人群，要求词语内容多变。

单媒体和多媒体：如词语的传统的黑板书写与现代的PPT教学，后者是多媒体的。

耐久性媒体和易损性媒体：如碑刻与纸质的词语内容。

技能性媒体和技术性媒体：如手写与计算机输入、软笔（毛笔）与硬笔。

动态媒体和静态媒体：如写在汽车上的与墙壁上的词语。

实物媒体和平面媒体：如陶器与甲骨。

非线性媒体和线性媒体：如甲骨、竹简、手机屏幕与墙壁、纸媒、计算机屏幕相比，前者是非线性媒体，字数容量有限决定了其表述方式倾向于非线性叙事（如手机写作或微博写作使得文本“碎片化”，又回到了甲骨文时代）；后者字数容量较大使得表述便于线性铺排。

写音性媒体和写意性媒体：字母文字是写音的，使得词语更接近口语；汉字是写意的，使得词语更接近书面语。

……

（2）对象性关联度 对象关联度即符号场词语的所指接近“原点”（见本章第二节）的程度。作为媒介性能指的词语与作为所指的象符号（我们这里主要分析物语）之间存在着真实再现的模仿性关系，即向原点性所指无限逼近的倾向。如符号场词语作为术语或标签时，它的意义主要不是来自语言系统结构而是它与所指的实体关联度。

---

[1] 这是加拿大传播学家麦克卢汉使用的一对术语。他把低清晰度或提供较少解码信息的媒介叫做冷媒介，它要求人深刻参与、深度卷入，调动了人们再创造的能动性。反之，高清晰度的媒介叫“热”媒介，由于它们给受众提供了充分而清晰的信息，所以受众被剥夺了深刻参与的机会。参见【加】埃里克·麦克卢汉、弗兰克·秦格龙：《麦克卢汉精粹》，何道宽译，南京大学出版社2000年版，第9页。

[2] 人类学把陌生人的社会称之为低语境社会，熟人的社会则是高语境。见【美】霍尔：《超越文化》，居延安等译，上海文化出版社1988年版，第87页。

所指为观念物的符号场词语一般称为“通名”,它的所指为物语的概念形式。其概念的内涵代表实际对象的根本属性，其外延是名称所适用的对象的集合。例如“人”的内涵是两足无羽的理性动物，凡符合这一定义的所有对象是人这种高级生物。

所指为现实物的词语一般称为“指称”或“专名”:现实物所指是某个具体的、唯一的外延的现实存在的对象，但这个对象并不在场，如青岛、鲁迅、太阳、春晚、央视等。专名成为这个不在场的实体的假定在场或替代形式。

所指为在场物的词语即“标签”,皮尔士称之为“指号”,指词语与其对象之间有存在性关系。对象若不在场，标签便成为通名或专名（也就是说，指号性术语与专名或通名之间可以互相转换）。如“家乐福”这个标签写在家乐福超市的门口，它便是一个指号或标签；当它脱离这个所指对象而作为名词出现在报纸上,“家乐福”就成了专名或指称。皮尔士的“指号”主要是非语言性的，如手指与所指物、烟与火等，前项便是后项的指号。我们借用到符场学词语中叫做“标签”,主要包括以下词语现象：商标（它贴在商品上，二者构成存在关系）、牌号（如挂在门口的单位名称）、标识（如超市中商品上或展览馆展品上标明的名称）、书名、街名、签名（笔迹代表主体在场）、题名（图像中的标题）等等。需要指出的是，与指号发生存在关系的对象可以是实物，也可以是实物的图像（如看图识字）。

2. 符号场词语对象性关联的四个原则

符号场词语的对象性关联度（也即符号所指的实体或真实关联度），包括观念物、实在物和在场物。它体现了词语做媒体性能指所追求的真实关联原则：对原点的无限逼近。在符号学的词语写作中，对象关联度这个主导性编码又具体包括四个原则：阐释原则、零度原则、多重证据原则和见证原则。

（1）阐释原则　从词语的所指角度分析，符号主要有四种对应方式：

① 能指的有限／所指的多样：如多义词、同音词。

② 能指的多样／所指的有限：如同义词、同形词。

③ 能指的多样／所指的多样：如多义同音词。

④ 能指的有限／所指的有限：如单义词。

其中的①至③是不对应的，我们称为偏离关系。④是一一对应的，我们称为零度关系或零度原则。

偏离关系的词语常常导致阐释原则：通过对语词错综复杂的形音义的外部关联与内部结合关系的考证、诠释，推导出语词在具体语境和上下文中所对应的意义，其意义或所指的确定更依赖于读者对偏离性语词本身的系统性阐释。老子《道德经》的开篇“道，可道，非常道”一段，因各注家对其中的多义性语词“可”的理解和分析不同，而导致语义阐释上的巨大差异：有的注家解释为“可以、能够”，于是它后面的“道”便成为动词（说出）；而有的人注释为“符合、适合”[1]，于是它后面的“道”便成为名词（普遍规律）。这种在语境和文意系统层面上锚固偏离性语词的所指的方法，就是阐释性原则。所以阐释性原则主要是对所指物的人为操作，它更倾向于对话，关注多元阐释立场和视角对同一对象的不同阐释。阐释性原则告诉我们：另一种声音是呈现真相的必要条件。

（2）零度原则　符号场词语的所指是观念物，它追求的便是零度原则（语言性词语追求偏离性原则）。语义物是在语词系统的运作过程中产生的。而观念物产生于这种语词的运作之先：无论语词运作的怎样复杂，其最高原则是让符号能指符合于所指，追求能指和所指、语词与概念明确对应，强调观念物的唯一性（而不是阐释原则的多种可能性）。科学术语的命名或术语性写作遵循的就是零度的唯一性原则。如清人郝懿行《记海错》对登莱地区嘉鯕鱼记载和考证甚详，兹录如下：

登莱海中有鱼，厥体丰硕，鳞鬐赪紫，尾尽赤色。啖之肥美，其头骨及目多肪腴，有佳味。率以三四月间至，经宿味辄败。京师人将冰船货致都下，因其形象谓之**大头鱼**，亦曰**海鲫鱼**。土人谓之**嘉鯕鱼**。按

[1] 诚虚子：《〈道德经〉新解》，济南出版社2003年版，第3页。

许氏《说文》:“**鲅鲯鱼**出东莱。”《广韵》云:“鲅鲯鱼，**鳊鱼**也”，谓之鳊鱼，亦因其形似耳。其鳞色赤黑者，谓之海鲅，味不及嘉鲯。许云出东莱者，今兹鱼独登莱有之(旧唯出登州，故海人言嘉鲯不过三山，今亦过莱而西矣)。是鲅鲯即嘉鲯，盖一物二种或古今异名也。[1]

郝懿行通过考据、论证，认为引文中的黑体字鱼名乃多名同实，从而澄清了鱼类历史演变研究中的概念混乱现象。

(3)证据原则 符号场词语的所指是可能存在的实在物，它追求的便是证据原则。指称实在物的词语拒绝在纯概念层面上解决问题，它要求实际对象的出场来验证自身的正确性。这便是考据学写作和考古学写作的区别：考据学面对的是语义物或观念物，追求阐释或零度原则；考古学面对的是实在物，它的写作最终要求触及现实对象来证明自己。

当然，符号场词语所指的实在物是常常已经消失而以多种符号形态存在的：如物的照片、图画、口传、遗迹等，这就需要我们尽量地占有这些物的实存形式来验证对象，这就是多重证据法[2]：符号和对象互证、符号与对象的多种符号化存在形式互证。

譬如有一本书[3]，它提出一个新的观点，说《圣经》中的伊甸园就在“天府之国”——我国的四川盆地。作者的主要依据是《山海经》中的文字描述与《圣经》中对伊甸园的描述相似，当然作者还援引了其他相关的文献资料。作者对《山海经》的执迷使我想起德国著名的业余考古爱好者亨利·谢里曼，后者以同样的热情熟读古希腊《荷马史诗》，并深信荷马的每句话，认为通过发掘就能找到《伊利亚特》和《奥德赛》中所列举的城市的遗址。在他经商积累的财产达几百万时，于19世纪70年代开始了对《荷马史诗》中的特洛伊城的考古发掘。最终，他在不同地层上发现了不同时代的特洛伊遗址，最底层的特洛伊Ⅰ

[1] 转引自李玉尚、车群、陈亮:《清代以来黄渤海真鲷资源的分布、开发与变迁》，《中国历史地理论丛》2010年第3期。

[2] 孟华:《符号学的三重证据法及其在证据法学中的应用》，《证据科学》2008年第1期。

[3] 胡太玉:《破译〈山海经〉》，中国言实出版社2002年版。

可追溯到大约公元前3000年，比《荷马史诗》所描述年代的特洛伊Ⅵ（公元前13世纪）还要早得多。[1]

本文无意对以上两位考古者的结论做出评价，只是感兴趣他们考证事实的方法。伊甸园的证明者运用的是中国传统考据学或书证的方法——通过书写的文献材料去推论事实的存在，这是一个观念层面上的词语操作。而特洛伊的证明者使用的是由书证而物证的方法，谢里曼把《伊利亚特》和《奥德赛》当做一个及物性文本，最终指涉的是实在物而非观念物，因此让实物的出场成为他的最高目的。他幸运地实现了自己的目标，但他所使用的多重证据方法，却是中国传统学术缺少的。古代华夏文明的历史记忆主要是以汉字的方式存在的。“伤心秦汉经行处，宫阙万间都做了土”（元代张养浩）——我们浩如烟海的汉字典籍将“做了土”的历史延续下来，尽管我们这个民族并不太善于保存物证性历史记忆符号。书证符号最大弊端是与待证事实的非直接关联性。史书上说大禹是我国传说时代与尧、舜齐名的贤圣帝王，但史学家顾颉刚告诉我们，大禹并无其人，是由神人格化为人，“禹是南方民族的神话中的人物”[2]。这就是书证符号与待证事实之间由于书证的任意性关联而导致的似是而非的结局。有人批评顾颉刚“疑古过了头”，但我认为顾颉刚并非要否定汉字作为信史材料的可能性，他要否定的是把汉字看做是信史材料的唯一存在方式的考据学。传统考据学的事实止于文献。虽然今天许多考古成果都证实了传统文献的某些可靠结论，但我们不能因为书写文献的可信性而抛弃多重证据。尤其在书写性文献容易被权力利用或本身成为一种权力话语时，多重证据尤为重要。

（4）见证性原则 符号场词语做了在场物的能指，它追求的便是见证原则：让在场物与符号同时在场而可以被人见证、体验、辨识。在场物是这类词语的最终目的：引导我们达到现实对象本身。例如，各种目录、检索表、路标、路线图，它们最终目的是唤出物的出场。

---

[1] 参见兹拉特科夫斯卡雅：《欧洲文化的起源》，陈筠、沈澂译，三联书店1984年版，第22页。

[2] 顾颉刚：《古史辨》（一），上海古籍出版社1982年版，第121页。

比如我们在书上读到一份菜谱和饭店里看到的菜谱并不相同。前者仅仅是在概念层面上操作，遵循的是零度原则；而后者最终是为了点菜，所指对象最终一定出场，这就是见证性原则。但见证性原则又分为继时性和同时性的。如有的饭店是凭菜谱点菜，这是继时性见证原则：先在词语层面上操作菜谱，然后唤出物的出场。而有的饭店主要靠展示柜点菜，这是同时性见证原则：菜名与菜品实物同时在场，词语充当了在场物的所指：包括标签性单位，即在场物的名称、标题等；篇章性单位，即关于在场物的说明。

百货商店的商品与其名称之间也存在着复杂的名物关系。传统百货商店的柜台式布局，预设了人们不能直接面对物，而是通过词语或话语唤出物的出场，名物之间是一个继时性的见证关系：先给出一个物的名称。而现代超市采用了同时性见证关系即名/物并置的方式，这种见证性编码原则改变了人与物、人与世界的关系，词与物由延时在场变成同时在场，人们由词语思考物、指涉物变成在场物的直接出场而通过词语来认定物。

延时性的见证原则与证据原则的区别是：前者是同一事件的相继过程，后者是两个独立的事件（已经发生的事件和它的当下的符号化存在）。

（5）前台化与所指的实体化　在异质符号充当的二次媒介能指中，前台化的层级越是复杂，便越是远离原点，由此产生出二次媒介符号的所指的实体化诉求：通过各种符号化手段使得符号能指零距离地接近原点（所指）成为可能，这个过程就是前台化符号的所指实体化问题。如网络购物是前台化层级最为复杂的符号现象，因而网络的实体化诉求也最为强烈：面对由多层前台化带来的实物的不在场性或语义化存在，我如何最大限度地接近原点？另如食品安全中的溯源制度，通过对食品的生产、流通、营销领域各个环节的严格编码来实现原点的可追溯性，这就是实体化原则。零度原则、证据原则和见证性原则都是所指的实体化问题。

一个物语或原点性符号只有充分前台化才能有效地实现自身的价

值，一个高度前台化的物语符号只有充分地使所指实体化才能有效地维护自身的真实性。高度的前台化必然要求所指的充分实体化，没有高度实体化编码的前台化方式不是真正的前台化，它会成为欺诈的陷阱或空洞的形式。

三、 词语充当异质符号所指时的主导编码

主要包括词语做象符号（图像和物语）的所指以及做话语符号的所指。前者产生物名关系，后者产生言文（话语与书写）关系。

1. 物名关系与成象文本

这里的物名关系实际上也包括文象关系，即词语不仅可以做物语也可以做图像符号的所指内容。这种物名关系包括共时的阐释关系和历时的生成关系。

在非词语主导的符号场中，如博物馆或画展中的文物、绘画，附在它们下面的说明性文字成为所指内容，其能指物则是物语或图像符号，象符号的能指物与词语性所指共时并置。在这种情况下词与物、词与图的关系由名物关系变成物名关系（词语充当了它们的所指或元语言）。

下面重点分析的是历时生成性的物名关系：词语书写成了物语或图像符号所指内容的主要来源。我们探讨一个介于书写与象符号之间的类符号现象：成象文本。

所谓成象文本，就是不以阅读为目的而以生成“象符号”为目的的书写性文本。成象文本最终将隐含于象符号内部而成为其所指意义系统中的一部分——书写成为象符号的内容。

图像符号（图画、照片、雕塑、影视、表演、装饰、展品等）的成象文本主要包括：演出剧本、影像制作脚本、广告或PPT文案、策划案、图像创作或电视播放过程中的文字性规训戒律（如规定哪些形象应该突出，哪些则应该回避，应遵循哪些宣传原则），等等。广义的成象文本甚至包括图像内容的各种文字性来源，如西方中世纪取材于《圣经》故事的宗教画，它们不是源自现实物而是语义物——书写性文本。

物语符号的成象文本主要包括：

① 展示性成象文本：指为特定的物品进行摆设和演示所做的文字策划案，包括博物馆、科技馆、博览会和展览会以及商场的展台、橱窗、货架陈列设计文案。

② 前台化成象文本：指那些尚处在“后台化”（不为外界所了解）的具有景观、人文、历史记忆等文化价值的物语，通过文字策划案，最终使这些物语进入公众视野，这个过程就是物语的前台化。

③ 物语化成象文本：指使物成为物语的各种文案。通过书写来描述和建构物语有两个维度：一是对在场的物语体系的描述和系统化。它遵循的不是物的自然分类法则，而是符号的意义法则，如对千姿百态的自然景观进行命名的各种方案。二是词语性文案成为即将出场的物语系统的内容要素，如一份菜谱最终产生一席菜。

需要指出的是，处于物名关系中的语词，它的主导编码原则依从于能指（物语或是图像）的编码原则，而非自身的任意性—线条性编码原则。

2. 言文关系及“成言文本”

（书写性的）词语做了话语符号的所指，便产生言文（话语与书写）关系。我们还是主要从生成的角度分析，词语书写是如何成了话语符号的所指内容的。中国古典文学中把已成为话语符号（讲话）的底本为目的的书写性文本叫做“话本”，我们叫做“成言文本”。典型的如演讲稿、教案、导游词等。成言文本主要遵循的不是书写性编码而是话语性编码。

第三章　话　语

本章所说的话语符号，指与书面语相对的口头交际单位。其一，它相当于索绪尔的“言语范畴”，而与“语言”（词语）相对；其二，它相当于“言语”中的口头交际单位，而与书面交际单位相对。

但是我们将会看到，从语言到言语、从书面语到口头语，存在着大量的中间过渡状态。比如电视上的现场报道，显然属口头表达形式。但是从记者的表达语序、用词范围、使用的句子结构，以及不含有废话、说话中规中矩等情况上看，更多的还是符合书面语特征。对这种介于书写和话语中间状态的研究，属于类符号范畴。

话语在符号场中是“言”的要素，是与“文”（文字和词语）、“象”（图画和物语）相对的一极。我们照符号场的分离性和统一性的两个原则（见导论），我们先分析话语与其他异质符号的区别性特征（分离性原则）；同时也讨论它的类符号性，即话语符号与其他异质符号之间的临界性质（统一性原则）。

第一节　话语及其能指

一、话语的定义与边界

一个人指着天空的飞鸟对另一个人说：“鸟！”——这就是话语。

在现象学[1]中，“话语”符号具有三个要素：

第一是身体：说话者和听话者的身体在场，栖居在一个空间内，与时间、与另一人发生关系。

第二是时间：话语“是与存在共延的”，“我们总是处于其中的是现在时”，这样就需要把现在时与在场物、在场身体联系在一起。比如，我们的说话总是一个稍纵即逝的当下事件。

第三是空间：这个空间不是逻辑学中的欧几里得式的形式空间，而是一个拓扑空间：被感觉的物体依照与感觉的人的关系而存在。比如我们看见一个飞禽说“鸟！”。

话语的这三个要素决定了：话语是面对一个交流对象（身体或主体）和在场物（空间）的当下（时间）的思想意识交流活动。这个定义可以简单地概括为：面对面、稍纵即逝、思想意识交流三个特征。按照巴赫金的意见，话语特征最重要的是思想意识交流。这个思想意识不仅仅是关于在场物的意识，而首先是关于和另一个人进行社会交流的意识，“只有在社会的相互作用的过程之中，才能成为意识”[2]。

1. 话语与词语

话语有自己的结构单位及其规则。但在脱离书写的条件下，人们不能在说话的同时意识到这些单位和规则的存在。一般而言，只有通过对书写文本的分析，人们才能分析出话语的结构单位（词语）和语法规则——索绪尔称之为语言。而话语大致相当于索绪尔的言语范畴，在言语中索绪尔意义上的“语言”是潜藏于其中而不能被自觉意识到的。或者说，话语是实体性的符号单位，而词语则是形式的、类型化的单位。“鸟”作为词语（形式或类型），它可以被重复使用n次；但作为话语单位（实体或表征），同一个“鸟”不能被使用两次。

本书中的话语与索绪尔的言语又不完全等同，后者指的是对语言规则的使用，包括了书写性言语活动及其结果——书写性文本。本书中

[1] 引自【法】高概：《话语符号学》，王东亮编译，北京大学出版社1997年版，第4页。

[2] 【苏】巴赫金：《周边集》，李辉凡等译，河北教育出版社1998年版，第351、352页。

的话语恢复了它的本真含义：指口头交谈活动或者说相当于索绪尔的减去书写的言语。

2. 二次话语

通过媒介性能指（文本、音像、通讯、网络等再符号化手段）虚拟话语情景，遵循“语法”而非“文法”所形成的话语符号。

话语的媒介性能指（即文本、音像、通讯、网络等符号化手段）既可以是替代性的，也可以是补充性的。

（1）替代性二次话语 替代性是指一次话语（原生话语）与二次话语之间的同质关系，即二次替代符号等值于一次符号，如人们可以把视频聊天当做是面对面的谈话，而对于视频的二次传播性质忽略不计；另如人们把庭审笔录当做是谈话本身，而对这些谈话的书写性忽略不计。

显然，替代性关系是等级制的，被替代的符号是中心，替代性符号（一般被看做是技术性媒介或工具）仅仅具有派生、从属的性质，它在替代一次符号的过程中仿佛被擦去自身而变得透明。正因为这种等级制的替代关系，所以话语可以独立于它的替身（譬如书写）而存在，但它的替身却必须在指涉话语中获得自己的存在价值。替代话语的媒介技术也具有人为操纵性，只不过这种操纵性被降低到最低程度或被有意无意地忽略了。

（2）补充性二次话语 如果一次符号与二次符号的媒介性能指之间是异质性的，譬如人们关注的是书写性话语与面对面谈话之间具有“离境化”和“情境化”的对立和差异，并且思考这种差异对话语的意义所产生的决定性影响，替代性符号便成了补充性符号：

指称向着显示行为的运动被文本截断的时候，语词开始在事物前面消退，书面语词成了自为的语词。

由本文的准语境造成的环境语境的缺损是这样的复杂，以至于在书写的文明中，语境本身再也不是能够在说话中显示的东西了，而被归结为一种书面著作展开的“氛围”。所以我们说希腊语境或拜占庭语境，这个语境，在它被书写重现出来以代替谈话表现的语境的意义，我们以把它叫做“想象的”语境，但是这种想象的语境本身是一种文学的创造。[1]

在补充的关系中，二次符号获得了自己的独立价值，譬如书写性二次符号通过自己的离境化特质创造了想象性、书写性语境这个新的意义空间，其典型形式就是我们叫做“文学”的东西。为什么书写符号能产生离境化效果？这是它的空间性媒体性质所决定的，书写性符号的物质铭刻性弥补了口语符号稍纵即逝的缺陷，即书写用自己的“剩余”补充了谈话的“局限”（另见导论），二者在对立中构成补充关系。

补充性关系是异质性的。只有在两种符号获得自己的实体性或物质性区别特征的时候，才会产生各自的“剩余”和“局限”，才会产生补充。

《庄子·天道》：轮扁……问桓公曰：“敢问，公之所读为何言邪？”公曰：“圣人之言也。”曰：“圣人在乎？”公曰：“已死矣。”曰：“然则君之所读者，古人之糟魄已夫！”

庄子借轮扁之口揭示了书写性经典（圣人之言）与主体在场的言说之间的异质性：书写的圣人之言不等于圣人亲自出场所说的话。而桓公则把书写性话语与主体在场“圣人之言”画了等号，后者显然是一种同质化、替代性姿态。从这个角度分析，庄子恢复了言文（话语与书写）的异质性，通过对这种异质性的揭示而暴露了儒家将言文混淆（同质化）后的权力性和修辞性目的，[2]并说明了文字性书写仅仅是话语的有条件补充而绝非替代。

由此可见，替代与补充也是一个符号学间性问题（见导论），书写性文本既可以看做是替代的，也可以看做是补充的——这取决于我们观察问题的角度。替代与补充又可以是一个符号间性问题：汉语书写文本与英文书写文本作为符号间性的对比项，前者更倾向于补充性（书写

[1]【法】保罗·利科尔：《解释学与人文科学》，陶远华等译，河北人民出版社1987年版，第151、152页。

[2]见孟华：《字本位和逻各斯中心主义两种证据观及其历史演变》，《证据科学》2010年第3期。

中心主义），后者更倾向于替代性（话语中心主义）。

（3）“话语”研究主要是在替代性二次话语条件下进行的 话语符号的“局限”是：它不能在“说”的同时又被分析。因此，我们对话语的研究只能借助于二次符号：媒介性能指（如书写性文字）。这样就有了两种：第一是原生话语（一次话语），即人们面对面的谈话状态。第二是二次话语，即人们通过各种媒体技术（书写、印刷、电话、录音、影视、互联网等）等替代性媒介所复制的话语来分析它。[1]二次话语应该是与原生话语相对的异质符号，但在两种情况下我们仍将它看做是同质的替代性话语：其一，原生话语稍纵即逝，在学术研究中我们一般通过它的替代品——二次话语来研究原生话语。其二，当书写、印刷、电子媒介仅仅作为原生话语能指的媒体技术来看待时，我们可以对其意义的建构性或异质性（如书写话语的空间性、离境性对原生话语的重大影响）暂时忽略不计。

所以，本书中的“话语”常常是一个同质化的拟话语概念，它是在替代性意义上分析话语的，属于广义的话语范畴。在多数情况下，我们不能直面谈话而只能在拟话语的条件下分析话语的本质。尤其在文字条件下研究话语，我们观察到的话语样品其实是一种一维线性结构，而原生的话语却是多维的系统，在文字条件下如何还原真实的话语，这是一个始终困扰我们的难题。

这也说明所谓的替代与补充既是符号自身的编码属性，更是符号使用者看待符号之间关系的两种符号化方式。采用哪种方式，既取决于符号自身的编码特性（如拉丁字母与汉字相比，前者更具替代性质，汉字更具补充性质），也取决于人的方法论立场、态度（符号学间性），如“五四”以来中国学术界的主流是注重于汉字的替代性质，而中国当代以申小龙为代表的文化语言学和以徐通锵为代表的汉语字本位理论，则更关注汉字的补充性质。

---

［1］“原生话语”和“二次话语”这两个术语，借自美国学者沃尔特·翁提出的原生口语文化和次生口语文化这两个概念。见【美】沃尔特·翁：《口语文化与书面文化——语词的技术化》，何道宽译，北京大学出版社2008年版，第6页。

3. 类话语：非话语符号所表现出的话语性质

话语是一种主体间、人与人的社会性交往行为，因此它的主导编码是交流性或对话性。当其他符号，诸如物语、行为仪式、图像、书写性文本等主要是按照交流性编码组织起来或者体现了交往性关系，这种符号化分析称为类话语分析，其结果称为类话语。类话语具有类符号性质：它们是使用话语编码的非话语符号。比如物语符号，当它包含有交流编码功能时，便是话语编码的物语（类话语）。

类话语又可分为直接交流为目的的类话语和间接交流的互动性类话语。

一切带有直接交流目的的各种符码如制服、仪式、座次、活动、建筑格局等等，都是类话语。比如集体活动中的中国式聚餐，就倾向于一种排座次、讲身份的等级制交往形式，而自助餐则是一种两两平等的对话性交往形式。春秋时代诸侯的都城建筑规模超过了国都，现代中国有的地方政府豪华办公大楼模仿天安门风格，这些建筑的交流性昭然若揭：都是一种身份的僭越。

至于那些非直接交流性自然物和人工物，人们在作为交流符号解读它们时，主要关注的是它们的发生、建构、使用以及内部构造和外部形态中如何体现了人的社会交往关系，或者这些物语的意义是如何被话语所建构的——于是这些物语也被看做是类话语。如一个资本家独门独户的四合院，解放后变成了大杂院，物权的私有变为公有，主体由一个变为多个，这个过程就是一种话语编码方式即交往关系转变的过程。物权，就是一种社会关系，一种通过话语实践（如房产证、地契等）对物的占有、分配和使用中所表现出的具有意识形态意义的交往关系或人际互动关系。物权的这种交往性意识形态既是对物语进行话语分析所得出的结果，又是权力性的话语实践在物身上的投射。

这种类话语分析的主要代表人物是巴赫金、哈贝马斯和福柯等。

巴赫金的话语理论虽然主要指狭义的谈话，但他在谈话中总结的主体间交流方式，被广泛应用于非话语领域，如书写性文本（托尔斯泰小说的独白性和陀思妥耶夫斯基小说的复调性、对话性）或实物符号："生产工具也可能转换成意识形态符号，比如，我们国徽里的镰刀和斧头：这里它们有的已是纯意识形态意义。"[1]再如，狂欢节与世界杯足球赛是一个没有导演、没有观众（球迷也是演员）的自由平等的乌托邦，它嘲笑一切等级差异，反对一切常规，亵渎所有神圣，颂扬平等和逆俗的婚姻，实现了在独白话语权威下压抑已久的平等对话与交流。[2]巴赫金更关注主体间以直接交流为目的的话语实践，关注这种交流所表现出的权力关系：独白还是对话。他认为，每一个交流主体都有自己的相对于他者的视觉剩余和局限——他称之为"外位性"[3]。譬如我们可以看见对方脸上的灰（视角剩余）而看不见自己的灰（视角局限）。正因为交流主体都存在剩余和局限这双重属性，这使得对话成为必要。对话性交流就是确立他者为独立的主体，通过与他者的对话来共同完成真理性表述。相反，一个人独占对真理的表述权则是独白。独白就是确立对话中的他者是不能言说的物而非言说主体。交流语境中一方的失语、沉默或"被"缺席，比如霸王条款，就是独白话语所产生的结果。

哈贝马斯的交往理论则更关注对话性话语在非直接交流领域中的表现，即人们借助于话语性符号行为使非直接交流性实践活动具有交往性特征。比如多个人砌一堵墙，这是一种物质活动实践而非直接交流，但它必须伴随着话语即必须通过人际交往才能完成。这个话语提供了人们在劳动实践中的互动和理解，即一致认可的想法、工作秩序、大家普遍遵守和接受的行为规则等。这种以话语符号为中介的互动理解，哈贝马斯称之为交往行为。互动性交往行为虽然不是直接以交流为目的，但互动性却是人们日常生活、生产实践中不可或缺的社会纽带："互动是按照必须遵守的规范进行的，而必须遵守的规范规定着相互的行为期待，并且必须得到至少两个以上行为主体的理解和承认。社会规范是通过制裁得到加强的，它的意义在日常语言的交往中得到体现。"[4]

---

[1] 巴赫金：《周边集》，李辉凡等译，河北教育出版社1998年版，第349页。
[2] 刘康：《对话的喧声》，中国人民大学出版社1995年版，第45页。
[3] 巴赫金：《文本、对话与人文》，河北教育出版社1998年版，第87页。
[4] 曹卫东：《交往理性与诗学话语》，天津社会科学院出版社2001年版，第57页。

福柯的话语内容已经超越了语言学意义上的言谈，和哈贝马斯一样，他的话语不是说话而是指连同说话一起的实践活动。但与哈贝马斯的区别在于，福柯的话语不仅指言谈活动，书写也是话语，图语和物语也可以是话语，各种异质符号都可以综合构成一种统称为“话语”的实践活动：一种由各种符号（谈话的、书写的、视觉的等）构成的知识表述系统及其表述的各种规则和实践，这种表述系统进入了事物的建构过程本身。比如“绿豆”话语，关于绿豆具有养生功能、包治百病的知识通过某个“中医”的书籍、电视讲座、现场讲授等各种符号化手段，一时间绿豆话语成为社会共识，致使绿豆价格从4元/斤涨至10元/斤。可见，福柯的话语是一种权力——如何规范行为，产生或构造各种认同和主体性。当然这种权力不是像巴赫金的独白、对话那样是一种主体间的自觉交流。在福柯的话语中，不是主体决定了话语，而是话语系统如何产生了主体，主体成为话语体系中特定位置的承担者，我们被话语权力所支配却又不自知。

二、 话语的能指

我们分析的话语是狭义的，主要指言谈或谈话。话语能指是一个由语音为核心组织起来的多要素综合系统。这个能指系统的主要构成要素包括：谈话者双方、话语符号、语境[1]，这个能指系统既是一个过程（上述多元要素综合作用所产生的话语过程），又是该过程的结果（话语的语音能指所凝结或负载的上述各要素的综合信息）。作为过程的结果，我们只能通过话语的二次符号即媒介性能指（如书写或录音等）来分析话语——如本章对“话语”的分析。这是话语的“局限”所决定的：它不能在“说”的过程中同时被分析，因此，只能借助于其他符号（如文字、录音等）的“剩余”来补充自己的局限。

1. 交谈者

话语是两个人的事，说者和听者，但角色是轮流互换的。这就存

[1]【法】托多洛夫：《巴赫金、对话理论及其他》，蒋子华、张萍译，百花文艺出版社2001年版，第232页。

在话语权的分配与控制的问题，进一步被认为是一种社会权力或意识形态现象。话语的本质是话语权的参与和共享。

2. **话语符号**

话语符号是一个说的过程，它有着自己的符号特性。主要表现在：

（1）时间连续性和空间延展性　话语的媒介是声音，具有气态的特点。我们只说声音具有时间性，但它同时具有空间延展性（如声音向四周发散）和复调性（如语调、重音、节律、情态等超音段音律特征）。在话语中，声音实现的是它的双重特性。真正的话语是时间性和空间性的统一，而我们过去常常把话语的结构特征曲解为时间性（或线条性）。语音的空间延展性是它的在场性，时间序列则是其不在场性（话语单位总是趋于消失）。记录话语的文字正好填补了这一缺席，让消失的话语呈线性排列。所以，正是文字将口说的话语过滤为纯线性的形式。或者说，纯线性叙事是文字赋予话语的特征。

（2）划界与衔接——话语单位的边界　话语的更替是划界，不同话语单位之间的关联叫做“衔接”：

① 借我一支笔好吗？／有，给。

② 小李结婚了。／是吗，他没告诉我。

话语以两个谈话主体的交换为界限，来区分最小单位。但是，如果一个人，譬如展品讲解员在向他人讲述某种现实情境，那么话语单位的边界就要随着自然物或情境的边界而改变：“他使用过的桌子。他的照片。日记。”

当然，话语也包括独白性的，在这种情况下，话语单位的切分就要以话题的改变而定。

（3）话语单位的内部结构——话题和说明　在词语符号那里，句子成分是离境化的形式语法单位；而话语内部的结构单位是意指性的意义实体，由话题和说明构成：

① 小李呀，出去了。

② 鸟！

上例①中，“小李”是话题，是已知信息；“出去了”是说明，是新信息。

上例②的话题是天空中正在飞翔的那只鸟，说明是“鸟！”这句话。或者反过来理解：“鸟”是话题，真实的鸟是说明。

另外，口语中许多语气词，如“吧、啊、吗、呢”等都成为话题的结构标记，但在词语书写中消失了。

（4）省略 话语的句子短小灵活，大量的省略信息，思维跳跃性大，所以多数信息由语境提供。包括：体态语、副语言（沉默、话语交替、非语义性声音）、物语（装扮、环境、指涉对象等），等等。所以，话语倾向于在多元异质符号即符号场的条件下综合运用。如（指着物品——充当话题）说：“他的背包（说明）。”

由此可见，话语的组织不是纯粹的线性叙事，而更多的是非线性并置或意合原则：一个个具有饱满意义和具体意指并受制于具体语境和符号场的符号，它们之间的意合关联是通过缀合、组合、应答、并置、对照、互补、重复、说明、强调等方式建立的。

3. 语境与符号场

传统语言学把话语进行的场合叫做语境，在本书中，这个语境其实是一个异质符号场。语境观强调以话语为中心来组织交流信息，语境提供从属、补充或背景的信息。而符号场的立场则把话语置于和其他符号平等互动的交流关系中。

（1）符号场 指由各种异质符号构成的符号域，就汉民族文化符号场而言，主要由言、文、象三个要素构成。话语（即符号场中的“言”）所处的多元符号场在语言学中也叫做“多语式”（multi-modal），如行为语言、服饰、物语、图语等。但多语式这个说法更关注异质符号的工具媒介属性，而符号场则强调有意义的异质符号整体、平等地参与到交流中。

（2）现在时 话语可有三种叙事时态：过去时、将来时和现在时。话语最本质的特征是事件在场、对象在场、（说者）身体在场的现在时（而身在他处则是写作的本质特征）。

（3）共同经验（认知脚本） 根据常识所预期的活动程式[1]。如美国咖啡店：① 找位子。② 挑食。③ 订购。④ 得到食品。⑤ 食毕，去交款处付款。听话人只要具备这种认知脚本，就能根据所说的人和事物及其对认知图式或认知脚本的知识来重构事件。但日本的认知脚本不同：① 挑食。② 付款。③ 找位子。④ 订购。⑤ 得到食物。⑥ 用毕离开。不同的认知脚本对话语意义的建构产生作用，比如，“我昨天在咖啡店付款时遇见了她。”这句话如果处在美国咖啡店的语境中，意味着说话者正要离开，如果处在日本咖啡店的语境中则意味着尚未就座。

（4）背景知识 指更广泛的百科全书式的客观知识。“他当姥爷了”，说明他有个结婚的女儿。关公战秦琼的滑稽效果也来自背景知识。当然背景知识并不局限于话语：

她的眼睛过于清湛，就像雕塑的眼睛那样勾勒出轮廓，她的眼睑也瘦薄起来。（杜拉斯《副领事》）

雕塑的眼睛，至少在西方、在古希腊罗马，是没有瞳孔的。这里也就是比盲目的。但理解这种比喻需要人们有共同的背景知识。[2]

第二节　话语的所指

一、话语的“听”与“看”

一个刚会说话的幼儿，在宾馆的走廊里要找妈妈，她推了好几个房间门，最终在一间客房找到了，并高兴地叫了一声“妈妈”。

显然幼儿开始时并不知道自己的妈妈在哪个房间，但她面对若干房间时，没有通过喊话唤出妈妈的出场，而是在用身体去寻找。直到看见妈妈后才喊了声“妈妈”。在这个案例中，“妈妈”的话语不是发

[1] 参见冯晓虎：《隐喻——思维的基础，篇章的框架》，对外经济贸易大学出版社2004年版，第92页。

[2]【法】高概：《话语符号学》，王东亮编译，北京大学出版社1997年版，第54页。

出在妈妈现身之前（不在场），而是在现身之后（在场）。这说明，在这次言语活动中，话语不是用来“听”（或“说”）的，而是用来“看”的。

话语具有“听”和“看”双重属性：就“听”（或“说”）而言，话语的意义主要取决于是由谁说出的或是向谁说的，话语是发话人和受话人之间相互关系的产物。巴赫金的话语理论更强调这种“听”的性质。第二个性质是“看”，海德格尔更强调这一点，他认为话语（逻各斯）的功能等于“把言谈时‘话题’所及的东西公开出来”。话语“是让人看某种东西，让人看言谈所谈及的东西”，“其功能在于把某种东西展示出来让人看”。[1] 如我们谈论某物的时候该物同时在场，话语成为我们“看”物的一种符号化方式。

在“听”的话语中，而其言谈的对象在本质上是不在场的，譬如我们谈论昨天、明天的事情或自己的内心想法，其所指是以词语符号存在的现实物、观念物或语义物。

而“看”的话语处在一种现在进行时当中：说的过程所显现的乃是当下存在于我们面前的东西。比如在“实指”活动中，用手指着某物谈论它，于是我们直接处在事物本身的在场之中。

话语主要是通过身体的看与世界发生联系，通过听和说与他者发生联系。“看”的话语重在指谓，“听”的话语重在交流。因此，话语的所指也可主要分为两类：看的所指和听的所指。

二、“听”的所指

听的话语所指，都是以不在场的语义物、观念物或现实物为内容的。比如我们向他人讲述过去或将来的事情或内心的想法。

当然，在不同语体中听的所指又有具体的差异：

在证人证言中，说话者的所指主要是现实物（即他曾亲历见证的东西）。

---

[1]【德】海德格尔：《存在与时间》，陈嘉映、王庆节合译，三联出版社1987年版，第41页。

学术报告或牧师演讲中，说话者的所指主要是观念物（概念或信仰的东西）。

在口头演讲艺术或辩论比赛中，说话者的所指主要是语义物（来说服他人的符号手段）。

巴赫金的话语理论主要强调“听”的话语，这并非说他的话语的所指都是空洞的词语或概念，他的“听”的所指也包括某些在场的事件或实物，但是，巴赫金把它们叫做“意识形态产品”：

“人的意识与存在的接触不是直接的，而是通过围绕着人的意识形态世界的介质进行的。”“任何一个意识形态产品不只是现实的一个部分作为一个物体、一个生产工具和消费品，而且，除此之外，与上述现象不同，还反映和折射着另一个，在它之外存在着的现实。一切意识形态的东西都有意义：它代表、表现、替代着在它之外存在着的某个东西，也就是说，它是一个符号。哪里没有符号，哪里就没有意识形态。”[1]

索绪尔的符号，本质上是一种社会约定性。但巴赫金的符号是反约定的，是在特定场景中对某物进行意识形态阐释的产物。一个在场物，当它成为一个意识形态符号的时候，即使我们面对着它谈论它，这个在场物也被“推迟”在场，变成一个潜在的对谈者了。于是，我们是在“听”的层面上谈论它而非“看”。譬如谈论某城市某地的草坪被毁而改为植树，市民“看”到的不是植物而是政府决策的武断——于是植物被赋予涵义，成为意识形态的中介。人们在谈论它们时在场的指涉物成为意识形态符号，这时的物不是看或关照的对象，而成为“听”或被理解的对象，“理解是看到涵义，但不是现象学的关照”[2]。“涵义”本质属于“听”或“说”的范畴。

于是，被符号化、意识形态中介化了的物，也就具有了不在场性或缺席性：

---

[1]【苏】巴赫金：《周边集》，李辉凡等译，河北教育出版社1998年版，第123、124、349页。

[2]【苏】巴赫金：《文本、对话与人文》，河北教育出版社1998年版，第3、4页。

所谓“物自身”始终是一种逃避直观证据的单纯性的表象。表象只有通过产生指代者才能起作用，而这种指代者本身也是一种符号，如此类推，以至无穷。所指的自我同一不断隐藏起来，并且不断推移……人们可以将游戏称为先验所指的缺席……[1]

而一个缺席性的所指（非在场物），其符号功能及其意指方式必然是倾向于交流、倾向于“听”和“说”、倾向于意识形态的处理。

三、“看”的所指

话语“看”的所指，是以在场物为旨归的说话内容，如实指交流：指着实物而谈论它。饭店里有拿菜谱点菜与实指点菜两种方式。在一个信任缺失的文化语境中，人们都倾向于“看”的所指——实指选物，因为在实物不在场的条件下选物常常受骗上当。在中国，许多机关单位都有自己的菜园子，因为这些菜是“看”得到的。“看”的所指更接近原点。以“看得到”的方式确保食品安全，是信任缺失的表现。

“看”的所指与真实关联度有关。但也并非“看”的所指一定是亲历亲见的，只要表现出对“看”的无限逼近，我们都倾向于视为“看”的所指。我们以语言学中的“言据性”研究为例来说明“看”的所指的真实关联度问题。

言之有据即言据性。但在语言学中，言据性主要指“说话人对知识的来源以及态度或介入程度的说明”[2]。按照本书的观点，我们把言据性解释为对话语所指接近原点的程度的说明。比如，“听说小李结婚了”这句话中的插入语“听说”，就是言据成分，它的功能在于说明信息来源的方式或可靠程度。其实言据性关心的不是言辞的命题内容（如“小李结婚”这一事实），而是关注命题内容的真实关联度。由此可见，话语中的言据性保持了话语与事件、名与物之间的指涉关系，保持了话语所指的在场性特征。

---

[1] 德里达：《论文字学》，汪堂家译，上海译文出版社1999年版，第68、69页。

[2] 见房红梅、马玉蕾：《言据性、主观性、主观化》，《外语学刊》2008年第4期。

下面是汉语句子的言据性分析：

A组：

A1. 雨瞧着下起来了。

A2. 我看见他走进教室。

A3. 我听到叫声后便出去了。

A4. 我闻到一股烟味。

A5. 我摸到了下面的石头。

A组中的“瞧”、“看”、“听”、“闻”、“摸”都属于表示亲历性事实的言据成分，“看”的程度较高，所指具有在场物的特征。

B组：

B1. 我听小李说他今年要结婚。

B2. 爸爸说他见过藏羚羊。

B3. 一片漆黑中不知是谁大喊一声“鬼子来了”，学生们立刻惊恐地奔跑下楼。

B4. 这种野菜据说有疗效。

B5. 俗话说，秋天的蚊子咬死人。

B组的言据是表明通过转述或传闻的方式来获得信息的，“看”的程度较低，一个话语事实是建立在另一话语基础上的，这个话语的所指便是语义物。当然，即使语义物内部也有真实关联度的差异：其中B1、B2信息来源明确，B3信息来源较为含混，B4、B5则属于更宽泛的“民谣”一类的传闻。可见，B组的各例在可信程度上是有差异的：B1、B2可信度最强，B3次之，B4、B5最次。

C组：

C1. 那次吵架，显然把我们的关系搞砸了。

C2. 可以想象，孔子若活到今天，我们可以读懂他的作品却听不懂他说的话。

C3. 我相信他说的是实话。

C4. 我估计这幅画很值钱。

C5. 这恐怕是水货。

C组中，C1的言据“显然”是对已有事实所归纳出的推测，C2的言据“可以想象”是根据某种假设所演绎出的推测，C3、C4、C5中的“相信”、“估计”、“恐怕”这些表示言据的成分则是基于说话者的某种信念作出的推测。显然，C1、C2属于逻辑性言据，而C3、C4、C5则是主观性言据。无论是逻辑性言据还是主观性言据，它们都是标记着观念物的话语所指。

话语言据性关注的是，一个话语的真实关联度是通过特定的标记成分显示出来的，这些言据性标记在于指出不同所指在真实关联度方面的差异，进而让我们保持了对话语所指的原典性的自反意识。试比较：

言据性	非言据性
我相信他说的是实话。	他说的是实话。
这种野菜据说有疗效。	这种野菜有疗效。
我看见他进了教室。	他进了教室。

显然，在非言据性的话语中，由于缺少言据性标记而使得话语的所指仿佛是事实（原点）本身；而言据性标记的出现，使得所指的原典性与原点性之间的关系得以反思，进而导致了一种所指间性关系：话语的所指经常在原点和原典之间徘徊。

四、 话语与物语关系中的类符号现象

假设有两个案例：

① 根据犯罪嫌疑人的口供，办案人员找到了犯罪现场物证。

② 办案人员根据犯罪现场物证去提取嫌疑人口供。

这两个案例都涉及到话语（口供）与物语（物证）的关系问题。相对而言，案例①是名物关系，②则是物名关系（见第五章第一节）。

在名物关系的话语中，话语充当话题或能指，所指物充当话题的说明，物被用来证明话题的正确性。在物名关系的话语中，物或事件充当话题或能指，话语充当说明，话语作为元语言被当做物自身的客观内容来看待。

话语这种符号形式既可以充当能指也可以充当所指；或者说，话

语既可以让在场物做它的所指（名物关系），也可以让话语自身做在场物的所指（物名关系）。话语自身在能指和所指之间徘徊不定的状况，便是类符号性的表现。

当话语处于所指或能指的游移状态中时，人们常常以某种形式标记来分辨这种类符号现象，这种标记便是语体（新闻语体、科学语体、广告语体等）。语体是对类话语的标记化处理的结果，是为类话语确定边界。

科学或新闻语体是倾向于物名关系，如电视记者对新闻现场的口语描述，考古学者面对遗迹所做的阐释或说明。

而广告语体则是名物关系。一个段子说，推销员向和尚推销梳子，和尚说没有头发不需要；推销员又说，头皮经常梳，不仅止痒而且舒筋活血有益健康，于是和尚就买了梳子。在这个推销话语中，物的实用功能是由话语建构的。

语体既可以作为区分类话语的手段，也可以被利用来产生新的类话语。比如，将广告掩饰为新闻语体，听众无法识别话语是物的客观属性（说明），还是一种谈论物的方式或话题。在对话性小品中的植入式广告中，人们也无法识别演员谈论的在场的酒或烟，是情景物呢还是广告物，话语被类符号化了，类符号被“AB执中”化（见第四章第四节）了。

五、 话语的主导型与意指定律

1. 主导型

话语的主导型是“看”的还是“听”的？或者说，话语的所指的主导型是在场物还是不在场物？我们已经论及到巴赫金与海德格尔的区别。可能将“看”与“听”同等并列，是更加稳妥的选择。从真实关联度的角度分析，“听”的所指意味着对象的不在场，因此它的真实取决于谈话者的真诚性；而“看”的所指的在场性，其真实度更与见证性有关。一个出庭作证的证人，必须具有真诚性和见证性，这两个条件缺一不可。

但本书还是倾向于巴赫金的观点，更突出话语所指“听”的性质。在“听”的话语所指间性中，其中最主要的又是观念所指物，即巴赫金所谓的交流意识形态，正是这种对他者意识形态的倾听，才决定了话语的交流的本质。

基于这一点，我们认为话语所指的主导型是观念物：两个主体性意识形态之间的交流。

2. 意指定律

意指定律是符号意指方式的关系规则，表现为所指接近原点的程度决定了符号的能指及其编码方式。表现在话语所指上就是：“听”的缺席性所指，决定了话语编码方式的真诚性和交流性。“看”的在场性所指，决定了话语编码方式的见证性和指谓性。

第三节 话语的编码方式

话语的编码方式有两种，一是听的编码，一是看的编码。

“听”的编码遵循对话交流原则，它要求每一话语单位总是包含了对其他话语的应答意识，这种应答意识同时也是人与人之间的社会思想关系。

“看”的编码遵循的是存在性关联的原则，它要求话语能指与其所指有着同时共现的存在性关联。它指以言谈主体的身体在场为核心建立起的一种与所指对象共同在场的编码。这种共同在场性的编码皮尔士叫做“标志”：如果所指对象不在现场的话，能指也就失去意义。[1]皮尔士认为，“指示代词‘这’和‘那’是标志。因为它们提醒听者运用自己的观察能力，于是在他的精神与其对象之间就建立起联系”[2]。譬如我们指着一栋房子说“看，那！”，如果我们的目光不触及在场的

[1]【美】科尼利斯·瓦尔：《皮尔士》，郝长墀译，中华书局2003年版，第104页。

[2] 涂纪亮编：《皮尔斯文选》，涂纪亮、周兆平译，社会科学文献出版社2006年版，第288页。

那栋房子，这个代词“那”就没有意义。这就是代词的标志性：它与所指有着共同在场的存在性关联。标志、标签符号不同于皮尔士的指索性表征符号。例如，我们只能通过商标来识别牙膏，但在农贸市场上却可以通过农产品的外观而不是它们的商标来识别。商标就是标志或标签，农产品的外观则是指索性表征符号，它的外在品相（能指）指索着其内在质地，二者之间有着自然的关联性，就像我们看见某人脸红，就知道他的某种心理活动一样。

标志是存在性关联，表征是指索性关联。二者的编码方式有同有异。相同之处在于二者都是能指和所指的共同在场性，相异之处则是，标识的共现关系是外在的、人为约定的；表征的共现关系是内在的、自然的。“听”的话语编码也主要是标志性的（也不排除指索成分，如“言为心声”）。在证据学中，物证的证据力大于言证，就是因为物证是指索性编码，而言证的存在性编码主要是标志性的，有较多的人为选择因素。

我们将话语的“听”的交流性编码概括为“我与他的统一”，将“看”的存在性编码概括为“言与口的统一”、“言与思的统一”和“言与物的统一”。

一、言与口的统一

话语的物质载体是声音，但不同于索绪尔所讲的语言意义上的语音。（话语的）声音是实时的发音体、发音动作和声音实时协同活动的过程，声音与实体（以“口”为代表的整个发音器官和动作）不可分割地结合在一起，我们称之为言与口的统一。

语音，即索绪尔所说的语言的声音，主要指的是音位、音节、声调这些结构单位以及它们之间的组织规则，属于话语声音的形式单位。如我们发“妈妈”这个音，在话语状态下，不同的人、不同的时间（时代）、不同语境中实际发音并不完全相同，而带有个人、时间或地域的色彩。而在语言的语音状态下，“māmā”这两个音节作为形式单位脱离其实体性质而具有超越时空的稳定性和社会规范性。

话语的声音和语言的语音之间主要区别是：

流动的、暂时的/持久的、固定的；

连续的、整体不分的/离散的、可分析的；

与发音载体不可分割/可以被不同物质载体表现（比如书写下来）；

动态过程/静态结构；

发散的/线性排列；

……

总之，声音与身体有着自然的纽带，并内在于身体。而语音则外在于身体，是一种人为分析的技术，主要以视觉的文字形态存在。或者说，声音是人的身体发声活动的过程，而语音则依赖人体以外的技术工具来显现。“声音是活生生的东西，至少总是活生生的表征——运动、事件、活动。”[1]它决定了“话语是一种说话的事件……是瞬时和当下实现的”[2]。

二、言与思的统一

现象学中这个具有身体性的言说者（身体的我与说话的我的统一）叫做“述体”[3]，述体是“我说故我在”。述体又包括身述体（非理性）和人述体（理性）[4]。例如：

打电话时说：“是我，听不出来吗？”

“是我”是身述体，后面是人述体在说话。

“我不知道我为什么会那样说。”第一个我是人述体，第二个我是身述体。戏剧演员便是处于身述体（剧情中的角色）和人述体（本人）之间的挣扎。[5]

---

[1]【加】埃里克·麦克卢汉、弗兰克·秦格龙：《麦克卢汉精粹》，何道宽译，南京大学出版社2000年版，第175页。

[2]【法】保罗·利科尔：《解释学与人文科学》，陶远华等译，河北人民出版社1987年版，第136页。

[3]【法】高概：《话语符号学》，王东亮编译，北京大学出版社1997年版，第21页。

[4]【法】高概：《话语符号学》，王东亮编译，北京大学出版社1997年版，第104页。

[5]【法】高概：《话语符号学》，王东亮编译，北京大学出版社1997年版，第105页。

这两种述体都是一种主体承诺或者一种在场性：身述体说的话与无意识有关联性，人述体的话与自觉意识状态有关联性。这两种关联性表现为人们说话和思考的同步性，法国语言学家本韦尼斯特认为音与心理内容之间有一种必然关系[1]。这种同步或必然关联是一种相关性意指现象：无论身述体还是人述体，它们所言都是来自长期语言训练所导致的一种条件反射："言为心声"。

因此，"言为心声"这一信念是由古老的话语逻各斯信仰（声音直接呈现思想仿佛是一种神秘的约定）来保证的。测谎仪就是基于这种信念。我国封建社会的诉讼制度奉行"罪从供定"的原则，犯罪嫌疑人、被告人的自白和口供被视为"证据之王"。

如果说身述体的言与思关系是建立在无意识条件反射基础上的，那么人述体的言与思的统一则是建立在真诚性原则之上的，但真诚性原则来自于言与思本质上的约定性，它受制于社会行为规范而非人的自然本性，因此它不能避免撒谎或言不由衷。说谎就是人为地切断了身体的言与观念的思之间的联系而"言不由衷"。譬如在北京奥运会上林妙可的对口型（她只摆出唱的口型动作，台下另一位女童在真唱），就是切断了声音和身体的当下联系而变成一种谎言性的声音。中国当代教育的最大问题是，一些不切实际的乌托邦理论宣传与人们内心的实际感受相差甚远，从而在国民的灵魂里切断了言与思的真诚联系，假话、官话、空话充斥着我们的话语生活。

但与书写符号相比，话语符号的编码方式还是更追求言与思的统一。利科尔用谈话"意思"（或"意义"）与说者"意图"来指言与思：

在谈话时……说话主体的主观意图和谈话的意思彼此巧合。……用书写谈话，作者的意图和文本的意思不再吻合。这种文本的词义和精神意图的分离真正面临失去谈话铭记的危险。……意义和意图的分离，对说话的主体来说，一直是一种在谈话的参考上的冒险。……本文现在

[1]【法】罗兰·巴尔特：《符号学原理》，王东亮译，三联书店1999年版，第41页。

说的问题比作者意欲说的更多……[1]

他认为在话语中意思（言）与意图（思）彼此吻合，而书写性文本中则是“意义和意图分离”。

三、言与物的统一

沃尔特·翁认为，话语与当下的物有直接关联：“声音本身比过去或将来与当前的实际事情有关。它必然被此时此刻的可见到的事件激活，其结果是涉及声音就是涉及现在，涉及此时此刻的存在和活动。”[2]这就是话语的“看”的性质或及物性，“它要求触及实在……只有话语才指向事物，把它自己用于实在，表达语境”[3]。话语的这种及物性最典型的交流样式是所谓的实指交流，比如在市场上指着物品说话。实指交流是母语习得最重要的方式，在我们学习外语的时候，却已高度文本化了，常常脱离实指的语境而转向词语本身。所以，相对于书写文本而言，话语符号的所指更具原点性，它要求“言之有物”。

话语的这种及物性又包括名物关系和物名关系。

在名物关系的格局下，话语成为唤出物出场的符号方式，或者说话语是能指，物为所指。其意指过程是先名后物或者由话语而及物。

在物名关系的格局下，话语成为在场物的元语言，话语以物的客观内容（所指）而存在，由物及言。

譬如，超市和传统百货商店的购物的话语方式，就存在名物关系和物名关系的差异。传统的百货商店，柜台阻隔了顾客与商品的面对面交流，要通过售货员进行商品选择：先说出话语“我要……”，然后再唤出物的出场。话语外在于物而成为让物出场的指涉方式，这是一种名物关系的话语。而在超市的布局中，我们是在直面物的条件下来与售货

---

[1]【法】保罗·利科尔：《解释学与人文科学》，陶远华等译，河北人民出版社1987年版，第209页。

[2]转引自胡壮麟：《口述·读写·超文本》，载孟华主编：《三重证据法：语言·文字·图像》，吉林大学出版社2009年版。

[3]【法】保罗·利科尔：《解释学与人文科学》，陶远华等译，河北人民出版社1987年版，第144页。

员谈论物，这时的话语已经内涵于物而成为其内容。互联网的本质是话语性而非文本性的：它具有及物性特征。但这种及物性是名物关系，比如网上购物，我们先在话语层面上选择物，然后才是物的出场：送货、验货。而物联网[1]则是一种物名性话语关系：我们先是面对实物本身，然后去寻找它的意义。

相对而言，物名关系的及物话语更具原点性，因为意义围绕着在场的物而展开，不像名物关系那样事先被话语所建构。

当然，话语及物性的这两种方式是相对的且难以截然区分，一切取决于我们的符号使用意向或话语自身在相对条件下的功能：是强调话语的对物的建构性还是更关注物自身的语义。但无论哪种方式，都是一种符号化过程，言与物总是一种相伴而生的符号关系：话语消失在对物的显示中，物融入显示自己存在的话语中。

四、 我与他的统一

话语作为一个身体事件，又总是一个与他人交往的社会活动，进而涉及到两个认识主体或两个社会的人之间的交流关系。我与他的统一表现为以下几个特点：

1. 未完成性

典型的话语单位以谈话者角色的相互转移为特征，一个说另一个不说，不能构成话语。当然，在教师授课、牧师布道、法官宣判等语境中，只有一方在说，另一方只能听。这种独白的形式也看做是广义的话语。因为它仍是说、听双方的共同在场，这种双方的共同在场决定了说者必须顾及听者的看法和兴趣，进而具有了交互性质。但典型的话语还是会话式的。

会话式话语作为一种人际交流方式，从本质上讲是把自我意识看做是不完整的：只有在与他人意识的交流中才能完成自我意识。按照巴

[1] 所谓“物联网”（Internet of Things），指的是将物品安上各种信息传感设备，如射频识别（RFID）装置、红外感应器、全球定位系统、激光扫描器等种种装置与互联网结合起来而形成的一个巨大网络。其目的，是让所有的物品都与网络连接在一起，方便识别和管理。

赫金的观点，每一个人都有自己的视觉盲区，比如我看不到自己的背，但别人能看到它。因此，我可以借助于别人的眼光看自己看不到的地方。这种“我在自身之外看自己”、“我用他人的眼睛看自己，以他人的视点评价自己”的交流意识巴赫金叫做“外位性”[1]。

这说明了一个道理：一个人的话语或意识是有局限的、未完成的。要完成自我，必须借助他者。而独白性话语预设了自己的完成性，进而排除了对话的可能。会话性话语单位的这个未完成性特征，决定了它的话语必须有他者来补充。

2. 交互性

会话式话语要求有反馈信息。反馈是谈话双方对话语内容所做出的反应，如赞成、反对、补充、沉默等。比如互联网上的评论帖子、BBS以及博客（尤其是微博），都是对主流话语（主要是官方话语）的一种对话式的反馈。允许这些信息的存在，体现了互联网话语的交互性。反之，掌握话语权的一方通过删帖、灌水、屏蔽乃至关闭不利于自己的信息的方式来控制话语，这就失去了互联网交互性的对话本质而变成一种独白。

3. 公开性

谈话双方共同参与了话题的形成，进而把意识、看法的形成过程直接呈现于对话双方。尊重对方的话语权成为确立自己话语权的必要条件。因此，会话是一种现场和当下的直接交流，没有背后议论，这种双向交流必然导致双方共享对话题的知情权，以及每一方的公开表达权。与之相对的是暗箱操作，独白性话语的自我意识或话题的形成是事先完成的，譬如某些选举会、听证会或招标会，结果在会前早已内定。暗箱操作排斥了他者参与信息建构的可能。

4. 多元性

对话双方谁都无权代替或代表对方说话，多种声音的存在导致了思想的多元化。我们在某些高度一致的选举、表态的话语现象中，看到

[1]【苏】巴赫金:《文本、对话与人文》，河北教育出版社1998年版，第87页。

的是沉默或失语的大多数。他们表达的是强权要求他们表达的东西，他们没有自己的话语，自己的话语必须经由对方来代表他们发出。一些地方的上访事件，其实就是弱势群体自己不能发声而请求更高一级政府替他们代言。“强制性话语要求有缺席或缄默的对象”，这些缺席或沉默的对象是代言者产生的必要条件，而被代言者或被代表者“本身并不参与自己的形象塑造”[1]。他们的意识形态、社会身份、形象认定是由代言者给予的：

不管怎样，只要一个民族举出了自己的代表，他们就不再是自由的了。[2]

五、独白——话语交流编码的另一种方式

在语言学意义上讲，对话指“在两个或两个以上的人之间有可能自发进行语言交换的一种媒介关系”。“独白是所有参与说话场合的人中只有一个人说话，而其他人并不加入说话活动，或者至少不准备加入，至多只是表示一下同意或反对的一种‘媒介关系’。”[3]

但在符号学中，比如巴赫金就将对话和独白描述为一种意识形态、一种普遍的符号交流方式：对话是“确立他人意识作为平等的主体而非客体”[4]，独白则是“否认在自身之外还存在着他人的平等的以及平等且有回应的意识，还存在着另一个平等的我（或你）。在独白的方法中（极端的或纯粹的独白），他人只能完全地作为意识的客体，而不是另一种意识”。[5]独白话语主要有以下几个特点：

1. 他者的不在场

对话总是保留了他者的声音。这就是他者的在场性。而“我说你

[1]【苏】巴赫金：《文本、对话与人文》，白春仁等译，河北教育出版社1998年版，第80、81页。

[2]【法】卢梭：《社会契约论》，何兆武译，商务印书馆1980年版，第128页。

[3] 葛里高利等：《语言和情景》，徐家祯译，语文出版社1988年版，第55、57页。

[4]【苏】巴赫金：《托思妥耶夫斯基诗学问题》，白春仁、顾亚铃译，三联书店1988年版，第34页。

[5]【苏】巴赫金：《诗学与访谈》，白春仁、顾亚铃等译，河北教育出版社1998年版，第386页。

听”的独白，在交流意向上是把说者和听者看做是主客体关系，听者被当成无自觉意识的被动客体，他者在说者的交流意向中已经缺席，说话者按照自己的意图去改变听者，一方压倒、征服另一方。像慢待顾客的服务员，实行“填鸭式”教学的老师等，都是一种独白关系：服务员、老师把他的当事人物化了，当做一个没有独立意识的客体来对待，一方的意志强加于另一方。这就是独白的物化特征，它反映了说者与听者之间的主客体的等级关系。

请看：

① 小李说他今天不来了。

② 小李说：“他今天不来了。”

①是间接引语，②是直接引语，它们分别代表了他者在场和不在场两种方式。直接引语是作者将说者的原话直接呈现出来，表现了尊重他者的公开对话原则。而在间接引语中，话语的内容是由作者转述间接地表达的，他者隐退了，他者的说话内容受作者的统一意识支配，作者完全有自由对话语的转述方式进行有利于自己的修饰、选择，表现了以自我意识为中心的独白理念。任何交流模式都包含有一个语言行为的意向，这些意向包括两种：一是为了控制别人，一是为了达成共识而建立一种伙伴关系。

2. 不公开性

对话唤出他者的在场，实际上是坚持一种公开性的交流原则：邀请他者出场与自己对话，或将整个交流过程呈现在他者面前，接受他者的监督。而独白话语为了避免引起反驳、争论，在自己的观点、计划、方案的形成过程中往往采取“暗箱操作”的方式，有意回避了双向交流的过程。决策不透明、暗箱操作、阻塞公民参政议政的路径，是独白性官僚体制的主要特征。

3. 言与思的分离

独白者的语言与思想是相对分离的，他常常叙述一种已“计划好”了的思想，即说话时有一种所谓的“预期感”，独白者好像知道什么已经讲过了，以后再应该讲什么。尽管他可能使用不同的表达方式，但他是在重复着同一先在的思想观点。因此，独白的话语形式具有明显的内在连续性、封闭自足或自我完成性。独白者倾向于建构一套严密的、封闭的、独立的话语系统，以非对话的、不容置疑的方式征服读者和听者。

电视播放现场上两个人在侃侃而谈，但谈话的内容却是编导早已确定好了的，两人不过是在用对话的形式重复编导设计好的内容，这也是一种独白，我们叫做虚对话。在日常生活中虚对话是常见的。例如汉语中“捧场”这个词，原指特意到剧场去赞赏戏曲演员的表演。因为在旧时唱戏，常常有花钱请人叫好捧场的事情。表面上看是观众和演员的对话，实际上这种捧场是设计好了的内容，是表演方面一手导演的，是借观众的口和手，表达了演出方面的独白意愿。再如，大街上个别小贩兜售货物时，旁边有人佯装买主在旁边或叫好或称赞便宜，对这种假买主，老百姓称为“托”。显然“托”也是虚对话，它以对话的形式传达了独白的内容。“托”这种角色在日常生活中远未绝迹，领导一讲话，各种宣传机器响起一片赞扬、叫好之声，而反面意见、批评的意见只能以背后议论的方式存在。显然，那些廉价的歌功颂德、粉饰太平的言论，都是受雇于他人的“托”，也是“虚对话”。

4. 听者的独白

听者的独白，指话语交流中的他者或听者处于被动的、被物化的客体位置——我们称他为说者的“被动赞同者”；听者的对话指接受者一方具有自己独立的自主性和自我意识，保留了对说者的提问权、怀疑权和话语参与权——我们称他为说者的“批评主体”和“监督主体”。

听者一方安于在话语权力格局中的被动地位，他放弃了自己的主体反思和对话的权力，始终对话语权力如官方意识形态、传统观念等的合理性持盲目赞同态度。这种盲目赞同主要表现为对说者的经典化和自我的失语。

所谓“经典化”即把说者或权力话语神圣化，听者对其采取盲从、迷信、膜拜的态度。这使听者始终与说者保持一定距离，把对方看做是高不可攀的。此距离是尊敬的距离、等级的距离。距离越大，“经典化”程度越高。例如，对圣贤或权威的著作去作经院式阅读、解释，把他们的一言一语都当做“微言大义”的现成真理。中国古代学者往往是这类“经典化”的读者。他们“代圣贤立言”，以圣人是非为是非。汉代儒学独尊后，儒生们案牍劳形，皓首穷经，并非为了新思想、新体系的创新，而是为了注解前人的思想。这种经学态度，即为听者独白、“经典化”意识。

所谓的“失语症”，不能简单地定义为言说能力的丧失，这样就会以恢复言说能力为出发点。失语的本质是被动赞同者把自己的思想和意志放在了权力意志为他预设的客体位置上，使自我处于屈就和边缘的地位。他无法伸张自己的对话权力，他承受着这种不平等格局的深深无奈和无力感。当被动赞同者按照他者眼光和立场来塑造自己的角色时，他实际上使自己处于“失语”的状态。一个被动赞同者长期丧失自我意识、长期处于“失语”状态，就会产生主体的“物化”。这种失语也叫做“他者编码”——他者的眼光和立场成了自我话语的内在依据和编码原则。

张艺谋执导的《红高粱》中对在颠轿、高粱地野合等场镜的渲染，在《大红灯笼高高挂》中挂灯的描写等，看似写的是一种民俗，有人认为是一种“伪民俗”[1]，张艺谋的电影是一个被西方他者编码了的世界，他的成功在于，他了解真正的农业社会的中国可能并不能引起西方的兴趣，只有经过“他者编码”化处理，使中国的生活更像土著人那样充满了神秘性，才会具有较大的艺术魅力。这种艺术创作向他者编码的文化格局认同的倾向，虽然是造成世界普遍风尚的原因之一，但难免加重了民族自卑感。受西方白人广告文化的影响，许多黄皮肤、黑皮肤的第三世界人民也无形中产生了“白皙就是美丽”的定势思维，有人称之为“殖民地心态”，最典型的是美国歌星杰克逊的若干次整容，就是一个不断地被他者编码化的过程。

曹顺庆在1996年初提出，当代中国文学理论最为严峻的问题是理

[1] 张荣翼：《第三世界文学与“他者编码”》，《文史哲》1995年第3期。

论“失语症”：

今天，我们关于诗学的大部分谈论在基本的知识质态和谱系背景上都是西学的。中国古代的文论、艺术理论，从术语、观念到体系结构，往往都要“翻译”成西学质态的知识，对我们才可以“理解”，才是“清楚明白”的。传统知识中的大部分，都须经过现代知识系统的解释、过滤和处理，才具有进入当代中国知识世界的合法性。这样的状况表明：20世纪，我们整个的知识信念和知识状态变了。所谓“失语”，是说在这种中西知识的整体切换中我们丢失了自己的知识方式。[1]

基于与西方文论话语对话的立场，曹顺庆提出了当代中国的“话语重建”的问题。他将古代文论的“春秋笔法”作为传统话语现代性重建的样板。然而，他对“春秋笔法”的解释，并没有超越古人的“文约指博”、“善善恶恶”、“一字褒贬”、“一字见义”、“其婉章志晦”、“隐义以藏用”、“一曰微而显，二曰志而晦，三曰婉而成章，四曰尽而不污，五曰惩恶而劝善”[2]之类会意性、意象性的言说方式，甚至拒绝使用现代分析性的学术术语（被认为是西方话语霸权）来表述它们，并不主动去寻找中西、古今通约的对话话语。我们认为这也是一种“以复古为现代”、“以民族为世界”的文化独白立场。尽管曹顺庆在西方话语面前采取了对话立场，但也容易陷入了另一种失语症：对中国传统话语的认同而缺少足够的反思和批判。

第四节　话语的类符号性

话语符号也不可避免地与其他异质符号（如文字、图像、物语等）发生某种关联性，这种关联中出现的亦此亦彼的临界现象，便是类

[1] 曹顺庆：《从“失语症”、“话语重建”到“异质性”》，《文艺研究》1999年第4期。

[2] 曹顺庆：《“〈春秋〉笔法”与“微言大义”——儒家经典的解读模式及话语言说方式》，《北京大学学报》1997年第2期。

话语或话语的类符号性。我们从类能指、类所指和类编码三个方面讨论话语的类符号性。

一、原生话语的类符号性

原生话语有两个含义：既指历史上没有文字的口语文化时代的话语，也可以指当下脱离书写的纯口语状态。

1. 原生话语能指的类符号性

话语总是一个事件，它的时间性局限需要空间符号来补充。在原生口语文化时代，这种补充不仅要借助于话语以外的符号如各种空间记号、图像、手势等，还要借助于话语自身声音能指的空间化：重复。

在没有文字的口语时代，思想的传承、文化的记忆主要靠话语的反复记诵和重复。话语的声音是不可逆的时间性事件，但重复是一种时间的可逆化、空间化手段，是话语克服自身局限性的补偿方式。重复的结果是形成一系列的程式化套语，它们成为固化思想和记忆的稳定模式。如民谚“云彩向南雨涟涟，云彩向北一阵黑，云彩向东一阵风，云彩向西光腚孩子披蓑衣”，这是一个口语中的套语。套语的符号特征主要表现在：① 固定的能指（大众反复重复的短语）；② 固定的所指（指向现成的主题或现实物：有雨或无雨）；③ 高度约定的编码（它不是口语活动中的一次性表征的言语行为，而是高度类型化的语言活动）。也就是说，套语已经具有了索绪尔意义上的“语言”的特征。我们已经论及，在口语的条件下，约定性的语言潜藏于话语的底层而难以被意识所捕捉。只有借助于文字，深层的语言结构及其单位（音位、语素、词、句子）才得以浮出水面被我们的思想所把握：文字成为凝固语言及其思想的空间符号化手段。而在无文字的原生口语文化中，这种对深层语言进行把握的空间手段或“文字”就是重复性套式的表达：

> 在原生的口语文化里，为了有效地保存和再现仔细说出来的思想，你必须要用有助于记忆的模式来思考问题，而且这种思维模式必须有利于迅速用口语再现。在思想形成过程中，你的语言必然有很强的节奏感和平衡的模式，必然有重复和对仗的形式，必然有头韵和准押韵的

特征；你必然用许多别称或其他的套语，必然用标准的主题环境（议事会、餐饮、决斗、有神助的英雄等等）；你必然用大量的箴言，这些箴言必然是人们经常听见的，因而能够立刻唤起记忆，它们以重复的模式引人注意、便于回忆；你还必须用其他辅助记忆的形式。严肃的思想和记忆的系统紧紧地纠缠在一起。对记忆术的需求甚至能够决定你使用的句法。[1]

所以，口语中的套语、韵律节奏、重复对仗、现成的主题等成为类似于文字的东西，来铭刻、保存、凝固稍纵即逝的话语信息——这就是原生话语的类能指性，在话语性能指和类文字性（语言性）能指之间徘徊的性质。

2. **话语的类所指**

在话语所指的多重指向之间，边界的消失或移位情况，就是类所指。如话语有多重所指：① 指向他者；② 指向主客观世界。具体又包括观念物（言为心声）、在场物（言之有物）等多重指向。

中国人见面说“吃饭了吗”，其话语指向重在打招呼以维持双方之间的熟人关系而非“吃饭”本身，这是交流性所指主导的话语：指向他者。一个人指着天空对另一人说：“飞机！”其话语指向重在在场物而非他者。上述两种情况的话语所指的边界都是清楚可辨的。

但在“屋子有点冷”这句话中，有双重指涉：表层意思是指向一个“冷”的事实，第二层是指向他者，本意是想告诉室友关上窗户。这种双重意指的方式避免了命令式的交流态度，两个所指之间保持比较明晰的边界关系，表层的“冷”的所指内容成为过渡到“请关上窗户”的中介，它们之间是AB对立型关系（见第四章第四节）。在AB对立型中虽然涉及两个所指，但最终指向还是单一的。

而在所谓的一语双关中，所指的指向始终是双重或多重的，听者或读者在这多重旨意中进行跨界性阐释、把握。如2011年热火队在新赛季的口号“等待已经结束”（The Wait Is Over）是一语双关：一是NBA

[1]【美】沃尔特·翁：《口语文化与书面文化——语词的技术化》，何道宽译，北京大学出版社2008年版，第25、26页。

停摆结束，二是球队已经瞄准冠军。双关语是听众可意识到的在多所指间游移的现象，属于移心型类所指。将这种游移关系模糊化、暧昧化就是执中型类所指。比如某些官员喜欢炫耀GDP数字，他在指向GDP数字的同时又暗指他的政绩。此双重指涉之间的边界模糊化了。

移心型类所指的双关语多发生在话语修辞中，人们明显体味到其中对语辞操弄的艺术。执中型类所指则暧昧得多，它与福柯的话语权或巴尔特所谓的神话有关：它表面上一重所指（直接意指），实际上另有所指，后者融汇在直接意指中。比如，还是巴尔特的例子，《法兰西晚报》上的一则标题：《降价：首次降价。蔬菜：开始降价》。这个标题有两个意指系统：第一意指系统是直接意指，表示降价这个事实；第二意指系统则是含蓄意指："政府性，政府被全国性的媒体以效率的本质呈现。……我在此只得到了一个意义，但我也读到了一个真正的意指。我在水果和蔬菜价格下跌的事实里，接受到的是政府措施的事实。"[1]为什么这双重意指是神话？因为含蓄意指当做直接意指的有机部分来理解，它被自然化了：降价的事实和政府的决策之间有着自然的关联（实际上并不一定），人们无需将二者分开。就像姚明的高度、刘翔的速度与"体育大国"被自然关联在一起以后，他们的失败都是人们不愿意看到的。

实际上，降价与政府措施之间、运动员的高度、速度与体育大国之间并无自然关联（我们在伦敦奥运会金牌第二名，但中国是金牌大国，还不是一个体育强国），它们仅仅是一种符号象征关系。而把符号的转义性象征关系掩饰为一种与直接意指相关的自然事实，双重意指变成单一意指，这就是类符号、类所指，这就是神话：

神话被当做一种事实系统来阅读，而实际上，它不过是一个符号系统。[2]

---

[1]【法】罗兰·巴尔特：《今日神话》，载罗兰·巴尔特等著，吴琼、杜予：《形象的修辞》，中国人民大学出版社2005年版，第22页。

[2]【法】罗兰·巴尔特：《今日神话》，载罗兰·巴尔特等著，吴琼、杜予：《形象的修辞》，中国人民大学出版社2005年版，第23页。

二、 二次话语的类符号性

话语符号的声音媒介具有自我擦拭的局限性，它的能指媒介总是趋向消亡、稍纵即逝。克服话语媒体局限的方式就是借助于其他异质符号的剩余来补偿原生话语能指的不足。

1. 话语补偿的三种方式

补偿话语局限的方式主要有三种：补充、替代和替补。

补充是其他符号在保持自己对话语的异质独立性的前提下，以自己的“剩余”来补偿话语的局限。比如话语的助记符号，像结绳记事、文字画、音乐、手势、表情等，这些符号虽然不能替代话语，但可以帮助人们在一定程度上恢复对话语的记忆。在“不知文字为何物”的原生口语文化[1]里，话语的记忆主要是靠补充的方式，那时也可能有了初期的文字或文字的雏形，但这些早期图形文字与图画没有太大区别，还不能连缀成篇地替代话语，因此也是作为补充符号来使用的。这就是说，在史前或原生口语文化里，克服话语局限性的方式主要是补充符号，如果说这些补充符号也可以看做是文字的话，那就是一个补充文字的时代。在补充时代，各种异质符号是保持各自独立异质性的前提下，发生剩余和局限的相互补偿关系。

替代是异质符号之间发生的等值或同质的替代关系，替代者与被替代者之间的异质性差异被忽略不计。比如我们通过照片来欣赏世界名画，关注的是画作本身而对它的替代性能指照片自身的异质性忽略不计，照片在替代图画过程中擦去自身而仿佛变得透明。充当替代性介质的异质符号即我们所谓的“媒介性能指”（见第二章第一节）。话语的替代性方式或媒介性能指包括视频、电话、文字记录、录音等。今天是以替代性方式呈现二次话语的时代，沃尔特·翁叫做“次生口语文化”[2]。在书写文化时代，也有相对替代性的书写性话语。如柏拉图

[1]【美】沃尔特·翁：《口语文化与书面文化——语词的技术化》，何道宽译，北京大学出版社2008年版，第23页。

[2]【美】沃尔特·翁：《口语文化与书面文化——语词的技术化》，何道宽译，北京大学出版社2008年版，第6页。

的《理想国》，是采用苏格拉底与他人对话的形式来讨论哲学问题，主要有独白、反驳、质疑、赞同、补充等对话形式，文字是对原生对话的模仿和替代。

替补是充当二次话语能指的异质符号，它与一次话语或原生话语之间保持了一种既替代又补充的临界关系。比如，互联网本质上是话语的替代性媒介，但如果经常将其作为呈现话语的二级涵义符号来使用，那么它就是替补关系：通过垄断互联网的话语权，发布有利信息、屏蔽不利信息。这种“笔则笔，削则削”的春秋笔法实际上是将互联网看做是独立于话语的二级异质符号，它要把自己的涵义强加到话语身上，而非简单、透明地替代话语。在替补方式的二次话语中，充当二次能指的异质符号或暧昧或公开地游走于替代与补充之间，这便是二次话语的类能指。话语的书写性替补的典型文本是孔子的《论语》，它也是辑录孔子言论的著作。但与《理想国》的区别在于，《论语》中没有常见的对话形式，诸如反驳、质疑、赞同、补充等，只有孔子本人居高临下的独白。这种独白性话语其实是文字能指自我强调的结果。文字书写是悬置了对话一方的在场，具有独白性：或者是作者（说者）在场，或者是读者（听者）在场。在文字状态下，书写者更喜欢以单方的立场表达自己的观点，并把这种独白以记录性对话的方式表达出来，形成一种介于替代与补充之间的类符号状态。中国传统上的言文关系有记言和代言之分，记言是文字相对忠实地记录所说的话；代言则是更强调文字对话语的转写、重新组织和有意识加工。相对而言，《理想国》的替代关系是“记言”，《论语》的替补关系是代言。

2. 二次话语类符号的移心型和执中型

在构成替补关系的二次话语中，主要有移心型和执中型两种方式。

移心型指充当二次话语能指的异质符号与原生话语之间保持一种可意识到的、公开的替补关系。如网络对有关不利于社会安全的言论制定明确的屏蔽、惩罚规则。执中型指上述替补关系的暧昧化或选择性侧重。所谓暧昧化，指网络并不公开行使自己的屏蔽或补充功能，它以替代的名义通过暗中操纵网络来达到控制话语的目的。所谓选择性侧重，指网络虽有公开明确的话语规则，但常常按照是否有利于我的方式去选择性地执行这些规则。

三、话语类编码

按照索绪尔的观点，语言和言语的关系就像同一个汉字的无数次书写一样，每次具体的书写总有不同的实体差异，如不同的物理表现和特定语境的含义，因此属于言语范畴；但这些具体书写同时又遵循了同一结构形式规则（同一个汉字结构形式），因此它是语言范畴。在话语实践中，人的每次说话总是言语性的实体，但语言规则又潜在地支配着他的言语活动，没有这些语言规则的遵守，交谈双方就无法相互理解。所以，话语实践中的语言和言语虽然是统一进程辩证关系的两面，但它们是彼此对立的：语言总是被无意识地遵守，人们意识到的总是言语或话语的内容，而不能同时反思语言和言语二者。因此言语或话语总是倾向于个体的、独一无二的内容表达。

话语类编码就是言语范畴和语言范畴之间的过渡、中间状态。

1. 套语：语言和言语之间的过渡物

人们发现，在原生口语中还有介于语言和言语之间的过渡物：套语。原生口语文化中的行吟诗人编织史诗时，并不靠死记硬背。他有全套的预制材料去拼装诗行。“他们得心应手的预制件有套语、名号、程式、主题、场景，而且有些预制件还是可以‘自由’伸缩的词语，它们能够灵活变化并嵌入有固定音节、音步和韵律的诗行。……米尔曼·帕利发现吟唱诗人编织、拼装和组装史诗的特点……”[1]显然，套式使《荷马史诗》变成一个类编码问题：一方面它是话语或言语内容的一部分；另一方面，这些言语内容又是一些程式化的言语“预制件”，具有语言形式化特征。

---

［1］【美】沃尔特·翁：《口语文化与书面文化——语词的技术化》，何道宽译，北京大学出版社2008年版，译者前言第3、4页。

话语中的套式或某些固定组合的存在，使得追随索绪尔结构主义立场的巴尔特承认："由此看来，分离语言和言语的界限可能不太牢靠。"[1]它们属于言语和语言之间的过渡现象，即我们说的话语类编码或类符号现象：介于语言规则和言语用法、介于语法规则和修辞语用方式的中间过渡状态。例如某些不区别意义的语言变体就是这种类编码的产物，某些年轻人喜欢说带有港台味的普通话，这种语言被分化为两种风格：内陆的、海外的。它们既有某种程度上的语言区别作用（内陆的、海外的），这种区别已经成为一种固定的套式；但又属于同一语言意义的个性化表述（言语）。再如本书（第一章第二节）例举的"央告"、"把守"、"造反"三个词，在近代汉语中处于组合的半凝固状态：一方面它们的组合具有言语单位性质（如可随意分合：央/告/央告/×央×告）；另一方面它们已经出现套式化、语言化倾向，如"央"和"告"经常固定连用。这种半凝固状态就是话语类编码的产物。对于这类话语类编码现象，巴尔特总结到：

> 只能说反映出在语言与言语之间建立中介体的需要（叶姆斯列夫的"用法"论已然证明这一点），或者说，对已经制度化却尚未像语言那样完全形式化的一种言语的需要。[2]

他所说的"中介体"，就是类符号、话语类编码。

2. 话语事件：书写与口语、视觉形象与口语之间的中介物

我们概括了话语的四个编码特征：言与口的统一、言与思的统一、言与物的统一和我与他的统一。这四个方面体现了原生话语的"言语性"——是人们在特定情境下面对面的一次性表达活动。但是，福柯的话语超越了原生话语即言谈活动本身，他认为事实"是某种建构的结果，而我们要了解的正是这种建构的规则"[3]，这种建构的规则是由一系列陈述即话语来完成的。关注话语的建构规则，是结构主义符号学

[1]【法】罗兰·巴尔特：《符号学原理》，王东亮译，三联书店1999年版，第8页。
[2]【法】罗兰·巴尔特：《符号学原理》，王东亮译，三联书店1999年版，第11页。
[3]【法】米歇尔·福柯：《知识考古学》，三联书店1998年版，第30页。

的重要特征，即把言语（原生话语）单位处理为语言单位，在索绪尔看来，“语言”即生成言语或话语的规则系统。表面上看，福柯认为话语是由陈述构成的，这与索绪尔的言语似乎没有区别，但福柯强调的是规则性的陈述，因此，“从根本上来看，陈述的数量是稀少的，因为一个话语虽然可能包含无数的陈述，通常却只有少量陈述可以构成某种话语。在该话语中，这些陈述会被反复提及”[1]。话语是反复提及的陈述，即那些被高度习语化、类型化、固定使用的陈述才称之为话语，这已经接近索绪尔的“语言”的概念了。一个典型的例子说明了福柯“话语”单位的语言性质。在20世纪80年代，阿妮塔·希尔教授公开说，几年前她曾遭到克拉伦斯·托马斯法官的性骚扰，这位法官即将被任命为美国最高法院法官。许多人指责希尔没有早点说出这一事实，希尔回答说，在她为托马斯工作的时候，“性骚扰”其实在法律意义上并不“存在”[2]。希尔的回答告诉我们，并非是性骚扰这一事件不存在，而是“性骚扰”作为一个话语事件不存在。性骚扰的现象没成为一个法律概念、没有被写入法律文件、没有成为一个话语事件以前，人们可能会对它有各种陈述，诸如“动手动脚”、“行为轻佻”等，但这些处于一次性言语状态的陈述不足以形成一个前台化的话语事件，进而失去对性骚扰这一事实建构的决定作用。只有当“性骚扰”被确立为法律概念，成为固定的文本、可以反复陈述的话语，这一事实才被建构起来，“所有的暴力形式突然都显现了，从而也改变了人们之间的关系和相互对待的方式”[3]。

那么是什么力量使得处于言语陈述状态的性骚扰事实变成了语言的、可反复陈述状态的话语事件？我们的回答就是：书写或者说是被书写凝固了的二次话语。当“性骚扰”在法律意义上存在的时候，从符号

[1]【澳】J.丹纳赫、T.斯奇拉托、J.韦伯：《理解福柯》，刘瑾译，百花文艺出版社2002年版，第41页。

[2] 引自【澳】J.丹纳赫、T.斯奇拉托、J.韦伯：《理解福柯》，刘瑾译，百花文艺出版社2002年版，第41页。

[3] 引自【澳】J.丹纳赫、T.斯奇拉托、J.韦伯：《理解福柯》，刘瑾译，百花文艺出版社2002年版，第41页。

学看来，就是一种处于言语状态的一次性、个别性的对性骚扰的陈述，变为书写性的法律条文，变为固定的、可以被规范定义的、反复被陈述的话语事件。或者说，当一个事件仅仅停留在个别性、一次性的言谈中，它对大众而言等于不存在。只有它被反复陈述、被书写、被铭刻为条文而成为一个话语事件，这个事实才存在。微博中那些被网民大量转发、复制的话题，就是一种类话语。

有些话语事件与视觉符号相关。譬如在明星代言某种产品的传播活动中，话语也参与其中。像韦德代言“盛大游戏”的某个网游产品，有人认为篮球明星韦德与网络游戏的重合度不高。但支持者认为，明星本人就是一个话题，有关他的一切都会引起公众注意，当他代言某种产品时，这种由话题引起的注意力便会转移到产品身上并参与它的意义和价值的建构。韦德的话题与产品之间的关联是通过强制性规约的手段建立的。但有些明星代言的话题与产品的理据性关系较强，如自由搏击明星敖海林做游戏“风卷残云”的形象代言人。这款游戏产品具有浓厚的中国水墨硬派武侠风格，与敖海林的自由搏击明星身份有着高度契合性。

无论是规约性话题还是理据性话题，上述两例都说明话语在建构对象的意义时都是视觉形象（明星）和话语（关于他们的话题）相混合编码来指涉所指的，因此属于类符号。

所以，“话语”一般有三种存在方式：一是言谈条件下的一次性话语或原生话语；二是反复陈述或书写条件下的话语事件或语言性话语；三是话语事件与其他视觉手段相结合的方式。话语在原生话语、书写话语和与视觉符号结合的话语三者之间徘徊的性质也是话语的类符号性。

四、 中国话语的类符号分析

1.《诗经》语体的类书写

我国第一部诗歌总集《诗经》，收集了我国春秋中叶以前的三百多篇诗歌。因为年代久远且大多经过长期口头传唱，创作时间和作者绝大部分不可考。其中十五国风，共一百六十篇，大部分是民间口头创作的民歌；另外的《大雅》、《小雅》、《颂》诗有相当部分是贵族文人创作的作品。尤其重要的是，《诗经》是经过精心选择而编辑成书的。由此看来，“诗三百”至少有三种符号存在状态：

其一是原生话语状态，即那部分民间口头流传的诗。

其二是二次话语状态，即通过孔子一类文人的选编整理，以汉字为载体而存留的口头创作的诗。

其三，文人独立写作的诗。

原生话语状态的诗已经消逝在历史长河中，它最终以二次话语的形式留存。因此，流传至今的“诗三百”主要有两种类型：二次话语的诗和文人写作的诗。它们都是书写的形态，但符号编码原则截然不同。这涉及到文字书写的两种功能：当文字指涉他者时，它执行的是记录语言的编码功能，是对话语的替代性记载；当文字自我指涉时，它遵循文字编码，行使文字对语言、对话语的建构、替补功能，这表现为文人的独立创作——在话语缺席的条件下创作一种书写性言语作品。文字的这两种功能形成了“言体”和“文体”、“记言”和“创作”的二元划分：当写作的功能指向话语时，文字活动便是“记言”，“记言”是对话语的照录，其结果形成了“言体”；当书写的功能指向书写本身时，文字活动便是“创作”，其结果形成了“文体”，如文人们面壁构思、写作而形成的诗。“言体”注重话语编码，“文字”注重文字编码。汉语语体中的文言文和白话文，就是这两种编码的结果。当然，每一种语体内部又可以进一步按照“言”/“文”二分法进行分析，如在白话文中也有书面语体和口语会话体的区分。

西方文学史上，有一个长期争执的“荷马问题”。一般认为产生于公元前8世纪左右的《荷马史诗》是口头作品，但人们只能根据有关记录《荷马史诗》的书写文本及相关文献去还原它的口头传统。于是就产生了一系列困扰学术界的问题：荷马是否真有其人？如果有其人，荷马是歌手还是诗人？荷马时代是否有书写？如果有书写，《荷马史诗》仅仅是口语的记录还是产生于自觉的文字创作？……围绕《荷马史诗》中这些问题所展开的持久而激烈的争辩，形成了欧洲文学史上所谓的“荷马问题”。

《荷马史诗》“仅仅是口语的记录还是产生于自觉的文字创作”？这个问题便涉及到记言与创作、言体和文体的区分。如果认为仅仅是口语的记录，那么《荷马史诗》便是言体；反之出自文人的自觉创作，则是文体。

中国《诗经》的研究也同样存在“荷马问题”的困惑，这主要表现在对其创作手法“兴”的解释上。如下例：

《周南·桃夭》：桃之夭夭，灼灼其华。之子于归，宜其家室。

《秦风·蒹葭》：蒹葭苍苍，白露为霜。所谓伊人，在水一方。

《桃夭》、《蒹葭》两诗的上句使用的便是所谓“兴”的手法。朱熹《诗集传》：“兴者，先言他物以引起所咏之词也。”这里的“言他物”的“兴”与“所咏之词”之间有一种言此意彼的联想关系。人们常说美学的奥秘在于距离产生美，诗经的“兴”的言此意彼性就体现了这一美学特征。但是，如何认识“兴”的性质，学术界有三种观点，我称之为文体观、言体观和过渡说。

（1）文体观 主要根据《诗经》书写文本及其规则去阐发诗意，而不考虑《诗经》的口语性质以及口语的《诗经》与书写的《诗经》之间的关系问题。集中表现在刘勰所说的“兴隐而比显”。就是将兴看做是一个隐喻，一种含有微言大义的书写手法，朱熹的定义“先言他物以引起所咏之词”也是基于这种角度，关注的是上下文之间的喻义关系。再如：

《郑风·扬之水》：扬之水，不流束楚。终鲜兄弟，维予与女。无信人之言，人实迋（诳）女。扬之水，不流束薪。终鲜兄弟，维予二人。无信人之言，人实不信。

《王风·扬之水》：扬之水，不流束薪。彼其之子，不与我戍申。怀哉怀哉，曷月予还归哉！扬之水，不流束楚。彼其之子，不与我戍甫。怀哉怀哉，曷月予还归哉！扬之水，不流束蒲。彼其之子，不与我戍许。怀哉怀哉，曷月予还归哉！

这两首诗的兴句一样，但一赋戍甲之劳，一赋兄弟之鲜。按照文体观，就要在兴句“扬之水”与所咏之词——戍甲之劳或兄弟之鲜之间蛛丝马迹的上下文喻义联系。

中国传统的《诗经》研究基本上是建立在文体观基础上的。书写的界限就是研究的界限。书写本来是口语活动的记载，而一旦口语化的《诗经》被字码化后，书写的编码原则就取代了口语的编码原则。书写的研究抑制了口语编码的关注以后，“语词开始在事物前面消退，书面语词成了自为的语词”[1]。也就是说，文体观以书写自身的上下文之间字与字的关系研究，取代了书写与口语情境关系的研究。

（2）言体观 将《诗经》看做是口录的言体，按照口语的法则研究《诗经》，恢复“兴”的口语表演性质。包括两个角度：

一是认为“兴”是诗歌创作中的协韵起头[2]。何定生认为“兴的定义就是：歌谣上与本意没有干系的趁声”。刘大白认为：“兴就是起一个头……这个起头，也许合下文似乎有关系，也许完全没有关系。”顾颉刚则从“山歌好唱起头难”来说明起兴的必要[3]。比如我们上面列举的两首以“扬之水”起兴的诗歌。这样就破除了文体观的纯文本研究，回归到口语歌谣中的音律关联规则上来。

还有的学者从兴的“物象”角度进行研究：“兴起源植根于原始宗教生活的土壤中，它的产生以对客观世界的神化为基础和前提……所谓原始兴象是被神化了的因而具有一定观念内涵的物象被援引入诗的结果”[4]，“用以充当原始兴象的物象都是那些基元物象如某些动物、植物和那些具有神话意义的物象”[5]，“《诗经》中凡以鸟类为‘他物’起兴的诗，其‘所咏之词’多为怀念祖先和父母；以鱼类为‘他物’起兴的诗，其‘所咏之词’多为爱情和婚媾”[6]。

---

[1]【法】保罗·利科尔：《解释学与人文科学》，陶远华等译，河北人民出版社1987年版，第152页。

[2] 彭锋：《诗歌可以兴——古代宗教、伦理、哲学与艺术的美学阐释》，安徽教育出版社2003年版，127页。

[3] 赵沛霖：《兴的起源》，中国社会科学出版社1987年版，第228页。

[4][5][6] 赵沛霖：《兴的起源》，中国社会科学出版社1987年版，第5页、第6页、第4页。

从物象的角度看，兴只不过是视觉元素（指高度习俗化了的物语即实物符号）对诗歌的介入。口语编码特征是面对在场物，它与事件的过程同步。这也是口语的主要编码特征。

所以，协韵说强调了“听”的口语的音乐性，物象说强调了“看”的口语的视觉性和物的在场性。二者共同构成了言体观：《诗经》的“兴”保留了口头表演艺术的典型特征，进而说明了《诗经》的言体性质。但是，言体观也有局限，它将口语与书写分治，预设了口语对于书写的优先性，在一种“去文字”的假设条件下去复原“兴”乃至《诗经》的语体特征，淡化了书写对口语的建构性。

（3）过渡观　美国华裔学者王靖献在《钟与鼓》中提出过渡说，即《诗经》处于口头和写作的并存或中间状态。

西周末期。西周王朝的这一衰落时期也许正相当于中国古典诗歌的“过渡时期”；在此期间，口头创作与书写创作同时并存。关于他们作诗的方式，诗人没有具体说明是“写”还是“唱”，而是使用了一个笼而统之的字：“作”。[1]

他说的这个“作”是介于记言性照录和独立创作的中间状态，我们可以称之为“书写”。这种书写的结果，便是口头性的“歌”与书写性的“诗”之间你中有我、我中有你的过渡交叉情况，这显然是一种类语体、类编码现象。它表现为王靖献所谓的“套语”性：

“习习谷风”是《诗经》中的一句套语，它出现在两首诗中，以引出主人公各自的哀怨。总共出现了4次（《邶风·谷风》第1章及《小雅·谷风》第1、2、3章）。从其所占韵律位置及其基本意义的既定特征看，我们可将这一短语称作“引语式套语”，这一套语尤其与《诗经》中的怨诗有关。《毛传》对这一诗句的注释是：“兴也。”这是兴句作为抒情诗套语的一个例子。[2]

---

[1]【美】王靖献：《钟与鼓——〈诗经〉的套语及其创作方式》，四川人民出版社1990年版，第34页。

[2]【美】王靖献：《钟与鼓——〈诗经〉的套语及其创作方式》，四川人民出版社1990年版，第126页。

这里说的“兴”就是介于歌唱的“兴”和写诗的“兴”的过渡状态。因为像“习习谷风”这类主题和套语的“渐次重复并不是歌谣才独具的特点”[1]，“在过渡时期，诗歌的文人作者，还没有认识到语言独创性的需要，他们经常利用来源于职业歌手口头语言的套语式短语。‘家父’、‘吉甫’与塞尼武甫都显然属于这一类作者”[2]。

“兴”的套式，这种介于口唱的歌和书写的诗过渡状态，说明了早期的汉语文本的“作”即我们说的“书写”，是一个类编码活动：相对于言体或记录性编码，它具有书写者个体修改、创作的倾向；相对于独立的个人创作，它又偏向“述而不作”的照录一极。因此，“每一首诗在语言与结构上都经历了一个不断润饰甚至大改特改的阶段”[3]。

（4）“作”或“书写”的类编码性 王靖献实际上提出了一个记言与创作、言体和文体的分离性和统一性的问题。就分离性而言，主要是如何区别二者：比如有些诗经文本是在“歌”的基础上形成的，文人未加过多的干预，那么它就是“记言”或“言体”。就统一性而言，主要是一个类语体或类编码问题：如有些诗经的文本是“利用来源于职业歌手口头语言的套语式短语”的仿拟之作，这便是“作”或“书写”——它们介于“记录”和“创作”之间。这就揭示了《诗经》存在着歌与诗、记言与创作、口语与文字、言体与文体之间既区别又交叉的过渡状态，我们不应该以二元对立的方式截然地将《诗经》的“兴”归于言体或者文体，应该把《诗经》看做一个类符号现象。

对《诗经》的“作”或“书写”性编码的总结，对于了解“中国式写作”具有深刻的启迪。孔子所谓的“述而不作”的“述”，便是一种类编码。孔子在编写古籍中使用的具有褒贬选择性的“春秋笔法”，既是一种照录又是一种创作。这种类编码的一个重要特征便是写作主体

[1]【美】王靖献：《钟与鼓——〈诗经〉的套语及其创作方式》，四川人民出版社1990年版，第79页。

[2]【美】王靖献：《钟与鼓——〈诗经〉的套语及其创作方式》，四川人民出版社1990年版，第107页。

[3]【美】王靖献：《钟与鼓——〈诗经〉的套语及其创作方式》，四川人民出版社1990年版，第117页。

的匿名性，正因为如此，中国历史上无数的名著典籍才找不到它们真正的作者。这种类编码所产生的匿名性在“文革”时期仍大行其道，很多文章只有写作班子的笔名，因为这类文章是一种套式化的写作：介于照录官方现成套语、主题和个人创作之间的类编码。类编码的匿名写作今天并未绝迹，某个写作班子以某个笔名发表的文章，很难说是完全的个人的创作，它在照录现成的套语、现成的主题的同时，又以个人化的笔名掩盖了这种中国式的“书写”。

与对话编码相对的另一极则是独白，即将他者看做是失语的客体，客体自然没有自己的主体性标记。

2. “推己及人”的类主体编码

中国传统文化在处理主体间的交往关系中，最理想的方式是一种既取消他者的主体标记性，又不完全将其物化为一个客体这样一种类对话、类编码、类主体的方式。这一点孔子有经典表述：

其恕乎，己所不欲，勿施于人。（《论语·卫灵公》）

夫仁者，己欲立而立人，己欲达而达人。（《论语·雍也》）

“己所不欲，勿施于人”是指，自己不想要的东西，切勿强加给别人。这是儒家的宽恕之道。“恕道”是“仁”的消极表现，而其积极表现便是“仁道”：“己欲立而立人，己欲达而达人”。意思是，自己想成功与发达，就要帮助别人成功和发达。

孔子的“恕道”和“仁道”从正反两个方面阐释了一种处理人际关系的根本原则：推己及人、将心比心，根据自己内心的体验来推测别人的思想感受，设身处地替别人着想。《晏子春秋·内篇谏上》，记载了一个“推己及人”的生动故事：

景公之时，雨雪三日而不霁。公披狐白之裘，坐于堂侧阶。晏子入见，立有间。公曰：“怪哉！雨雪三日而天不寒。”晏子对曰：“天不寒乎？”公笑。晏子曰：“婴闻古之贤君，饱而知人之饥，温而知人之寒，逸而知人之劳。今君不知也。”公曰：“善！寡人闻命矣。”乃令出裘发粟与饥寒者。

齐景公以自己的温饱而推及天下人的饥寒，遂“令出裘发粟与饥寒者”。这是一种“恩赐”的主体间关系。这里的“推己及人”作为一个交流性话语编码，它所推及的对象是类主体：一方面，他者并未被“己”方设定为独立的主体，对方的主体性标签是由“己”方想象性推及的结果。另一方面，这个他者又不是单纯的物或客体，他被“己”方设定为自我的相似物：应该像对待自己那样善待他者。

这个“他者”的主体性标签是由“自我”或“己”方单向授予的，予取予夺，不在“他者”而在“自我”。在“推己及人”的交流模式中，没有他者在场，只有自我道德约束。中心和边缘、自我和他者，都以类主体的方式来处理双方的关系，都以自我为中心来授予（或剥夺）他者的主体标记。

笔者一次在小路散步时，迎面一个大型黄毛狼犬与我对峙，犬的主人并未用绳子牵住它，只是对我说“不要紧，它不咬人，过去就行”。但我心有忌惮，最后还是绕路而行。犬的主人显然是一种“推己及人”的思维：他熟悉自己的狼犬，因此便认为别人也会像自己一样不害怕狼犬。在“推己及人”的类主体关系中，权力以自我为中心的方式隐蔽在“恕道”和“仁道”的推及过程中，隐蔽的权力阻塞了主体之间平享话语权的通道。类主体的权力分配是以自我（相对于他者）为中心进行的。即使是爱，如臣民之爱、师徒之爱、母子之爱，包括那些最无私、纯洁的爱，也是以施事者为中心进行分配的。他预设了被爱者是一个无自主能力、无标记的主体，需要呵护、关心、救助；施事者类比性地、想象性地将自己的好恶施予被爱者；爱与被爱是一种类符号的权力关系而非对话性关系。更重要的是，这种带有母系文化印迹的伟大之爱既可惠及每一个受施者，如为官一任造福一方的清官，又极易被挪用或掩饰为父系社会权力的争夺工具，如贪赃枉法的官员。“推己及人”隐藏了自我中心主义而呈现为一种对爱的平等分配。中国文化的普遍症候是，爱是在被爱中分配的，爱是在等级制关系中被分配的，或者说，权力是在“爱”中生成的。这种隐蔽性具有真正的权力的本质：掩饰它就是为了实施它。

这种以自我为中心的“推己及人”或类主体关系，最终导致的既不是对话，也不是独白，而是“制衡”。制衡是一种类主体间关系的交流编码，是介于对话和独白之间的类编码。它的本质是：交流双方都把对方看做既是被我客体化、物化的对象，又是可能会把我物化或客体化的主体。当物化他者的时候，又施之以仁爱的方式；当被他者物化的时候自我又保留了变通式应对的权力。这种博弈包括三种情况：一是同化对方，二是被对方同化，三是在一方控制另一方条件下的双方妥协，是谓“和而不同”。第三选择是制衡思维的最佳方案。但和谐或制衡不是对话，是平衡未被打破前的稳定状态。在绝对的独白社会没有和谐问题，因为社会是一边倒的，强权有着绝对控制力。中国社会今天有和谐问题，是因为作为博弈一方的他者话语的逐渐强大。但是，只要中国社会的“他者”是一个类主体而非对话者，即使这个他者在博弈中胜出，他仍旧会将孔子的古老的制衡游戏延续下去。五四运动是反专制、反封建、反儒家，但是没有反思制衡思维。

后现代主义哲学家齐泽克对“己所不欲，勿施于人”的制衡思维极为担忧：

对我来说却恰恰是最具有危险性的。“你自己不想要的，别放到他人头上”这句话潜在的信息可能是：如果你自己所“欲”的，便名正言顺地有理由“施于人”。那么假如我是个受虐狂，或者是个宗教狂热者，我喜欢自找痛不欲生的感觉，喜欢自找苛刻的宗教纪律呢？我是这样，是不是我就有权利将这种“欲求”生安白造到他人头上呢？[1]

制衡思维的逻辑是，一旦掌握绝对话语权，常常是“己所欲，施于人”。至于这个“欲”是好是坏，“他者”无法选择，只能靠掌权者“自我”的道德约束力了。

3. 被“推及”的他者的类主体性

“推己及人”的类主体编码本质上是独白主导的等级制、权力性交流关系。作为“被推及”的他者，在这个类主体交流关系格局中，同样也是这种类编码的载体和生产者。

[1] 齐泽克：《“己所不欲，勿施于人”最危险》，来源《新京报》2007年07月13日。

处于弱势或边缘位置上的“他者”，在面临自己的主体性标记被取消或抑制的局面时，他宣示自己主体性的途径或者批判性话语主要有两个：命名和匿名。

（1）匿名性批判话语 中国现代农村的改革，是1978年由安徽凤阳县小岗村的几个农民拉开了序幕。当时农村采用的是国家本位的“三级所有，队为基础”的计划经济体制。作为“他者”一方的农民要实行符合自己利益的“大包干”经济制度时，并没有任何对话机制让他们平等地向政府宣示自己的主体性诉求。因此，他们对抗官方“独白”话语的唯一途径就是匿名的方式。18个农户代表按手印签订“大包干”协议书，其中一条是“明组暗户，瞒上不瞒下”[1]。明地里是集体经济组织，暗地里是个体农户经济；对上仍号称传统体制，对内则改梁换柱。

这个案例蕴含了一个中国普遍的类主体交流规则，也叫做“潜规则”：当强势话语一方的显规则不利于“他者”的主体性诉求时，处于“他者”话语一方在显规则或强势话语的名义下，按照有利于我的方式对其进行匿名性修改，在旧话语中衍生出新话语。犹如一个旧词产生了新的义项但仍然使用那个词的发音和外部形态。潜规则修改的结果，不是推翻或改造整个显规则或强势话语体系，而是改变了显规则中不利于自己的那一部分。在客观上不是质疑或革新，而是修正并强化了显规则。也就是说，潜规则的执行者与显规则都是同一种交流编码：以自我为中心的类主体编码。潜规则在更深层的意义上讲是显规则自我调整的生产方式。潜规则对显规则的匿名性修改并非真正的反思和批判，它是重复使用和肯定显规则的前提下，来修改和批判显规则所导致的结果。所以，潜规则是中国文化显规则自我调适、自我延续的必要条件。

（2）命名性批判话语 五四运动时期的知识分子，作为一个反封建专制、传统文化的“他者”，其批判话语是命名而非匿名：由少数知识精英重新制定一套截然相反的显规则，以与传统话语对抗。比如在

---

[1]《三农新解：1978至2004的中国三农问题大脉络》，来源：《南方周末》2004年3月4日。

对待汉字的态度上，他们表现出对传统文化毫不妥协的否定态度："汉字不灭，中国必亡"（鲁迅）；"废孔学不可不废汉文"（钱玄同）；"汉字不废，中国必亡"（胡适）；"强烈地主张废除汉字，中国文字，既难载新事新理，且为腐毒思想之巢窟，废之诚不足惜"（陈独秀）；"汉字真正是世界上最龌龊最恶劣最混蛋的中世纪的茅坑"（瞿秋白）；"汉字不灭则中国新文化无望"（刘半农）；"汉字既然不能不改革，尽可直接的改用拉丁字母了"（蔡元培）；"现在通行的老宋体实在丑得可以，倒是外国印书的a，b，c，d，有时候还倒真有很美的字体呢"（吕叔湘）……少数知识精英对以汉字为代表的传统文化的重新"命名"，并没有抛弃传统的类主体、类独白的交流方式，只不过话语主体发生了转移，但革命者还是以自我为中心的立场去对待对话的另一方。就像汉字内部以假借来抵制表意字一样，它抵制的是表意中的象形、指事、会意、形声之类具体手法，而不是整个表意制度，不仅不否定，假借还是表意制度的生产方式（见本章第三节）。

林毓生在《中国意识的危机》一书中指出，以鲁迅等为代表的"五四"一代知识分子的反传统主义，虽然反对传统的思想内容，但依然未经反省地接受了传统的思想模式。即固守着"借思想文化以解决问题"[1]的士大夫文化模式。"借思想文化以解决问题"，就是"命名"式交流话语。革命者觉得由他们来制定和命名一套革命话语或显规则，并用这些话语和规则对广大愚昧的百姓进行思想意识形态启蒙，是中国革命的根本问题。命名的结果，是取消了他者对话语规则的共同参与制定权，而变成一方压倒一方的独白关系。命名与"粘合"的方式（见本章第四节）的区别在于，后者是一种大众共同制定、参与的条件下所产生的对话性交流规则。如2011年的广东乌坎事件，一部分农民与当地政府在土地问题上产生严重对峙，双方并未以暴力手段解决问题。尤其是农民，表现出较高的公民意识，他们用高科技手段开放一间屋子，欢迎

---

［1］【美】林毓生：《中国意识的危机——"五四"时期激烈的反传统主义》，贵州人民出版社1988年版，第45页。

境内和境外传媒采访，变成了临时性的新闻中枢，相信传媒并愿意通过媒体发声以及选择微博等作为发声方式，突破了过去以匿名方式来对抗传统话语的模式。但是，他们也不是倒向独白式的“命名”，而是选出村庄代表人积极与当地政府对话、谈判，最终双方达成共识结束对峙，乌坎实现了40年来第一次自由选举“村官”。“乌坎事件”的历史意义在于，它突破了以对抗式的命名和潜规则的匿名来解决矛盾的方式，探索了对话交流的公民社会在中国的可能性。

目前中国的批判话语主要还是在匿名和命名之间选择，这两种批判性话语在本质上仍是独白的、自我中心的交流方式，仍是传统类主体文化自我调整、自我延续和生产的一种方式。中国文化至今仍未走出命名与匿名之间的周期性自我循环。

中国的批判话语也叫做对抗性话语。通常包括对抗性阅读与对抗性表达。对抗性阅读总是以另外一种意思（通常是负面的）来理解文本，如当下很多读者对《环球时报》、《人民日报》进行对抗性阅读。对抗性表达则是用反叛的、否定的话语对待他者话语，如当下的“微博参政”常常以对官媒说“不”的姿态示人。官媒与微博之间的对抗是独白社会特有的现象。从对抗话语解决问题，无论哪方胜出，最终都是复制了独白性编码。五四运动的反封建话语总体上是对抗性的，结果打倒了“孔家店”但产生孔家店的深层机制——独白性话语并未清算，因此它仍在不停地生产着新的独白话语。要解除这种对抗性话语，官媒不再只说官话，自媒体不再只说反话，这需要建立一种真正意义上的平等对话机制。

第四章 图 像

塔图符号学派的浑成型符号主要指图像符号。我们所使用“象符号”的术语，它不仅包括了图像，还把实物性视觉符号也纳入进来。

这样，三元论符号场就包括：

文字：传统的文字符号以及由文字从话语中离散出来的词语（语言）符号，还包括与“言”对立的书写性文本。

言语：口头形态的话语符号。

象符号：图像和物语（实物符号）。

我们简称“言、文、象”。

在“言文象”符号场中，图像符号属于“象符号”范畴，其中的另一成员实物符号我们称之为“物语”，二者共同构成了视觉符号“象”的一极。话语是听觉符号的一极。文字符号（含词语）则一手牵话语、一手牵象符号而成为符号场的第三极。

根据分离性原则，图像在符号场中的主导编码是像似性原则，其所指的主导型是现实物。但从统一性原则的立场看，图像符号与其他异质符号一样，也具有多重所指和多种编码功能，它同样与其他异质符号发生着各种纠缠、跨界、转移等各种类符号现象。

第一节 图像及其能指

一、图像的符号性质

莫奈的《睡莲》这幅油画（图34），根据现象学的观点[1]，它可包括三个部分：

图34 莫奈的《睡莲》

“物理客体”：即《睡莲》的物理媒介。如布上油画、色彩（蓝色基调、白色物体）、尺寸（200/200cm）等要素。“展示性客体”：即我们注视画面时所产生的那些富有弹性、活力的睡莲形象。由于这些形象是现实物的想象或假象，所以现象学也叫做“精神图像”。“被展示的客体”：即实在的睡莲，现象学也叫做图像客体或图像主题。

视觉媒介、主题或客体、形象展示，这些术语正好对应了符号学中的能指（代表项）、所指（被代表项）和意指方式（解释项）这三个要素，它们共同构成一个完整的言此意彼性的图像符号。譬如木马，它运用对木制材料的雕刻、加工（视觉媒介，能指），来摹状（形象展示，编码方式）现实中真实的马（主题或客体，所指）。

[1] 见倪梁康：《意识的向度》，北京大学出版社2007年版，第205、206页。

我们可以从两种符号学视角来观察《睡莲》：

一是意指符号学的角度，强调现实客体对于绘画的优先性，强调绘画的意义主要来自能指（如《睡莲》的视觉媒介系统）、所指（如《睡莲》意指的主题或客体）和意指方式（形象化展示方式）三者的一致性、表征性关联。莫奈的绘画忠实于自然景象中的一切。注重户外写生，在他的画中更强调自然光，否定固有色。物体的色彩依赖于光的反射，因而色彩随光线的变化而变化，体现了现实主义传统。该图画的符号性是由特定的视觉媒介、特定的主题或客体、特定的展示方式相结合的产物，符号的意义由这三者关系所决定：《睡莲》的画面形象既是视觉媒介又是主题，同时也是展示方式。

二是形式论（或结构）符号学的角度，更关注意指方式对图画意义的决定性价值：

（《睡莲》里面）人们已经感到他已经没有丝毫质感的考虑，只想观察光在其不同亮度中的情况，他排除一切形状的顾虑，只注重于色彩的奇迹，把绘画变成了音乐，变成了纯诗，现实的主题不过仅仅是一个标题的借口，他完全脱离了它而进入了一个几乎抽象的、狂喜的、极度沉醉的、光与色的纯粹形成世界。[1]

在意指符号学那里更关注图画符号各要素的实体性质对其符号性的影响，如莫奈强调现场作画，自然对象瞬息万变的光线色彩，激发他探求一种光与色的绘画语言。而形式论符号学则忽略现实主题、视觉媒介这些实体要素仅仅关注绘画语言形式本身，即把绘画符号的所指处理为一个语义物：现实物和主题被悬置，画面的所指是一个由“几乎抽象的、狂喜的、极度沉醉的、光与色的纯粹形式世界”。

意指符号论和形式论的不同分析体现了“符号学间性”的选择。

二、图像的能指

与文字的最大区别就是图像能指的表征性、实体性。用毛笔或石

[1] 张玞：《西方绘画史话》，国际文化出版社2000年版，第209、210页。

凿，书写的是同一个字，但对于图画而言，物质媒介的选择直接影响到它的艺术或美学特性。因此，图像的能指的实体性，决定了其视觉媒体与展示形象之间的表征关系和内在一致关系。

1. 图像能指的主要类型

（1）造型物 如雕塑、蜡像、玩具、泥人等人工造型。造型能指从物理实体上看是三维的，从使用方式上看它属于技能性的，从结构形态上呈现为一个具体的意象。

（2）图画 如漫画、油画、中国山水画等。图画能指从物理实体看是二维平面的，从使用方式上看仍是技能型的；从结构形态上看也呈现为一个具体的意象。图画能指的表征性在莫奈的《干草堆》系列中表现得很典型，面对同一个干草堆，他根据昏晨明暗的光线或气候差异，画出了不同色彩和明暗的干草堆。它们是同一现实物的不同表征。

（3）镜像 如镜子、照片、影视形像、视频以及其他成像技术等。镜像的物理实体也是多样的，从铜、玻璃、胶片到视频、彩超等各种显像技术。从实现方式上看它是技术性的，尽管也具有技能的元素；从表现形式上看它呈现出几乎乱真的现实物象。技能性强的媒介是“冷”的，逼真度相对低一些，它需要理解者较高的参与度和注意力；而技术性强的媒介是“热”的[1]，逼真度较高，理解过程中的参与度较低，无需付出较大的注意力。

（4）图形 又包括识别图形、结构图形和美学图形。

识别图形如交通或公共空间的识别性标志、各种公式符号、抽象标记等。其物理实体呈现为类型化倾向，其表现行为也具有技术性特征，表现形式趋于抽象、简约、易懂。

结构图形如线路图、安装图、地图、反映各种空间关系的表格等。其类型化、技术性特征与识别性图形相近，其表现形式着眼于抽象空间关系。

[1]【加】马歇尔·麦克卢汉、【加】弗兰克·秦格龙编：《麦克卢汉精粹》，何道宽译，南京大学出版社2000年版，第244、245页。

美学图形主要包括装饰性图案和抽象画，这类图形不再表征外在的某种形象或意义，其物理实体与表征技能本身成为表征的内容。

（5）图式 图式指脱离了对具体物质媒体的依赖，并对其物质媒介具有重复生产性，表现为高度类型化、程式化、形式化的空间结构或形象。具体包括：① 复制图式。同一原作的复制品，都是复制图式。像印刷图画、版画、照片等。复制图式都有一个原本和摹本的关系，原本如版画的刻板、照片的底片、印刷画的原作等。摹本的类型化是由原本的物质规定性或物质铭刻性所提供的，摹本成为原本可重复生产的类型化形式。② 意象图式。指不借助于视觉媒介而存在于头脑中的形象，如民间剪纸、裁缝师、设计师，其作品都是基于制作者心中成熟的意象，其作品形象呈现出类型化特征。以成像为目的的视觉性文本也可以看做是符号化了的意象图式，如设计图纸、思维导图、故事板或分镜头[1]等。③ 概念图式。也叫做心智模型，是"以无数次重复的日常行为的经验为基础而形成的一种样本或者知识结构"，最常见的包括脚本和框架两类概念图式[2]。脚本是一套模式化的行为结构，框架则是一个层级的概念蕴涵结构[3]。例如，去德国餐厅吃饭的脚本：

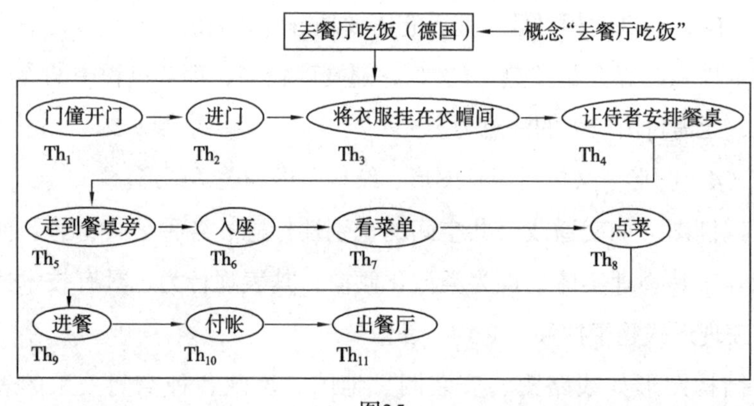

图35

[1] 故事板是显示效果的视觉草图，用于视频创作和广告设计，表达作者的创意。

[2] 冯晓虎：《隐喻——思维的基础、篇章的框架》，对外经济贸易大学出版社2004年版，第86—99页。

[3] 冯晓虎：《隐喻——思维的基础、篇章的框架》，对外经济贸易大学出版社2004年版，第93、98页。

德国餐馆的框架：

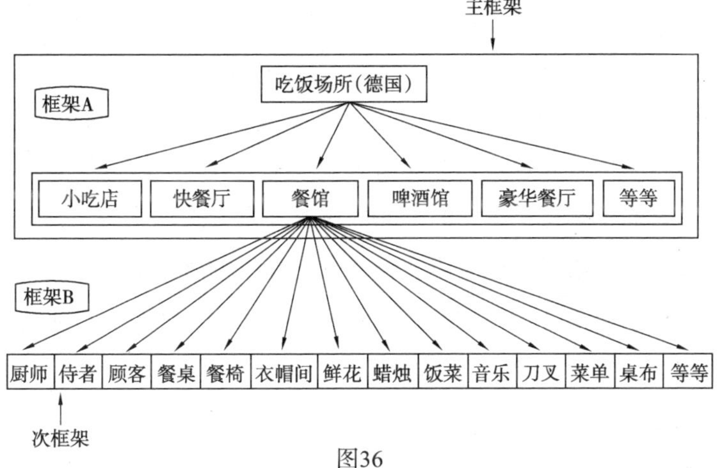

图36

④ 范畴图式。以无数次重复的日常行为的经验为基础而形成的范畴化、抽象化、空间化了的认知结构形式，诸如前后、上下、整体部分、中心边缘、平衡、对称、容器、连接、力量、运动等等抽象空间范畴。[1] 如早期希腊人用毛刷当笔，由右向左横向书写；随着苇秆笔成为常用的工具，开始形成从左向右书写的习惯；先是“牛耕式”（上一行由左到右，下一行由右到左，左右交互书写），后来逐渐演变为一律由左到右的书写和阅读的习惯。这种左前右后的空间图式同样也表现在图像结构形式中，请看这个减肥广告[2]：

图37

[1] 参见王寅：《认知语言学》，上海外语教育出版社2007年版，第176页。

[2] 该案例由傅根清教授提供。

一条弧线巧妙地象征了减肥前后的效果。为什么作者把弧线凹的一面置于左边（前），把凸的一面置于右边（后）而不是相反，这是阅读习惯所使然，是头脑中模式化的前后范畴图式所使然。

（6）图形、图式与文字　文字的能指是高度结构化的图形或图式，这里与图像有重合之处。如何区分文字符号与图像符号的图形、图式？最重要的标准还是看它们不同的意指关系方式，比如，文字的图形或图式指涉的是语音单位或语义物，它们是某种语言结构单位的视觉呈现，其主导编码是社会约定性；而图像中的图形或图式所指涉的是观念物或现实物，其主导编码是像似性。

2. 镜像性能指的延伸分析

镜像性能指内部可进一步分为“冷的媒介”和“热的媒介”，或叫做“类似技术”和“仿真技术”。前者以Flash二维技术为代表，后者以3D三维仿真技术为代表。

相对而言，类似技术更适合于动漫文学内容的表达，当然决不排斥这种题材采用3D仿真技术；仿真技术更适合于场景复原（如历史场景复原、现实场景复原），当然，也不意味着场景复原一定要排斥二维手法。或者说，类似技术更适合于文学虚构，仿真技术更适合于实景再现。习惯上人们一提及镜像视觉技术的内容创作，首先想到的是动漫一类的文学创意，似乎3D的场景仿真仅仅是一种技术，它只是视觉技术手段与仿真对象的直接结合，而不需要内容创意、不需要文学因素的介入。进一步说，它仅仅是一个技术领域，与文化内容无缘。这个认识是片面的。3D场景仿真技术要处理的素材有四类：

现在式。让不在场的现实场景在场化，如医学仿真、驾驶场景仿真、科技展品的仿真等。

将来时。让未来可能出现的场景在场化，如房地产商制作的未来楼盘的3D视觉场景。

过去时。让已经失去的场景在场化，如历史场景复原。

虚拟式。让不存在的事实在场化，如文学题材、游戏题材。

相对而言，这四类能指技术所对应的所指是不同的：现在式的所指是在场物，将来式和过去式的所指是现实物，虚拟式的所指是观念物。

在能指技术与所指物中间存在一个解释项即成像文本：将所指物变为图像或影像的文案或脚本。其中有些成像文本是叙事性的，如过去式和虚拟式能指的成像文本；有些则是展示性的，如现在式和将来式的能指的成像文本。

由此可见，许多镜像性能指是一个类符号，它需要书写即成像文本的参与。相应地，这种不以阅读而以成像为目的的书写，成为一种新文体、新文学，我们叫做“新视觉文学”[1]，这种文学与技术产业和视觉文化产业有着密切关联，具有光明的产业前景。

3. 图式性能指的延伸分析

复制性图式依赖复制技术，意象性图式更依赖于人工技能、智能。这里我们只讨论3D打印技术。所谓3D打印[2]，其工作原理与传统打印原理类似，主要区别在于3D打印机使用的“墨水”是实实在在的原材料。3D打印机不用纸或墨，而是通过计算机辅助设计、远程数据传输、激光扫描、材料熔融等一系列技术，使特定金属粉或者可塑性高的材料熔化，并按电子模型图的指示一层层叠加“铸造”起来，最终把电子模型图变成实物。也就是说，你输上相关的图式，3D打印机就能“打印”出你想要的实物，比如工具、服装、食品甚至飞机……当然这种技术目前处在实验阶段。

3D打印的本质是一种符号图式的复制技术，它的所指是语义物。这是与3D仿真技术的区别，仿真技术是对某种系统外现实实体的模仿，是观念物、现实物或在场物的场景再现。而3D打印技术主要来自系统内部各种数码信息构成的图式，它“打印”出的实物与外部现实无关，而与复制技术本身及其图式有关。

4. 图像符号能指的实体关联度

（1）图像能指的实体和形式

图38是几个北京奥运徽标？如果回答是1个，则是指2个图画单位

[1] 孟华：《文化产业链条中的“新视觉文学”》，《中国社会科学报》2010年1月27日。

[2] 引自《3D打印时代来了吗？》，《长沙晚报》2012年12月10日。

代表同一个结构类型；如果回答是2个，则是两种不同视觉形象——符号学称之为实体或表征[1]。在实体性能指中，其形式与经验材料及其技能不可分割，它只有直观和意味的差异而没有同义和替代。

图38

图像能指的实体性表征含义是，通过特定的物理实体及其使用方式与所表现出的视觉意象或审美意味之间，具有内在一致性关联。比如，某人用毛笔写一个“大”，这个“大”是其结构形式与特定的笔、墨、纸、书写者及其技能（书法或技巧）相结合的产物，“大”的形体还呈现出正面人体的视觉意象。作为实体性表征的“大”不是传统语言文字学而是书法、美术、图像学、笔迹学或证据学的研究对象。进一步说，实体性表征，就是特定的物质媒介、特定的结构形态、特定视觉意象意味的相关联的统一体，包括三个要素：① 它是具体的物理表现，表征了特定结构形态。② 这种物理表现涉及的具体表征行为或使用媒介的方式。③ 这种实体性结构形态具有一定象形或摹状性。

形式，则是同一结构形式在不同实体中的表现，结构形式与其表现实体是相对分离的关系：同一个“大”，我分别使用毛笔、粉笔、毛刷或键盘输入来表现，其物质媒介的差异都可以忽略不计而被看做是同一个“大”。作为形式，“大”的视觉形式与意象无关，重要的是它的抽象区别性——它与“太”、“天”等字的结构区别。此外，就媒介的使用方式看，形式具有技术性特征而实体性表征则技能性更突出。因此，形式符号的特点是：类型化（非实体性）、技术化、形式化（非具象性）。如果我们对“大”没有了表征的要求，那么它作为一个形式符号，重要的是区别和书写不同的语言形式单位，书写和区别的便捷性成为主要目的，而技能性比如书法或图像表现艺术等则退居其次。作为形式的“大”是语言文字学的研究对象。

---

[1] 参见【英】肖恩·霍尔：《这是什么意思？符号学的75个基本概念》，郭珊珊译，中央编译出版社2010年版，第124页。

可见，同一个图形“大”我们可以从实体和形式两个方面分析，或者说它本身就具有双重属性。

（2）实体关联度 一个三角形既可以作为抽象的类型记号，如代表危险或强调等，也可以作为具象的表征，如代表山。但若与语言文字符号相比，图像能指则主要不是形式而是实体表征。也就是说，图像符号自身也具有形式的性质，但我们说图像主要是一个实体表征性符号，这是拿图像与更加类型化了的语言文字符号做对比项而得出的结论。图像能指的实体性表现在：其物理载体或质料参与了形象的建构，或者说质料本身就是图像的造型元素。如早期的基督教圣像中人物造型都被拉长，这与它的载体是教堂墙壁有关。另如铅笔画能达到照片般的逼真效果，而木板画则更擅长对形象做写意性处理。人类早期的绘画总是依附于实物性载体上，如山洞、岩壁、器具、建筑、墓穴等，绘画艺术成熟后它才由实物性载体转向二维平面载体，如纸张、画布、木头、石头等，成为独立的艺术媒介。这个演变过程也是实体性降低的过程。这涉及实体关联度的概念：图像的造型对物理质料的依赖性越强，其能指的实体关联度就越强。原始图像和后现代主义图像都是能指实体关联度较强的符号。一个图像符号具有向实体和形式两极徘徊的性质，当它与其他符号做对比项时，显示出该图像更接近实体的一极或更接近形式的一极，这种靠关系对比项来确定自身实体程度的性质，我们称之为“实体关联度”（其反义词是“形式关联度”）。可见，实体关联度是一个“符号间性”（见导论）的分析概念。

上述五类图像能指依次出现实体关联度递减、形式关联度递增的倾向：

实体关联度　　　　形式关联度

←――――――――――――

――――――――――――→

造型物　图画　镜像　图形　图式

（3）图像能指的原型与主导型 一组同类的事物，其中最能代表本类典型特征的成员，是原型，它处于同类谱系的中心位置，谱系中最边缘的成员则具有跨类性质。如中国北方人的水果谱系中，其原型或典型是苹果（南方可能是香蕉或椰子之类），梨、桃、杏、枣等可能是核心成员，而像“枣柿”（一种水果性的西红柿），则处在边缘位置，介于水果和蔬菜之间。

显然，在上述五类图像视觉媒介中，其原型是图画，其次是造型物和镜像，较为边缘的是图形和图式。

我们在本章第一节将图像符号定义为视觉媒介、主题或客体、形象展示三者的统一。这是以图画为原型所做的定义，在非原型的图像符号中并非具备图像的全部典型特征。譬如，镜像符号的技术性使得图像媒介本身的象征意味丧失而变得透明，而图形或图式符号则常常失去自己的现实对应物。

“原型”是一个认知心理学术语，是在对概念进行类型化过程中进行中心和边缘分类的产物。在结构主义符号学中，将一个系统中起主导作用的成分叫做“主导”[1]：在一个符号场内或异质符号之间，其中一个成员起主导作用，便是主导型。“原型”是“主导型”的一个内容，后者的范围更加宽泛，我们将在后几章进一步讨论。

在图像符号场（造型物、图画、镜像、图形、图式）内，其主导型或原型是图画符号。它的能指（具象性）、所指（实在物）、编码方式（像似性）成为图像符号家族的主导成分。

第二节　图像所指

一、图像的所指间性

莫奈《睡莲》中的图像主题即现实中的睡莲，显然不是我们亲临

[1] 主导：“它支配、决定和变更其余成分。正是主导保证了结构的完整性。”【俄】罗曼·雅各布森：《主导》，载赵毅衡编选：《符号学文学论文集》，百花文艺出版社2004年版，第8页。

现场时看见的在场物的睡莲。我们现实所见的睡莲，是它自身形象无中介的显现；而图画中所表现的现实之睡莲（主题），则是经由精神图像或展示形象中介化、符号化了的客体。或者说，观众不是凭自己的眼睛而是凭莫奈的眼睛、凭画面、凭符号能指的睡莲去想象现实中的、作为所指的睡莲。当人们根据（精神）图像来看图像主题或客体的时候，这个客体已经不是纯自然的客体而是图像意识观照后的产物，是符号想象的结果。我们看到新闻照片或电视中的图像主题或事实，依然是图像意识和符号想象的事实——分不清符号事实与现实的界限，把图像在“看”当做自己在看，此乃认知经常陷入的误区。

所以，图像符号与词语符号一样，其所指大多是不在场的对象的替代物，只不过图像的替代是像似性的，词语的替代是抽象约定或相似性的。

从图像符号的共时意指关系看，它的所指也可以分为四大类：

在场物：即图与它的所指对象同时在场。如镜子中的物像、实时视频、B超等，要求它的对象与镜像同时在场。

现实物：画面上展示的现实世界存在、但不在场的任何形象（如《睡莲》所表现的现实之睡莲）；或者我们通过视觉技术在屏幕上看到的现实形象（电视直播出现的人物形象，严格讲是不在场的实在物而非在场物）。

观念物：画面上展示的是观念虚构的事物或一个纯粹的概念。如上帝、龙的画像，以及用雨伞表示“防潮”概念或用→表示“前行”概念的图标。

语义物：画面上的所指物由能指本身所产生，它与现实无关。如现代主义抽象画通过色彩和线条表现的各种审美意味。

图像所指这种层类划分与词语、文字、话语符号一样，说明了符号所指存在一个层累的区间即所指间性，说明了符号所指本质上的中介性：

所指是符号的两个相关物之一，惟一使它与能指相区别的地方在于后者乃一中介物。[1]

符号的所指是达到现实对象的中介而非对象本身，现实的苹果可以吃，但一幅苹果图像的所指不能吃。这导致了对符号的所指本身符号性的思考：所指的中介性是由符号隐蔽地承担的。譬如我们通过《睡莲》的画面了解到它的所指——现实中的睡莲。但这个所指或联想物既可以是一个记忆中的视觉经验，也可以是一个词语性观念，这些联想物本身也是符号性的。

二、图像所指的历时分析

从图像的历时发生即图像创制过程的角度，它的所指表现为创作的实体（真实）关联度——对原点的依据程度。所指的历时分析要回答的问题是：一幅图画中的所指与原点之间在创作中是如何关联的。在图像所指的历时分析中，所指指向的原点是一种现实联想物而不是现实对象本身，要恢复图像所指与原点之间的历时关联性，只能借助于图像学、考古学或证据符号学的方法。

1. 在场物

图像历时性所指的在场物，是这样一种关系：从图像符号的创制或发生过程看，现实对象不在场，图像符号或能指的相关创作或制作就无法进行，二者之间具有存在性关联，是同时发生的。从发生的角度看，图像符号的在场物所指又包括两类：

（1）存在性在场物 镜像符号的所指一般属于这种类型。在这类符号中，镜像的所指便是直接关联的物理现实，镜中的影像的有无取决于物理现实对象（在场物）的隐现，镜中物与在场物、能指与所指是同时并存的关系。如镜子中的物像、实时录像、可视技术（B超、可视电话）等。

---

[1]【法】罗兰·巴尔特：《符号学原理》，王东亮译，三联书店1999年版，第33、34页。

（2）发生性在场物 这类符号的特点是，在符号发生之时，其能指与在场物同时并存，而符号产生以后，在场物便离场而成为由形象指涉的现实物。典型的是照片符号：照片中的影像取决于在场物的存在，然而一旦成像以后，图像中的影像便脱离了在场物而独立存在，在场物在照片中成了实在物（不在场的意象）。诸如此类的符号还有木乃伊、录像、传真、复印等。

绘画中的实景写生或使用模特，也是这种所指类型：绘画模特作为在场物，它成为绘画形象形成的同时性存在条件，画家对原点性的追求使他避免在脱离在场物的条件下进行创作。当然，绘画中的在场物与照片的在场物相比，绘画更接近实在物，因为它在从模特到画像人物转换的过程中加入了画家更多的个人体验而非纯镜像式的反映。请看这两幅图像：

图39

图40

雷锋像是真实人物的再现，而油画《父亲》（图40）却是现实中某类人物典型特征的表现。《父亲》可能有某个现实原型或模特，但它再现的却是画家生活经验中无数个农民特征的概括，是“那一类”而非“那一个”。这是在场物和实在物的区别：独一无二的实体和原型化的实体。

原型的概念我们在本章第一节已经谈到，一组同类的事物，其中最能代表本类典型特征的成员，是原型。在油画《父亲》中，它的所指是原型，是个类型概念，它是许多同类事物中的典型成员。

那么，如何处理绘画与照片的所指这种既区别又相同的关系？

相同是指，在历时发生的初始语境中，照片中的景物和绘画中的景物（如使用模特）都是与创作过程同时在场的。区别在于：其一，在创制过程中照片更强调对在场物的逼真再现，而绘画侧重于对在场物的意象化处理，比如画家可以把他经验中的若干意象集中于模特身上，来塑造形象。其二，在离境化以后，在场物变成了实在物或意象物，照片与实在物倾向于保持独一无二的联系，而绘画则是倾向于形式化、类型化。

所以，我们对在场物和实在物的划分总是相对的，实际的图像符号中充满了跨界的类符号性质。

2. 实在物

拉斐尔曾这样说："为了画出一个美女形象，我需要亲眼看到几个美貌的女子，正因为此，才请求你务必帮我挑选几个。如果美貌的女子和有魅力的人都很难找到，我就只好利用涌现在我脑海中的某些意象作画了。"[1] "亲眼见"和"意象"的区别在于：一个是面对一个实物或直接知觉对象——即在场物作画，一个是实物不在场而靠对实物的记忆作画。直接知觉对象可以被画家看到甚至触摸到，而意象对象则是曾经经验过而存在于记忆中的形象，即我们说的实在物或意象。相对而言，在场物是在外部知觉对象基础上形成的，实在物是建立在意象基础上的。譬如中国传统的写意山水画多是凭借意象、记忆作画，以及动漫片，都是缺少在场物的视觉艺术。

作为实在物的符号所指主要有这样几个特点：

---

[1] 转引自【美】鲁道夫·阿恩海姆：《视觉思维》，滕守尧译，光明日报出版社1986年版，第163、164页。

① 它是现实实存的事物。

② 与作者或符号使用者的现实经验、经历有关。

③ 这种经验作为意象存留于头脑记忆中，它要求能指以具象的方式表征出来。

④ 相对于在场物而言它具有类型化特征，相对于观念物而言它又具有实体性特征。

3. 观念物

图像符号的具象性使得它总是倾向与现实对象有某种真实关联。我们说图像所指是观念物，并非指图像抛弃了现实，而是指这种所指相对于在场物、实在物而言，与原点的关系更间接，更受人的观念制约。

其所指脱离对知觉对象和经验对象的依赖而转向人们头脑中的观念，这便是观念物。

词语所指主要是观念物和语义物。词语也可以产生实在物，如“蛙泳”（像青蛙那样游泳）。但词语所指的经验性不是词语能指直接提供的，而是其二级符号——两个纯观念物的词语“蛙”和“泳”二次组合产生出“蛙泳”的经验意象。而图像符号的视觉性能指可以直接提供经验意象，这是图像符号所指的主导型。但是，图像能指也可以提供高度观念化的经验意象。主要包括以下几种类型：

（1）想象物　它的所指是想象或虚构的。试比较：

图41　俄裔法国画家夏加尔的《我与村庄》

图42　卢梭的《异国风景》[1]

夏加尔的《我与村庄》运用梦幻般意象的随意安置、叠合，表现了残留在记忆中的童年故乡。但是，从发生的角度看，这幅画的所指是实在物（抑或在场物）而不是观念物。这是夏加尔初到巴黎的成名作，是建立在他对俄国故乡的记忆即实在物的基础上的："我在形态的基础上选择牝牛、挤奶的女人、鸡及俄罗斯乡村的房屋等，因为它们是我的生身故乡……"[2]图画能指的极度变形或想象，并非必然是观念性的所指。相当一部分现代派的绘画作品是建立在现实物或真实原点基础上的艺术夸张。

但是，法国现代派画家卢梭（1844—1910）的《异国风景》（图42）其所指却是原典性而非原点的：是画家想象、虚构的产物。在《异国风景》中，画家画了十二种植物，有植物学家调查证明："除去可以见到的二三种以外，几乎画面上所有的植物实际上根本不存在。"[3]尽管卢梭的绘画看上去比夏加尔更加写实，但后者是建立在真实基础上的变形，前者却是建立在虚构基础上的仿真，其所指是想象物而非实在物。这说明，在发生性所指的分析中，想象性的能指与想象性的所指并不对等。

[1] 摘自鲍诗度:《西方现代派美术》，中国青年出版社1993年版，第93页。

[2] 摘自鲍诗度:《西方现代派美术》，中国青年出版社1993年版，第237页。

[3] 转引自鲍诗度:《西方现代派美术》，中国青年出版社1993年版，第95、96页。

（2）概念物　绘画的原点直接来自于某个概念、思想主题或程式化观念而非实际存在物。概念物通常是以词语或话语符号为载体的。譬如毕加索创作的《格尔尼卡》，是毕加索根据报道说西班牙城市格尔尼卡遭到德国纳粹飞机的轰炸而作的。根据目前解禁的有关秘密文件，当时遭到轰炸的其实是格尔尼卡镇外的罗德里亚桥和另外几个工厂和兵营。只不过是“当时的西班牙共和国巴斯克自治政府，利用这一轰炸事件进行充分的宣传”[1]。也就是说，《格尔尼卡》的创作是建立在语言事实而非亲历或经验事实基础上的。当然，这并不妨碍《格尔尼卡》在艺术史上的崇高地位，但从所指类型看，它属于观念物而非实在物或在场物。

另如拉斐尔的《雅典书院》（1510—1511年作），以古希腊哲学家柏拉图所建的雅典学院为题，画面中的历史人物成了哲学、艺术、科学的象征，思想变成了形象，图画的所指是观念性的。

假如在场物和实在物的创制是“先匹配，后制作”（先找到一个现实匹配物，然后再绘制），那么观念物就是贡布里希所说的“先制作后匹配”[2]，即先从观念物出发去创作，然后再为图画形象找到现实匹配物。或者说借助于已知的观念物去表达未知的形象，如我们把熟悉的人的面部形象投射为汽车的前脸。另见米罗的《女人・鸟》（图43）：

图43　米罗《女人・鸟》

［1］鲍诗度：《西方现代派美术》，中国青年出版社1993年版，第132页。

［2］【英】E.H.贡布里希：《艺术与错觉》，林夕、李本正、范景中译，湖南科学技术出版社2004年版，第84页。

图43中，女人和鸟已经结合为一个巨大的黑色形体，预示着二者的同一属性。“在米罗看来，女人就是鸟，鸟就是女人，因为女人与鸟有着共同的特征：她（它）们都有诱人的色彩、柔和的外表，都使人迷恋……”[1]显然，在这幅作品中形象是为概念服务的，是作者观念物的投射。

有些观念物是习俗性的。在古埃及绘画中，人物形象一般呈头部侧面、身体正面的程式化表现。但“外国俘虏、战场亡敌以及女奴们，有时也被描绘为迎面像，某些禁忌似乎对这些卑贱人物并不适用”[2]。这里，“侧面”和“迎面”成了区分人物等级的观念符号。而且不是在之后，而是在创制之前，这种等级制的理念已经决定着绘画的制作。

古埃及绘画的静止、刻板、重复的特征，说明埃及人以自己的方式感知自然，或者说他们根本没有看到自然，而只是拷贝了他们已知的相同公式。或者如贡布里希所说：“他们在图画中再现已知而非所见的一切方法。”[3]

古埃及艺术家的创作意图是根据概念和古法而不是生活经验，是根据头脑中固有的章法条律而不是自己的眼睛。这种基于观念物而非实在物的创作也叫做“概念性艺术”或“概念现实主义”。在这种“概念性”、“示意性”绘画艺术中，概念优先于自然真实，同时概念又被当做是永恒不变的自然法则。现代中国“文革”时期的绘画也是一种类似的概念性艺术：

图44

[1] 转引自鲍诗度：《西方现代派美术》，中国青年出版社1993年版，第320页，图43引自该书第322页。

[2] 【英】E.H.贡布里希：《艺术与错觉》，林夕、李本正、范景中译，湖南科学技术出版社2004年版，第80页。

[3] 转引自【美】W.J.T.米歇尔：《图像理论》，陈永国、胡文征译，北京大学出版社2006年版，第34页。

“文革”时期的绘画，人物一般都要手拿一本“红宝书”（毛主席著作），这已经成为当时绘画创作的固定套式。人们根据被自然化、真理化的观念物去观察和呈现自然世界。

（3）文本物　绘画的创作素材来自于已有的文本

请看孔子像：

【唐】吴道子

【宋】马远

图45

孔子的长相到底如何？在历史上有多种版本，既有栩栩如生的民间传说，也有言之凿凿的历史记载，而在中外、古今流传的孔子画像更是形态各异。据报道，1993年，在曲阜举行的一次孔子像展览会上，就展出形态各异的孔子像三百多种。[1]显然，孔子像的所指并没有在场物或实在物可参照，是建立在口传和文献基础上的。这类图像的历时性所指就是文本化的所指。西方中世纪绘画的题材多取自《圣经》故事，图像所指直接源自词语概念而非真实的原点。此外，有些图像符号，如影视形象，虽然有现实对应物，但它们常常是直接建立在一个剧本基础之上的，还包括影视广告中的文案等。这种经由文本中介后才转向现实原型的所指，仍属于文本性所指。

文本物还包括意象性文本（图像），即所指本身来源于另一图画。请看：

[1] 来源：新华网2004年09月29日。

图46

图47

图47是北京宋庄某画廊的作品（孟华2008年摄），图46（摄影/李振盛1968年[1]）是一张“文革”时期的照片。显然绘画是对照片的模仿。

再如动画形象“唐老鸭”的下列衍生产品：

图48

这些衍生性作品的所指都是意象性文本（对“唐老鸭”卡通形象的再符号化）。

4. 语义物

图像的所指主要由其能指提供而非来自外在于能指的在场物、实在物和观念物，这样的所指是语义物。请看抽象主义画家康定斯基的《黄·红·蓝》：

[1] 引自黑镜头编辑部：《黑镜头·时间中国》，花山文艺出版社2004年版。

图49

画面中布满了红、黄、蓝不规则的色块，没有视觉上可参照的自然物象，也没有特定的主题内容，色彩流动着活泼的旋律，产生一种“音乐画”的审美意味，绘画的意味形式（语义）本身成为它的所指。

（1）图像能指内部系统产生的语义物 内部能指系统指一幅图画自身的绘画语言系统。如上述《黄·红·蓝》中各种不规则色块所产生的旋律感。在这类绘画中，图像符号不再指向一个外在的主题、概念、意象或现实物，而指向图像画面语言自身：“这种线、色的关系和组合，这些审美地感人的形式，我称之为有意味的形式。”[1]在所谓的意味形式作品中，构成意味形式的各个元素已经符码化、结构化了：其一，线条、色彩成为携带某种意味的符码；其二，这些符码之间的张力关系构成整个作品的内容所指。

语义物的前提是能指必须被分析为一个符号系统，其中的各要素充当了类似句法单位或意符的功能：

拿一幅比较抽象的画为例。构成这幅画的各种点、线和形都是一个单位的符号呢（如果这样看，整个作品就是一个“句法单位”），还是整个作品是一个符号（如果这样看，构成作品的点、线和形就成了“符号素”）？这就产生了暧昧性。[2]

美国心理学家阿恩海姆通过对莫奈特的油画《吉他手》的分析，

[1]【英】克莱夫·贝尔：《艺术》，周金环、马钟元译，中国文联出版公司1984年版，第4页。

[2]【日】池上嘉彦：《符号学入门》，张晓云译，国际文化出版社1985年版，第108页。

来说明绘画能指系统的二元性是如何产生语义物的：

在这幅画中，最底层的分离所起的作用，是把整个前景从那个灰色的背景中突出出来。而在被分离出来的前景中，又进一步进行了在吉他手、凳子以及那个由罐子等小物件组成的小静物画之间的第二层分离。在这第二层次上的分离中，首先是人物与凳子之间的分离。这种分离，进而又导致了凳子和与凳子颜色相同的裤子组成的一组单位与人物黑色的上半身的分离。这种通过颜色和明亮度的不同，对人体的上下部分的分离，又顺便把那个位于这两个分离部分之间的吉他的重要性突出出来。[1]

阿恩海姆通过上述"前景/背景"、"人物/凳子"、"上半身/吉他/下半身"等形式单位的二元化分析，说明"艺术家的任务，就是使这些分离和联系的程度和种类适合他所要表现的意义"，也就是说，作品的二元结构形式"传达着作品的大部分含义"[2]。这些不依赖于现实物而主要由二元结构形式传达的意义就是语义物。

其实一幅画的能指语言所产生的语义物并不仅限于贝尔所谓的"审美意味"，也包括意符化的形象。如西班牙画家委拉斯凯兹1656年作的《宫娥》：

图50

[1]【美】鲁道夫·阿恩海姆：《艺术与视知觉》，滕守尧、朱疆源译，中国社会科学出版社1984年版，第93页。

[2]【美】鲁道夫·阿恩海姆：《艺术与视知觉》，滕守尧、朱疆源译，中国社会科学出版社1984年版，第93页。

委拉斯凯兹的巨幅油画《宫娥》中，我们直接看到的是小公主和她的仆人以及画家本人等形象。但整幅作品真正的所指或主题却是没有出面的国王夫妇。观众通过画面的能指性意符系统（镜子反射的夫妇的形象，画家、公主或其他人物朝向夫妇的目光等）建构出真正的所指——西班牙国王菲利普四世夫妇。这对夫妇作为语义物，他们的出场是建立在整个画面能指符号系统的互文关系上的。

（2）图像能指外部系统产生的语义物 将一幅图画的绘画语言与整个外部绘画系统产生互文关系，在这种关系下产生的结果也是语义物。以毕加索的《亚维农的少女》（见图52）为例，从历时发生的角度看，它源自实在物；但从共时性符号结构系统的角度分析，这幅画代表了整个西方现代绘画语言的一次革命，它摈弃了自文艺复兴以来的焦点透视画法，而专注于一种新的绘画语言，并强调画面形象对这种语言（而不是原点——现实物）的依赖性：

（毕加索为代表的立体主义者）“破坏材料的自然秩序和自觉的再造。知觉领域内材料基本成分的内在价值也受到强调……他们并不专注于‘模写’，而是专注于一种意义的综合体，在这个综合体里与外部世界的关系被自觉地加以构造和改动。”[1]

当然，绘画能指的内部和外部的划分是理论分析的需要，其实任何一幅绘画的能指既有自己内部的结构系统又从属于更大的外部绘画符号系统，二者不可分割。此外，一幅绘画的所指，语义物和现实物的区分也不是绝对的。例如，毕加索创作《亚维农的少女》时掌握了大量妓女题材，显然该画有现实物做依托；但该画在绘画史上的革命意义却是它的语义物——绘画形象脱离对现实物的模仿而倒向对绘画语言的创新。所以，现代主义绘画都具有现实物和语义物双重所指的特性，只是人们更关注毕加索画作的语义物性质。一位妇人在参观现代主义画家马蒂斯的画室时说：“这个女人的手臂肯定太长了。”艺术家文雅地答道：

[1] 布洛克曼：《结构主义》，李幼蒸译，商务印书馆1980年版，第42页。

"夫人，您弄错了。这不是女人，这是一幅画。"[1]从这个角度说，任何一幅画都存在语义物或现实物的问题，这取决于我们分析它们的立场和方法——符号学间性。

5. 语义物与其他所指物的区别

语义物与其他异质性所指（在场物、实在物、观念物）的区别在于：

（1）所指不先于能指而存在 无论是观念物还是实在物、在场物，它们都具有优先于画面形象而独立存在的性质，"意在笔先"或"物在笔先"是其共同特征。而语义物内在于能指，是与能指同时并存并且是能指的直接产物。

（2）能指与所指之间是共时关系不是继时关系 语义物是共时关系，它与能指在发生上并无先后之分。而其他的所指物是继时性关系。

（3）意义由能指提供而非所指 在语义物的符号中，所指的意义由其能指提供；其他的所指物的意义由外在于能指的观念物、实在物或在场物提供。

（4）语义物中能指构成成分的意符化 在《宫娥》中，每一个人物的目光都成为特定视角（显示国王权威）的意符，它们之间的交流关系成为唤出不在场的国王夫妇出场的基本条件。《黄·红·蓝》中不同色块成为各种情感审美意味的意符，意符的意义来自于整个画面语意系统的分配关系。意符及其意符之间的关系成为意义的生产者。而非语义物的绘画不能进行意符化的离散分析，它是一个有机的形象整体。当然，这取决于我们的分析立场即符号学间性，一幅现实主义的绘画（现实物或观念物做所指），倘若我们把它的整体形象系统离散为由不同的意符单位构成的结构，这种分析又使绘画的所指语义化了。如意大利文艺复兴时期的画家马萨乔的《纳贡》：

[1]【英】E.H.贡布里希：《艺术与错觉》，林夕、李本正、范景中译，湖南科学技术出版社2004年版，第83页。

图51　马萨乔：《纳贡》，壁画，255×598厘米，1426-1427

根据布列逊的分析[1]，《纳贡》蕴含着神圣/世俗的二元对立意符系统：使徒—捐献—接受者、留胡子/不留胡子、长袍/短外套、白发/棕发等。"使徒—捐献—接受者"处于叙事句的中心，图像失去它便毫无意义。这样，画面存在一个文本间性的问题，这种意符的二元关系造就了图画的意义——语义物。当然，《纳贡》是双重意指的：既因指向意符系统而构成语义物，又因指向画面外的《圣经》故事而构成观念物。此双重指向，是一种类符号性或类所指性，使我们可以进行选择性解读。

三、图像的类所指

符号的双重指向包括两类情况：

一是异质的类符号现象，如言文关系，在同质的符号系统中文字是语言的一部分；在异质的符号场中文字和语言（指话语）分别属于视觉符号和听觉符号。这样，文字符号就在不同质的符号系统中具有不同的符号功能和性质。也就是说，文字在异质符号系统中分别担任声符（语言）和形符（图像）两种角色。这种随系统而转换的双重角色也是一种类符号性。分辨这种身份转换的常见办法是标记化，如古埃及圣书字的象符（象形字）用作声符时，适当给它一个标记，以示它已经跨类（见第一章第二节）。

二是同质的类符号现象，如就同质的言文关系而言，如果出现文

[1]【英】诺曼·布列逊：《语词与图像》，王之光译，浙江摄影出版社2001年版，第13页。

字具有既建构语言又替代语言的双重属性，建构语言使得文字以其视觉符号的特征投射到语言符号当中，替代语言又使得文字具有听觉符号的任意性和线性特征，这便是类符号现象。

类所指也可以从以下两个方面分析：

1. 异质的类所指

图52　毕加索的《亚维农的少女》

从历时性所指的角度分析，毕加索的立体主义代表作《亚维农的少女》，也是建立在实在物（抑或在场物）的基础上：他“手头已经积累了一些妓女的素材……在画了几个月的素描习作之后，毅然决然地画了一幅将近六平方米的大型油画”[1]。但是倘若我们换一个系统或换一个观察角度——从共时态的意指关系角度分析《亚维农的少女》，人们更关注的是符号能指即绘画语言带来的革命意义：其画法否定了自文艺复兴以来的三维真实空间的描写传统，而将人体利用各种几何化的平面装配而成，它的所指为语义物。这样，它的所指在不同质的符号关系场中具有不同性质，这种跨类的性质便是异质类所指性。

我们在本章第一节分析莫奈的印象派代表作《睡莲》时，也涉及了多重指涉即类所指的情况。一方面，《睡莲》继承了19世纪自然主义绘画的写实传统，建立在对在场物和现实物精确的观察和描写基础上；另一方面，《睡莲》又是现代主义绘画，尝试一种新的绘画语言，把光

[1] 转引自鲍诗度：《西方现代派美术》，中国青年出版社1993年版，第140、141页。

色与空气的表现效果看做是比现实主题更为重要的东西，这就是语义物：能指本身产生的意味，与现实无关。在这个意义上讲，整个现代主义绘画都是类所指性的，人们意识到了这些绘画中现实物与语义物之间的双重存在以及它们的冲突。

2. 同质类所指

还是《亚维农的少女》这部作品，我们仅从历时发生的语境看，它的所指类型也并非是分明的。它可能是毕加索直接观察妓女的产物，或者是对这种观察的经验积累，抑或是建立在关于妓女的其他文本资料的基础上以及毕加索自己的观念性想象上。实际上，一幅作品都是各种所指物综合叠加的结果，类似于德里达的重叠、延宕。只是某种类型起主导作用我们才冠以“在场物”、“实在物”……在同质的系统或符号关系场中，符号所指在不同所指物之间徘徊、交叉、游移的情况，就是同质的类所指。

第三节　图像的编码方式

一、 展示与替代：图像编码方式的两极

图像的编码方式即以画面展示现实对象的形象化方式。现象学称为展示性客体或精神图像，所谓精神图像乃是对现实参照物的一种精神想象形式。而在符号学看来，这种精神图像其实是一种表达、想象、经验现实对象的某种方式，如西方绘画流派中的现实主义、浪漫主义、印象派、立体派以及中国的传统写意画等，都是不同的形象展示方式，都是造成不同精神图像或主观意图的符号化方式。

从动态看，符号是一个言此意彼地表达或理解的过程。就词语符号而言，这个过程主要是抽象的约定性替代（如“马”这个词用抽象形式指代现实中的马），那么图像符号的言此意彼过程就是“形象展示”和“形象认出”。

形象展示是从表达者、创作者角度说的，而形象认出则是从接受者一方考察图像符号的形象展示性：“所谓认出应当是将某物当做曾经见过的东西”[1]来看待。我们看到一匹木马（视觉媒介），认出或把它当做（展示方式）现实中的马（图像主题或客体）。这里的展示、认出、当做，都属于精神图像范畴，它关注的不是现实中的马而是关于马的（精神）图像。

但是贡布里希不同意这个过程是“展示”或“认出”：“木马是马的摹真吗？当然不是。是马的替代物吗？对了，是这样。”[2]

展示（认出）还是替代，这涉及对图像的符号性质的不同理解。在“展示”说那里，强调图画的现实模仿性质，从画中寻找“所见即所得”的现实形象。但“展示”说在解释原始图像、现代抽象绘画以及那些没有现实参照物的图像时就显得力不从心了，人们既不能从许多原始岩画中找到准确的模仿物，也不能在康定斯基的现代抽象画那里找到与现实匹配的视觉形象。这类图像着重于对现实进行观念性的改造和创造。而“替代”说则强调了图像创作的理念优先性，强调图像形象对现实的非匹配的创造性和替代性，但却明显低估了图像的视觉展示、模仿性质。

我们认为，图像符号具有“展示”和“替代”的双重功能，它的主导编码原则是以像似性为轴心，在展示和替代两极之间的徘徊。

二、像似度

从区别性原则看，像似性是图像符号的主导编码原则，指图像对现实对象的视觉模仿性。图像模仿现实的逼真程度是不一样的，如下面关于“马”的两个图，就介于展示（像似性较强）和替代（像似性较弱）的两极之间：

[1] 金惠敏：《媒介的后果》，人民出版社2005年版，第16页。

[2] 范景中编选：《艺术与人文科学》，浙江摄影出版社1989年版，第20页。

这种在展示和替代两极之间徘徊的性质我们称之为“像似度”，或者指图像对现实的视觉模仿程度。它内含了几种不同类型、不同程度的像似性编码方式。

1. 约定性编码的图形记号及其类文字性

指一些图形符号其功能类似于文字，主要作为一个约定的观念或实物记号被使用，它们的编码方式重在约定性替代而非像似性展示。

如各种公式符号、标点符号（如“=、≠、▽、→”）；各种产品、活动、身份、族群、集体的识别符号（如商标、徽章、旗帜等）；各种在特定范围内传播的概念性图形符号（如公共空间识别符号、网络中的表情符号等）。

这类约定性的图像符号的所指内容主要靠集体约定，它的编码是反像似的，属于图像家族中的边缘性成员：“只能作为一种间接的媒介使用，因为它的作用就是使人看到它就想到它代表的内容。”[1]因此也叫做记号：

> 当一个意象仅能够代表某种特定的内容，但又不能反映这种内容的典型视觉特征时，它就只能作为一种纯粹的记号……代数中使用的那些字母，有可能最接近于纯粹的记号，但即使这些记号，也有自己的形象。
>
> ……以1926年国际路标会议规定的用来表示“危险”的交通信号为例，这种信号的形状是一个三角形。之所以做出这种选择，有可能是因为三角形那尖锐的角看上去比一个圆形“危险”些，但主要原因还是因为它比较容易识认，很容易就可以同其他记号区别开来。[2]

这种约定性的记号表现为：① 图形的笔画化和区别化，其能指形式像文字的笔画那样有着稳定的结构类型和区别形式。稳定的笔画化和区别化使得图形记号最重要的功能是形象识别。② 所指的词语化和习

---

[1]【美】鲁道夫·阿恩海姆：《视觉思维》，滕守尧译，光明日报出版社1986年版，第216页。

[2]【美】鲁道夫·阿恩海姆：《视觉思维》，滕守尧译，光明日报出版社1986年版，第215页。

俗化，它们往往代表一个公众约定的词语单位或意义概念，这是图形记号的第二个重要功能——语言功能。语言功能越强的图形记号，它越是易于传播，它的类文字性就越强。以商标记号为例，人类早期商标最初和最基本的功能便是区别商品的生产者，标识商品的来源。商标一词的英文名称是trademark或brand，brand和mark都有“烙印”、“印记”的意思。有一种说法认为，商标起源于西班牙游牧部落，牧民在自家牲畜身上烙上花纹，以便在交换时与别人的牲畜相区别。商标进入现代商业社会和信息传播时代后，它开始脱离物的简单印记而独立作为一个词语的视觉符号在报纸、电视及其各种媒体上流传，其词语传播功能变得更为突出——图形标记的类文字功能得到加强[1]。或者说，图形记号的类文字性越强，它的识别功能就会让位于词语传播功能。

约定性图形记号并不排除具有较强的像似性编码特征，即使用三角形代表“危险”的词语概念，也有某种像似性特征：“有可能是因为三角形那尖锐的角看上去比一个圆形‘危险’些”。另如互联网上的表情符号，像似性更强。但是这类象形性的约定记号的特点是它们指向一个语义物或观念物，而非实在物，它们的形象是约定性地“想到”所指，而非像似性地“看到”所指。

因此，约定性图形记号具有介于词语编码和图像编码的双重特征，词语编码重在区别和类型化，图像编码重在像似和表征化。而约定性图形记号一方面强调其识别、任意约定的性质，另一方面也倾向于使用具有某种像似或象形的手法来表现所指，如：

（易碎）

（防潮）

这些公共空间识别符号具有类文字性——它们像象形字那样用像似性的手段在一定程度、一定范围内发挥着替代语言的功能。

一个约定性较强的图形记号是图像家族的边缘成员，具有临界的

[1] 商标“由识别功能为主向传播功能为主的转变”这一观点，引自我的研究生徐兆勋的论文《商标与类文字》，未刊稿。

类文字特征：

标志以及象形文字、象形画面和象征，传统上都被认为是受语言污染最为严重的图像类型。实际上，标志是一种技术上的视觉—文字复合形式，是寓言形象配以文本注释。[1]

有些约定符号的所指是在场物，如商标符号、男女厕所符号、某些公共场所标识符号等，它们一般与在场物构成存在关系。但这种存在关系是外在的、靠约定编码建立的：一是这些符号的能指形象和所指对象之间自由选择（如厕所标志在各地有多种形式），二是这些符号的在场物可以脱离符号而使其所指变成一个语义物或观念物（如商标在脱离自己的在场物的语境中，它纯粹是某个商品或企业的语义标识）。

2. 意味形式的编码

英国文艺理论家克莱夫·贝尔提出“美”是“有意味的形式”[2]的著名观点，否定再现，强调纯形式（如线条或音响）的审美性质，成为现代派艺术理论的柱石。例如，学术界的主流意见认为，仰韶、马家窑的某些几何纹样是由动物形象的写实而逐渐变为抽象化、形式化的[3]，这正是一个由内容到形式的积淀过程，也正是美作为“有意味的形式”的原始形成过程。之所以是“有意味”，在于这种美的形式是积淀了人类想象或社会内容的。

意味形式对应的是语义性所指，或者说，图像形式中的“意味”就是语义物。我们在本章第二节已经分析到，现代派绘画从历时发生的角度看，它们的所指常常是实在物或在场物；但从共时意指结构的角度分析，人们更倾向于进行意味形式的分析：更关注能指形式和有意味的编码方式对图画意义的决定性价值。或者说，意味形式的所指被强调

[1]【美】W.J.T.米歇尔：《图像理论》，陈永国、胡文征译，北京大学出版社2006年版，第199页。

[2]“在各个不同的作品中，线条、色彩以某种特殊方式组成某种形式或形式间的关系，激起我们的审美感情。这种线、色的关系和组合，这些审美地感人的形式，我称之为有意味的形式。”【英】克莱夫·贝尔：《艺术》，周金环、马钟元译，中国文联出版公司1984年版，第4页。

[3]王先胜：《彩陶纹饰释读的困境与文化人类学方法检讨》，《民族艺术》2009年第3期。

为能指的产物而与外部现实无关。克莱夫·贝尔讥讽说，“再现往往是艺术家低能的标志”，因为这些艺术家“本能地将其形式与他们生活于其中的世界联系起来。他们把创造出来的形式也看成是摹仿来的形式。他们把一幅画看做一张照片”。因此他推崇以塞尚为代表的后印象派的主张：“不要注重再现和技巧，而应当注重创造有意味的形式，注重艺术”[1]。印象派的创始人之一莫奈的印象派作品也体现了对意味形式的追求，虽然从历时生成看，莫奈强调现场作画，作品是建立于在场物的再现基础上的；但从生成的结果——作品静态的共时结构分析看，画家追求的是一种光与色的绘画语言所蕴含的音乐与诗的意味，而非再现背后的所指物。这种悬置实体性所指物而转向关注能指形式本身及其衍生物（语义物）的美学追求还包括俄国形式主义：“艺术是一种体验事物之创造的方式，而被创造物在艺术中已无足轻重。”这里的“被创造物”就是符号外的现实对象，“体验事物之创造的方式”即意味形式和语义物。根据这个立场我们观察莫奈的《睡莲》，其关注的重点便不是它与现实睡莲的再现、表现关系，关注的是光与色的绘画语言造成的意味形式，关注的“是造成一种对客体的特殊感受，创造对客体的‘视象’，而不是对它的认知”[2]。

与约定性编码不同的是，意味形式编码是表征性的：它的“意味”来自实体性的形式本身，二者有着内在的、共时的联系。莫奈画了几十幅睡莲的作品，正是其“有意味的形式”——不同的光与色视觉语言区分了它们。而在约定性编码的图像那里，类型化的能指与所指的关联是继时性、外在的，先有一个观念物、实在物或在场物，然后约定性地选择一个类型化的形象去代表它们。

汉字传统书法也是意味形式的艺术。在所谓“永字八法”中：“点”如鸟之幡然侧下；“横”如勒马之用缰；“竖”如拉弓射箭；

[1]【英】克莱夫·贝尔：《艺术》，周金环、马钟元译，中国文联出版公司1984年版，第18、19、28页。

[2]【俄】什克洛夫斯基等著：《俄国形式主义文论选》，方珊等译，三联书店1989年版，第6页、8页。

“钩”如长空之新月；“提”如策马之用鞭；撇如用篦之掠发；“短撇”如鸟之啄物……。在书法中，汉字由（作为约定图形能指的）笔画成了（作为意味形式能指的）线条。笔画的线条化就是文字的图画化，其结果就是类文字。汉字书法是类文字的艺术。

可见，即使在约定性编码的图形中（如汉字），也可以进行意味形式编码的分析。这种双重编码交织的情况就是类编码、类符号。另如，赛车场地中，设计者将转弯处的墙壁涂成黑黄相间条纹的图案，借以提醒车手集中注意力，警惕发生意外。这是因为每当人们看到黑黄相间的条纹时，都会不自觉地产生畏惧感和警惕性。这种感觉或许积淀了人们对黑黄色条纹的危险动物如“老虎”或是“蜜蜂”的联想，这种联想作为“意味”凝结在黑黄相间的纹理形式中。意味形式也可以成为一种装饰性符号。新石器时期在陶器上的鱼纹、蛙纹就带有很强的装饰色彩。再以城市古典建筑为例，石头的纹理和色彩成为这些建筑乃至整个城市的“肌肤”即意味形式符号。青岛的石头建筑多使用暖色的大理石，与“红瓦、绿树、碧海、蓝天”浑然一体。而贵州喀斯特地质出产的青灰色石片，它那层累叠加的纹理给当地建筑涂上一层化石般或年轮般的沧桑感。但是，这种图案性、装饰性的意味形式常常是依附于约定性、再现性能指，它与意味形式的绘画有着本质区别。

3. 象征性编码的图像符号

有些图像符号着重于透过直接画面来间接传达某种含蓄意指内容，这就是象征性图像编码。如下图：

图53　十月的螃蟹　黄翔摄（《1949—1989中国摄影艺术作品选》，95页）

这幅照片（图53）为粉碎“四人帮”不久、摄影家黄翔所作：被煮熟的三公一母的螃蟹，茅台酒，背景淡淡的秋菊影子……[1]我们所目及的不是现实物而是形象象征的某种观念物。

有三类象征：

一是类型化、意符化、约定化的象征，如斧子镰刀的图案代表共产主义、红色象征革命、龙代表华夏民族等。

二是表征化、个性化的象征，如上图的螃蟹、酒、秋菊，它们的象征义是非约定的，来自作家个体创造。

三是含蓄意指的象征义，只有通过阐释才能把象征义揭示出来，如巴尔特分析的黑人士兵向法国国旗敬礼的照片：它直接意指着黑人士兵敬礼的形象，含蓄意指着“法兰西的帝国性”。[2]广告形象多是含蓄意指的：它直接意指着某个美女，含蓄意指着某个品牌。

象征符号的特点是，它的图形能指提供的可视形象与所指对象并不是模仿关系，而是一种转义性联想关系：看到螃蟹联想到“横行霸道”，看到斧子镰刀想到“工农大众”，其所指是观念物。因此也有人叫做隐喻符号。但我认为“隐喻”这个概念最好限制在词语符号中使用。因为象征符号的能指是可视性的图像，具有表征性；隐喻符号的能指（喻体）是不可视的词语产生的意象，具有观念性。图像产生的是像似性问题，意象产生的是相似性问题，二者有很大的区别。

我们看下图法国演员卡洛尔·布盖的形象和香水之间建立了象征关系[3]：

一般认为这是词语编码中的隐喻在图像符号中的运用：如汉语中的“仙人掌”（一种观赏植物）、“猴头”（一种蘑菇），以及“鼠窜、海量、蛙跳、墨黑”各词的前一个语素都是隐喻。两个截然不同的事物

---

[1] 韩丛耀：《图像：一种后符号的再发现》，南京大学出版社2009年版，第139页。

[2]【法】罗兰·巴尔特：《今日神话》，载罗兰·巴尔特等著，吴琼、杜予编：《形象的修辞》，中国人民大学出版社2005年版，第22页。

[3] 转引自【英】肖恩·霍尔：《这是什么意思》，郭珊珊译，中央编译出版社2010年版，第38页。

=

图54

通过相似性联想而产生是x或像y的关系，便是隐喻。图中的香水是本体（即比喻的对象），法国演员卡洛尔·布盖恰好符合这款香水的内在品质（高贵、美丽），于是她的形象做了香水的喻体（广告）。

图像的主导编码是像似关系，而相似性编码（和相关性编码）则是词语符号的编码。当一种符号的编码被有意地应用到另一异质符号中去的时候，我们叫做编码转移。当词语编码有意地被转移为图像编码时，词语中的喻体变成了图像中的象征体。

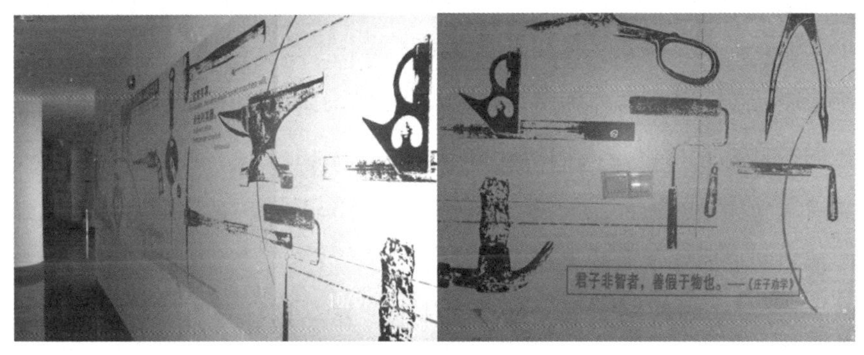

图55

出自孔子《论语·卫灵公》的名言："工欲善其事，必先利其器"，其中的"器"作为喻体是"某种劳动工具"，它的本体即所指则是"好的方法、好的准备工作"等。但这种名言被图像化后（见图55，孟华摄于上海同济大学中德学院，2005年10月7日），作为喻体的"器"变成了图像的锤子、钳子、钻头之类的工具，它们象征着"好的方法、好的准备工作”含义。这就是相似性的喻体变成了像似性的象征以后发生的结果：作为相似性喻体的“器”是不可视的、意象的、类型的、发散的；作为象征性能指的“器”是可视的、具象的、表征的、定向的。它们的具体区别：

① 喻体依据观念物发生想象；象征依据可视物发生联想。

② 喻体是在符号假定（语音与概念的任意约定性）基础上形成的形象性，象征则是在视觉经验基础上形成的具象直观。

③ 喻体的相似性是可视性的，象征的像似性是可视的。

有两种“看”[1]：一是指一种直接作用于眼睛的视象，是直接看的对象，其信息焦点是看的对象，我们称之为“可视”。二是视觉文化中的“可视性”：“不是视觉对象本身的物质性或可见性，而是看的行为，是隐藏在看的行为中的全部结构关系或者说对象的可见性何以可能的条件。”[2]相似性或隐喻提供了一种非视觉性的“看”的方式。

④ 喻体是类型的，象征是表征的。在符号学中，“类型”和“表征”[3]这两个术语属于“形式”和“实体”这对范畴。比如，smell，Smell，SMELL，这三个书写形式看做是同一个单词，那么这“同一个”便是类型（形式）；如果看做是三种不同书写表现，那么它们便是三个表征（实体）。作为喻体的“器”保留了词语的概括、抽象和类型化的特征，它可以是人们所能够联想到的一切工具；而作为象征物的“器”，却是具体的锤子、剪子、钳子之类的工具，它总是以视觉经验中特定的“那一个”的表征。

⑤ 从结构编码上看，作为喻体的“器”具有时间编码特征。首先，它是在词语的线性组合中产生的（工欲善其事，必先利其器）。

---

[1] 参见孟华：《文字论》，山东教育出版社2008年版，第6页。

[2] 吴琼：《视觉性与视觉文化》，载吴琼编：《视觉文化的奇观》，中国人民大学出版社2005年版，第14、15页。

[3] 参见【英】肖恩·霍尔：《这是什么意思？符号学的75个基本概念》，郭珊珊译，中央编译出版社2010年版，第124页。

其次，喻体（工具）与它的本体（方法）之间具有明显的间距性或距离感，喻体和本体依次相继产生。而作为像似物的“器”（画面上的工具）则是空间编码组织：它的画面的所指对象是劳动工具，二者之间的意指关系不是靠线性组合，而是由能指和所指之间的像似性结合起来的，这种像似性更强调共时的整体关联而不是时间性的言此意彼性。再次，图像“器”的象征义或隐喻义（好的方法），也是由于词语符号阐释的结果，但词语符号与图像的“器”之间是一种空间并置关系而非线性相继组织。所以，相似性产生线性的联想关系，而像似性则产生空间同时关系。

4. 像似性编码的图像符号

即“所见即所得”，图像直接描绘一个现实物，人们通过图像即可辨识出原物，画面与现实对象具有较高程度的模仿再现性质。照片、雕塑、油画、漫画都可以成为像似性图像符号。像似性图像与象征性图像的主要区别是，前者是直接模仿一个实在物或在场物；象征虽然也直接指向一个实在物或在场物，其目的是通过这个直接意指来象征另外一个（约定性的、个体性的或含蓄性的）转义，一个观念物。

根据像似度的大小，像似性编码又可分为两类：写意性编码和写实性编码。其中像似度较小而想象性、简约性、类型性较强的图像是写意性编码；反之，再现性、具象性和表征性较强的图像是写实性编码。我们看一个象形字例子，甲骨文和纳西象形字的“刀”：

甲骨文作 　　　　纳西文作

甲骨文的“刀”大致一个刀的轮廓，它具有很强的类型化、写意的特征。而纳西文的刀，从形状上看我们可以辨识出刀的具体的外貌，相对而言具有表征性、写实的特征。就整个象形字系统的图像编码方式来看，甲骨文是倾向于写意的（尽管不乏写实的案例），纳西象形字则倾向于写实（尽管不乏写意的案例）。再看下面的两组图像：

图56

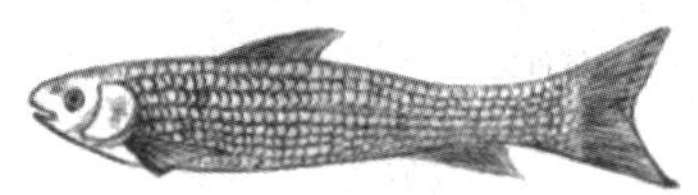

图57

图56的两组人物画（孟华摄于北京宋庄某画廊），左图显然是写实的，右图更加写意：面部甚至只画轮廓，给观众留下较大的阐释空间。图57都是画的鳟鱼，左图是现代插图[1]，右图出自清人之手[2]，带有较强的写意性。相对而言，写意性编码更需要第三者——解释者的介入，负责解释图像与表征对象的关系。

需要指出的是，所谓写意和写实是一对关系概念，它们的性质的确定取决于系统、取决于特定符号场中两个对比项之间的关系。西方油画与中国传统山水画相比，前者是写实性的；但油画与照片相比，前者又成为写意的了。因此，本书关于各种符号编码的定性，都是关系性、系统性的。

符号学中还有一种结构性模仿编码[3]，地图就是一种结构性像似

[1] 引自高明乾等编著：《诗经动物释诂》，中华书局2005年版。

[2] 引自［清］徐鼎纂编：《毛诗名物图说》，王承略点校，清华大学出版社2006年版。

[3] “Haman根据Peirce(1932)创立的临摹性图表的思想提出了图式临摹性的概念。临摹图是‘符号的系统排列，其中任何一个符号都不一定像它所指的事物，但符号和符号间的关系却反映了所指事物的关系’。例如足球队形或收音机线路的技术图就是临摹图。图式临摹性指将符号组构成像临摹图那样的状态。”参见谢信一：《汉语中的时间和意象》，载于束定芳主编：《语言的认知研究》，上海外语教育出版社2004年版，第248页。

模仿。再如：

婚姻像一个X，两个人从两点走向一个交点，然后又逐渐分离；婚姻像一个Y，由两点逐渐融为一体。

这里的“X”和“Y”都是一种关系图式，图形是对某种现实关系的真实模仿。当然结构性像似编码中也有比较写意性的，如清代方志中的地图使用山水画般的写意手法，并没有严格统一的比例尺（图58）：

比例尺的应用使人们依靠一张地图就可以丈量出任意两点之间的实际距离，所以不需要用专门的文字去说明；否则，人们常用的地图册就需要和专门配备说明里距的文字书籍同时使用。在方志中，没有使用比例尺的地图，必然在后面的文字部分进行说明，而这些文字是经过作者精心选择的。[1]

图58 [2]

［1］张俊贤：《清代方志中地图与文字》，载孟华主编：《三重证据法：语言·文字·图像》，吉林大学出版社2009年版，第119、120页。

［2］张俊贤：《清代方志中地图与文字》，载孟华主编：《三重证据法：语言·文字·图像》，吉林大学出版社2009年版，第119页。

写意性和写实这两种像似性编码方式，各有其局限和剩余：写意编码其自身的简约性而更需要书写符号的补充。或者说，在编码方式上越是写意的，在结构关系或符号间性上就越需要语言文字符号的介入；而写实性图画相对排斥语言文字的介入。[1]

学术界经常因相似性与象征性、像似性的边界而困惑，因为三者呈现某种过渡性的区别。“过渡性”指三者的界线并不总是截然明确的。本书首先将相似性归结为词语编码，将象征性和像似性列入图像或物语编码，这种二元分离性原则要求我们描写出建立在观念物基础上的相似性与建立在现实物基础上的象征性和像似性的区别性特征，主要有两点：

1）相似性主要是一个词语事件，象征性、像似性主要是一个现实事件。

孔子的“工欲善其事，必先利其器”中“器”作为喻体比做“方法”，喻体虽然具有一定形象感但它始终停留在语言层面的想象中，词语形态的“器”的具体形象完全因人而异、飘忽不定。但这句格言一旦变成图像（见图55），便超越词语和观念物而指向一个具体的现实物——被描绘为剪子、锤子、钳子之类的具体现实物。这就是词语编码和象符号编码的本质区别：词语事件赋予人们以无限的想象力；现实事件则将这种想象力植根于现实土壤。当然，相对于相似性和像似性而言，象征性编码具有过渡性或类编码性质。与相似性相对时，象征编码是基于现实物的现实事件；而与像似性相对时，象征又代表象符号内部更具观念性和相似性的一极。进一步推论，像似性编码内部也具有这种二元对立性：写实性编码和写意性编码作为对比项，后者更带有观念物色彩，前者则更强调对现实物的再现。

2）相似性追求像间距的扩大，象征性和像似性则追求像间距的缩小。

---

[1] 见孟华：《谈证据符号学的三个基本概念：真实关联度、证据间性与意指定律》，《证据科学》2011年第1期。

“像间距”指喻体与本体、图像与所指物之间的距离感或张力感。相对而言，建立在观念物基础上的相似性编码更强调喻体与本体像间距的扩大。这一点刘勰在《文心雕龙·比兴》中早已提出：“《诗》人比兴，触物圆览。物虽胡越，合则肝胆。”意思是说本体和喻体之间的相隔距离要有“胡”和“越”那么远，而在“喻”出现之后要像“肝”和“胆”那么近[1]。例如博尔赫斯在他的小说里比喻某个人在世上消失时，说“仿佛水消失在水中”[2]。喻体“水消失在水中”完全是一个词语事件，它与本体（人的逝去）之间巨大的张力和间距性表现了作家惊人的想象力。

而象征编码尤其是像似性编码因其现实主义指向而更强调图像对现实物的再现性临摹，导致图像与现实物、能指与所指之间像间距的缩小。骆宾王的“鹅鹅鹅，曲项向天歌”，作为一个词语事件，我们无法分辨“鹅”是单数还是复数，它保留了观念的概括性、抽象性、想象性特征。而我们一旦为这首诗配上画面，图像中的鹅就一定是确数：要么一只，或者两只、三只……。圣经中说亚当摘下果子递给夏娃，但这段故事在卢卡斯·克拉纳赫（1472—1553）的油画中出现的不是观念形态的抽象“果子”而是现实中具体的苹果。显然，要求与现实物关联的图像符号总是要回归现实、努力缩小能指与所指距离感。相似性编码则切断了它与现实物的联系，从而加大了像间距性。

5. 镜像性编码的图像符号

像镜子般真实反映现实的图像，其图像形象与对象外观之间的极其吻合、逼真的关系就是镜像编码。这是最具“原点性”的符号化方式，人们仿佛看到的是实物本身而忽略了它的像似性问题。相对而言，属于镜像编码的图像符号有：现实主义绘画与原物间的关系；镜中的影像与原物间的关系；照片中的形象与原物间的关系；影视中的形象与原物间的关系；可视技术（视频、B超、传真、复制等）中的形象与原物

[1] 关于比喻像间距的分析引自胡壮麟：《认知隐喻学》，北京大学出版社2004年版，222页。

[2] 引自余华：《博尔赫斯的现实》，《读书》1998年5期，第110页。

之间的关系，等等。

显然，镜像理据符号也是一个相对的概念，我们看到上述镜像编码符号的真实关联度或原点性是有差别的，如电影的镜像度高于照片（在立体动态意义上讲），而照片的镜像度又高于现实主义绘画。另外，即使最逼真的镜像理据符号也与原点有距离，绝不会是原点绝对真实的再现。如实时观看的视频或医疗显像技术，它们都是通过视觉技术媒介建立可视形象与原物之间的关系，没有这种中介就无真实可言。

镜像编码符号的特点在于：它“既是代表性的，又是存在性的。镜像不仅‘意指’或‘指称’原物，而且同时进一步指称其物理的存在性”[1]。

所谓“代表性”，也即不在场的替代性质，意思是符号与原点之间具有高度逼真的临摹性质，而可以替代原物出场。如现实主义绘画、照片、视频、影视、可视技术（镜子是个例外），它们的所指（在场物）都可以缺席，而成为缺席的实物的“踪影”即替代性符号。

所谓“存在性”，意思是符号镜像与原点之间存在着某种同一性关联，因而镜像能够证明原点的物理性存在。所有镜像性符号的共同特点是：从发生的角度看，如果在场物不出现，影像也不会出现，这就是存在性关联。这种关联使镜像就成为原点确实存在的证据。

三、像似度与语言

约定、意味形式、象征、像似、镜像五种图像编码中，最典型或起主导作用的编码是像似。像似性编码体现了图像编码的本质：它关注形象与现实之间的距离感，并强调这种距离感的缩小——使现实视觉性再现。镜像编码再现现实，但距离感消失。象征、意味形式和约定编码，距离感增加但视觉再现性降低。但是，五种编码又都体现了“距离感中的视觉再现”这一共同的像似性本质，只不过像似的程度不一。

像似性越低，它便越需要约定性词语或话语参与解释。如我们在本节中分析的，越是不严格遵守比例尺的写意性地图，对文字阐

[1] 李幼蒸：《理论符号学导论》，中国人民大学出版社2007年版，第542页。

释的依赖度就越高。再看瑞士现代派画家克利（1879－1940）的《鼓手》[1]：

图59　克利《鼓手》

用近似中国现代书法一样“写”出单纯的黑色线条，在简洁的形态中隐藏着鼓手的动感。这是克利对自己少年时代作为一名鼓手参加演奏的深情回忆。然而，如果我们失去词语性标题“鼓手”的“锚固”，这个介于意味形式和象征编码之间的绘画便具有巨大的阐释空间。非像似性、非镜像性的图像需要语言的介入：

现代艺术已经彻底变成了文学：绘画及其他作品只为说明文本而存在。[2]

“现代艺术变成文学”说明了这种艺术的类符号性：不借助于语言符号的介入，现代视觉就不能自足地表达自身。杜尚将便盆题名为“泉”而轰动一时，这种非模仿的象征性编码“一只脚踩着形象，另一只脚踩着语言”[3]，同样凸显了视觉图画符号的像似度问题。但是，现代主义抽象派绘画，其主张却是排除一切说明、插图、文学和自然主义的要素，从而发展纯粹的造型。如康定斯基和蒙德里安的纯色彩和线条的构图，似乎只有纯粹的视觉形式所产生的某种情绪或空间感，而排

[1] 引自鲍诗度：《西方现代派美术》，中国青年出版社1993年版，第231页。

[2] 【美】W.J.T.米歇尔：《图像理论》，陈永国、胡文征译，北京大学出版社2006年版，第203页。

[3] 【美】W.J.T.米歇尔：《图像理论》，陈永国、胡文征译，北京大学出版社2006年版，第230、231页。

除一切词语的解释。这说明一个问题：在像似性的两极处——极度的逼真和极度的抽象都会使词语遁形，只有脱离这两极的区间才是词与图周旋的战场。譬如，即使比较写真的照片符号也“很少看到一幅应用中的照片不伴随语言”[1]。在新闻照片史上有几张经典的图片：《士兵之死》、《美国国旗插上硫磺岛》、《枪杀越共》、《切・格瓦拉》……在最后一张（图60）中，我们看到一位玻利维亚将军指着格瓦拉尸体上的伤口，而格瓦拉还睁着眼睛，死不瞑目。这些著名的新闻照片都产生了多义性，也被称作“迷思”（myth），并为此产生了大量的不同解释和评论。“也就是说它们已经超出了拍摄这些照片的个体背景本身，它们不再是在讲述某个人或某些事物，而是在表现一种概念”。我们知道，照片符号的所指是以过去式的在场物为主导的，当它不再表达曾经在场的在场物而转向一种观念物的时候，照片的内容或所指就由词语来充当。这种充当词语之形象能指的图像，被外国学者称为“迷思图像”，因为它们像文字一样传达着某种语言概念：“绘制出来的形状可以（和通过身势语进行交际一样）直接表现一种意义，也就是不借助于语言形式来表现。文字发明之前许多岩画都担负着指示与告知的功能，有些就像今天路边的各种交通标识”。可见，迷思图像、岩画、身势语、公共标识符号等，都具有像象形字一样表达观念物或词语的功能，它们是词与图融合的产物，是一种“类文字”、“类符号”。

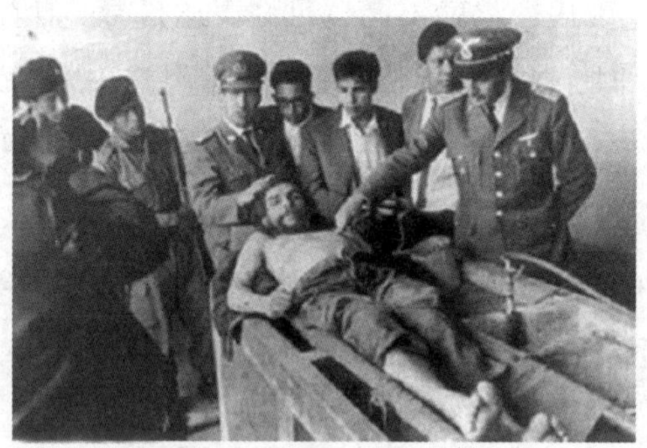

图60 《切・瓦格拉》

[1]【美】W.J.T.米歇尔：《图像理论》，陈永国、胡文征译，北京大学出版社2006年版，第264、265页。

第四节　图像的类符号性

我们反复讨论过“类符号”的现象了：一个异质符号关系场内相关要素之间的跨类、临界性质。因此，类符号首先是一个符号场和符号间性问题。

一、 符号场与符号间性

符号场是指一个由语言、文字、图像等多元异质符号共同构成的一个符号表达域，如互联网就是一个符号场。请看下图：

图61

图62

图63

图64

图61是青岛市前海沿的一个纯文字符号的碑刻，纪念一位因抢救落水者而牺牲的英雄。

图62是法国lamur市的一个“二战”纪念碑，纪念本市一位被纳粹枪杀的无辜少年。这是个图（雕像）、文（文字说明）并置的符号场。

图63是一篇PPT文稿的结语，是以加油枪的图片加“！”而构成的符号场，表示“加油！”的意思。

图64是著名的北京奥运徽标，既是一个运动员形象，又像汉字“京”字之形，叠加了图像和文字双重符号。

图61-64都可以在符号场范畴内进行分析，它们都涉及至少两个以上的异质符号（图文）共同构成的表达域。

符号场的形成有两个基本条件：一是发生在两个或更多的异质符号之间，二是它们之间具有某种关联性，在这种关系中每一符号的性质与它在整个符号场中的位置有关，这即我们要讨论的“符号间性”。

符号间性就是符号场内的任何一个符号或符号结构成分，都包含着自我肯定和否定的双重元素，这种双重性使得符号场内的各要素之间的结合成为可能。其中的自我肯定成分使得各异质符号之间得以区分，我们叫做“分离性原则”；自我否定则倾向与其他符号构成某种关联性，叫做“统一性原则”。

1. 分离性原则

分离性原则就是确定符号场内各异质成分的边界和区别性特征。

本书的各章实际上把文化看做是一个由言（话语）、文（书写性词语）、象（图像和物语）构成的符号场，重点讨论的是分离性原则，即词语、话语、图像和物语各自的区别和主导性编码。根据分离性原则，图61-64均由图像与文字两类异质符号构成，它们各有自己的编码特征，如像似性和任意性；不同的能指形式，如图像性和笔画性、表征性和类型化、非线性和线条性；不同的所指对象，如在场物和语义物（或观念物）。描写出这些符号各自的异质性以确立它们之间的边界，便是分离性原则。

2. 统一性原则

统一性原则关注符号场内的各异质符号之间相互关联、补充、渗透、模仿、转化或类符号性质，这是本节讨论的主题（重点以图文关系符号场为对象）。

3. 符号间性方式

异质符号根据统一性原则相互关联而构成符号场的方式，叫做“符号间性方式”。主要有三种关系类型：

（1）替代：AB相斥型 如图61，中国的纪念碑倾向于使用纯汉字书写符号，这与西方图文并置的石碑传统形成鲜明对照。从符号场的角度分析，图61表现为一种历时替代关系：一种异质符号的出场，替代、抑制了其他异质符号的出场。这种替代关系是中国符号文化的重要传统[1]，如店铺的标识，更喜欢采用纯汉字符号而非图文并置。

设构成符号间性的两个异质符号元素分别为A和B，那么替代关系就是“AB相斥型”。

（2）补充：AB对立型 如图62，表现为一种图文共时并置互构关系：异质符号之间各以自己的符号特性补偿了对方的不足，而共同构成一个符号场。

补充关系涉及“剩余和局限”这两个概念（另见导论）：剩余就

[1] “中国的主流文化更倾向于使用汉字符号而非图像性文字进行交流，这种汉字对图像性符号的替代性，就是汉字性思维。”参见孟华：《记忆文化的中法比较》，载王霄冰、迪木拉提·奥迈尔主编：《文字、仪式与文化记忆》，民族出版社2007年版。

是某种符号具有补足其他类符号缺陷的功能，所谓局限就是该符号具有某种不足而需要其他符号的补充。如，书写是意义性最强的符号，但在书写性文本中我们什么都看不见，只能通过文字的意义概念来生成意象去“观看”；而在图像符号中，我们凭视觉经验即可“看”到景物、人物等。所以，书写符号的“剩余”是“意义性”，其“局限”是不可见性；图像符号的“剩余”是“可视”，其“局限”是意义的贫乏。正是它们各自的剩余和局限，使其互补成为可能——于是出现了连环画。

符号间性补充关系是一种二元对立的模式即“AB对立型”：一是它们有明确的边界和区别性特征（各自的剩余与局限），二是这种区别性特征是在二者同时的相互补充关系中确立的。所以，我们在图62中、在连环画中既能清晰地区分出图文的边界，又看到二者相互补充的符号场格局。

就图文关系而言，补充即AB对立型主要有三类：

① 文配图。图语充当话题，词语充当说明。如台湾漫画家几米的连环画《向左走，向右走》中的片段，画面自身推动着叙事进程，文字只是标题性地提示、说明。

图65

② 图配文。词语充当话题，图语是说明。如为唐诗《咏鹅》的配图，画面成为文字的图解。

图66

③ 文图互配。互为话题和说明。如那个主题为减肥之前和之后的广告（见图37），高度抽象的词语和高度抽象的图形相互结合后，变成具象的表征符号。

（3）替补：亦A亦B型　我们有改造地借鉴了德里达关于“替补既是补充又是替代”[1]的概念，将替补看做是AB两个异质要素之间既相互擦拭又相互对立补充的中间状态，称之为“亦A亦B型”。

图63、图64，就是“亦A亦B型”的替补关系：图63作为图像符号的加油枪和作为书写符号的感叹号二者之间的界限或区别变得模糊（相互擦拭），但又保留了各自的编码特性（相互补充）。图64汉字“京”与运动图像之间的边界模糊了（相互擦拭），我们体味到文字和图像叠加所带来的丰厚意蕴（相互补充）。图像编码的替补型或亦A亦B型，主要是语言和图像或文图两种编码的中介化状态。在词语符号本位的替补性编码中，西方传统上叫做“语辞赋形”（ekphrasis），一方面兼

[1]【法】德里达：《论文字学》，汪堂家译，上海译文出版社1999年版，第209页。

顾其本意"通过语言说出，充分表达"；同时还能传达形象化再现的意涵——即所谓"赋形"，其实就是语言符号的意象化、或米歇尔所谓的"视觉再现之语言再现"[1]。

胡易容将"语辞赋形"重译为"符象"，他是站在图像本位的角度来思考图文关系的跨类性。存在着两种类符号：一是词本位的，即词语的视觉化诉求，或结构中移入可视化编码；二是图像本位的，"具象的视觉化图像化逐渐上升为抽象把握"[2]。视觉化图像的"抽象把握"意味着图像的词语化、意符化倾向。我们知道，越是抽象简化的图像，越需要语言的介入。词语本位的类符号即"语辞赋形"，图像本位的即"符象"。我们下面讨论的替补性编码、类符号，就是对"符象"的分析。

（4）替补中的AB移心型和AB执中型 但是，上面两个图例的替补关系还是有区别的：图64（北京奥运徽标）的两个叠加的异质符号我们从直觉上无法将它们截然区分。图63的加油枪图片首先保持了自己图像符号的差异性，然后在此基础上通过异质组合将自己移心化：从图像符号转为文字符号（把加油枪的图片理解为"加油"这个单词的象形字）。这种转移是在自我否定、转向他者的过程中完成的，保持了鲜明的跨界、移心张力，图文始终保持双重意识：既是图又是文，既不是图又不是文，图文要素相异性地移向他者。AB之间总是在否定自己的过程中移向他者，又在移向他者的过程中保持自身。每一次转移都保留了既是自我又是他者的双重意识——此即"AB移心型"。而图64的那个图文交融的奥运徽标，则将双重意指（"运动"和"北京"）压缩在一个平面上，二元异质元素被同化为一个有机的整体。被汉字所刻写的图像和被图像化了的汉字都没有彻底走向自己的对立面，而向中间靠拢——图文二元异质要素相似性地融为一个整体，图文双重意识淡化了，被整体一元意识所取代。二元异质元素相互同化为一个有机的整

---

[1]【美】W. J. T. 米歇尔：《图像理论》，陈永国、胡文征译，北京大学出版社2006年版，第139页。

[2] 胡易容：《符号修辞视域下的"图像化"再现——符象化（ekphrasis）的传统意涵与现代演绎》，《福建师范大学学报》2013年第1期。

体，二者异质性、跨界性和移心性的张力消失了，对立感的消失使双方向中间靠拢，此即“AB执中型”。

我们把图63代表的符号间性叫做“AB移心型”，把图64代表的符号间性叫做“AB执中型”。通过这两种类型的划分，我们就拉开了与德里达的距离：德里达的解构主义或反逻各斯中心的后现代主义，其本质是建立在差异基础上的AB移心型符号间性关系，而中国文化符号编码的本质或精髓则是AB执中型：

图67

图68

独角兽（图67）是西方神话中的一种动物，样子像马，但头上长着一只怪异的独角。龙是汉民族崇拜的神话动物，它是各种动物杂凑起来的：狮头、鹿角、蛇身、鹰爪。这两个动物图像的区别在于，独角兽是马和独角的叠加，其形象看上去整体是部分之和，每一部分保持了自己相对的独立性或异质性，马的形象与独角结合在一起，产生一种怪异感，人们感觉到两个不和谐要素之间的张力的存在。属于AB移心型。而龙的形象则是整体大于部分之和。每一部分看上去是对立的：狮头（凶猛、征服者）与鹿角（温顺、被征服者），蛇身（爬行）和鹰爪（飞行）；但从整体上看，它们之间的对立性却消失了，奇妙地融为一体。人世间势不两立的两极，都在这儿奇妙地达到了和谐与统一，现实矛盾得到想象性地解决——这就是AB执中型。

二、 移心型圣书字和执中型甲骨文的类编码对比

符号间性关系中的异质符号或异质结构成分之间，处于跨界或中

介化状态的现象就是类符号。根据这个定义，上述符号间性三种方式中的“替补”关系便是类符号现象，即各关系项之间的中间、跨界、异质混杂或模糊的状态。

西方有一种第三文化空间理论，指的是一种你中有我、我中有你的文化互渗现象，比如在北美生活的中国人或“香蕉人”（黄色皮肤、白人文化）、洋泾浜语言等表现出来的双重意识、双重身份感的混杂。从符号间性的角度分析，西方的第三空间理论并没有否定二元对立，而恰恰是二元对立格局下的中间状态，它是对立的两极向对方转化的中间状态，充满了张力和焦虑感，即德里达的分延或我们说的移心型类符号现象。后现代主义视觉符号的一个重要特点就是抵制形象与文本之间稳定的边界，使二者变成一种AB移心关系。

本书的类符号研究并非简单重复第三空间理论或德里达的反中心解构论，而是转向符号间性方式以及类符号方式研究，这种研究属于文化符号学范畴，其重点是AB移心型和AB执中型的两种类符号及其不同文化特征。我们进一步对比下面两张照片：

图69　AB移心型

图70　AB执中型

图69、70的男女主角都具有一种不固定的、跨界的异性朋友关系：图69的两个男角同时拥有一个不确定的女友，图70的两个女角则同时拥有一个不确定的男友。但稍微观察便可发现二者的差异：

图69的男女主角都保持了一种双重意识和临界状态：跨界的同时又公开了这种跨界。这便是AB移心型：意在差异的擦拭。“擦拭”是跨界、临界化，“差异”是保持这种跨界的异质性和可辨识性。

图70的男女主角也保持了一种临界状态，但非双重意识：男角意识

到跨界，但对女角1（中间者）隐瞒了；女角2意识到跨界，但对女角1隐瞒了；女角1虽没有意识到跨界，但却真实地处于跨界状态当中。因此，图70在跨界的同时，又隐藏了这种跨界。这便是AB执中型：意在擦拭的差异。“差异”是真实的临界状态，“擦拭”则是将这种差异模糊化。

AB移心型是反中心的，差异的可辨识和保持，使得任何一种要素都不能凌驾或服从于另一要素。AB执中型是等级制的，对差异的擦拭造成对差异意识的不平等。如图70中的女角1与女角2、男角之间就处于一个信息不对称的等级制格局中。再如奥运会徽标，它的差异需要依赖阐释者的权威发布，构成差异的两个叠影（运动形象和“京”字）之间的多义朦胧感最终是以“京”字的意义来锚固和确定的，字与象的跨界最终以汉字为认同坐标：舞动的北京。也就是说，北京奥运徽标中所隐含的图文关系是以汉字为主导的类符号现象。

因此，AB移心型是双重的现实、双重的意识；AB执中型是双重的现实、单一的意识。

跨类现象可以表现在符号能指（如具有文字和图标双重能指特点的图形记号）、所指（如在场物和实在物之间徘徊的商标）和编码三个方面，我们分别叫做类能指、类所指和类编码。

不同的异质符号各有自己的主导编码。如图像符号的像似性和空间性，词语符号的约定性和线条性等。一种异质符号的主导编码转移到另一种符号当中，使后者具有双重编码的跨类性质，这就是类编码，也叫做编码转移。如下图：

图71

图72

图71是超现实主义绘画[1]，采用照片的“镜像”编码而非图画的“写实”编码，是照片编码向图画编码的转移，具有类编码性质。图72[2]则相反，是采用写意画的方式拍摄的照片，也具有类编码性质。这是发生在图像符号内部的类编码现象，而且具有“AB执中型”特征。下图则是图像符号掺杂了词语的时间编码，且属于“AB移心型”：

图73[3]

这幅画首先可以理解为一个整体空间的两个板块：前景和背景，作为背景的黑影被看做是两个前景人物的投影，它们之间应该是像似性编码。

但我们很快发现，黑影的动作并不与前台人物同步或同构，作为背景的黑影从前景中独立出来而与前景人物产生了反讽关系，进而有了“表层/深层、外在/内在、能指/所指”这样时间上的延宕性和叙事性。这两个场景既是空间的又是时间的，既是像似的又是相似的，是图像编码和词语编码的双重移心。

[1] 摘自《美术大观》1998年第2期。
[2] 摘自《摄影世界》1998年第7期。
[3] 引自筱云编：《读者幽默精粹》B卷，时代文艺出版社2002年版，第82页。

图74[1]

图74中的两个并置的形象，其中的每一形象不仅空间性地指向一个在场的他者或对立项，同时它们还起着符号作用而时间性地指向“另一个自身并非简单在场的要素”[2]。每一形象都存在对自身和对方性别界限的消解。这种图像空间性的对立差异和词语时间性的推迟延宕的双重编码的交织，德里达称之为“分延”（或译作“延异”、“异延”）。这也属于移心性类编码：在肯定自我的同时总是异己地移心他者，在肯定他者的同时又保留自我的独立感。

下面我们试以汉字甲骨文和古埃及圣书字的图文关系做对比，分析执中型和移心型两种类编码。

1. 汉字甲骨文的文象（文字与图像）关系：ΛB执中型

甲骨是中国古人占卜的符号，早期的甲骨上并没有文字，古人烧灼龟甲或牛胛骨，看甲骨上的裂痕——兆纹，借以判断吉凶祸福，以定出入行止。这里的兆纹虽然是图纹，但又被看做是负载某种类型化观念的语义符号，因此具有亦文亦图的类文字性。后来人们用象形字将卜问

[1] 引自筱云编：《读者幽默精粹》B卷，时代文艺出版社2002年版，第80页。

[2]【法】德里达：《多重立场》，余碧平译，三联书店2004年版，第31页。

的事项和结果刻在甲骨上，这就是卜辞。甲骨中的卜辞和兆纹，在今天看来就是一种图文关系。

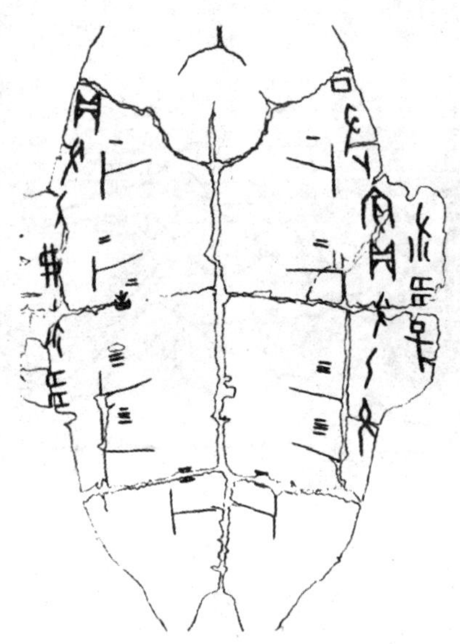

图75　纵横的纹理是兆纹，周边的象形字即卜辞或甲骨文

然而从文本发生理论的角度看，这种图文关系是历时而非共时的，即兆纹先于卜辞[1]，卜辞是对兆纹已完成了的意义内容的进一步铭刻和记载。借用结构主义文本间性理论来说，兆纹和卜辞共同构成了一个二级生成文本，其中兆纹是“先文本”，卜辞是“后文本”[2]。

我们应该承认，兆纹是一个独立的表意文本（实际上更早期的甲骨占卜是有兆纹无卜辞的[3]，说明兆纹是独立表意的）。它的纹理的形成要经过钻凿、烤灼等严格规定的程式，其纹理也有相对约定的意义，比如，一般而言，兆的纹式“向上一点，表明吉；若向下，则为不吉”[4]。这就要求兆纹的形成和解读都遵循一定的约定法则，而形式

[1]“商人以崇尚鬼神著称，他们每做一件事情，都要事先占卜问神。所采用的方式之一就是将甲骨进行一定程序的处理，用火灼烧之后，根据其裂纹形状判断凶吉。事后将占卜的情况刻在甲骨上，便成了甲骨文。”引自王平、顾彬：《甲骨文与殷商人祭》，大象出版社2007年版，第1页。

[2]赵毅衡：《符号学原理与推演》，南京大学出版社2011年版，第148页。

[3][4]朱顺龙、何立民：《中国古文字学基础》，上海社会科学出版社2004年版，第156页。

和意义的相对约定化恰恰是文字符号（不同于图像符号）的主要特征，至少兆纹具有某种“准文字”的特点。[1]

但是兆纹符号是抽象的画纹，形体自身缺少具象的表意理据，因此兆纹的意义更多地依赖于占卜的语境要素，诸如占卜过程中的问答、兆纹形成的程式化规则及其他视觉性仪式符号。而一旦占卜结束，兆纹的意义便随情景的消失而消失，因此卜辞需要进行第二次书写。于是卜辞成了兆纹的“后文本”、再符号化或第二级符号。按照符号间性观点，则是文字文本（卜辞）对图像文本（兆纹）的再符号化，它们是一种历时的文象关系。

我们认为，兆纹和卜辞的文象关系是“AB执中型”的类文字关系：

第一，从共时结构看，兆纹和卜辞的图文界限模糊，这主要指兆纹的亦图（纹理）亦文（表意性）且具有约定化的准文字性质，而卜辞作为象形字又有图画符号的特征，二者向对方转化、靠拢，共同构成了传统汉字“文”的内涵：包括象形字在内的一切图纹符号都属于“文”的范畴。今天学术界使用“甲骨文”这个术语专指卜辞即刻在甲骨上的象形字。[2]但根据类文字的思想，我们应该给“甲骨文”正名：它的“文”应该涵指兆纹和象形字两个内容。这不仅仅是术语上而且更是研究视角的革新，我们应该站在兆纹和卜辞的关系当中研究卜辞，而不仅仅把甲骨文等同于卜辞，孤立地进行纯文字的研究（这是古文字界的主流）。

第二，从历时关系看（即生成文本），卜辞对兆纹的再符号化过程，犹如将原有的文字刮去后再度使用的羊皮纸，新的书写是叠加在旧文本基础上的。也就是说，卜辞是对前文本（兆纹）的涂抹、重写。有的羊皮纸在新墨迹的字里行间仍可以瞥见先文本未擦净的痕迹，这样先文本和后文本之间就保持了两种意义和双重意识，就会发生一种双向移

[1] 孟华：《试论类文字》，《符号与传媒》2011年第2期。

[2] “甲骨文：也叫‘契文’、‘卜辞’、‘龟甲文字’、‘殷墟文字’。商周时代刻在龟甲兽骨上的文字。”引自《大辞海·语言学卷》，上海辞书出版社2003年版，第31页。

心运动。但在卜辞的二次书写中，更强调对先文本的涂抹，由兆纹的图义向卜辞文义的过渡是不留痕迹的，兆纹意义被卜辞的单一意义所掩盖。双重意识消失了，图文符号的所指最终融为一体，二者成为AB执中关系。

2. 古埃及圣书字的图文关系：AB移心型

不仅甲骨文的“文”字融会了一个类文字的文象关系（卜辞和兆纹），古埃及圣书字[1]也处于这种类文字的关系当中。与独立于图画的僧侣体不同，圣书字一般是与图画并置出现的（见图76）。这些图画包括“壁画、浮雕、雕塑以艺术方式表现死者的美好形象及如何复活并获得来世幸福，而圣书字以语言的方式补充叙述。浮雕壁画中的圣书字，一方面更清楚地表达了画面场景，另一方面补充了画面场景未能描绘之内容，达到了图文互补、图文并茂的效果”[2]。

图76

由于与圣书字并置的图像具有写实性和叙事性，而且图文之间也

[1] 古埃及象形字包括三种字体：圣书体，又称碑铭体；僧侣体；人民体。其中圣书体最悠久、最典型，主要是铭刻或涂绘在神庙、石碑、墓室、棺椁等神圣或庄重的场合。

[2] 陈永生：《古汉字与古埃及圣书字表词方式的比较》，博士学位论文，华东师范大学中文系，2010年，第58页。

不存在兆纹与卜辞那样的历时铭刻关系，因此，圣书字的图文关系就主要是一种共时的符号间性。这是一种AB移心关系：

第一，图文之间保持了异质对立性：从图76的画面上看，图文之间形体差异十分显著；从功能上看图画负载了故事的主要人物形象，文字则是对画面的补充说明。而在甲骨兆纹和卜辞那里，这两种符号负载的都是较抽象的意义内容而缺少异质对立性。两个符号之间的异质对立性越小，它们越可能被其中一个所替代（如卜辞替代了兆纹）；反之，二者之间的异质对立性越明显，二者越可能构成一种二元互补的关系（如圣书字与图画）。

第二，这种异质对立又常常被一种类文字关系所控制：

“埃及的壁画、浮雕、雕塑与圣书字之间往往还互相渗透，即艺术形象可以成为文字的构成要素，文字也可以成为艺术场景的构成要素。如Maria所言：‘非常常见的是（尤其是在古王国时期）墓室墙上的贵族的肖像用作写在附近的其名字的义符。雕塑也是如此……’。”[1]

图77是一个图画要素构成文字义符的例子。画面图文的意思是“牛

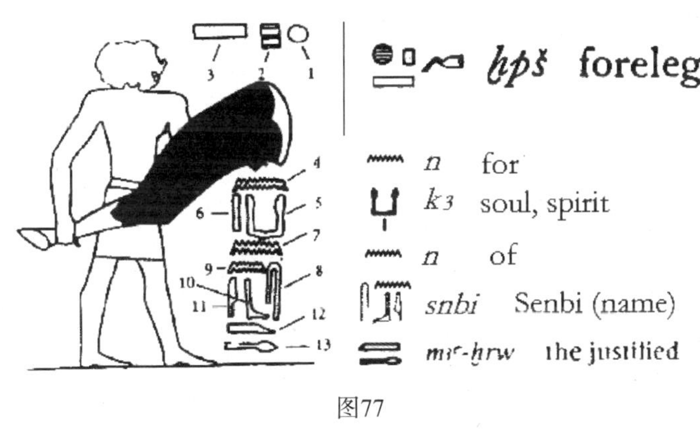

图77

前腿献给正义的Senbi的灵魂”。其中“牛前腿”一词的义符是由画面中的牛前腿图像充当的。[2]显然，这个牛前腿的画面具有类文字性，它

[1] 陈永生：《古汉字与古埃及圣书字表词方式的比较》，博士学位论文，华东师范大学中文系，2010年，第59页。

[2] 陈永生：《古汉字与古埃及圣书字表词方式的比较》，博士学位论文，华东师范大学中文系，2010年，第59页。

既是图画（与并置的圣书字相区别）又是文字（充当圣书字的义符），既破除了文象之间的界限，又保持了图文之间各自的独立性和双重意识。这种图文关系与我们前述的加油枪图画（图63）的类文字性质是一样的，都是AB移心型：AB两个要素在向对方做跨界性渗透的同时，又保持了某种差异的张力，保持了异质符号的双重意识：在自我否定中向他者转移，在转向他者的同时又保持自我——一种双向“移心”化的符号运动。

圣书字所代表的AB移心型和甲骨文所代表的AB执中型，很可能是中华文化和西方文化最早的文明基因或两种区别性的文明符号类型，汉字为代表的AB执中型很可能是世界符号谱系中的重要一极。

第五章 物 语

词语和文字的所指对象主要是观念物或语义物，它们不会出现在现场。但是我们儿时所习得的母语最先不是在课堂中完成的，而是类似于卢梭所憧憬的那种“自然教育”条件下掌握的生存所需的最基本词汇。比如，我们顺着母亲的手指，看到一物并同时听到母亲的声音——“这是桌子”、“这是手”、“这是小白兔”……这便涉及到本章讨论的物语问题。

我们给出的物语定义是：任何一个实物（包括人物或人类活动实践）它具有了某种意指关系性或言此意彼性质，它就是一个物语。这种意指关系包括两种方式：自指和他指。

所谓自指，是物成为它自身的能指符号。如我们面前的一个物件显示为一张桌子，然后我们用“桌子”名称去思考、认定、指谓它。这是最常见的物语类型：当我们目睹一物尔后想到它的名称时，意指性就产生了——名称成为物可以被辨识、可以显示自己为某物的一种符号化方式[1]，由物而名即由能指而所指的意指关系生成过程。其次是物成为自己某些不显现的特征的表征，如食品的成色与食品内在质量之间的自然联系。自指使物成为它自身的符号。

[1] “词语破碎处，无物存在。”“词语不光处于一种与物的关系之中，而且词语本身就‘是’那个保持物之为物的并且与物之为物发生关系的东西；作为这样一个发生关系的东西，词语就是关系本身。”见【德】海德格尔：《在通向语言的途中》，孙周兴译，商务印书馆1997年版，第154、155页。

所谓他指，是物成为不在场的他者的符号。如这张桌子上曾经签署过重大历史文件，它便成为某段历史的符号。

同一个物语中所包含的自指和他指常常是交织在一起。比如一张桌子，它既是自己某种用处（办公还是学习）的符号，也是某种外在事件（曾经被某人使用的信息）的符号、某种观念（如“古典性”）、某种身份等等的符号。

对“物语”的认定尤其注意三点：第一，这些符号是以实物的方式存在。第二，这些实物具有意指性，即使现象性物语，它也常常借助于语言来显示自身。如面对一张桌子说“这是桌子”，话语成为桌子自我显示的条件，没有语言的介入，事物无法显示自身。在他指性物语那里，意指性更为明显，一物总是言此意彼性地指向另一物（或观念）。第三，物语与词语的最大区别是，物亲自出场，语言反而成为物的注释、物的附庸或标签。在物语状态下，人们注意的焦点不是言谈、不是图像、文字或词语而是物，是物而不是物的名称唤起了我们对它的思索和好奇，所以在物语的情况下“注意先于名称”——先是对物的视觉注意然后才过渡到对物的名称及其意义的分辨和阐释，这是物语与词语的根本区别。

物语或实物符号是视觉符号的常见形态，也是符号学研究的重要领域。我们生活中所接触的每一实物，只要它具有某种意指性，都可以看做是一个视觉符号。如果说图像符号是少数人创造的结果，那么物语更多的是大众对实物进行符号化阐释的产物。最早的雕塑很可能产生于物语而不是艺术家的有意创作。一块骨头、一颗石子或一处岩石的凹凸不平，都会令原始初民想象到某个动物的形状。这些今天称为“象形石”的东西既是物语也是最早的雕塑。后来人们在这些象形物的基础上刻上几下，以加强这种偶然的相似性，这便是最早有意创造的雕塑。今天的奇石、根雕艺术，还带有介于物语与雕塑之间的类符号特征。只有当雕塑发展为独立的艺术创作形式后，它才彻底脱离物语而成为图像家族的一员。物语不仅与图像一起构成了符号场中视觉性的“象符号”一极，同时它亦有自己的主导编码（指索编码和物名关系）、主导所指

（观念物和在场物）。此外，处于符号间性场中的物语同样受各种异质符号编码的渗透、转移和纠缠，而呈现出类符号状态。

第一节　词与物关系的重新思考

人类自发明了文字以后，书写就一直成为最重要的文化表征方式。文化虽然通过多种符号化方式来建构自身，但我们又不得不承认，在人类文明进步史中文化表征的方式主要是一种线性叙事原则，这是书写符号的主要特性。人类进入书写时代以后，一切非书写性的文化现象得益于文字的刻录幸免被历史遗忘。试想，倘若没有孔子一类文人整理《诗经》，早期以口承为主导符号形态的“诗”恐早已被淹没在历史的长河中。孟子（《离娄下》二十一章）说“诗亡而春秋作”，他说的“诗”即口语主导形态的诗而非文本之诗，《春秋》作为一种记录历史的书写性文本，代表着一个书写时代的成熟。“诗亡而春秋作”是对口语文明向书写文明过渡的最高概括。所以，我们也可以说“口语《诗》亡而文本《春秋》作”。

然而，书写是一把双刃剑，在书写主导的叙事时代，一切不能被转化为文字叙事的文化现象常常会被肆意篡改、遮蔽、抑制甚至彻底遗忘。书写的《诗经》赋予口说的“诗”以物质铭刻性而使它获得超越时空的存在，同时也抑制、遮蔽甚至阉割了活态的“诗”。书写叙事貌似是对口语叙事的直录，但书写永远是以否定非书写符号的方式来记录他者的，在书写他者过程中，书写已经将自己的叙事原则强加给了被书写的符号。

基于对书写中心主义的文化表征传统的反思，本章重点探讨“非书写性表征”这个话题。从外延的角度看，适合于“非书写性表征”的对象主要包括口语符号表征、身体符号表征、图像符号表征、实物符号（简称“物语”）表征，等等。这显然是一个“宏大”文化表征系列，限于篇幅，本章仅讨论其中的一个符号学议题：实物符号表征，我们简称物语，重点研究实物是如何作为一个文化表征符号发挥作用的，以及它与汉字书写的关系。

一、国内外对词与物的关系反思

物语，就是抛弃自然物的眼光，把物看做是一个像单词或文本那样能“言语”的意义载体，使自然物意符化，进而具有了表意性和叙事性。任何一个实物，它被意符化后表述了自身或者是他者的某些可以被叙事或描摹的信息，这就是物语或物语表征。譬如“黄河”作为一种物语，它既自述了其“安流”与“泛滥”相间的历史，也他述了汉民族所赋予的“母亲”、“摇篮”之类精神内涵。所以，物语表征或物的叙事是物被符号化后的结果；物语表征的研究必然，首先是物的符号学研究。黄河作为一个物语符号，包括三个要素：

① 能指：作为自然物（河流）的黄河，它是符号意义和文化信息的物质承载空间。

② 所指：黄河“自述”或“他述”的有关自然和历史文化信息。

③ 编码（方式）：物语能指如何表达其所指的符号化方式。如黄河既可以被象征性地看做是“母亲河”，也可以指索性地把它看做是有关自然、历史和社会信息的载体或痕迹。

从词语、书写表述到实物或物语表征，其根本的问题是词与物关系的颠覆。这不仅仅是两种符号意指方式，同时还是两种学术研究范式。

在西方，词与物关系的哲学探讨源远流长。伽达默尔说：“希腊哲学正是开始于这样的认识，即语词仅仅是名称，也就是说，语词并不代表真正的存在。”[1]这种词与物的分裂，意味着人类开始走出名物不分、万物有灵的“神的时代”——那个时代人们“是用些符号和实物，和他们想要表达的观念有些自然联系”[2]。但是，这种分裂是建立在书写性词语对物的世界的替代的基础之上的，借助于物的缺席，书写性

[1] 转引自洪汉鼎：《理解的真理》，山东人民出版社2001年版，第299页。

[2]【意】维柯：《新科学》，朱光潜译，人民文学出版社1986年版，第26页。

词语成为世界意义的本源。

进入后现代社会以后，西方的符号学家又开始重新思考词与物的关系。

“烟”这个自然现象意味着火，而“烟”这个词也意味着火。埃科对此分析到：“但不是在‘意味着’的同样意思上。‘意味’一词是模棱两可的。说烟意味着火是说烟是火的某种征兆、某种符号、某种指示、某种证据。”而说“烟”这个词意味着火，“是要说人们为了意味火而使用那个词”[1]。埃科的问题是：某物行使符号功能和在词语状态下的某物行使符号功能，这二者不是一回事。前者属于本书所谓的“物语”，后者则属于词语范畴。同样的道理，薰衣草意味着爱情，它的词也意味着爱情，但它们是同一个意味吗？我们看见薰衣草和听到“薰衣草”这个词而产生的意义联想效果一样吗？如果是一样的话，人们宁可寄送单词而不必去花店买鲜花。

符号学家们开始从词语叙事（借助于词语对不在场的物体对象进行概念化描述和理解）转向物语叙事：“物质就有了近似于文字、象征、叙事乃至历史的性质。从巴尔特到鲍德里亚，物质本身都有某种符号性乃至语言的特点。”[2]如巴尔特对服装符号、鲍德里亚对家具符号的系统研究，都体现了将物语符号从词语体系中独立出来的深刻思考。

法语或英语的table，有“台子、台面”和“图表、一览表”双重含义。福柯认为这两层意思代表了事物分类和安置的两种法则：“图表”是词语层面上的事物分类，如百科知识词典对物的分类；而“台子或平台”，则为不同实物放置、存留提供了一个共同的场所，如博物馆就是这样的一个放置各种物类的场景或平台。[3]我们会发现：①“图表”遵循的是词语法则，是按照语音先后或主题不同的秩序来结构和组织事

[1]【意】埃科：《符号学与语言哲学》，王天清译，百花文艺出版社2006年版，第12页。

[2]孟悦：《什么是“物”及其文化》，载孟悦、罗钢主编：《物质文化读本》，北京大学出版社2008年版，第3页。

[3]【法】米歇尔·福柯：《词与物》，莫伟民译，上海三联书店2001年版，前言，第3、4页。

物的秩序的，它又可包括叙事文本（如散文）和分类文本（如主题词表），这两种文本的时间结构法则可用索绪尔的组合结构和聚合结构来表述。② 而“台子”或“场景”则是提供实物类聚的实体空间，这个实体空间还可进一步区分出景观（“自然”形成的空间）和场所（更强调人为安置或摆放的空间），在这个空间里遵循的是物的“并置”的组织法则，在这个物体系中，物是作为物语而非词语来表意记事的。所以，福柯对词与物的关系进行了重新思考：“图表”属于词语范畴，“台子或平台”属于物语范畴，重估二者的关系成为后现代哲学文化最重要的命题之一。

在中国，以传世文献为中心的文史哲研究传统，主要采取了一种汉字本位的词与物关系论立场，即王国维所谓的“一重证据法”——汉字成为汉民族文化表征的唯一前提或基本条件。自王国维提出“二重证据法”[1]后，实物符号开始与汉字书写的词语等量齐观，顾颉刚的“疑古”史学观其实代表了否定汉字独尊而解放物语符号的历史方法论：

> 要建设真实的古史，只有从实物上着手的一条路是大路，我现在的研究仅仅在破坏伪古史的系统上面致力罢了。……没有支撑的东西就会落地……把这些常识性的信念置于批评之下，人们可以改正它们，并使之更精确。[2]

李学勤曾说：“听说香港饶宗颐先生写了文章，提出‘三重证据法’，把考古材料又分为两部分。如果说一般的考古资料和古文字资料可以分开，这第三重证据就是考古发现的古文字资料，像楚简就是第三类。考古学的发现基本上可以分为两种，一种是有字的，一种是没字的。有字的这一类，它所负载的信息当然就更丰富。有字的东西和挖出来的一般东西不大相同，当然也可以作为另外的一类。没有字的东西，在我看来，对于精神文化的某些方面，甚至于对古书的研究也很有

[1] “吾辈生于今日，幸于纸上之材料外更得地下之材料。由此种材料，我辈固得据以补正纸上之材料……此二重证据法，惟在今日始得为之。”王国维：《古史新证》，清华大学出版社1994年版，第2页。

[2] 顾颉刚：《我与古史辩》，上海文艺出版社2001年版，第56页。

用。”[1]李学勤所提到的三重证据法多了一个重要元素，那就是非语言文字性史料。这种“没有字的东西，在我看来，对于精神文化的某些方面，甚至于对古书的研究也很有用”，这显然是对王国维的二重证据法的重要补充和发展。

然而真正自觉地将三重证据法作为一种方法论提出并付诸实践的，是文学人类学家叶舒宪。他在“二重”之外加上了人类学的元素如民俗学、神话学的材料：“可以说从‘二重证据’到‘三重证据’的演进在某种程度上正是考据学、甲骨学同人类学相沟通、相结合的结果。”[2]叶舒宪所谓的人类学元素，主要是物语符号，当然也包括诸如仪式、音乐、图像等非书写形态的符号。他于2006年又提出第四重证据法，即历史和文化记忆的手段除了上述三类符号之外，还要加上“图像”这一元素。叶舒宪甚至认为，非书写的符号事实（口述的、实物的、仪式的等等）才真正代表了历史的“大传统”。[3]关注非书写的物语叙事，重写中国历史，成为文学人类学重要的方法论特征。

孟华在前人多重证据法研究的基础上，提出了“证据间性”的概念，他将文化表征符号系统概括为“言、文、象”三大类，“言”指言谈符号，“文”指文字及其书写性词语，“象符号”则包括视觉形态的图画和实物符号：

所谓证据间性，是指一种证据符号的意义和价值不仅与原点事实有关，同时也与其他证据符号发生关联和交互作用，一种媒体类型的证据符号是在与其他媒体类型证据符号的对比或关联中实现自己的价值和意义的。如果说传统三重证据法重点关注是实证问题，那么符号学的三重证据法更关注异质符号之间的互证即符号间性问题。[4]

因此，由词语叙事到物语叙事转向，标志着中国学术界对汉字中

[1] 李学勤、郭志坤：《中国古史寻证》，上海科技教育出版社2002年版，第56页。

[2] 叶舒宪：《人类学“三重证据法”与考据学的更新——自序》，载叶舒宪：《诗经的文化阐释》，湖北人民出版社1994年版。

[3] 见《传统是什么？》，《光明日报》2010年8月9日。

[4] 孟华：《符号学的三重证据法及其在证据法学中的应用》，《证据科学》2008年第1期。

心主义学术传统的反拨，具有深刻的学术范式革新的意义。

二、 物语如何区别于词语

所谓的符号化世界，并非说先存在一个纯物理的世界，然后是漂浮在它之上的一个符号世界。这种二元对立的概念其实在索绪尔那里已经被打破了。他认为符号是所指和能指的统一体。“符号世界”的含义是一切都是符号，一切都是所指，一切都是能指。我们不能面对一棵赤裸的树，因为看到一棵自然的树时，就会想到“树”这个词。我们的思维也不会止步于一个空洞的书写符号“树”上，看到它就会联想到外面生长茂盛的树。也就是说，树这个事物和“树”这个词是互为能指和所指的。进一步推论，所谓的世界，不管是物理的世界还是词语的世界或影像符号的世界，它们都是互为能指和所指的世界。符号化思维的本质是指涉性的、言此意彼的，谈及、目及或触及一物，必然将会指涉到或联想到另一物。一切停留在符号自身或物自身的思考都具有极性思维的特征，在这种二元对立的思维条件下，只会产生纯粹的物和纯粹的思，物语符号则无从谈起。

假如我们将词与物置于一个二者互为前提的符号场域内思考它们的关系，便会发现物既可以充当词语的所指，也可以充当词语的能指，这后一种状况就是典型的物语。

物语的根本特征是：不是把物看做是语言支配下的被动客体，而是有意义地作用于人的、主动的意义生成机制和意义生产者。

英国哲学家怀特海清楚地区别了词语与物语：

该单词（按：指“树”的英语单词tree）和树本身是平等地进入我们的经验的；抽象地看待这个问题，既把该单词当做表示树的符号，也将树当做表示单词“tree”的符号，这样做才是合情合理的。

这当然是对的，人的天性有时就是那样活动的。举例来说，如果你是一位诗人，想写一首关于树的抒情诗，你就会走进树林，以便树会暗示一些词语。因此，对于那位处于创作的狂喜中（也许是极度痛苦中）的诗人，树便是符号，词语便是意义。他集中精力于树，以便获得词语。

然而我们当中的大多数人并非诗人，尽管我们怀着适当的敬意阅读他们的抒情诗。对于我们来说，诗的词语是符号，它们使我们体会到诗人在树林中的那种狂喜。诗人是那样一种人，对于他来说，有形的景象、声音以及情感经验是指代词语的符号。诗人的读者则是另一种人，对于他们来说，诗人的词语是指代他所想唤起的景象、声音和情感的符号。所以在使用语言的过程中，存在着一种双重的符号指称——说者以物指词，听者则逆而以词指物。

当人的某桩经验行动中存在着符号指称时，首先便存在着彼此间有一种客观关系的两组成分，这一关系在不同的情况中会有很大的不同。其次，知觉者的整个构造必须将出自一组成分（既符号）的符号指称，应用于另一组成分（即意义）。第三，至于哪一组成分构成符号，哪一组成分构成意义，这一问题也取决于那一经验行动的独特构造。[1]

怀特海阐释的词与物这种新型关系主要有以下几点理论价值：

1. 词与物的关系由对立走向互补

“该单词（按：指tree）和树本身是平等地进入我们的经验的；抽象地看待这个问题，既把该单词当做表示树的符号，也将树当做表示单词‘tree’的符号，这样做才是合情合理的。”显然，怀特海将词与物看做是互为能指和所指的关系，从而将物从自然体系中解放出来而成为与词语平等对峙的符号。

2. 由约定编码转向理据编码

“这当然是对的，人的天性有时就是那样活动的。举例来说，如果你是一位诗人，想写一首关于树的抒情诗，你就会走进树林，以便树会暗示一些词语。因此，对于那位处于创作的狂喜中（也许是极度痛苦中）的诗人，树便是符号，词语便是意义。他集中精力于树，以便获

[1]【英】A.N.怀特海：《宗教的形成/符号的意义及效果》，周邦宪译，贵州人民出版社2007年版，第68、69页。

得词语。”在物语条件下，能指和所指之间的关系不再是任意约定性的（词典中的“tree”与它的所指概念之间是任意约定性的），而是理据关联的：树的物质形象与人的当下经验之间有着自然的或联想性的理据关系。所谓理据编码，主要指能指和所指之间的结合以及意义产生方式是经验认定或理性推导性的，而不是纯粹任意性的。我们商定A代表红方，B代表蓝方。这里的A/红、B/蓝就是任意约定关系，因为AB与红蓝之间没有任何理据可言，只能靠大家硬性约定。但是，我们用红A代表红方，蓝B代表蓝方，这里的AB与红蓝之间就有了一定理据关系，至少颜色上像似，这种像似或其他种类的理据关系使得阐释者着眼于推导而非约定来确定符号的所指，比如看见烟推导出火，看见火推导出兴旺、情感强烈之类意念等。推导性理据关系可以用A关涉B或A像B的公式来描述。如果我们看见一棵树说出是“柿子树”而不是“樱桃树”，能指（在场的那棵树）与所指（单词“柿子树”）之间就是一个认定性理据关系，它可以用A是B的公式来说明：树的实体形象唤起人们关于它的经验和知识，这种经验知识以词语或话语的形式承载，树与表述它的词语所指之间是“A是B”的理据关系。

约定性编码是低语境的，脱离具体语境人们仍能确知符号的意义以及能指和所指之间关系。理据性编码是高语境的，它主要依赖于符号接受者的主动阐释，他在语境中根据自己的知识、经验和语用目的进行选择性的理解。

3. 名物关系和物名关系的物语

“然而我们当中的大多数人并非诗人，尽管我们怀着适当的敬意阅读他们的抒情诗。对于我们来说，诗的词语是符号，它们使我们体会到诗人在树林中的那种狂喜。诗人是那样一种人，对于他来说，有形的景象、声音以及情感经验是指代词语的符号。诗人的读者则是另一种人，对于他们来说，诗人的词语是指代他所想唤起的景象、声音和情感的符号。所以在使用语言的过程中，存在着一种双重的符号指称——说者以物指词，听者则逆而以词指物。”怀特海区分了两种符号指称现象：“说者以物指词，听者则逆而以词指物”。他说的“以词指物”的现象相当于我们日常所指的词语，它代表了由词而物的名物关系。而“以物指词”的现象则是本文所谓的物语，代表了由物而词的物名关系。物在这两种关系中扮演的角色不同，它在“以词指物”中充当“所指物”，而在“以物指词”中充当“能指物”。

名物关系又有两种：第一是“名”，指代不在场的物即现实物。中国古代“名物”的分析用于训诂学。如秦汉时期的《尔雅》、东汉刘熙的《释名》、宋方逢辰的《名物蒙求》等，都是这类名物训释的代表作。第二种名物关系指由词来唤出物的出场的过程。如点名时某某人听到自己的名字便马上举手“到！”。第一种名物关系是对不在场物的替代性指涉，属于词语范畴；第二种名物关系是由名来唤出物的出场的过程，是一种符号显示关系，属于视觉性物语的范畴。当然物语又分为名物性物语和物名性物语。

4. 词与物关系的相对性、类符号性

“当人的某桩经验行动中存在着符号指称时，首先便存在着彼此间有一种客观关系的两组成分，这一关系在不同的情况中会有很大的不同。其次，知觉者的整个构造必须将出自一组成分（既符号）的符号指称，应用于另一组成分（即意义）。第三，至于哪一组成分构成符号，哪一组成分构成意义，这一问题也取决于那一经验行动的独特构造。”这段话意在说明，词与物的关系、所指物和能指物的界线是相对的、动态的。如何确定它们是名物关系还是物名关系，取决于“那一经验行动的独特构造”——这显然既是“符号学间性”问题（“面对同一符号现象在不同理论范式或理论观察视角之间进行选择”），也是“符号间性”问题（一个符号的性质取决于它在系统中的位置，见导论）。我们可以对这个“经验行动的独特构造”进一步表述为：物语中名物关系和物名关系的确定取决于符号使用者的认知顺序、符号自身的发生顺序以及功能角色：谁是主题，谁是主题的标明、说明。

诗人的符号发生和认知顺序是先物后词，词是说明物的，因此是物名关系；读者的认知顺序是先词后物，物是用来证明词的，是名物关系。再比如某汽车（物）的品牌（词），当广告上只出现这个品牌而其产品并未共同现身，这时的汽车成为所指物；而在汽车展上，汽车与它的品牌宣传共同在场，这时的汽车可能是能指物（先认知汽车尔后想到它的品牌），也可能是所指物（先认知品牌尔后认知汽车）。当我们看着一辆汽车，然后猜出它的品牌（不在场的词语）时，这时的汽车也是能指物。这样就有三种物与词的关系：

a. 词在场，物不在场。

b. 词与物共同在场。

c. 物在场，词不在场。

相对于 a，b 中的物是能指物，因为物亲自出场并使得在场的词语被“贬为”补充、说明、从属的地位，而a中的物并未现身，它要靠词语来替自己出场，因此是所指物。

但b中的物也可以看做是所指物，这一方面取决于词与物的认知顺序（先认知在场的品牌，后认知在场的汽车），另一方面是因为在它与c的对比关系中，b中的物更多地受到在场的词的支配和指涉，而在c的关系中则由能指物来唤出词语的出场，词语被贬入潜在状态。由此说明，b中的物是所指物还是能指物，这要“取决于那一经验行动的独特构造”，既取决于在场的词与物的认知先后次序，也取决于它与a和c的对比关系，取决于符号学间性和符号间性。

词与物在名物关系与物名关系这两极之间游移、徘徊的性质常常导致一种类符号性。例如号称“某某大酒店”的，其实际规模仅仅是一般饭店，在物名关系下，这种夸饰造成的误读可由在场物所修正，因为其招牌（某某大酒店）与在场物（饭店实体）同时在场。但在名物关系下（即“某某大酒店”作为一个名称脱离其实体出现在大众传媒上），实体的饭店由在场物转变为不在场的现实物。在名物关系下，实在物向能指靠拢，这就是广告。同一个词（如牌号）或物（如饭店），它既可以是所指性的又可以是能指性的这种中介性质就是类符号。夸饰性广告的类符号特点是，它将物名关系转换为名物关系的同时，又掩盖了这种转换。其目的是让人们把词语当做物来认知，把实在物当做在场物来接受，将实在物偷偷转换为观念物（夸饰、谎言、误导性的主观意图）。这种观念物与系统无关（不是语义物），而与使用者的语用目的有关。

当然，图像与物语之间也会产生类符号性："文革"中毛主席接见解放军战士代表时，许多战士"拿着一块别满毛主席像章的布块和毛巾，当毛主席出现在人民大会堂接见现场时，拿出来面向毛主席又抖又摇，激动得热泪盈眶，高呼万岁。他们回到部队后，都要举行隆重的不同仪式，将毛主席接见过的像章发还给每个人，这些没有机会到北京接受毛主席接见的干部战士，在拿到和别上毛主席接见过的毛主席像章，表现出十分激动和自豪的状态"[1]。在这个案例中，作为图像的像章被物语化了，它仿佛成为毛主席在场的替代性标志，人物的图像产生了仿佛人物在场的效果。

物语的特征可概括为四点：（1）它的主导型是一种物名关系而非名物关系。（2）这种物名关系是理据性、阐释性的。（3）这种物名关系仍是站在物与词语或其他符号的关联中思考物语的，其中词与物的关系仍是核心问题。（4）物名关系与名物关系并无明确的边界，区分它们只能靠认知顺序和语境功能，这体现了词与物关系的类符号性质。（5）可区分出三种物语：① 词在场物不在场的物语（如术语条件下或科学文本中的物），这是典型的名物关系，实际上属于词语范畴，或者说是在词语、书写文本条件下存在的物语。② 词与物共同在场，但是词语主导或做能指，物被指涉或做所指条件下的物语，物被词语所书写和编码。③ 词与物共同在场，词语成为物的所指或释义元语言，主导编码是物语而非词语。以上①是名物关系的物语；③是物名关系的物语；②相对于①是物名关系物语，但相对于③它又是名物关系的物语。但基本类型是两类：名物关系的物语和物名关系的物语。

第二节　物语及能指

物语的能指或物语意义的物质承担者就是实物本身。请看这段情景对话：

[1] 裴毅：《我亲历的造神运动》，《炎黄春秋》2013年第1期。

水果摊主：要点什么？栖霞苹果、莱阳梨？

顾客：（指着带有文字标签的栖霞苹果）栖霞苹果，好看一点的，做圣诞礼物用。

根据能指的意指功能，上例的顾客在情景现场谈及的“苹果”，就涉及了上述三种物语的能指：表征性能指、意符性能指和记号性能指。

一、表征性能指

物语实体就是它的某种内涵或自然属性的现象化显现，这便是表征性能指。上例中的顾客说“好看一点的”，指的就是苹果的表征性能指——某个具体苹果的成色、外观、体积等直观性外部识别特征，能够直接传达给接收者有关物自身的质地、功能等各种相关信息。

表征性能指的“现象化显现”，即物的现象与意义、能指和所指之间存在着自然的、指索性的真实关联。如整体与局部、个别与系统、因果、时间或空间上的接近等实在联系：敲门是某人到来的能指、烟是火的能指、脸红是害羞或其他心理活动的能指、老年斑是衰老的能指等等。

这种现象化显现的表征包括两个方面：一是能指物用来表征他物，一是能指物用来表征自身。

在一个山水秀丽的偏远村庄，人们修上公路、阶梯登山路、停车场、钓鱼台以后，这里变成了景点。从物语的动态形成讲，道路、停车场、钓鱼台是自然山水变成景点（或物语）的符号化、前台化手段；从物语的静态阐释角度分析，这些能指物（道路、停车场、钓鱼台）指索着、表征着它们的共同所指（景点）。这是一个物语符号链：道路、停车场、钓鱼台借助于对景点的指索性而成为能指物（景点是其所指），而景点在成为所指的同时自身又是一个符号：它是具有美学和休闲意义的景观符号或物语。

表征性能指物还指向物自身：“好看一点的”还可以专指苹果的色泽、质料、纹理、形状等的直观所产生的美学联想或感性认知，这时，实物的表象不再指涉它自身以外的东西而指向自身的质地、结构形

式、外观。例如，自然景观就是最典型的表征性能指。它产生的是观念物——对物的直观所产生的关于物自身的美学意识。

二、 记号性能指及其前台化

实物成为各种记号的能指，这样的实物就是记号性能指。一个物，譬如苹果，具有能指物和所指物的双重功能，这取决于它在词与物关系中的位置。如果它被“苹果”的文字所指涉，这时实物的苹果是所指物，它处于名物关系中。而当顾客指着一个实在的苹果然后说“苹果”时，“苹果”这个词做了所指，实在的苹果处于物名关系之中。因此，在词与物并置的格局中，其名物关系和物名关系的确定取决于符号使用者的认知顺序、符号自身的发生顺序或物名各自的功能性特征（谁是主题、谁是主题的说明、标明成分），简单地说就是先词后物还是先物后词。例中写有“栖霞苹果”的文字标签，既可以充当实物苹果的所指，也可以充当其能指，这要看顾客的认知起点、符号的发生顺序或功能定位是词还是物自身。

在物名关系中，一个物借助于词语或话语等的说明和标识来定义或区别自身，这样的物称为记号性能指，显示它的记号或指号（如词语和言谈）则是元语言和所指。譬如我们看到一个真实的苹果，立刻想到它的名称“苹果”这个词，苹果这个事物便成了记号性能指物。记号性能指物的特点是，物体系总是处于一个被符号（尤其是语言符号）定义、阐释的意义空间中，物总是通过记号来显示自己的存在。由于实物的无言性，它的分类和展示借助于其他记号和话语实践，元语言成为物自我敞开的方式。

一个物处于记号能指状态下的时候，是其记号而非表征决定了它的性质。譬如，我们是根据“栖霞苹果”的标签来认定这个苹果，而非根据这个苹果的现象外观或表征性能指来识别它。这说明，在物语的记号性能指条件下，当我们意识到、分辨出实物时，就已经把它装到概念系统或语义容器中了。我们是使用语义或概念来理解物、观看物。物语的表征性能指条件下的认知是认定先于概念；而记号能指的认知则是概念、记号大于对物的认定。正因为如此，许多在表征层面上无法识别的物语，人们只能借助于记号，譬如标明“有机/非有机”的蔬菜。但在一个记号性能指的物语世界中，意义和概念已经参与了或进入了物的建构过程本身。涉及到食品安全的餐饮类物语常常无法表征自身，而主要借助于记号来分辨。因此，在中国，食品安全问题从符号学角度看，主要是一个记号性物语的标识化问题。尤其在高度同质化的物语中，如各种厂家生产的馒头、矿泉水、牙膏、功能相同的电器……其物质实体不能区别自身，只能靠它们的标签（或商标）加以区分。消费时代是一个商品高度同质化的时代，物的区分主要靠的是记号性能指。而在农业社会，其产品的独一无二性（异质性）决定了那个时代的物语主要是表征性能指。

巴尔特把记号性物语称之为“功能符号”，他认为衣服用于蔽体，食物用于果腹这些都是实物的功能，但衣服和食物还可以表达意义（如显示某种生活品位）。因此，巴尔特提议“将这些源于实用并具有功能性的符号学符号称作功能符号”[1]。我们认为实物的实用功能本身也是一种符号现象，或者说任何实物只有成为符号才能显示实物自身。日本符号学家池上嘉彦指出，实物的功能是某个文化群体给予物的“文化价值”[2]。譬如食物用于果腹这一功能，但在不同文化中人们对同一食物的评价并不完全相同，即使同一文化的不同历史阶段也有差异：明末清初番薯（地瓜）刚引进山东胶州湾一带时，当地县志把它列入蔬菜类，后来人们才逐渐把它当做粮食作物。[3]因此，食物的功能是一种观念物，它常常受到文化观念的制约，当然有些实物的功能是普世的科学概念，无论如何，物的功能与人有关、与文化有关，它以词语或元语言的方式依附于在场物而成为它的“符号内容”即符号所指。

一旦将实物的功能处理为受一定文化价值制约的记号性物语，把

---

[1]【法】罗兰·巴尔特:《符号学原理》，王东亮译，三联书店1999年版，第31、32页。

[2]【日】池上嘉彦:《符号学入门》，张晓云译，国际文化出版社1985年版，第158页。

[3]见王保宁:《宋以降胶州湾海岸演变——简论番薯种植所产生的影响》，载孟华、李玉尚主编:《文化元素·国家·地方》，吉林大学出版社2009年版，第272页。

物的功能看做是某个群体文化所给定的价值（观念物），这个物就变成了符号、成为文化元素（文化对象），于是万物便由一个物理的自然世界变成文化的意义世界。而巴尔特的世界还是一个二元对立的世界：存在一个自然的、功能性的实物世界与一个物被载体化的、有意义的符号世界的区分。他认为衣服用于蔽体、食物用于果腹是实物自身的实用功能而非符号现象（只有它们显示为某种生活方式时才是功能符号），而我们认为实物的实用功能也是通过符号来实现的，实物充当了记号性能指，其主要特点在于：① 它们的实体或载体是视觉性的实在物。② 这些实体的功能本身通过记号来认知，同时这种功能记号常常成为符号间接义的理据来源（当然某些象征物如献祭的牲畜、表情的鲜花带有任意性），或者是相似性或者是相关性。因此这种能指更强调与形式无关，而与功能性实体相关。③ 这些实体还提供了物语符号的结构和编码方式，如以空间、意指、异质符号间性等方式为主导性编码。

下面我们着重分析记号性能指的类型。

1. 词语性记号能指

不是指这些物语的能指是记号，而是指这些能指需要借助记号来区别自身。词语性记号主要包括书写性的名称、标签、说明、定义、表述，让物成为这些记号的能指而记号成为物的所指或元语言。名称、标签之类的记号主要负责标识出一个物语与另一物语的差异，可称之为名称义；说明、定义、表述等记号主要负载实物的功能、本质内涵（如对“雨伞”的功能性说明：用于防雨或防晒），可称之为功能义或概念义。

（1）物的前台化[1]　实物通过记号元语言（或表征性物语）使自己符号化的过程，我们也叫做物的前台化（“前台化”概念另见导论），之所以使用“前台化”来代替“符号化”，主要是强调物语的视觉符号性质：记号（或其他符号）使物成为自我显示、自我出场的符

[1]“前台”这个术语在视觉文化中与“后台”对应，分别指可观看的（前台）和难以被看到的（后台）。在旅游文化中，旅游手册、地图、照片、风景明信片等媒介被看做是景物的前台化手段。

号。譬如一杯未烧开的自来水和一杯矿泉水，它们贴上标签后便可以成为“不可饮”和“可饮”两个意义的实物性能指。但是这两个物语外表无差异，倘若不做记号我们无法区别它们，我们用词语性记号做元语言来区别物的同时，又显示物（这两种水）自身的价值。表征性物语也可以成为物的前台化手段，如本节中提到的道路、停车场、钓鱼台这些表征性能指，使自然山水变成了景点；或者说自然山水借助于这些前台化手段（道路、停车场、钓鱼台等）使自己变成了景点。

（2）物语的前台化 自然物借助于各种符号手段使自己成为被注视和识别的物语，这是物的前台化（物语化），而物语借助于各种符号手段使自己扩大了识别和传播的范围，这是物语的前台化（二次符号化）。如图78是某高校的草坪，它本来就是表征性能指的物语（纯景观物语），但人们又在这个景观符号上再加上记号，于是成了记号性物语：石刻的词语充当了茅草的元语言或所指，唤出作为符号的草坪的出场：此草坪区别于彼草坪。假如我们将这个草坪拍成照片放在网站上，这便是物语的又一次前台化。物的前台化使自然物变成符号物，物语的前台化使符号物变成传播物。物或物语的前台化过程，就是它们变得更加易于辨识、理解和传播的过程。

图78

（3）物和物语的后台化 物语在被词语记号化以前，它的所指仅仅停留在言谈状态（比如我们指着草坪说“这是高羊茅草”）而非词语化、书写化、标签化。因为言谈的瞬间性，使得物语没有被词语或标签“锚固”而变得难以理解或捉摸不定。物或物语凡是难以辨识、难以区分、难以被大众传播的情况，我们称之为物或物语的“后台化”。

一个没有被充分标识化的公共空间，就是一个后台化的物语系统。后台化状态下的物语体系，对外人而言它常常是自然物而非物语，反过来说，实物的前台化过程就是从自然物到物语的过程。我所在的学校的新校区，道路、建筑内部和外部的标识系统缺失严重，陌生人若不问路就难以通过空间识别符号到达他想去的地方。我曾开玩笑说这是按照农村标准来建设校区：农村是一个熟人的社会，而无需门牌号、标签之类前台化符号。在乡村，整个物语系统（山河、田野、植物、住户等）是以言谈作为自己的记号性所指的（或者其能指是表征性的），因此是一个后台化的物语体系。后台化物语体系是一个空间上对外封闭的、时间上难以被记忆的文化空间。推而广之，与西方城市相比，中国城市的物语系统后台化非常突出，人们仅凭地图和标识很难确定方位，因为每个方位物缺少记号性标签。而城市中代表欲望和功利的符号——广告却占据了城市大部分视觉空间。

当然，处于言谈状态的物语也有前台化和后台化之分。一个物或现象处于未被言谈的“裸事实”状态，它就是后台化的；而它被言谈，尤其成为公众反复陈述的话题，那么它就是前台化的。比如，许多民众都不知道他们喝的地下水已经被污染，这时“水污染”并未成为他们谈论的话题。后来经过记者或知情人的爆料，“水污染”成为谈论话题，这个现象被前台化了。前台化是让事物向人、向社会、向公众敞开自身的方式。

2. 言谈性记号能指

即成为言谈记号的实物性能指。譬如在砌墙的实践活动中，某人向伙伴要了一块砖，然后把它垒在墙上。这个物质实践活动伴随着话语的实践，没有言谈的沟通，这个共同协作的生产活动和物的建构便难以维持。在这个实践活动中，不是话语言谈建构了物质实践而是言谈伴随着物质实践。而在言谈条件下，比如某些人先开会商讨了一个工作方案（言谈实践），然后大家执行，最后完成了一个物质实践成果。这种言谈实践中，物质实践活动及其成果是作为“所指物”出现的，它是言谈实践的产物。但是在垒墙这个物质实践活动中，言谈是物质活动的伴随因素，物质活动是能指物，话语成为指涉、识别能指物的记号或元语言，它使得物成为言谈记号的能指，言谈则成为物质活动的交往中介：

我把那些所有参与者借助他们的语言行动达到非语言活动目的，而且只达到这种非语言活动目的的所按照的语言中介的内部活动，都算作交往行动。[1]

哈贝马斯区别了言谈交流和交往行动：以言谈活动为目的的是言谈交流，而非言谈目的的物质实践活动由于必然使用言谈中介，因此叫做“交往行动”——物语实践属于他所谓的交往行动。

因此，言谈实践和物语实践（交往行动）的区别在于：言谈实践中是言谈让物出现；在物语实践（交往行动）中则是让在场物变得可以识别或有意义或被交流。

在物语实践中，由于我们的认知坐标指向物的实践，因此充当元语言的言谈具有透明性，话语仿佛擦去自身而只剩下实物的在场和其实用功能的展示，而话语中介对物体系以及实践活动在元语言意义上的操作性，常常被人们忽略了。于是，物语实践便存在两种认知：一是把物语实践当做一个可观察、可感觉的事件而对其言谈性忽略不计；二是看做一个可理解的物语实践而关注言谈和物之间的符号关系：

观察指向可感觉事物和事件（或状态）；理解则指向话语的意义。在经验过程中，观察者原则上是特立独行的，尽管经验所被承认要求有某种客观性于其中的范畴之网已经为几个（甚至全体）个体所共享。与此不同，以理解意义为己任的译释者在与其他个体建立起来的符号化主体间联系的基础上，基本是作为交往过程的参考者从事经验

[1] 陈学明、吴松、远东编：《通向理解之路——哈贝马斯论交往》，云南人民出版社1998年版，第5页。

的，尽管他实际上可能只是和一本书、一份公文，或一部艺术作品打交道。[1]

这种从“观察”到“理解”的过程，就是从物质活动到物语实践、从对象世界到符号世界的过程。

成为言谈能指的实物，其所指（话语）的透明性、声音的易逝性，决定了这类物语的后台化：话语总是伴随着事件的结束而结束，踪影难觅；物语体系总是存在于当下的话语语境中，一旦脱离了话语情景，物便成为自然物而非物语。

言谈性记号能指和词语性记号能指所构成的前台化/后台化的二元对立，是物语研究的一个重要课题。

3. **意符性能指**

前例中的顾客说“栖霞苹果，好看一点的，做圣诞礼物用”。这句话中，隐含了苹果的一个意符功能：“苹果”的“苹”在发音上与汉语“平安”的“平”谐音，圣诞节的前夜叫做“平安夜”，此刻赠送苹果，具有“圣诞快乐”或“平安夜快乐”的寓意。这个寓意被越来越多的中国人所接受，而成为一个约定性的概念。这样，苹果成为关于“平安快乐”寓意的符号。这就是物语的意符性能指：一个记号性物语整体做了能指，在其直接记号意义基础上进一步产生了第二层转义，这个转义充当了意符能指的所指。

一把实物的伞，我们想到它的名称，这把伞的实体充当了记号性物语能指。而当这把记号性的伞作为一个记号性物语整体进一步成了它自身某个要素比如“防水”或“亲密空间”的能指时，记号性物语的伞便成了意符性物语的伞。一般认为的象征性物语如鸽子象征和平、天平象征公平、长城代表坚不可摧或解放军、铁锚代表远洋公司、名车与身份、骷髅与死亡等，都属于意符性能指。

（1）词语性意符　许多物已经成为固定的意符，如长城、黄河、豪宅、熊猫、雷锋、政府大楼……这类意符性能指有两个特点：其一是

[1] 曹卫东：《交往理性与诗学话语》，天津社会科学院出版社2001年版，第73、74页。

它的编码方式是约定性的，其二它的所指单位是词语性的，固定地代表一个公认的概念或意义。

苹果这个事物，可以被约定性地成为各种词语性意符。比如在西方基督教文化背景中，苹果经常作为“诱惑”的意符；而在中国，北方人往往把苹果当做水果的典型代表，这个成为水果象征的苹果就成了词语性意符。当然，“苹果”还有刚才说的“平安”的意符功能。

作为词语性意符的苹果，其能指是物（苹果实体）+名称，它的所指是“诱惑”、“水果”或“平安”。也就是说，在作为意符物语的苹果那里，它的名称已潜入到其物的能指中，成为物的意义承担者，这个物（能指）+名称（所指）又构成了第一级符号性能指，来约定性地指涉第二级所指：“诱惑”、“平安”或者“水果”。根据巴尔特的观点，这个嵌入物的能指中的名称，应该是元语言[1]——对物的能指进行解释、赋意或承载物的意义的语言。

（2）言语性意符 更多的物是在特定的语境中成为意符性能指的。譬如，在一个广告片中出现的系列实物：

这里是一盏灯，那里是厚实羊毛衫的舒适感，这里是皮沙发，那里是报纸；报纸不是书，因此不那么严肃，它是消遣：这一切意味着我们可以在夜晚安安静静地、不受打扰地喝上一杯咖啡。[2]

巴尔特认为在上述情景中，各个物“传达着一个独一无二的完整意义：休闲、休息”。显然，它们被特定的语境意符化了。言语性意符是特定交流语境的产物，还没有被社会所约定俗成，它相当于巴尔特所谓的含蓄意指系统：物的名称义作为第一级符号充当了能指，与新的所指（语境含蓄义）构成第二级符号。

---

[1]“当外延状态下的分节语言处理有所意指的实物系统时，就构成‘操作程序’即元语言。时装杂志就属此类，它‘讲述着’服装意指……”。【法】罗兰·巴尔特：《符号学原理》，王东亮等译，三联书店1999年版，第86页。

[2]【法】罗兰·巴尔特：《符号学历险》，李幼蒸译，中国人民大学出版社2008年版，第195页。

4. 物语能指的意识形态性

在物名关系格局下，在场物充当了符号能指，而作为元语言的词语或言谈的符号操作性被严重忽视，于是，人们往往误把被符号操作的物当做自然本身来看待，这就是物语能指的意识形态或“神话”的问题。

比如在上例的广告中，各意符性物语传达的“休息”意义是隐蔽地潜伏在灯、羊毛衫、皮沙发、报纸……这些物体系中的，观众把它们当做自然物来观察时，物语已经把自己的理解悄悄植入到接收者的大脑中了，从而诱导着人们对物的看法和评价。所谓的植入式广告是这类意识形态的典型：一个话剧小品中的道具是某个品牌的香烟和白酒，是烟酒商家刻意植入到剧情中去的。广告物在此被掩饰为情景物，物语被掩饰为自然物。这种掩饰越成功，意识形态的支配力就越大。这种掩饰也是执中型类所指：意符性、象征性的双重意指被压缩为单一的、自然的直接意指，意识形态目的潜伏于直接意指之中而难以识别。

5. 物语能指的主导型

主导型不是一个自足的定义，是在符号间性中获得自己的区别性特征的。比如，就物语能指自身而言，它主要有记号性能指、表征性能指和意符性能指三种重要的载体化手段，但与其他异质符号如语言文字、图画符号相比，物语能指的主导型是表征性和记号性的，因为物语最擅长的是在实体物的自然关联中行使符号功能。在表征性物语中，其现象与内容有着自然实体上的关联性，在记号性物语中，其充当所指的记号如词语、言谈这些符号被抑制为传达物自身意义的中介要素或元语言，物自身的出场成为第一要义。正因为物语的这种自然关联性，致使人们很难将物看做是符号，或者常常把物语理解为自然物。

即使意符性物语，它的意义也多数是由记号性物语的直接义引申而来的，并与直接义有着内在的理据关联性。因此，物语能指与词语能指最大的区别是实体性，任何物语的能指都是独一无二的、视觉的实体物，而词语的能指却是高度类型化、形式化、听觉的书写物。

第三节 物语的所指

物语的所指也是一个由在场物、实在物、观念物和语义物所构成的所指间性场，像其他异质符号如图像、言谈、词语、文字一样。这个层累的所指间性场既相互区别又相互关联。下面的分析主要是基于符号场的分离性原则：如何为符号所指间性场中的各类所指划界。顺便指出，本节在讨论到物语所指的主导型时，显然涉及到了符号场的统一性原则，即符号场（如物语的所指间性或所指关系场）的各异质要素之间的关联问题——作为主导的符号要素总是影响和决定其他要素的性质并成为其他要素的典型。

一、观念物

物语负载的内容信息是某种精神观念。包括意符性观念物和记号性观念物两类。

1. 意符性观念物

即物语的所指是由功能义或直接义引申而来的某种象征性、隐喻性的间接义。这些物语的所指内容具有某种约定俗成性，或者说它们成了共识性文化的一部分，我们也叫做“文化元素”（马克思称为“社会象形字”[1]）：任何一个实物，当它成为某个或某些共识性、约定性

---

[1] “可见，人们使他们的劳动产品彼此当做价值发生关系，不是因为在他们看来这些物只是同种的人类劳动的物质外壳。恰恰相反，他们在交换中使他们的各种产品作为价值彼此相等，也就使他们的各种劳动作为人类劳动而彼此相等。他们没有意识到这一点，但是他们这样做了。价值没有在额上写明它是什么。不仅如此，价值还把每个劳动产品变成社会的象形文字。后来，人们竭力要猜出这种象形文字的涵义，要了解他们自己的社会产品的秘密，因为使用物品当做价值，正像语言一样，是人们的社会产物。”马克思《资本论》第一章第一节。“当我们再次使用马克思的比喻时，我们可以说，人不仅把事物变成‘社会的象形文字’，即把它们变成价值，然后再加以利用，而且还经常地阅读这些‘象形文字’。因为事物的价值对象性对于人来说是一面镜子，通过这面镜子，人可以看到自我。同时，它又使人充满满足感，给人以希望、快乐或忧伤，产生意志，并且产生朝着非常确定的方向而发展这种价值对象性的愿望。……破译由人周围的事物所形成的那些‘社会的象形文字’的含义的努力，这不仅是一种好奇心，而是出于认识自己，揭示自身存在秘密的一种愿望。”参见弗·布罗日克：《价值与评价》，李志林、盛宗范译，知识出版社1988年版，第167页。

文化精神的符号时，它就是实物性文化元素。与此对应，其他如图像、话语、书写性的文字和词语，这些异质符号倘若成为某种文化记忆、文化观念或文化行为的能指，它们也可叫做文化元素。

（1）实物性文化元素的内容

文化象征 某类物产成为某种区域文化的标志或象征。如所谓的地标物语：埃菲尔铁塔（巴黎）、北极熊（俄罗斯）、金字塔（埃及）、袋鼠（澳大利亚）、风笛（苏格兰）、好莱坞（美国）等。地标物语还应该包括人物：孔子（中国）、歌德（德国）、拿破仑（法国），等等。

文化象征或文化标识是区域文化的名片性元素，像北京烤鸭、山东泰山、南京长江大桥、湖北三峡、贵州茅台等，它们不仅仅是一种人文地理标识，更代表了某种区域文化精神，具有广泛大众传播性。

文化记忆 即物负载了区域文化的公共记忆信息。如圆明园废墟、长城、故宫，博物馆中的各种文物，城市中的古树、老街道、名人故居……都负载了各种公共记忆。

文化观念 物携带了某种共同的文化价值观。如以玉为中心载体的玉文化，不仅深深影响了古代中国人的思想观念。玉包含有“宁为玉碎”的爱国民族气节；“化为玉帛”的团结友爱风尚；“润泽以温”的无私奉献品德；“瑕不掩瑜”的清正廉洁气魄。

有些文化观念是无意识状态的习惯性行为和思维方式。如中国的菜刀宽大、厚实、锋利，它可以“以一驭多”：切肉、菜、面、豆腐，可以砍（刀背）、可以拍（刀面）……。而西方的刀则高度分工、高度功能化了，切肉、切面包、切菜各用不同大小、不同形状、不同材质的刀。因此，中国的刀反映了汉民族技能性、整体性思维的特征（讲究“刀法”），西方的刀则体现了技术性、分析性思维的特征。

观念性文化元素是区域文化的深层内容，值得我们深入研究。这里随便列几个与中国文化有关的观念性文化元素：猪（代表定居的农耕文化）、筷子、秤、墙、玉、茶、毛笔、二胡、小脚、刀、长城……

文化元素的观念物所指虽然与物语系统有关，但其主导型却是实体性的：它的意义主要来自对其功能义或直接义的引申而非系统的分配。

（2）文化元素的确立原则　物语构成的文化元素不是一盘散沙，它是一个系统，将这个系统中的基本单位及其相互关系描写出来，整个区域文化系统就得以呈现。确立文化元素的原则主要有：

典型性。具有代表区域文化精神的典型特征。如鲁菜与粤菜相比，前者具有更多的汉民族文化的典型元素。

共识性。这些元素在时间上流传久远，在空间上流布广泛，为社会所普遍认知，如武术、旗袍、孔子等中国元素。

生成性。这些元素具有生成新的文化符号的能力。如中国的熊猫形象渗透在各种图案和形象设计中。

系统性。文化元素虽然是实体性、理据性的，但也具有系统特征。根据文化元素在系统中的功能不同，我们区分出根元素、基本元素、名片元素三大类。

根元素是维系整个区域文化的发生、发展、存在的基本条件，同时又是整个文化符号系统最基础的生成单位。根元素作为某个文化系统内部的基础性单位，它的根本性表现在：其一，根元素生成了其他派生性文化元素；其二，根元素的性质决定了整个文化元素系统的性质；其三，根元素是整个文化元素系统的典型象征。基本元素指在根元素基础上产生的、对整个文化系统或局部产生重大影响的文化元素。以青岛为例，如我们认定“滨海”是青岛的根元素之一，它的基本元素有青岛港、欧式建筑、棉纺厂、青岛啤酒、中国海洋大学（原山东大学）、中山路等，这些基本元素都是由根元素“滨海”衍生而来。名片元素是指最具传播性、视觉识别性和象征意义的实物性文化元素。青岛的名片元素可能包括：栈桥、五四广场、奥帆赛、青岛啤酒、海尔、崂山、中国海洋大学、中山路、八大关、欧陆建筑、第一海水浴场，等等。

除了文化元素以外，更多的意符性观念物不具有大众约定俗成性和传播性，只是实物在特定语境下产生的特定观念。

首先是表情类。一个儿童送给妈妈一张空白的纸做生日礼物，妈妈问：“这是什么？”孩子回答：“上面有一百个吻。”这张白纸负载的就是观念物。日常生活中各种礼物都是这类以个体观念表达为中心的物语。另一大类是记忆性物语，如各种收藏品。祖传下来的各种器物，它也负载了家族的历史记忆。我曾在中文系的一个班上（共23个人）随机做了个小调查，自己家里有三代（不含第三代）以上的家用器物以及住宅的同学，只有2人。以本人为例，自己结婚三十多年，结婚时所用的器物几乎无一保留，也没有父辈传下来的器物。这是中国文化传统“道惟其旧，器惟其新”的真实写照。对中国多数平民百姓而言，个人器物或住宅难以成为一种家庭、个人记忆载体。我曾访问过法国的几个平民家庭，三代以上传下来的酒杯、家具、住宅至今还在使用的情况很普遍。第三类是意识形态物语，即观念物是某种人际交流理念。如商场中把接近过期的食品摆放在前排或显眼的地方，过多的钱花在城市的亮化、绿化等工程上，政府大楼成为当地的地标物语，等等。

与文化元素相比，上述观念物可看做是言语性、非约定性的。

2. 记号性观念物

记号性观念物作为所指，充当的是物语的直接意义：它按照实物的自身的基本属性来区别、界定、阐释、说明在场的实物。

记号性观念物的能指是在场物，其所指是记号，主要包括言谈性的和词语标签性的（见本章第二节）。这些记号负载的观念物成为物语自身意义的元语言，如看到一棵树想到“榆树”这个词，或者在这棵树的树干上找到“榆树”这个标签。我们面对一个实物直接运用记号来说明、描述、传达、界定它自身的本质意义和性质，这些记号便是实物符号的所指，便是它的元语言，便是记号性观念物。

如果说本节所述的言语性和语言性观念物，主要是他述了与物相关的其他内容信息，那么记号性观念物则是自述了关于物自身的基本信息内容。

作为在场物的所指，记号性观念物与在场物（能指）是同时并存的关系。诸如商场中的商品标识系统、博物馆文物的标识系统、街道门牌号、店铺招牌等，站在物语认知顺序的角度（先物后词）它们都是记号性观念物，充当了在场物（店铺、住宅、文物、商品等）的所指。所以，我们在本章第二节所讨论的物语的“记号性能指”与这里的“记号性观念物”是同一类符号即记号性物语的两个方面：“记号性能指”是就记号性物语的能指而言的，“记号性观念物”则是就记号性物语的所指本身是词语而言的。

记号性观念物是物语所指的主导类型。这是因为，实物充当物语时最经常遇到的情况，便是它作为一个被记号观念物（以词语或话语形态）唤出出场的物来看待。物借助于记号而得以显现自身、得以被辨识、被认知、被传播和交流。物语的其他所指诸如意符性观念物是建立在直接义——记号性观念物基础上的转义，在场物、语义物和实在物充当物语的所指，则常常需要特殊的经验性、专业性、科学性手段来验证和阐释。唯有记号性观念物充当所指的物语或称记号性物语，才是大众每时每刻都遭遇的符号现象：当我们面对任何一个实物而唤出它的名字时，它已经是一个记号性物语了。

二、现实物

物语的所指不是观念性、词语性内容而是可经验的实体意象。如所谓的象形石——景观中的山石状如现实中的各种人物、动物等自然形象，就是现实物所指。象形石是建立在像似性编码基础上的。更多的物语的经验性所指是指索性编码，一个物成为各种现实物和经验性事件寄寓其中的物质空间，物语与这些现实物之间存在着时间的、空间的或因果的指索性关联。比如一个案发现场获取的物证符号，它可能隐含了案件当事者或案件本身的若干情节。这些案件信息不是以观念而是以经验事实的形态存在的。考古学、证据学、人类学等都是热衷于对物语背后的现实物的科学复原的学科。

1. 图式现实物

物语的现实所指物是一种空间图式，该图式可用认知语言学的“框架”与“脚本”的理论来说明。这是一些经验图式：“是以无数次重复的日常行为的经验为基础而形成的一种样本（或者知识结构），其中以日常生活中行为模式为基础形成的结构是脚本（Skript），而以行为者之间社会环境和社会角色的类典（Prototyp）特征为基础的结构则称为框架。”[1]

我们以青岛华岩寺庙会这个物语[2]所指图式为例分析如下：

框架：华严寺庙会这个物语空间直接关联的系列现实物。如：① 祭拜对象、佛像、胡三太爷。② 祭拜群体：王哥庄附近村民，包括部分市区市民。③ 相关物品：香纸、文书、鞭炮、供品、小吃、手工艺品。

脚本1（祭拜活动）：上山——购买香纸、文书、鞭炮等——华严寺——寂光洞——祭拜狐仙（烧香——烧纸、文书——磕头——燃放鞭炮）——下山。

脚本2……

脚本3……

每一个物语所隐含的现实物图式即框架和脚本是开放性的，以何种框架和脚本为阐释对象，取决于不同的认知目的。比如，同样是住宅，西方中古世纪的住所从认知框架的角度看，聚集的各种实在物（居家用具），更像一个兼具用餐、睡觉功能的开放性工作场所；而现代住宅所凝集的实在物框架则有了诸如洗衣机、洗碗机、吸尘器等要素的参与，使得住宅更像一个休闲空间而非家务劳动场所。

2. 系统实在物和要素实在物

框架和脚本说明了实在物总是处于某个物体系的空间图式中。有的实在物成为物体系的寄寓性空间，如庙宇或住宅作为实在物，它们寄寓了人或器物的分类框架和活动脚本。而该空间内的成员比如说庙宇中的祭品，它自身不是寄寓性空间，但它却关联了一个外部空间。如它关联了某个活动脚本（如祭拜过程）或某个分类框架（如祭品、祭拜者、庙宇、祭拜对象等）。

所以，实在物可从寄寓性空间和关联性空间两个角度分析。存在

[1] 冯晓虎：《隐喻——思维的基础，篇章的框架》，对外经济贸易大学出版社2004年版，第86页。

[2] 引自张传奇：《崂山庙会物语的结构框架与认知脚本分析》，未刊稿，指导老师孟华。

于寄寓性空间的物可视为系统实在物，存在于关联性空间的物可视为要素实在物。譬如，作为系统实在物的海滩，它内含了从晒鱼织网的劳动场所到休憩娱乐的浴场的脚本和框架之演变，据此研究者揭示了海滩如何从劳动场所变成城市文化空间而成为现代时尚的重要发源地。[1]另如作为要素实在物的青鱼，它成为海洋环境物体系中的一个要素，因此它外部关联的框架和脚本则涉及它与外部系统之间的互动，如火山爆发导致了气候变暖、气候的变暖导致了青鱼的旺发（此种鱼喜暖）、青鱼的旺发导致了社会的变迁（农民放弃种地而成为渔民）[2]——这显然是一个生动曲折的真实故事脚本。

沙滩作为系统实在物、青鱼作为要素实在物，它们内部寄寓或外部关联了生动而曲折的脚本和知识框架，说明实在物真实地关联了一个现实经验世界，这使得"以物证史"、"以物证事"、"以物叙事"成为可能。譬如，我们通过对物语认知脚本的历史还原，可以达到对某段历史的真实记忆，它要比文字记叙的历史更接近原点。因为这些认知性所指不是文字虚构和加工的，而是经过实证的方法建立了物语载体与它背后的经验性所指之间的内在客观联系。它遵循的是物的实证法则而非书写的人为约定性法则。这样每个经验性所指就较少地受到意识形态的干扰而更具客观性，这种方法我们叫做物证或以物证史。

3. 仿拟现实物

山寨产品、冒牌货、仿造物等，它们的所指不是原物而是原物的仿像——即现实物。详见本章第四节关于物语的像似性编码的分析。

三、语义物

在一个物体系中，物语的意义主要的不来自符号外部的实体要素，而来自物语能指系统各要素之间的形式化分配关系，以及阐释它的语言，这样产生的物语所指便是语义物。

---

[1] 马树华：《海水浴场与民国时期青岛的城市生活》，《史学月刊》2011年第5期。

[2] 李玉尚：《明清时期两次火山大爆发与中国的气候突变——以海洋生物为视角》，载王兆成主编：《历史学家茶座》第1辑，山东人民出版社2010年版。

我立刻明白了，这张照片的“奇特之处”就在于，它同时显现了两种要素……[1]

图79

1. **系统性语义物**

符号能指的结构系统成为意义的生产者，其结果就是语义物。图79中我们可以分析出两组人物：修女和士兵。但是，当这两组记号性物语同时又可以进一步充当能指，成为新的所指——“和平”和“战争”的物语符号，构成间接意指。其中“战争”与“和平”的涵义来自物语能指间的结构关系，修女形象所隐含的“和平”意义，是其能指与另一能指——士兵形象（及其所隐含的“战争”意义）所对立的产物。在物体系的语义物研究中，重要的是分析一个物语的能指系统如何决定了物语的意义。

语义物的另一个典型案例是砂糖和糖精这两个物语，它们相互构成某种系统分配关系：其中一个物语的意指发生变化，必定引起另一物语意指的变化，这种由系统相关性所导致的物语所指意义的变化，其结果就是产生了语义物——意义来自能指系统而非物的自然属性：糖精的

[1] 引自【法】罗兰·巴特：《明室》，赵克非译，文化艺术出版社2003年版，第35页。

意义发生变化，引起砂糖的意义也发生变化，变化的不是物自身属性而是两个物语的系统之间的对比关系（详见本章第四节）。

另外，所谓的物的展示或摆放语法，如左右、先后、中心边缘、上下、里外等的物的空间摆放序列，都有可能造成物的意义的差异，这种来自结构系统差异所产生的物语意义，也与记号性物语系统的操作有关，也是我们所谓的语义物：一个符号的意义不来自符号自身，而来自于它的能指与另一能指的系统区别关系。由于符号能指的系统区别而产生的意义。

当然，文化元素常常是观念物和语义物的混合体。比如中国的筷子，这个物语的所指作为观念物，具有“技能性、整体性”思维的特征。但它又是语义物：筷子的这些观念特征是站在它与另一物语——刀叉的系统对比基础上获得的。没有西方的刀叉做参照项，筷子就是筷子，无所谓“技能性、整体性”之类观念。因此，语义物和观念物也包括实在物，它们之间的界限并不清晰，这种区分主要帮助我们确立物语阐释的不同角度，即在不同的符号学间性（见导论）选择中来讨论物语所指的性质。

物的自然外观所产生的某种意味不是语义物。主要表现为景观物，自然山水，建筑风格，物品外观的形状、质地、肌理、色彩等所产生的语意联想等，它们是由在场物的实体性质料引发的，而不是符号要素之间的配置关系。而如果物的外观是人为设计的结果，如用人工的山、石、水、树、花等建构的景点，它的构成要素已经被符码化了，景点的意义是这些符码系统化的结果，因此也是语义物。

2. 系统语义物的常见范畴

（1）有标记和无标记　在语言学中，结构系统的概念与二元对立有关：指二元要素以共同性为前提的差异关系，如筷子和刀叉，其共同性是进餐工具，其差异性是“技能/技术、整体/分析”，其中一个要素的性质取决于另一要素的差异关系。因此，结构性就是二元关系性。“有标记”和“无标记”本来是语言学的一对术语，意为两个结构对立项中的一个带有区别性特征，这种区别性特征可以把它与另一成分区别开来，该成分即为“有标记成分”，缺少区别性特征的成分叫“无标记成分”。如英语的boy和boys这两个对比项，其中的复数形式boys多了一个形式标记s，它与其单数形式相比是“有标记成分”。“从符号学的观点看，所谓有标记，就是强调符号能指和所指的一一对应，强调所指的差异一定要在能指上表现出来——能指的区别特征与所指的区别性是同构的。”[1]如下例：

	有标记	无标记
语言	有形态变化 （如英语的时态、数等的变化）	无形态变化 （如汉语）
文字	基本上一字一音 （如拉丁字母）	一字多音或多字一音 （如汉字）
文章	标点化	无标点（文言文）
性格	体态语丰富 （如意大利人）	内涵丰富、心迹不外露 （如中国人、日本人）
工具	功能单一化 （如就餐的刀、叉；硬笔）	功能多样化 （如筷子和毛笔）
政治	利益集团显在化 （通过党派形式标记出来）	利益集团潜在化 （不以党派政治的方式出现）

上例各组“有/无标记”二元对立项标明，所谓的有/无标记单位，是在结构系统中产生的：筷子、汉字的无标记性是在与刀叉、字母的对立中产生的，没有这些系统参照，就无所谓标记和无标记。这样，“有/无标记”性就成了两个语义物：它们是结构性对立产生的结果。赵毅衡将“有/无标记”重新阐释为“标出/非标出”性，并广泛用于文化分析（主要是物语或文化元素的分析），他将文化元素中被主流意识认可的内容称为正项即非标出项，将避免被主流吸纳、保持自我差异性的内容称为异项或标出项。中国摇滚歌手崔健演出时喜欢戴一个绿军帽，代表

[1] 孟华：《符号表达原理》，青岛海洋大学出版社1999年版，第269页。

了他的时代与当下时代或绿军帽时代与他所处的时代的疏离感，他始终是我们这个社会中的异项。这个“异项”是结构对立（正项文化元素和异项文化元素系统对比）的产物，因此是语义物。当然，无标记、非标出或正项，具有消解异质差异的类符号特点。

（2）自我和他者　物语系统中包含着被结构化的自我与他者或中心与边缘二元关系。如海洋城市青岛，将自己未来的发展定位为蓝色经济区。“蓝色”，这是青岛的一个自我认同的概念，它大致有“海洋”、“城市”、“后工业文明”之类的语义特征；与之相对的是“非蓝色”的概念，大致有“大陆”、“传统社会”之类的语义特征。“蓝色”的对立项“非蓝色”，是二元结构中“他者”的一极，处于边缘位置。如果我们对青岛市区作出二元结构划分，便可以分出以老城区（市南、市北、四方和李沧区）为代表的蓝色板块和以崂山区中的景区、风景恢复区、农渔林业区为代表的非蓝色或绿色板块。这里的蓝色与绿色（或非蓝色）是相互定义的：它们之间要么是单向交流的关系特征，把非蓝区看做是待蓝区，他者成为自我同化的对象；要么是双向的互补关系，把绿色区的存在和发展看做是让蓝色更蓝的必要条件，把蓝色区看做是让绿色更绿的必要条件。无论哪种方式，都是一种关于语义物的分配——在二元结构关系中定义每一单项。

（3）肯定与否定　物语系统中有的所指内容具有肯定性、正面的价值涵义，有的是否定的、负面的价值。当这些不同价值是由具有正负二元对立的结构项决定的时候，它们便是语义物。比如，过去城市中的电车是现代化的体现，具有“好”、“肯定”的价值；后来更加快速、便捷的公交汽车普及后，电车具有了“不好”、“否定”的价值；进入到生态社会后，电车不污染环境，又被赋予了“好的”、“肯定”的价值，于是公交汽车的价值又被推到了对立面。[1] 也就是说，公交汽车的价值不是由自己的自然属性决定而是由它与另一物语（电车）的结构关系所决定。

[1]【日】池上嘉彦：《符号学入门》，张晓云译，国际文化出版社1985年版，第165页。

符号能指的系统性差异产生语义物，这是结构主义符号学的一个基本原则，这个原则在各种符号中通约——如图画、文字、语言符号都可以因这种差异而产生某种语义，当然其差异的方式可能有多种多样：

① 符号能指的物质性二元对立（差异）所产生的语义。如硬笔和毛笔相比，后者更富于艺术表现力；以辅音占优势的印欧语擅长区别性，元音占优势的汉语则音乐性更强；石头媒介便于时间传递，纸质媒介便于空间传播，等等。

② 符号能指的空间组织二元对立（差异）所产生的语义。如三角形与圆形产生的尖锐和融合的语义对立，物的先后、中心边缘、上下等空间布局所产生的重要、次要的语义对立等。

③ 异质符号整体做能指的差异所产生的语义。如照片能指中的埃菲尔铁塔（象征符号）与画像能指中的埃菲尔铁塔就有写实和写意的语义区别；汉语“炮”这个词的拼音写法（pào）和汉字写法（炮、砲）相比，后者就携带某种字面语义。

3. 话语性语义物

我们在第三章第五节中讨论了福柯的广义话语概念，包括了书写、言谈以及各种对事实的表述规则。但是，福柯的话语的概念的主导型还是书写，即由书写铭刻所固定的、重复的命名或陈述，即所谓的“话语事件”。

阿根廷足球队主教练萨维利亚曾称赞球星梅西说：“现在已经没有词语来形容梅西的足球了，西班牙皇家语言学院必须为他创造新的词汇了。”随后，某跨国企业开展了一项为梅西造词的运动，从众多词汇中，萨维利亚选定了“Inmessionante”一词，作为专门形容梅西的词汇。这个单词有几个意思：第一是指梅西在足球方面的完美表现，第二是指其不可限量的进步，第三则是指史上最佳球员。西班牙皇家语言学院最近与时俱进，将这个专门用来形容梅西的单词选入了《西班牙皇家语言科学院西班牙语词典》。西班牙皇家语言学院是一个官方机构，它的责任在于规范西班牙语，因此，一般的新创词汇均不会被选入这本如

《新华字典》般权威的西班牙语词典中。[1] 梅西的名字被选入西班牙语词典，就是一个书写性的话语事件：由一个口头传送的事实变为书写铭刻的陈述和命名，从而获得超越时空、为大众所认知和传播的事实。之前的梅西仅仅是一个不断流动、瞬息万变的现实生活片段，而在进入词典后的梅西成为一种恒定的社会共识性事实。

话语性语义物主要是分析物语的意义是如何被话语所决定的。话语有三种存在方式：原生话语；二次话语——主要是指那些由于被反复陈述或书写的话语；“媒体事件”——被大众媒介广泛传播而成为公众认知的事件（传播学中也叫做“媒介事件”），可以看做是三次话语。原生话语主要是物的认识论存在问题，不谈论物，物就无法自我显示或被人们认知；话语事件和媒体事件是物的社会性存在问题，物语只有成为话语事件和媒体事件，才能被全社会认知和传播。但无论哪种方式都说明，话语乃物语存在和建构的基本条件。

譬如，某个地区的水污染很严重，当地百姓都在议论此事，由此而形成“话语事件”。后来某个爆料人将水污染情况透露给媒体，引起全社会的关注，于是演变成“媒体事件”。显然，话语是由原点（原生话语）而原典（二次、三次话语）的层累发展过程。二次的话语事件和三次的媒体事件都是原典性而非原点（见第一章第二节）的事实：这个事实是由书写、反复陈述乃至媒体播报的话语构成。这个书写性、媒体性的话语成为事实的形成与解体、出现与消逝的条件和场所。二次、三次话语中的事件不先于话语而存在，而是话语借以形成它的对象。因此说，话语事件中的事件，是语义物：对象或事物的形成或消逝取决于陈述它的话语。余秋雨曾提到他写的《中国戏剧文化史》中的缺漏：

书中重点介绍的《桃花扇》等案头剧，其实在中国的历史上没演过几场，而像二人转这样天天都在生活中演的戏却无法出现在大学的讲台上，无法出现在任何文字本上，这对我们学者而言是个耻辱。[2]

---

[1] 资料引自《东方早报》2013年2月18日。

[2] 引自《辽沈晚报》2001年8月13日。

显然，对于中国文学史而言，二人转不是一个话语事件，相反没有多少话语实践根基的《桃花扇》却成了话语事件。

凡由书写话语或反复陈述而决定并形成的事件、事实都是语义物。中国当代学术就是这样一个话语事件，每年下达的“国家社会科学基金项目课题指南”，规定了研究的指导思想和研究重点。中国知识精英的个人前程（晋级、福利、名誉）直接或间接与这个“指南”挂钩。而那些背离或游离于这个指南以外的学术研究，则很难成为一个“话语事件”。另如，我们在调研某地区的区域文化时，将其城市化区域定为蓝色区域，广大农村和山区定为绿色区域，制成示意图后发现，绿色区域每次大面积的萎缩，在时间上常常与政府重大文件的出台高度吻合。在中国，一部红头文件史同时就是一部城市建构史，广大城市、农村的地理面貌的巨变常常是汉字隐性书写的结果，而汉字隐性书写则是一种决定让哪些事实形成、让哪些事实消逝的话语方式，这种话语方式本质上是一种权力。

四、 在场物

我们在本章第二节讨论的表征性能指，其所指有一部分是在场物：作为能指的在场物表征了同时在场或继时在场的自身或他者。它不是通过约定性记号而是通过指索件关联来显示自身或他者的。包括：① 继时性存在关系的在场物，如食品的外观成为显示、识别它自身的表征，心脏停止跳动必然是死亡的出场，烟伴随着火的燃烧，闪电之后便是雷声……② 同时性存在关系的在场物，如停车场（能指）的前面是景点（所指），肉摊上的羊头（能指）的旁边是羊肉（所指）。

1. 表征性物语与在场物

表征性能指的所指既可以是现实物——非当下存在的现实物，如朱德的扁担是历史上朱德在井冈山活动的能指，现场指纹或菜刀是犯罪嫌疑人作案过程的能指等，也可以是在场物——如停车场和登山路表征着在场的景点或烟表征着火。表征性物语的作为现实物的所指和作为在场物的所指的区别是：前者是“通过某种显现的东西呈报出某种不显现的东西”——这里不显现的东西即不在场的实在物，当然也包括在场性的精神现象比如脸红表征着害羞的同时在场；后者则是“把现像用来称现象的真切意义，即称作显现”[1]——即显现者和被显现者属于同一个在场的过程。那个同一过程的“被显现者”，就是在场物。如敲门（显现者）→某人到来（被显现者）。

2. 物语所指的类符号性

在各类所指之间徘徊的性质即类所指性，这是物语类符号性的表现。如我面前一个冰箱，它贴着“海尔”的商标。这个作为所指的标签性记号具有多重意义：① 它是在场物（当下的那台冰箱）的标签，这个标签是存在性符号，即它总是与在场物一起，因此它是在场物所指；② 这个商标同时又是同类产品的标志，因此它又是现实物所指；③ 该商标又代表了某种商誉（如优质等），因此它是观念物；④ 这个商标又与其他同类产品的商标产生系统区别关系，它又是语义物所指。

物语所指的类符号性要求我们采取一种“符号学间性”的态度去确立我们的观察和研究角度：符号没有绝对的性质，一切取决于间性关系。

物语的类所指性也包括人物。如体育明星，他既是自我形象又是国家符号。代表自我时他的所指是在场物，代表国家时他的所指是现实物或观念物（国家的形象或荣誉）。刘翔有伤但仍参加伦敦奥运会，是在自我与国家双重所指之间抉择的结果，他的痛苦是类所指性的。2006年世界杯决赛时，法国球星齐达内不堪意大利球员马特拉齐对他的辱骂，用头顶倒对方而被罚出场外，世人无不为这骇世一顶而惋惜。齐达内如果像刘翔那样有双重所指且置国家在个人荣誉之上，他一定能缩回自己的光头。中国人天生具有类所指性——一种徘徊、犹疑、困扰于国家与自我之间的双重人格。但齐达内的个人至上主义也毁了他的国家——缺少齐达内的法国队最终败给了意大利队。

五、 城市物语系统的四要素

我们分析了物语所指的各种类型。就一个城市的物语系统而言，

---

[1]【德】海德格尔:《存在与时间》，陈嘉映、王庆节合译，三联书店1987年版，第37、38页。

从所指物的角度分析，有四个最重要要素[1]：

① 景观（表征性在场物）：它是城市公共空间中的印象或现象要素。如青岛的色彩“红瓦、绿树、蓝天、碧海”；青岛建筑的欧陆风情；青岛的“三线”：天际线、山际线和海岸线。

② 记忆（意符性观念物）：城市公共空间中的时间要素，即一切负载城市历史文化记忆的符号，如古树、老建筑、各种历史遗迹、纪念物等。它代表了城市独特的历史文化传统。

③ 识别（记号性在场物）：即城市公共空间的标识系统。

④ 广告（言语性观念物）：是城市活力和创新经济的一部分。当然许多广告不是以物语而是以图文的形式出现的。但是城市公共空间中的广告通常与物语纠缠。譬如，相当比重的街道商铺的招牌、门面，它们通常是作为在场物（商铺）的识别性标签而设置的，应该属于记号性物语。但是我们的调查表明，许多门面已经远远超出了空间标识的范畴而成为变相广告。如下图：

银行门前的招牌，这是空间标识还是广告？

图80

[1] 引自孟华主持的青岛市宣传部项目《青岛城市视觉空间文化形象的研究报告》，2012年。

如何让招牌成为标识物语而非广告，这是城市视觉文化管理的紧迫问题。过多、无序的广告导致城市视觉污染，这种视觉污染是急功近利、缺少人性化管理的表现。

由“识别、记忆、景观和广告（SJJG）”这四要素所构成的一个完整的城市视觉文化物语系，它直观、直接地体现了一个城市基本精神面貌和城市文化的国际化程度。

SJJG都要占据一定的视觉空间资源，而且，城市的视觉空间载体或资源是有限的。因此，如何配置视觉资源、如何均衡SJJG这四类符号在整个城市视觉空间资源中所占的比例，如何使这四类符号构成一个和谐的有机整体而不是相互冲突的矛盾体，就成为城市物语空间和文化形象建设的核心问题。城市物语资源的配置主要分为两种分配模式：

形象主导型——围绕经济与文化和谐发展的城市精神，合理地分配SJJG视觉符号资源，使它们构成一个有机协调的系统和统一的文化形象。

广告主导型——围绕经济建设为中心的主题，广告符号占据主要城市视觉资源，并与SJJG中的其他视觉符号发生冲突和视觉资源上的争夺。常常表现为“视觉污染、空间失序、时间失忆、形象模糊”，这是文化贫乏的表现。

第四节　物语的编码

符号包括三个基本要素：能指、所指和编码方式。本节就讨论物语符号的第三个要素：它的编码方式。

物语的意义不只是它传递的信息或所指物。物语在传达所指物的过程中本身有一个深层而难以知觉的意义，它改变了我们的感知和实践行为。这个深层的意义就是物语的编码方式：物语能指与所指物间（意指方式）、能指与能指间（结构方式）的关联、组织或表述方式。我们重点讨论四种物语的意指性编码方式：象征性编码、像似性编码、交流性编码和指索性编码。

一、象征性编码

记号性物语整体做了能指，与新的所指构成第二级符号。产生了直接义（记号义）和间接义（意符义），在这二级意义、二级符号之间存在着类似词语那样的隐喻和转喻关系，这种关系就是象征性编码。如作为记号性物语的苹果（词语成为真实苹果的所指内容）和作为意符性物语的苹果（记号性物语苹果整体做了能指，表达新的所指“平安”），后者便是象征性编码（语音相似联想）。

在约定结构编码那里，意义主要是通过词语获得的，在象征编码这里，意义主要是通过一级符号的音义的提示间接获得，作为一级符号的记号性物语的读音或直接义与其间接义之间总是有着某种理据性（语音理据或意义理据）阐释关系。所以索绪尔称之为“象征”：“象征的特点是：它永远不是完全任意的；它不是空洞的；它在能指和所指之间有一种自然联系的根基。象征法律的天平就不能随便用什么东西，例如一辆车来代替。”[1]当然，物语象征性编码所包含的理据是开放的、多样的，譬如“长城”，作为象征性编码符号，它的理据性可能包括：相关性（转喻）理据——农耕和游牧民族的分界线、秦始皇暴政的物证、人类最伟大的地面工程……相似性（隐喻）理据——坚不可摧的团结，中国人民解放军，封闭社会……至于哪种理据最终成为意符性物语的固定意义，还是要由全社会来集体约定，譬如我们通常把“长城”这个意符性物语的意义理解为“团结”、“解放军”，其他负面的意义被集体意识所回避，处于非约定的个体言语自由运用状态。可见，意符性物语的象征理据具有语言性（固定的理据）和言语性（临时的理据）双重性。

中国家庭客厅的摆设很有特色，常常是一个程式化的格局，是一个向外人显示主人身份、情趣的象征物系列：电视、沙发、地板、博物架、字画等。我去过许多法国普通家庭的客厅，更倾向于“随手性”：

[1]【瑞士】索绪尔：《普通语言学教程》，高名凯译，商务印书馆1980年版，第104页。

以我生活方便而不是某种象征为中心来安排各种器物、设施。一个象征主义，一个功能主义，任何空间的物语配置都是人的表达式。

象征性是意符性物语的主导编码方式，最主要的有隐喻和转喻两种方式。

1. 转喻

据载，一位男青年喜欢看女上司的美手，受到斥责。他为此看了心理医生。他幼时丧母，母亲是一位声乐老师，有一双漂亮的手。他经常回忆母亲爱抚自己的场景。心理医生告诉他，幼儿在成长早期感受到的世界是局部的，如母亲的手、乳房等，随着知觉的发展才慢慢知觉到世界的完整性。对母亲的手的局部感受成了他对母亲的怀念的符号元素。

这个具有精神分析意义的符号学案例具有双重转喻：第一，母亲的美手成为对母亲、幼时生活怀念的符号：一个局部的实物代替了一个整体和相关的生活情景。第二，女上司的手又成了他母亲的手的替代符号，同类事物中的某个成为另一个的替代。

这就是转喻编码：喻体（能指）和本体（所指）之间基于一种事物之间的接近联想理据，包括时空、因果、类属的理据性等等。

转喻编码构成的物语极具文化价值，目前流行的所谓地标物语，多数都是由转喻手法构成的。如：泡菜=韩国；长辫子=清朝；熊猫=中国；栈桥=青岛；青岛啤酒=青岛；苹果=水果……在许多地方政府每年的施政纲领中常常有“做群众满意的十件事”之类说法，为什么是这十件而不是另外十件？在某种程度上取决于它们的转喻性质：在多大程度上成为同类或整体的典型代表，是入选“十件大事”的标准之一。所谓的形象工程、面子工程也常常与这种转喻性物语思维有关。

基于事物之间接近性理据的转喻，与皮尔士的指索符号似乎有些类似。后者比如某棵树成为某个历史事件的记录（洪洞县的老槐树）、朱德的扁担成为井冈山斗争的见证等，它们都是指索符号：物自身（能指）与它所关联的某个所指（人物、事件、相关物等）有着空间、时间、因果的实在关联性。但指索与转喻的区别是：其一，指索符号的关联性是建立在真实的、可验证的现实关联基础上的，而转喻的接近性则是基于客观基础之上的一种意义联想，因此现实关联和意义理据不属于同一个范畴。其二，指索的关联性是必然的关系，转喻的接近理据则是意义联想的产物。

指索性编码：

打伞	指索	下雨
彩虹	指索	雨过天晴
菜香味	指索	有人在做饭
婚车	指索	结婚

转喻编码：

枪	转喻	战争
残骸	转喻	战争
希特勒	转喻	战争

在转喻中喻体和本体的相关性理据的建立取决于人为选择和规定，而指索符号中的关联性则是内在的、必然的关联。

2. 隐喻

隐喻是建立在相似性联想基础上的理据性编码方式。我们面对一个物的时候，它的外貌、品质、用途、材料等都会激发我们产生与之相似的另一些事物或观念。譬如，巴黎的埃菲尔铁塔，它成为广泛意义的隐喻符号："火箭、树干、起重机、阴茎、避雷针或萤火虫……"这种近乎无限的相似性联想使得物语（埃菲尔铁塔）不断生产着各种隐喻："（铁塔）起着一种迷人的作用，一个纯能指的作用，即这样一种形式的作用：人们可以不断地把意义纳入这种形式中……铁塔永远会是某种其他之物，会是远远超出埃菲尔铁塔自身之物。"[1]但更多的物语常常是以单一的隐喻符号出现，如某模特的气质与某香水的品质相合，她便成了那种香水的隐喻（代言人）。

隐喻符号的相似性虽然可以出现在词语、图像和物语的编码中，

[1]【法】罗兰·巴尔特：《埃菲尔铁塔》，李幼蒸译，中国人民大学出版社2008年版，第2、3页。

但它与图画符号的像似性编码容易混淆，学术界常常将这两个术语互用而不加区别，因为它们都是在制造一种建立在“像”的基础上的形象感。倘若我们着眼于符号的异质性，就会发现它们分属不同的编码方式。请看：

B喇叭花

图81

上述案例具有图像的像似性和隐喻的相似性双重交叉。（左图中的）唱机喇叭，作为一个仿照花的形状而设计的产品，我们可以看做是一个图像符号的能指，它与其所指——（右图中的）喇叭花之间的编码方式是像似性的模仿关系。但是，右图中的花在汉语中称为“喇叭花”，这个词语显然是一个隐喻：像喇叭的花。其能指和所指结合的编码方式则是相似性。上例中的图像像似和隐喻相似区别主要有以下几点：

其一，像似性重在对实在的原型进行模仿，意义重点在所指。如喇叭是喇叭花的肖似性描绘，重在启发人们想到喇叭背后的原型“花”。而相似性重在对两个相似的意义概念进行创造性的联想，意义重点在能指和表达方式本身，如“喇叭花”这个词语，强调的是用“喇叭”的观念意象去表达“花”的概念，更注重在观念性联想的多种相似性中进行创造性的选择。

其二，像似主要应用于图像和物语符号，带有直觉、可视的特点；而相似性主要用于语言符号，是通过意义联想所创造的形象，带有意象、想象的特点。因此，像似性是观看，如唱机上的喇叭是我们观看喇叭后而产生出的喇叭花的形象；而相似是阅读和意象，如“喇叭花”这个词语，我们想象到一个喇叭和某类花之间外形上的相近，但这种相近是思索、想象的结果，“喇叭花”这个单词并未直接给我们提供一个视觉形象。

其三，像似性和相似性代表了视觉文化的两个基本范畴：可视和可视性。“可视性”是一个具有特定哲学符号学内涵的术语。海德格尔在分析世界图象的兴起时指出：“世界图象并非意指一幅关于世界的图象，而是指世界被把握为图象了。”[1]譬如看到一张某人的照片，我们可以有两种表述：①“这是某人”；②“这是某人的照片”。表述①即“关于世界的图象”，观看者关注的是图象背后的世界或对象，而不是图象与世界之间的关系。表述②则是“世界被把握为图象”，它引出并注意到了“某人与照片”之间的意指性关系或显示性关系，这种关系是把世界把握为图象的过程和活动，就是“可视性”的含义。正是站在“可视性”的角度，施莱格尔才说“一切诗歌均以恢复语言原初的图象性为鹄的”[2]。诗歌并不直接诉诸我们的视觉，但它的表达方式却是隐喻性的、可视性的，诗歌尤其是中国古典诗歌倾向于使用一种图画性方式来书写。从可视性的角度同样可以分析音乐符号：旋律从表层的媒体属性看是时间性符号，但从深层的音乐语言生成方式看，它却是一种可视性的呈现方式。因此，像似性和相似性代表了两种“看”的方式：一是“世界的图象”意义上的看，它可称为“可视”，指一种直接作用于眼睛的视象，是直接看的对象，其信息焦点是看的对象。二是“世界被把握为图象”即“可视性”，其信息焦点是生成看的方式。

其四，我们将像似性和相似性、可视和可视性上升为两种视觉文化范畴之后，它们就超越了具体的符号而变成具有普遍意义的编码方式：图像和物语符号中也有相似性的问题，如中国传统的写意画，更注

[1]【德】海德格尔：《海德格尔选集》（下），孙周兴选编，上海三联书店1996年版，第899页。

[2]张沛：《隐喻的生命》，北京大学出版社2004年版，第28页。

重神似，与西方油画相比那是一种意义的相似性联想而非形似（像似性）。语言符号中也有像似性的问题，如汉语指示代词“这”、“那”的两个元音，后者比前者更洪亮，是因为“那”是远指，而响度弱一些的“这”是近指。“这”和“那”的响度分工与它们的所指对象同构，这种同构实际上是语言结构对现实世界空间结构的像似性、图式性模仿：空间距离的像似。

二、物语的像似编码

物语按照图像的像似性编码组织起来意指的过程就是物语的像似性编码，物的能指与所指对象具某种程度上的肖似性。如园林是自然景观的仿拟，泳池是江河湖泊的仿拟，味精是自然味道的仿拟，大棚菜是大田菜的仿拟，转基因粮食、克隆羊等是某种生物结构图式的仿拟，山寨产品是原作的仿拟，地沟油是食品油的仿拟，等等。像似性编码使物语成为图像，但这个图像化了的物语又常常被当做物来看待，因此，像似性编码的物语消解了图像与物语的界线，具有类符号特征，我们可叫做类物语或类像。

像似编码还包括结构像似。如在本章第三节第二部分“现实物”的分析中，涉及到了家具构成的物体系的分析，西方中古世纪家庭住所中的各种实在物（居家用具），更像一个兼具用餐、睡觉功能的开放性工作场所；而现代住宅所凝集的实在物框架则有了诸如洗衣机、洗碗机、吸尘器等要素的参与，使得住宅更像一个休闲空间而非家务劳动场所。因此，在鲍德里亚看来，不同的物体系具有符号功能，它们首先是人际关系或生活方式的凝结物和化身，[1]即家具系统成了人际关系或生活方式的结构性像似符号。

1. 移心型类物语：意在被识破的像似性

这是多数图画（写意山水画、油画、漫画）的主导编码。在物语中，如象形石（某块山石的形状像现实中的某人、某物），仿拟性景观

[1]【法】尚·布希亚（又译鲍德里亚）：《物体系》，林志明译，上海人民出版社2001年版，第14页。

（盆景、上海世博会展馆亦是各国的微型景观），具有明确识别性的各种仿造品（人造肉、糖精、味精、色素、化肥、假花），等等。

这种像似性强调所指原型对物的外在形象的优先性，人们可感受到从形象到原型之间具有某种可意识到的距离感和真实模仿性，这种距离感就是像似性，就像看双簧戏，观众在前台的演员与后台的演员之间某种可意识到的仿拟性中获得美感。在这种像似性编码的物语中，物语是通过否定它的原型而建立自己的形象的，一方面人们不会把能指和所指、副本和原本、仿造物和原型、形象和对象相混淆；另一方面，它又消解了自己的图像性而以实物的面貌示人。这种既在图像和物语之间跨界，又保留了两者之间的张力和距离感的像似性编码就是移心型类物语。

2. 执中型物语：隐晦的像似性

包括三种：

第一种是意在掩饰的像似性。即它是按照像似性编码建构的物语，但又故意将这种像似性掩饰为对象本身。现实物语中的假货或冒牌货，如地沟油、难以识别的山寨产品、演唱会上的对口型等，都属于这种情况。

第二种是真假难辨的像似性。在这种像似性中，形象与事实之间的关联词由否定性的“像”被误读为肯定性的“是”：“你看着一幅绘画，你会说这并不是现实，这只不过是幅艺术品，而在摄影面前你却不能这样说。你意识到相片上的形象就是现实，无法否认现实就是这个样子。距离感正是由于摄影形象和电影的出现而逐渐消失。”[1]形象的过于逼真乃至人们无法区别形象与原型。鲍德里亚称之为“它掩盖某种基本真实的缺场”[2]。人们以把符号事实当成缺席的真正事实。物语中也存在这种肯定的像似性编码，如转基因粮食、大棚菜与大田菜、笼养鸡与散养鸡等。鲍德里亚称这种真假难辨的像似性为“仿真”：“假装或佯装触及了现实原则，真实被遮盖起来，而仿真却威胁着‘真’与

---

[1] 杰姆逊：《后现代主义与文化理论》，唐小兵译，北京大学出版社1997年版，第217页。

[2] 汪民安等编：《后现代性的哲学话语》，浙江人民出版社2000年版，第329—345页。

‘假’、‘真实’与‘想象’之间的差异。”[1]

第三种是自我的像似。这是鲍德里亚所谓的“它与任何真实都没有联系，它纯粹是自身的拟像”[2]。按照模型生产的产品便是这种像似：物模仿的是自身的结构模式。比如汽车生产线下来的第一辆汽车与第五百辆没有区别，都是一个模型复制的产物，它们没有原本和摹本的区分。在这种像似中，“是模型先行，模型在先，它们的轨道（像炸弹一样）循环构成真正的事件磁场。事实已经没有自身的运行轨道，它们出现于模型界面处，所有模型可以同时生成一个事实”[3]。青岛啤酒是一个有趣的拟像化的案例：100多年前，德国人在青岛首设啤酒厂，看中的是当地的崂山水，这种产自崂山深层山脉的天然弱碱水，清纯甘冽，富含生态氧和多种矿物质、微量元素，酿出的啤酒自然也是细腻柔和、醇厚甘甜。1997年青岛啤酒开始品牌扩张战略，其主要途径是摆脱对崂山水的依赖，走向可口可乐的“配方化”生产模式：让异地的水源适合于这个配方，实现青岛啤酒的异地生产。四年的时间便收购了40多家啤酒厂，销量由1998年的5.5亿升跃升为2001年的24.7亿升。我们看到，在啤酒—水源这一对关系模式中，青啤在1997年以前是“意在被识破的像似性”：承认崂山水外在于青啤的独立性，承认青啤对崂山水的模仿和依赖。但自1997年在水的配方化以后，青啤用什么水已经不重要，重要的是那个配方及其配制出的特殊的口感。啤酒—水源的关系转为“自我的像似性”。

在执中型的类物语中，被图像化的物语被当做实物来看待，二者之间的距离感消失了。

三、物语的交流性编码

在意符性物语中，其直接义和间接义的结合体现了某种人际交流关系（社会关系和主体间关系），这种编码称为交流性编码。如肉食品和素食品，它们可能隐含着某种行为模式：素食主义和非素食主义。当

[1] 汪民安等编：《后现代性的哲学话语》，浙江人民出版社2000年版，第329—345页。
[2] 汪民安等编：《后现代性的哲学话语》，浙江人民出版社2000年版，第333页。
[3] 汪民安等编：《后现代性的哲学话语》，浙江人民出版社2000年版，第375页。

然这种行为的意义是不可见的抽象观念，它要寄寓于实物形态（素食品和非素食品）及其产生和消费这种实物的实践活动中，意义被物及其物的生产消费活动可视化了。素食主义和非素食主义不仅体现了人对物的价值判断（如是否戒荤），还表现了人与人之间的社会关系，如身份识别（佛教徒和某些绿色主义者是以素食作为彼此身份识别的纽带之一的）。这种身份识别就是物语的交流编码产生的符号功能。

交流编码是话语的主导编码在物语中的表现。话语的主导编码更强调主体间的交流关系，物语编码更侧重物名关系：面对浑成的物质世界而产生的主客分离的要求。当物语成为承载交流编码时，这便成为类符号。

1. 人作为物语的交流编码

看这段描写：

“我们一直盼望着你来，已经等了两三天了。什么事耽误了你赶路？——是船搁浅了吗？”

“是呀，太太。（但）不是搁浅——搁浅误不了多少工夫。我们有个汽缸盖爆炸了。”

“老天爷！伤着人了吗？”

“没有，太太。炸死一个黑小子。”

“呀，还算走运；因为有时候要伤人的。”

（马克·吐温《哈克贝利·费恩历险记》第32章）

上述对话中白人殖民者把黑人看做是一件物，诚如巴赫金所谓的独白性：

这里只有一个主体——认识（观照）和说话（表述）者。与他相对的只是不具声音的物体。任何的认识客体（其中包括人）均可被当做物来感知和认识。[1]

人是会说话的主体性动物，“主体本身不可能作为物来感知和研究，因为他作为主体，不能既是主体又不具声音；所以，对他的认识只

[1]【苏】巴赫金：《文本、对话与人文》，白春仁等译，河北教育出版社1998年版，第379页。

能是对话性的”[1]。但是，当黑人被“客体化”为物的时候，他的声音被抑制而失语，他的主体意愿被缺席。“强制性话语要求有缺席或缄默的对象，这个对象既听不见也不作应答”[2]，“对象本身并不参与自己的形象塑造”[3]。于是，黑人在殖民者眼中成了一种客体性物语而非主体性物语。

主体性物语就是把区别于自己的另一个人、他者确立为自己的对话者而非失语的客体，反之则是客体性物语。在独白性体制安排中，所谓的“群众”常常被编码为客体性物语，言论权、选举权等被直接或间接地取消、架空。

主体性物语的本质是“确立他人意识作为平等的主体而非客体”[4]；客体性物语则是将他者被看做是不发声、没有自己主体意识的客体。所以，同样是人，当他失去发声的权力时，这个失语的主体就是一个物语符号、一个独白话语的承载体。

2. 实物性物语的交流编码

请看下图：

图82

[1]【苏】巴赫金：《文本、对话与人文》，白春仁等译，河北教育出版社1998年版，第379页。

[2]【苏】巴赫金：《文本、对话与人文》，白春仁等译，河北教育出版社1998年版，第80页。

[3]【苏】巴赫金：《文本、对话与人文》，白春仁等译，河北教育出版社1998年版，第81页。

[4]【苏】巴赫金：《陀思妥耶夫斯基诗学问题》，白春仁、顾亚铃译，三联书店1988年版，第34页。

上图左是法国某城郊山脚下的桌凳。中国人喜欢在山顶上建一个亭阁（右图），但西方人则喜欢在平地或任何一个可以观景的地方设置露天的桌凳。它与中国的亭阁都具有观景、休憩功能。不同之处在于，亭阁常居于高处或山顶，可做全景式俯瞰并实现对尘世的超越；桌椅却置于自然和平民之中。超越性的山顶亭阁属于少数人的空间，而连体桌凳则具有大众化（老少咸宜）特点，更具对话编码性。

建筑或城市空间本身就是一种社会交往方式。在某种意义上讲，消灭一种建筑类型就是消灭一种生活方式。如青岛市南区的云南路一带，传统的里院建筑被大规模地拆掉，这种聚落式的平民建筑连同它所承载的邻里亲密交往的生活方式一同消失，取而代之的是封闭而人际隔离的单元楼。不同的建筑或城市空间其实是人际交往关系的物化形式，它不仅负载了这种关系，同时还生产了这种关系。

剧场和广场，也是一对具有区别性特征的物语交往空间。它们的共同之处，都是人际交往的物化形态和场所。剧场的空间本身是一个间隔的、不透明的、秩序化的空间。首先，它的墙体分割了剧场内外，阻隔了内外的交往。其次，剧场内部含有秩序的意义。如规定座次、区分舞台与看台、演员与观众、不得喧哗等。而广场则是一个开放、消除间隔和自由交流的空间，甚至是一个狂欢、游行和自由表达言论的场所。显然，这两种物语空间体现了两种不同的交流编码，成为某种权力关系的介质或意识形态环境：

人的意识形态环境，一种从各个方面严实的包围着人的环境。就是在这种环境里生存和发展着人的意识。人的意识与存在的接触不是直接的，而是通过围绕着人的意识形态世界的介质进行的。[1]

意识形态或交流性物语也可以按照聚合原则构成一个主题系统。譬如在法国，反映城市“平民性”这一交流理念的物语空间主要有：街道；孩子与游戏；家庭；爱情与情人；巴黎及其景象；流浪汉——无家

[1]【苏】巴赫金：《周边集》，李辉凡等译，河北教育出版社1998年版，第123、124页。

可归者和边缘人；大众节日——集会与庆典；小酒馆；居住——住房与住房条件；劳动与手艺。[1]

可见，所谓的意识形态就是一种权力话语，它不仅仅是一种谈话方式，同时还表现为一种物质交往形式或介质。正是后者构成了所谓的“意识形态环境”——即物语所负载或建构的意识形态权力话语。所以，“意识形态环境”不是一个纯精神概念，而是符号学概念，本质上是一种物所表现出来的交流性意指方式：独白还是对话、隔绝还是开放、隐蔽还是透明等。

以城市公共空间的物语系统为例，其对话性交流编码主要表现为以下几个特点：

（1）去阶层化。指各阶层民众对公共空间的共享程度，体现了公共空间的平民性、开放性交流意识。如过去青岛的中山公园收费，甚至石老人海水浴场也一度收费，现在对全民实行免费开放，这是去阶层化的体现。而青岛第一海水浴场，冲洗费每人30元（2013年8月），超出了一般市民的消费能力，这个价格针对的是一次性消费的外地游客，显然造成了公共空间的阶层化。当然，有些公共空间如豪华餐厅、会所等是强化阶层化编码的，通过对身份、爱好、经济实力差异的强调，形成等级制消费。

（2）可进入性。指去阶层化的公众在交通、服务设施、形象识别、导向、出入自由等方面进入空间的流畅程度。譬如通过对青岛市的长途汽车站的调查，我们发现长途站及其周边的公共标识尤其是交通导向系统较之飞机场、火车站而言要混乱得多。当农民坐长途车进城而面临一个陌生且缺少标识的空间环境时，这个城市对他而言就是一个不友好、进入性较差的交流空间，当然这也体现了一种深层的阶层化意识。

（3）可憩性。即公共空间服务设施的人性化安排。让进入该空间的人不仅能够“游”，而且能够“憩”——如餐饮、休息、玩乐等。

---

[1] 斯图尔特·霍尔编：《表征》，徐亮、陆兴华译，商务印书馆2005年版，第102、103页。

（4）回味性。对话性公共空间应该有自己独特的美学、本土文化品格等，给每一个进入空间的人留下美好体验和独特记忆。青岛五四广场及其附近的雕塑物，表现的基本都是国家民族的宏大叙事题材，如孟母三迁、戚继光抗倭、郑成功收复台湾、四大发明、李白杜甫、大禹治水、冼星海、聂耳……美中不足的是缺少本土文化记忆，这就使得公共空间因缺少文化个性和地方认同而降低了回味感。

3. 交流编码的权力性

大学校园一般是城市的重要景点。但中国的大学校园往往不是一个城市的对话性公共空间，它具有阶层化（不对市民开放）、不可进入性（警卫站岗、围墙高筑）的权力特征。权力的本质是造成一种人际间交流关系的不平等，但这种权力往往是通过掩盖自身而实现的。因此，透明与遮蔽成为实现权力或某种交流编码的重要途径。比如生日蛋糕中的色素与添加增白剂的馒头，都是被符号化的物语，都是一种像似性编码。但有色素的蛋糕是意在被识破的修饰；增白剂馒头则是意在被掩盖的修饰。后者将符号能指掩饰为所指本身，使得符号发布者通过这种掩饰而获得对不知情者的信息控制。另如将好看的苹果摆在显眼的位置，诱导买主将符号事实当做自然事实来理解，其结果是事实按照有利于符号意向主体的方式被呈现，符号接受者被权力话语所支配。现代展览语境中，通过展示物品和制品来生产意义。物成了“词”，它“所包含的意指实践是在一个屋里空间中安排和展出的，而不是在图片杂志或刊物的页面上编排的”。但是，“展览也是一个‘系统’或‘表征实践’，所以也‘像语言一样’运作”。展示这个而非那个，展示物品与物品之间的关系，都是一种符号性选择，“每一选择都产生两个后果，一是产生了什么意义，二是意义是如何产生的……这些意义是如何不可避免地暗含于权力的各种关系中的——尤其在操作展览的人和被展览的人之间”[1]。

4. 物教

物语的交流性编码渗透着意识形态和权力话语，成为物化的意识

[1] 斯图尔特·霍尔编：《表征》，徐亮、陆兴华译，商务印书馆2005年版，第8页。

形态环境。其中的“每一个意识形态产品都是人周围的物质社会现实的一部分，是物化了的意识形态视野的因素”[1]，“这一切的总和组成人的意识形态环境，一种从各个方面严实地包围着人的环境。就是在这种环境里生存和发展着人的意识。人的意识与存在的接触不是直接的，而是通过围绕着人的意识形态世界的介质进行的”[2]。这个由物语构成的意识形态环境就是我们说的物教，它比言教更真实、更具持久的影响力。

四、物语的指索性编码

1. 物语的转喻编码与指索编码

我们在物语的转喻问题的讨论中已经区别了指索性与转喻性，如铁锚，它可能作为远洋公司或航海事业的象征、标志物（转喻方式），但也可能是某个沉船或海洋文化遗迹的物证（指索方式）。转喻的铁锚与它象征的对象之间的理据性关联，从根本上讲是由社会约定的、意义性的；而指索方式的铁锚，其能指和所指之间的关系却有着内在的、自然的、可验证的关系。因此，前者更接近词语编码范畴，而后者则是物语编码的主导型。同样是农家宴，我们可以把它看做是回归自然、体验原生态生活的转喻符号（如休闲旅游中关于农家宴的广告宣传）。但也可以把农家宴看做是一个指索性物语：农家宴作为一个休闲指索符号，它内部关联了诸如农舍、田园景观、茶、水、山鸡、野菜、土特产等，它们不仅仅是自然物，这些物语都指索着或表征着本地人所赖以生存的条件、限制因素以及贴近自然的生活方式。德波认为生活本身展示为许多景象的高度聚积，[3]农家宴就是这种文化景观的聚集或展示平台。农家宴的那些构成物与它表征或指索的对象之间有着内在的、自然的、物质的关联性，农家宴就是被对象化了的本土文化、一个文化元素或指索性物语，它成为人与自然交流的重要的关联点之一。

---

[1]【苏】巴赫金：《周边集》，李辉凡等译，河北教育出版社1998年版，第115页。

[2]【苏】巴赫金：《周边集》，李辉凡等译，河北教育出版社1998年版，第123、124页。

[3]【法】居伊·德波：《景观社会》，王昭凤译，南京大学出版社2006年版，第3页。

2. 物语的像似编码与指索编码

转喻与指索相比，后者更接近原点。这涉及到一个符号的真实关联度或实体关联度（由符号的意指方式所决定的符号接近原点的程度）问题。为此我们还要思考另一个对比项：像似性方式与指索性方式——哪个更接近原点？

以镜像符号的代表——照片为例，它具有像似和指索双重编码性。

首先，照片具有绘画符号的像似性编码特征，它镜像式地模仿现实对象，但又仅仅是对象的任意替代；是通过否定对象的方式去替代和再现对象。因此它既可以复制、修改和造假，也可以逼真地模仿和再现。

其次，照片又是"伟大的瞬间"的产物，它的显像过程与对象的在场是同步的，这与绘画有着本质区别，绘画的原型可以不在现场，可以任意虚构；但照片、影视技术则是建立在所指物在场的基础上的，从这个角度说照片又是在场的对象之显影和痕迹，就像镜中人，它以实在的人的在场为前提的，形象与对象之间是建立在存在性关联基础上的。从这个角度说照片又是指索符号。

照片的双重编码——像似性和指索性，代表了两种哲学认识论：真实性与实证性。

（1）像似与真实性　真实性是形象与现实的距离感问题，具体指像似性原则模仿或再现现实的逼真度问题，也就是说，只有形象或符号世界才存在真实性问题。真实性又包括两个问题：仿制与造假。如连锁店，如果按照统一的标准和品质组织起来，各分店之间便是仿制或复制的关系；如果其中有的店铺达不到连锁的标准和品质，但又假冒连锁之名，则是造假。

仿制（复制或模仿）的性质表现在两个方面。首先，仿制（复制或模仿）品与原件即物语的能指与所指之间存在某种任意性关系：原件和仿制品的可分离性、可选择性。复制品并未消灭它与原件的距离，中国的家乐福与法国的家乐福并非是零度的接近，同一个品牌的产品也非百分之百的同质。正是这种距离或分离使得仿制成为可能。其次，这种任意性关系的仿制是在一定程序监督下进行的：物的仿制性质对接受者和发出者而言都是透明的、公开的、不加掩饰的。所以，仿制是意在被识破的模仿。

造假物与原件之间也是基于像似原则基础上的某种程度的任意性：保持了二者之间的差异和距离。但它与原件的仿制关系被掩盖了，它混淆了原件与模仿物之间的界限，不承认二者之间的差异，把仿造的形象伪装成原件的直接表象。所以，造假物或赝品的本质是意在掩饰的模仿。

所以，真实性问题是由形象与现实之间的像似关系引起的，它是逼近现实的一种符号化方式而非现实本身。

（2）指索与实证性 指索关系不是一种差异或任意性分离的关系，其能指与所指（如闪电与雷、落叶与秋天、菜刀与罪犯、德国造与高品质、残垣断壁与古代文明、鲅鱼的表象与它内在的质量等）之间存在着空间、时间、因果或现象与本质等方面的直接关联，并且这种关联是可以通过物质的、技术的、经验的手段来加以验证的。譬如一个可以溯源的国际贸易食品，其溯源性标识主要有：系列货运包装箱代码，全球贸易项目代码，物流单元内贸易项目代码，批号，生产日期，包装日期，源实体参考代码，供货方EAN・UCC全球位置码，贸易项目的原产国，加工者批准号码，等等。这些溯源性标识使得食品成为一个"安全的"指索性符号，这种安全性是建立在可验证、可追溯的基础上的。一个自称"安全"但又缺少可追溯标识的商品，在本质上是一个理据或像似符号而非指索符号。当下中国食品安全的主要问题是，食品的普遍理据化、像似化而不是指索化，即食品的安全不是建立在一个可监控、可证伪、可溯源的指索关系中，而是通过理据性或像似性描述来实现其真实安全性的空洞允诺。其主要特征是：其一，物的能指与所指之间是任意分离关系，存在着差距和距离感；其二，能指物带有较强的人为操控性；其三，能指物（物品表象）与所指（自身品质）之间的关系是变动的。但是，中国目前已经加快了食品安全指索化、标识化的步伐。[1]

互联网上的物语是二次媒介能指（见第二章第四节）的物语，即以图像方式呈现的物语。比如网店中的商品，这类二次媒介能指的物语具有像照片符号一样的类符号、类编码性——既是像似性编码（真实性问题）又是指索性编码（实证性问题）：其一，它是以图像的方式呈现的，因此遵循的是像似性编码；其二，它本身又是物语的等值替代，因此遵循的是物语的指索性编码。但互联网网点的物语主导型不是像似编码而是指索编码。如果商家按照像似性原则经营网点，将物语理解为一个展示性的形象而非可验证的实体，其结果常常导致信誉危机（展示的形象与到手的货物不相符）。据报道，谷歌将在2013年末开设首批体验店——一种实体性的专卖店，让消费者在做出网购的决定前先进行实物体验。这种体验店就是一种指索性编码，它摈弃了像似性编码飘渺的不确定性，要求物语的可验证性和可体验性。

3. 指索编码的两种具体关联方式：继时性关联和同时性关联

物语的指索编码主要范围包括预兆（物成为即将发生事件的能指）、症候（物成为正在发生的事件的能指）、痕迹（物成为已经发生事件的能指）。其中痕迹的研究在人文学科中备受关注（如证据学、考古学、历史学、艺术学等），预兆的研究在科学观测领域中更受关注（诸如医疗、气象、地理等）。症候的研究在人文科学和自然科学中得到广泛应用。

预兆、症候和痕迹这三种类型中，预兆和痕迹是继时性的，症候是同时性的。继时性关联是指物语与它指索的对象所指（实在物）之间有着前因后果的相继性客观联系；同时性关联则是指物语的能指和所指之间有着共同在场、互为依存的关系：一方的存在是建立在对方也同时

---

［1］据2012年8月14日《人民日报》：8月13日，卫生部表示，《预包装食品营养标签通则》将于2013年1月1日正式施行。……《预包装食品营养标签通则》规定，预包装食品应当在标签上强制标示四种营养成分和能量（“4+1”）含量值及其占营养素参考值（NRV）百分比，“4”是指核心营养素，即蛋白质、脂肪、碳水化合物、钠，“1”是指能量。如食品配料含有或生产过程中使用了氢化和（或）部分氢化油脂，应当标示反式脂肪（酸）含量。本标准还对其他营养成分标示、营养声称和营养成分功能声称等作出了具体规定。

存在的条件上的。

（1）继时性关联 我们重点讨论痕迹性物语。物作为已发生事件的痕迹，其主要指索对象包括自指和他指。

痕迹的自指主要有：物诞生的最初的历史时刻；物的创造或制造的方式、技术；物的质料、结构、形式和功能等。如对一个物品真伪、时间、性质和功能的鉴定。

痕迹的他指主要有：物的占有者或使用者；物存在、被使用过程中所处的地理、社会、历史背景；物所隐含的知识分类框架；与物相关的人的活动脚本等。

严格讲，痕迹性物语指索的对象还是现实物，某个遗迹指索着某种文明，但该文明作为一个历史事件已经消失，它只能作为一个不在场的现实物，通过它的遗迹停留在人们的记忆中。但是，它本质上又是一个可以验证或实证的联想事件，因此，痕迹与所指物构成一种继时性关系。同时性关联所产生的指索关系，它要求的是能指与所指——譬如作为能指在场物和作为所指的记号性观念物（标签或话语）必须同时在现场出现，二者构成一种物名性同时存在关系。而依次出场的继时性指索关系是推导、验证关系。[1]

（2）同时性关联 皮尔士探讨了指称代词（如你、我、他、它）的同时性存在关联的特点：如果指称的对象不在场，代词就毫无意义。[2]代词是通过与在场的事实相对应来产生关联的，它使注意力指向在场物而非去描述对象。当然，代词是一个约定符号，但这个约定符号在此已经成为物名关系中的标签、标识，成为在场物自身的区别性特征。因此，在场物的标签、标识与代词一样，它们之间都是一种同时性

[1] 皮尔士清楚地区别了实在关系和存在关系："存在就是在其环境里与跟它类似的其它的事物相作用。……当我的书房里的桌子与我的肉体存在相对作用时，它是存在的。我可以站在它的上面……。但是，当它是独立于任何个体对于它的看法的时候，这个桌子是真实的。""当某物是独立于你、我或其他任何个人的思想的时候，它就是实在的。……所有存在的东西都是实在的，但是并非所有实在的东西都是存在的。"参见【美】科尼利斯·瓦尔：《皮尔士》郝长墀译，中华书局2003年版，第72、90页。

[2] 参见【美】科尼利斯·瓦尔：《皮尔士》郝长墀译，中华书局2003年版，第104页。

而非继时性的指索编码关系。

在同时性指索编码中，物语的能指和所指是一个相互依存关系，其中任一要素的修改和变动，必然破坏物语的整体存在性而发生改变。这也叫做零度原则。譬如验血试管上面的编号，就是存在性关联，编号铭刻了验血者的身份，血样成为他的身体状况的症候。编号的修改或血样的转移都是对物语的整体破坏。借助于标识编码物得以建构自身，标识在区分物的同时又成为物的存在方式。

与之相对的是偏离性原则，主要包括标识的有限和在场物的多样（如一个标识可以代表不同的在场物），在场物的有限和标识的多样（一个在场物被不同的标签所识别）。如一个食品包装上生产日期、产地、配料成分等信息不明确，或者食品缺少溯源性标识，就是一种典型的偏离编码。偏离性编码是中国食品安全的根本性问题之一。

同时性指索编码的存在性关联首先在物语中体现为“现象直观”：将物置于人的意向性注视中去认定物，或者说通过注视在场物而使物成为人的意识对象。成为意识对象的物或现象直观，在符号学来说就是把物看做是它的表象来进行符号学阐释。如中医，通过“望、闻、问、切”四种诊查疾病的方法，将人的身体转化为体征或症候，而“望、闻、问、切”则成为意识介入身体的符号化方式，最终导致一种存在性的物名关系：在场物——体征成为能指，通过能指的指索而意识到的疾病是所指，后者以释义元语言的方式存在，最终体现为病历和诊断书。在实指消费中，譬如我们去农贸市场，一般是根据农产品的外观、品相、成色去判定它的内在质量，这个过程也是“现象直观”即对在场的物语进行同时性指索分析的过程。但是，有些同时性指索编码无法通过“现象直观”去获得所指，譬如西医认为通过人身体的外在表象无法认识身体的内在属性，要想让那些“黑箱性”的身体疾病被人们“直观”，只能借助于科学和理性的实证手段，如仪器观察、化验、解剖等，这种直观是“理性直观”，科学实证手段成为指索性编码。同一个身体中医和西医有不同认知，这是“符号学间性”的问题，但从“符号间性”的角度分析，现实中有“现象直观”、“理性直观”和“解码直观”的物语之分。高度异质化的农产品，可以通过“现象直观”来认定它们的所指，而高度同质化的工业产品诸如家电，只能通过“理性直观”来确定它的所指。2013年初，北京等地连续出现了雾霾天气，同时各地也出现了地下水污染的报道。相对于水污染而言，雾霾是一个可以“现象直观”的事件，人们仅凭自己的感官直觉就可感受到污染的存在；而地下水污染却很难直接感知，它需要复杂的科学实证手段才能认定，因此是一个“理性直观”的物语。某地被报道地下水污染严重后，当地环保部门下文件通知企业，要求对有关新闻媒体的暗访调查做好应对，其目的是防止水污染成为一个话语事件和媒体事件。通过某种加密的手段有意让事件停留在公众话语之外，而只有通过破译性解码的方式才能为公众直观、认知的事件或事物，我们称之为“解码直观”的物语。

值得我们深思的是，“现象直观”的物语容易成为前台化的公众性“媒体事件”或“话语事件”，因为每个人都可以对它拥有话语权；而“理性直观”和“解码直观”的物语却难以成为媒体事件而常常处于后台化状态：仅仅以“行政事件”的方式存在。因为只有少数人（政府部门、专业机构）享有此类物语的话语权，决定了这类事件是否被披露和如何披露的权力。因此，尽管地下水污染不比雾霾危害小，但因为它难以成为媒体事件，其结果往往是雾霾的问题更容易优先解决，许多问题或物语在没有成为媒体事件以前，公众都意识不到它的存在，因此上不了行政当局的议事日程。

4. 物名性指索关系和名物性指索关系

在本章第一节我们讨论了两种名物关系，第一是“名”指代不在场的物即现实物，如在档案室的人名。第二指唤出物的出场的名字，如主席台上事先摆上的台卡，上面写着的名字预示着人的出场。在场的名物关系属于物语范畴，不在场的名物关系属于词语范畴。这样，物语便有两种指索关系：名物性指索关系和物名性指索关系。我们刚才讨论的“现象直观”和“理性直观”的物语，便属于物名性指索关系。

物名性指索和名物性指索的根本区别就是：物的出场是因于名还

是物引出名。根据这两种指索关系，从符号间性的对比关系看，互联网上的虚拟物流系统属于名物关系的指索性编码，而正在兴起的物联网[1]则属于物名关系的指索性编码：首先是物的出场，然后引出物的所指信息及其与他物的关联。

再看下图：

图83

图84

图83是井冈山博物馆，我们看到实物的摆放（下方的玻璃柜）更

[1] 物联网（The Internet of things），概括地讲“物联网就是物物相连的互联网”，即通过装置在各类物体上的射频识别(RFID)、传感器、二维码等，经过接口与无线网络相连，从而给物体赋予“智能”，可实现人与物体的沟通和对话，也可以实现物体与物体互相间的沟通和对话，这种将物体联接起来的网络被称为“物联网”。物联网被称为继计算机、互联网之后世界信息产业发展的第三次浪潮，被视为互联网的应用拓展，新一代信息技术的重要组成部分。

多地服从于词语的线性规则（上方的文字和图片，它们按照时间和事件发展的顺序），物的秩序服从于词语的安排。图84是法国埃及学家商博良故居中的陈列物，尽管也有说明性文字，但文字的说明更多地服从于物自身的空间法则。

同样是物的出场，同样是词与物的关系，但二者的编码倾向显然有别：图83倾向于词语对物语的召唤，而图84倾向于物引出词。区分的标准就是本书反复强调的：名物关系和物名关系的确定取决于符号使用者的认知顺序、符号自身的发生顺序以及功能角色：谁是主题，谁是主题的标明、说明。井冈山博物馆的实物更倾向于行使说明、证实词语的功能，而商博良博物馆的实物则是被词语说明、标明的主题。如果我们注意调查一下中国各地的各种博物馆就会发现，这种以名物关系为主导的编码方式在中国大陆非常普遍。

名物关系和物名关系编码的不同之处在于：

（1）继时性　在名物关系中，词与物是继时性的，在场物充当所指，它总是倾向于被推迟在场：通过先词后物的顺序依次出场，词（在本书的物名和名物关系讨论中，其中的“词”或“名”也包括了话语符号）把自己本质上是社会约定性的编码强加于物之上，词成了物得以出场和建构自身的基本条件。

（2）同时性　在物名关系中，物总是优先于词，词成为物的客观属性的物质外壳，成为物的内容属性或所指，成为说明物、标明物的元语言。但是，物对于词的优先性是功能上的而不是继时性的。不是先有物后有词的时间逻辑，而是共时的存在性关联：没有词或记号性观念物做所指，物就不成其为物语；没有实物性能指，词或记号性观念物就不是元语言而是指涉性语言——后者总是喜欢自己出场来替代或推迟物的在场。因此，作为物的元语言、作为物的所指的词或记号性关联物，它与物之间就不再是纯粹约定性编码，而是指索性的：物即它的名字，名字即被理解了的物。

（3）代码依赖型和语境依赖型　名物关系是代码依赖型，物名关系常常是语境依赖型[1]。所谓代码依赖型，就是符号的所指及其意义较多地依赖于词语的代码规则（当然这种名物关系与不在场的词语相比是指索性的，但与物名关系相比却又侧重于词语代码），书写性词语主导着人们对物语的理解。所谓语境依赖型，指符号的意义或所指主要依赖于接受者在具体语境中的阐释。如很多物语就是根据当事者对实物的主动阐释和判断而在特定语境中产生的符号现象，这个阐释和判断也是一个推理、推测、推想过程，并非都是科学、理性的。主要包括：① 科学验证性的或理性直观的（如通过对脚印的验证推导出某人）；② 经验判断性的或现象直观的（根据物品的成色或品相判知它的种类或质量）；③ 相似联想性的（看见落叶想到暮年）；④ 相关联想的（看到手帕想到爱人）；⑤ 占卜、迷信性的（听到鸟叫想到凶吉），等等。物名关系则倾向于语境依赖型：物的名称义、功能义总与当事者对在场物的当下经验感知有关，总与特定的语境有关。

（4）时间法则和空间法则　名物关系决定了约定性词语的结构组织方式是线性铺排的时间法则；而物名关系则决定了其组织方式必然以物的空间放置语法为主导。

博物馆是一个放置各种物类的场景或平台，它在本质上是遵循空间的物法而非时间的语法。但是，我们在上例的两个博物馆的对比中可以发现，在名物关系编码的博物馆中，词与物遵循的是任意性约定编码，即词与物是分离的：词出场而它所指涉的物并不必然出场，物仅仅是词的意义的脚注，只要词愿意，它可以任意选择彼物来替代此物，或者它可以选择性地让某些物出场、某些物隐藏。这种替代或选择的结果，空间的物成了时间的词的牺牲品，物被当做一个书写单位的附属品来利用，物的空间展示让位于词语的线性铺排。而在物名关系或存在性关联的编码的博物馆里，物成为主角、主题，词语被降低为一个在场物的清单或列表，词与物是统一的存在性关联。

[1] 代码依赖型和语境依赖型这两个术语引自【日】池上嘉彦：《符号学入门》，张晓云译，国际文化出版公司1985年版，第33页。

因此，在名物关系编码的博物馆中，一个物语主要存在于词语的秩序中（当然也可以图的方式存在），它被时间法则所组织。在物名关系或存在性关联编码的博物馆中，物存在于物语空间的场景中，它必然遵循物的并置法则，词语则作为标签或清单寄寓于能指物的躯壳之内。

（5）类符号性　名物性指索关系更具有类符号性。这种关系首先是一种物语范畴，是以物的在场而组织起来的一种编码关系，词与物的关系不再是替代，而是在场性的、可验证性的指索。但是，与物名关系相比，这种名物性指索关系又较多地向词语编码靠拢，在接受词语支配的同时又将自身掩饰为物的在场法则，致使两种编码交织并互相擦拭。在中国文化符号场中，名物性物语通常表现为被汉字隐性或显性书写：物虽在场，但它的分类、它的意义、它的叙事、它的传播主要是由汉字提供的。如青岛市的两个标志物：五四广场和栈桥。前者与国家、民族的宏大历史叙事有关，它的意义更依赖于汉字书写及其传播；而栈桥则关联了有关青岛本土的非书写性地方记忆，先有物的在场，然后唤起相关的阐释与记忆，因此更具有物名关系性。

相对而言，名物性物语更与书写和国家民族叙事有关，物名性物语则与本土记忆和本土文化认同有关。在中国语境下，物名性物语常常被名物性物语遮蔽、压制。一个物语不被名物化、书写化，便会被排斥在民族共同记忆之外。因此，对长期被边缘化的物名性物语的研究和关注，将是今天和未来中国文化研究的重点和热点。

5. 物语指索编码的几种符号化手段

物语指索编码主要有三种实现手段：

第一种是标签性标识编码，词与物一一对应的标签成为物存在的方式。如商品标识系统、城市空间识别系统、食品安全溯源系统等。

第二是文本性指索编码，如契约性、法律性、政策性文本（如某些“红头文件”）成为物体系区别、存在的基本条件和外部标识系统。以青岛市南老城区的洋房为例，多数建筑的外表至今基本保持了当年的欧陆风情，构成了青岛“红瓦、绿树、碧海、蓝天”的独特景观。但是我们进入到这些旧式别墅洋房内部观察，就会发现许多楼房的内部结构已经被改造得面目皆非。建筑内部形态的剧烈变化的根本原因是物权发生变化。一个独户别墅（所有者多半是资本家）解放后住进几户甚至十几户家庭，尤其是房改以后，后者都拥有对该别墅的部分产权，并以法律契约形式得到保护。独户别墅是单一主体，建筑受到单一法律契约的标签、识别和保护。单一别墅多主体化以后，多种文本性指索编码（产权文书）分裂了单一物体（建筑），自然使其结构形态发生剧烈变动。

这是一个符号学规则：由于物名之间有着存在性、指索性的关联，因此，指索编码符号可以通过改变其文本性编码来改变物自体结构；或者反过来说，一个刚性的指索性文本编码又可以保护、维持了物自体的稳定：一个物一旦为某种指索性文本或标签所编码，它便获得自己稳定的边界和物理形态；这种指索关系一旦被破坏，物也难以保持自身的统一稳定性。

在以经济建设为中心的现代中国，“土地财政”、“房产经济”使得广大国土成为人们任意塑造的泥团。从符号学的角度究其原因，就是中国土地缺少刚性的指索性编码，导致中国的山河国土常常处于剧烈的变动中。在今天，当欧洲的小城还沉浸在中世纪的风格氛围中时，我们的国土却在经历一场大拆大建的重塑过程。我们在对青岛崂山区域文化的研究中观察到，青岛崂山的景区和风景恢复区的版图自20世纪90年代以来急剧萎缩，规划中161平方公里的核心区目前实际控制的是50多平方公里。景区内“逆城市化”现象屡禁不止：城市有权有钱的人到景区、风景恢复区大建别墅，当地村民也竞相模仿，许多原生态自然景观被突兀的豪华别墅、违章建筑所破坏。[1]

当物名关系中的编码不再是刚性的指索性关联，那么它就被词语编码化了：变成一种像词语那样可以任意书写编码的关系。我们注意到，国土形态或者土地利用方式的历次重大变化，往往与政府重大纲领性文件的发布、实施有着直接的关联。其结果是，由于土地或物没有与

[1] 见孟华、马树华、韦志芳、孙守信：《崂山区域文化研究纲要》，2011年8月，第122页，未刊稿。

它的标签系统（法律性物权文本）建立刚性的同时性关联，物、土地成了词语书写的对象，成了名物关系——被政府意志主导的各种文件书写条件下的物。中国文化中最值得反思的现状是：物名关系普遍地被书写化（名物化）。

第三是话语性指索编码。如导游指着景观进行现场解说，她的话语成为景物的所指或元语言（记号性观念物）。

其中第一、第二类编码是前台化的，可以被标识出来；第三类话语性指索编码是后台化的，物语在话语逝去后便变成自然物。所以，如果说文化研究的一个新领域是以物语为形态的文化元素，那么文化元素或物语的前台化则是文化研究的重中之重。文化物语的前台化问题就是文化元素的标识方式问题。

五、 物语指索关系的类编码性分析

记号性物语中，记号——词（或话语）置于能指物的主导之下，词与物合二为一，词成了物的所指内容、元语言或自然属性。其实，记号性物语也无法摆脱带有词语的约定性编码的浸染，只不过它在与名物关系相对比的条件下更接近指索性编码。物名关系中作为元语言或记号性观念物的词语、话语，它们在客观地表述在场物的同时，常常把词语携带的意识形态内容悄悄地转移到物的身上，或者伪装成物的客观属性。比如，山东潍坊生产的青萝卜，当地人一般把它当做蔬菜，即作为物语它被归于蔬菜类。但山东有“烟台苹果莱阳梨，不如潍坊的萝卜皮”的民谚。这个民谚与萝卜的“蔬菜”标签相冲突——它直接把潍坊萝卜与烟台的水果归于一类。

于是在“萝卜”的实物能指下面，存在着“蔬菜话语”和“水果话语”的博弈。这说明物名关系中的指索性编码，仍带有相当程度的任意约定性。但问题是这种任意约定性被强大的指索编码所压倒，致使人们误把萝卜的“蔬菜话语”或者“水果话语”当做萝卜的自然属性。当处于博弈状态下的物语的话语被另一种话语所战胜以后，我们就会发现，物的自然属性也在悄悄地转移。请看下图：

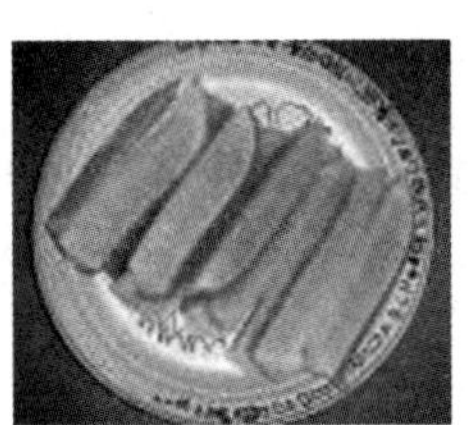

图85

上图中，潍坊萝卜被放到果盘里，今天这已成为当地人的一种习惯，它标志着潍坊萝卜的意义由“蔬菜”向“水果”的转移。在这个转移过程中，实际上受制于词语的约定—结构编码规则的支配：① 潍坊萝卜的元语言“蔬菜”还是“水果”，是社会约定表述的结果，带有词语符号任意约定性编码特征。② 潍坊萝卜具有“水果”的属性，与它的元语言在词语结构系统中的位置有关，这个词语系统是烟台苹果、莱阳梨、潍坊萝卜——这种并列使小组成员都获得了“水果”的含义。这个词语分类系统直接影响了潍坊萝卜的所指内容由“蔬菜”向“水果”意义的转移。人们对那段民谚的主观认同转移为对萝卜自身属性的客观认知，把词语的隐蔽叙事看做是物语透明地自我敞开。这时的物语仿佛擦去语言的侵蚀而只剩下实物的在场和其实用功能的赤裸展示，但词语约定—结构编码对物语在元语言意义上的操作性，常常被人们忽略了。这是物语最大的意识形态。

1. 指索编码的语义化

通过潍坊萝卜的案例可以看出，物语的指索编码是介于词语的约定编码和物语的指索编码之间的类编码，只不过约定性编码采取了伪装形式，将自身掩饰为物语的客观内容。因此，在指索编码的物语中存在两种编码力量：一是在场物的指索性编码，二是其所指元语言的约定性编码。当一个物语的指索性编码偏向约定性词语一极时，它的所指就变成了语义物。因为约定性编码促使物语更倾向于将其所指的意义从物自身的属性中剥离出来，而成为词语结构系统自由操作的产物。请看这段材料：

埃柯举砂糖和糖精为例来认识意识形态所具有的这种本质。砂糖被视为肥胖的原因，肥胖则成为心脏等疾病的病因，因此，在某个时期，人们普遍使用糖精作为美容食品。但是，1969年发现糖精致癌，于是，情况为之一变。美容食品不但标明不使用糖精，而且销售时甚至强调起用了砂糖。到1969年为止，砂糖和糖精被如下地代码化了：

砂糖＝肥胖＝心脏病发作　＝　死亡（－）

对　对　对　对　对

糖精＝苗条＝（不患心脏病）＝生存（＋）

但是，1969年以后，代码如下地改变了：

砂糖＝（无癌）＝生存（＋）

对　对　对　对

糖精＝　癌　＝死亡（－）

如这个代码（笔者按：物的元语言或所指）变化所表明的那样，曾经被赋予负面价值也即否定的价值的砂糖，现在被赋予了正面价值也即肯定的价值。在这种变化中，按理说，肥胖总比得癌症死去好这个极其正常的判断起了作用。但是，砂糖即肥胖这个意思标志并没有消失。尽管如此，为什么连美容食品都要夸耀般地标明“加砂糖”呢？这不外乎是因为，由于和糖精的关系，砂糖获得了正面价值，而这种价值不知何时又扩展至肥胖对苗条这根对立轴，于是砂糖悄悄地带上了苗条这个意思标志。这里面大概存在一种隐蔽的因素。砂糖针对糖精只有正面价值，胖比死好的前提，这些便是隐蔽的因素；由于这种隐蔽的因素，砂糖一直理应具有的肥胖这个意思标志便被忘却了，事态发生了如此的变迁。如上所述，埃柯在成为问题的代码的部分性质的隐蔽中看到了意识形态操作的本质。[1]

上述引文中的糖精和砂糖，是当做物语被分析的。它们的编码特征表现为：

① 意义内容（物语的所指）与物自身属性之间的客观指索关系已被任意约定编码所取代，于是如砂糖由“肥胖”的含义悄悄转移为“苗

[1]【日】篠原资明：《埃柯：符号的时空》，徐明岳、俞宜国译，河北教育出版社2001年版，第110、111页。

条”的意义。

② 物语之间的系统关系制约了物语所指的意义。砂糖含义的转移，是与另一指号“糖精”之间产生结构性对比的结果，没有“糖精”的“致癌”义的出现，砂糖的“苗条”义也不会出现。

③ 显然，砂糖和糖精这对物语的所指的变化本质上是约定结构编码的产物：物语的意义不来自它与现实世界的客观理据，而来自于物语系统之间的任意约定关系。因此，它们的所指便由记号性观念物转为结构性语义物。或者说，物语的指索编码偏向约定性的一极，其结果是产生语义物。

物语编码在指索性和约定性之间徘徊的性质就是类编码性。

2. 隐喻和转喻编码的指索化

人类学研究表明，原始的巫术思维包括相似巫术和接触巫术。相似巫术思维认为，相似的实物可以成为同一事物，如想加害于某人，便可制作一个与仇敌相像的木偶，然后用针或箭刺它。接触巫术思维则认为，凡接触过的事物在脱离接触后仍继续发生作用。如伤害敌人的头发、指甲等，就等于伤害了仇敌本人。[1]由此可见，所谓的巫术的相似律和接触律，其实就是将隐喻和转喻指索化，把本质上属于人的象征性联想看做是物的自身或外部的某种客观关联。另外，将像似性编码指索化也是巫术思维，比如，一个战士欲将扮演黄世仁的演员当做黄世仁本人来射杀，或者某个消费者把对形象代言人的喜欢转移为对商品的喜欢，就是像似或象征关系的指索化、巫术化。

象征理据或像似编码的指索化，也可叫做“物化”，这个词是马克思的原创，用符号学的术语解释就是：一个象征性、像似性的符号事实仿佛是自然事实而非人造物或符号物。“它意味着把处于特定社会历史环境中的某种情状伪饰为永久的自然事实。汤普森认为物化的策略有二：第一，自然化。一种情状本来是历史、社会和经济因素的产物，却被描述成彻底的自然状态。比如，男女之间的劳动分工本来是社

[1] 见朱迪：《原始文化研究》，三联书店1988年版，第35—37页。

会制度安排的结果，却被某些人描述成性别差异这一生物学特征的产物。第二，永久化。某些习俗、传统和制度似乎是亘古不变、万古长青的。”[1]巴尔特则将这种指索化的巫术叫做“神话”或意识形态：“神话的消费者把意指当做一种事实系统……神话运作将反自然反转为伪自然……神话的功能就是要掏空现实性：它确实是一种无止境的涌出、流失，或许是蒸发，简而言之，是一种可觉察的缺席。”[2]是否“缺席”，确实是象征性、像似性编码与指索性编码的分野。象征性和像似性编码的本质是“缺席”：以否定原点的方式去呈现或表达原点，其前提是原点必须缺席或不在场。而指索性编码的本质是“在场”：它总是与（过去、现在或将来的）某个现实物或在场物即原点有着自然的关联。当一种本质上是缺席的编码被掩饰为在场的事实的时候，巫术思维便发生了。

隐喻或转喻编码的指索化，也是一种类编码，它取消了这两种编码的界线。在巫术思维中根本就没有二者的界线，在意识形态操作中则是有意掩饰这种界线而获得某种话语权或对真理的占有权（如将某个转喻性的典型人物掩饰为某个体制的指索符号）。

3. 指索编码向异质符号的转移

物语的编码方式我们主要讨论了象征、像似、交流和指索这四种。但物语的本质是“物名”关系而非“名物”关系，这一点决定了它的主导型的编码是指索方式（包括同时性指索编码和继时性指索编码）。指索性编码的基本精神就是对原点（真相和真理）的无限逼近，就是如何加强真实关联度的问题。就像物语本身也使用其他符号的主导编码一样，指索性编码在其他异质符号中也被广泛运用，这种转移也属于符号编码的跨类现象即类编码。这里仅举三例：

① 图像学的例子：一个重要的研究内容是，关注图像中套式性的表现手法与特定的社会时代之间的关联性。譬如中国“文革”时期绘画

---

[1] 季广茂：《舌头的诡计与权力》，《书屋》2005年第6期。

[2]【法】罗兰·巴尔特：《今日神话》，载于吴琼、杜予编：《形象的修辞》，中国人民大学出版社2005年版，第23页。

中的人物形象多手捧“毛主席语录”，这个套式化的表现原则成为那个时代的特定指索符号，借助于它我们可以达到以图证史的目的。

② 汉字考古学的例子：“我们可以把它看做是古人留在龟甲、牛骨、陶器、青铜、简帛等载体上的‘活化石’，利用这些‘活化石’考察古代文化的方方面面，其可信程度不亚于另外一些出土文物，甚至高于其他的文物。”[1]当然，我们认为汉字考古学不应该局限于上述的汉字“硬件”系统（汉字的书写媒介），也应包括汉字的“软件”系统（形体结构）：汉字的形体结构理据与特定的社会生活之间的指索性关联。譬如“家”这个汉字甲骨文时代就有：一间房子下面有一头猪（豕）。这种“无豕不成家”的字形恰恰是中国传统农耕社会的一个结构性表现：许多民族的猪是放养，而汉民族较早地实行了圈养猪的方式，因此“家”字的结构理据成为定居性农耕民族生活方式的指索性符号，即汉字的形式结构成为某个历史事实结构的指索或踪迹。

③ 文学人类学的例子：文学是书写符号的艺术，而人类学则更多地把实物性、图像性、口语性以及仪式性的符号作为其研究对象。中国文学人类学的代表人物叶舒宪提出文学人类学研究的“四重证据法”，将物证符号、图证符号引入到书写符号为主的文学研究中，去还原一个指索性的实在世界。从而实现了跨学科的融合，实现了指索关系（物语）与词语关系（文学）、像似关系（图像）的结合。

[1] 何九盈：《汉字文化学》，辽宁人民出版社2000年版，总序。

结语：汉字文化符号的特性

按照卡西尔的意见，文化是由各种“形式”、“中介”即符号构成的：

只有当人与这些形式生活在一起时，在这个意义上，才能说人是与其客体对象生活在一起的。只有当人让自己与其环境一同进入这种具有可塑性的中介，并在这个中介里彼此接触、彼此融合的时候，在这个意义上，才能说人向自己显示了实在，亦向实在显示了自己。[1]

文化由各种符号场构成。每种符号场尽管有别但最常见的基本符号要素是言（话语）、文（文字和词语）、象（图像和物语）。身体行为符号可以看做是物语符号的范畴。其他符号，诸如音乐符号、气味符号、触觉符号、声音符号等，一般是依附于言文象的符号场进行传播的。气味符号不仅仅是香水这样的人工设计，而且包括各种自然的味道，如城市的味道（如尾气、超市、饭店、空调气味及其混合体）、乡村的味道（如植物、家畜、炊烟气味及其混合体）、食品的味道……它们甚至还可以被计算机复制而远距离网络传送（据说我们通过电脑网络可以闻到阿尔卑斯山奶牛的气味）。声音符号更为丰富，如风声、雨声、浪声、犬吠、鸟鸣……都令我们想象到一种生活场景。所以，我们说文化符号由言文象构成，仅仅就这些符号的主导性、典型性而言，并

[1]【德】恩斯特·卡西尔：《语言与神话》，于晓等译，三联书店1988年版，第37、38页。

不是说文化符号只有这三大类。

体现文化本质的是符号化方式，包括符号的区别方式和关联方式。

区别方式的研究是根据分离性原则描写出文化符号场内的各异质符号之间的根本差异。主要表现为它们相互间在质料（如介质是听觉的还是视觉的、形式的还是实体的）、意指方式（如约定的还是理据的、像似的还是相似的、指索的还是推理的）和符号与所指关联物的关系（语义物、观念物、现实物和在场物）等方面的差异或异质性。符号之间的这种异质性导致了所谓的剩余与局限，并进一步构成了符号间性或符号场的结构依据。分离性原则描写出构成差异的不同异质符号之间的区别性特征，这种区别性特征既可以从质料、意指方式到所指关联物（或真实关联度）诸方面进行全方位的描写，也可以仅仅重点抓住某个单一区别性特征（比如意指方式）进行深入研究。

符号化方式的第二个方面是符号之间的关联方式，其研究方法是根据统一性原则，将这些具有系统对立性的异质符号放到符号间性场中考察它们之间的相互关联方式，如移心型还是执中型、浑成型还是离散型、类符号还是纯符号、字主导还是言主导、语言符号主导还是非语言符号主导等。例如，汉文化符号场是以汉字符号系统为主导型和根元素的，这种关联方式就是汉字主导或者字本位，或者是书写中心主义的文化符号场。

下面我们重点围绕汉字的意符思维，从区别方式和关联方式两个角度，简略地总结一下汉文化符号场的主导者——汉字的文化符号特性。

一、汉字的意符思维

从造字或汉字的表达方式角度看，汉字主要表现为意符思维：用可视、可感、有理据的方式表达汉语及其汉民族的经验世界。

汉字符号与拉丁字母符号意指方式的根本区别在于理据性与约定性。这是两种对立性的文化观。索绪尔的符号学或结构主义语言学，认为语言符号“是一个纯粹的价值系统”，并将任意性和线条性作为语言符号的根本特征，这显然是建立在拉丁字母文化符号的基础上的。汉字作为一种理据符号，它既理据性地向人显示了实在，又理据性地向实在显示了人。汉字的“六书”（象形、指事、会意、形声、假借、转注）中充满了这种双向的理据性，当它向人显示了实在时，汉字具有模仿语言、反映现实的指涉或映真功能，我们可以称之为对象理据；当它向实在显示了人时，汉字具有交流、表达和结构的文化功能，我们称之为动机理据。汉字符号系统的这种理据性，代表了人类两种最基本的文化符号（理据符号与约定符号）中的一极。如果说，约定符号更倾向于形式化，尽量减少系统外理据要素对符号的制约，那么汉字理据符号骨子里就是一种实体性符号，系统外要素——人的动机、对象的理据总是参与符号意义的建构。也就是说，汉字本质上属于一种意指符号学而非拉丁字母式的结构符号学。这种意指符号系统更强调符号的异质性、实体性、非线性和类符号性。作为理据或意指符号的汉字，最大的特性是其类意指、类编码性质（见导论）——表现在能指方面，主要是尽量取消动机理据与对象理据之间的界线、消除能指义与所指义之间的界线，使得书写者与阅读者在这两种关系项之间进行权宜性选择。汉字的理据性躲避了二元对立：它没有纯粹的动机理据也没有纯粹的对象理据。如甲骨文“?”，这个像人之形的汉字，不是一个正面的、顶天立地的人，而是谦恭、驯顺的形象。这体现了汉文化对“人”的规定性理解，但这种“谦恭、驯顺”的动机理据又建立在客观描摹的基础上，我们无法分辨它是动机理据还是对象理据，只能根据阐释的需要来定性。这种消解能指与所指、动机理据与对象理据关系的类意指或意符思维，在中国文化符号中普遍存在。比如儒家礼学传统及一整套仪式体系，其实质都指向现实社会中等级亲疏秩序，都落实到现实人伦生活之中。在中国礼仪符号意指结构中，礼仪系统（能指）与现实人伦（所指）之间是一种类意指关系，即消解了儒家礼教与现实人伦之间的界线和距离感，人们把礼教当做是现实人伦关系本身，礼仪自然化了，并在这种消解中实现能指（儒家礼教）对所指（现实人伦）的建构性。而在西方宗教仪式和现代仪式中，能指与所指、神与人、形式与内容之间有着明显的疏离感和二元区分性。中国文化符号的意指方式则普遍呈现为类编码、类意指特征。

造成汉字理据这种类意指、类编码性质的意指方式又叫做“写意”——在纯粹对象性模仿理据和纯粹动机性观念理据之间的徘徊性质。与许多象形字系统相比，汉字甲骨文是趋向写意的。甲骨文的“衣”写作，而纳西象形字写作，后者更像图画、更写实、更趋向对象理据。我们在图12中对古埃及象形字与甲骨文进行了对比，也可以发现甲骨文更具写意性。汉字象形字的这种神似大于形似、在像与不像、对象理据与动机理据之间的写意性精神，是建立在符号的类所指基础上的——符号的所指越是基于现实物，它的视觉表现越是趋向于写实，所指越是基于观念物，其视觉形象越是趋于形式化、抽象化。而写意性汉字的所指其实是现实物与观念物的中间状态，即观念中有直观、直观中有观念，动机中有对象、对象中有动机的心物融合。写实性象形字的所指是趋于现实物的、具有与观念物的区别意识，而写意性象形字消解了观念物与现实物之间的区别对立。在当今绘画市场上我们看到一个有趣的现象：写意性强的绘画不如写实性画畅销。因为一般的消费者更易看懂写实画，懂写意画则需要较多的专业知识和文化修养。写实画建立在现实物基础上，观众有现实经验做参照，便很容易分辨出画作水平的高低。但写意画作没有牢固的现实物做支撑，进而转向对画作虚实或动机理据与对象理据互动关系的把握以及与其他画作互文关系的领悟，这需要较多的文化艺术修养。

汉字进入意符阶段后并未从根本上改变其写意性：总是倾向于理据性，总是倾向于类编码，总是对事实、对原点的一种人为操作。由于意符阶段的汉字是汉字符号的主导型，因此，我们也可以把汉字上述的写意性类编码的理据性叫做意符思维或意符编码。

从意指关系看，意符阶段的汉字的写意性[1]主要表现为以“可

[1] 我们说现代汉字已经进入声符阶段，这是拿现代汉字与古代汉字做对比项得出的定义。倘若拿现代汉字与拉丁字母为代表的拼音文字文化符号做对比项，那么汉字仍是意符性文化书写符号。

视、可感、有理据的方式”表达所指（汉语）。典型的意符思维是汉字的双重意指结构：字面义和语言义。字面义是由汉字字形结构义或由字形所凝固的直接义、初始义。如“仙”的字面义是“山中之人”，而它的语言义是“神仙”的意思。“威”的字形所表示的是一个像斧子一样凶狠的女人，其直接义或初始义是“婆婆”。许慎《说文解字·女部》:“威，姑也。从女，从戌。”“姑”的本义就是指丈夫的母亲。在今天，“威”的字面义已经褪色为一种字源义，隐喻着其语言义“威风”、“威权”。汉字意符的这种双重意指格局中，字面义提供了理解语言义的符号化方式，这种理解方式既不是纯粹的对象理据也不是纯粹的动机理据，既具有某种可视性的经验意象（字形提供的形象性）同时这种意象又是由抽象的观念性意符营造的。这种在抽象与具象之间、在动机理据与对象理据之间的中介化就是写意。写意或意符思维总是倾向于使用“可视、可感、有理据的方式”表达未知世界或抽象对象，总是倾向于类编码——消解我与物的界线，使对象理据与动机理据、字面义与语言义融为一体。

意符思维从结构组合方式上看也叫做会意思维或意合思维，这是就其意符的二合性结构特征而言的。会意包括两种：并置会意（如“六书”中的“会意”）和线性会意（如“六书”中的“形声”）。所谓并置会意，指由两个或多个意符构成的符号，如会意字“仙”、“休”、“男”等。线性会意则是指以形声字为代表的音义并置的符号。

为什么说形声关系是线性会意关系？其一，说它是“会意”，是因为形声字的声符和意符不是两个形式单位之间的简单相加，而是两个异质符号相互指涉、跨界、转移、融合、补充的会意关系：声符可以代表观念物（徐通锵称为“义类”，见本书第一章第二节）而与代表现实物形象的意符（徐通锵称为“义象”）构成文象关系。形声字其实是文象关系融合的类编码，是汉字记录汉语（声符）和可视性地看待汉语（意符）的跨类结合，这种建立在义类（观念物）基础上的可视性（义象、现实物），显然属于写意精神。其二，说它“线性”是指形声字的会意与会意字的会意不同，后者是非线性的并置关系，两个意符并无固定的结构位置，但形声字不同，一般而言，形声字的声符主右（或上），意符主左（或下），排列有一定的先后次序和形式化规则，主右的声符代表语言（声音单位，语义物），主左的意符代表文字（表意单位，观念物），从这个角度说二者又构成以意符释声符的言文关系。

形声字以意符为主导，其声符和意符在文象关系与言文关系，在现实物、观念物、语义物（语音）之间徘徊的性质就是类编码。

以意符为主导，就是汉字表达的表意或理据化倾向，这代表了既成知识、现成观念和传统意识形态对现实或民间话语的规制和建构性。形声字在声符和意符之间徘徊的类编码性质，则是汉字表达对表意、对理据的选择性或权宜性偏离的倾向，如汉字的假借或声符化，这体现了汉字向现实话语、向汉语靠拢的实用工具主义。但这种偏离是表意汉字或意符思维存在的必要条件，没有这种偏离，意符性汉字便会因远离语音而丧失文字记录语言的资格，为了避免汉字的崩溃，它必然在坚持意符思维、表意体制的同时，又借助表音的力量制衡表意的过度膨胀。

二、汉字意符思维中的独白倾向

中国人为什么没有采纳拼音字母而使用了表意汉字？汉语界的主流意见认为是因为汉字适合于汉语。但本书认为，更根本的原因来自汉字的文化和交流功能，即汉字掌握者的文化目的性。使用字母国家的儿童只需花几个星期，就可掌握基本的书写技能和规则；而中国儿童则要花数年的时间来记忆上千个基本意符，这些基本意符构成的文化图景和思维方式成为每个汉字使用者认知外部世界的前语言或元语言，放弃这个元语言就等于放弃对几千年文化的继承权，因此，每个汉字学习者更重要的任务是在与传统话语和民族共同文化记忆打交道而不是他个人的话语实践。字母能指系统本身是“透明”的介质，字母与每个学习者的说话经验相关：所写即所说，它是建立在个体的话语实践和群体的语音差异基础上的。所以字母文化的这种“所指化”倾向导致语言文字乃至文化的“异质化”：“现在，倘若欧洲人要阅读五百公里以外或是五百年前的文字的话，那么他们就必须学习一门新的语言。”[1]可见，字母文化的写实主义和个体主义精神与汉字的写意、集体主义构成世界文化的二元对立。汉字的写意性即意符思维切断了文字与个体的语言实践、群体的语音特征的联系，而具有“能指化”取向。中国儿童流利的汉语并不能帮助他顺利地掌握汉字，各地方言的发音特征也无法在汉字中表现出来。在汉字阻隔了与语言实践和群体发音特征的联系之后，汉字学习者、使用者转向了重复使用的意符，如看到一个陌生的汉字，学习者会按照合体字的构件——字符音义及其组合去推导生字的音义。这种借助于已知来习得和表达未知的符号化方式，使得汉字获得了一种向传统、向既定的知识体系、向文字（而不是语言）、向文字使用者靠拢的文化功能。这种文化功能使得汉字可以超越个体和群体的话语（方言）实践而转向由典籍凝固的共同文化记忆，从而保障了民族文化的凝聚力和大一统格局。汉字的这种超越个体话语经验、超越群体语音身份识别的大一统文化功能，才是它长生不老的根本原因。

当然，表意性汉字的二元结构也内含了两种文化主体的博弈。如果我们把意符看做是传统的、文化精英的、大一统的、向心的表征符号，把声符看做是现实的、民众文化的、离心的表征符号，那么意符与声符之间的理据化与去理据化的博弈，就是精英文化与大众文化、传统与现实两种力量的对话与制衡，到目前为止这种博弈的结果总是意符胜出，汉民族从未摆脱表意主导的意符思维。所以，传统上的“民本”政治、五四时期的白话文运动、现代的微博参政，都是作为去理据化的“声符”思维来对意符思维进行制衡的，只要它不颠覆意符体制，只要它没越出意符思维的底线，主导型的意符体制总是乐见声符思维的存在。这种意符主导下的意符、声符二元制衡体制，就是一种类对话。它本质上是一种独白的话语体制，是这个体制内的制约力量而非体制的颠覆者。所以汉字文化允许声符代表的大众话语的存在，但大众话语的声符要发出自己的声音，又不能冲破意符体制所允许的底线。意符思维的

[1]【德】雷德侯:《万物》，张总等译，三联书店2012年版，第34页。

这种二元制衡体制是独白性中华文明得以长期承传不息的重要条件。

意符思维所表现出的制衡性、独白性交流编码，最大的特点是匿名性。

第一是使他者处于匿名状态。如官媒和微博在中国成为一对制衡性对立体，微博作为大众文化的表征符号，它向民间话语靠拢而抗衡以精英书写为代表的官方意识形态，在中国意符和声符的二元文化机制中承担了声符的文化功能。但是，在意符（官媒）主导的文化格局中，意见性微博总是处于被匿名的状态：过滤、删除、封杀、改头换面、匿名传播……。从更广义上说，凡是不被汉字公开书写的史料和文化现象，都处于匿名状态，都被排除在民族集体文化记忆之外，如许多“涉密”的现代史档案、未被书写的少数民族或地方性文化。“被匿名”并非绝对地取消他者的声音，而是将其限制在可控的传播范围。因为绝对地使他者匿名反而不利于意符思维体制的延续。以意符为主导，以声符为调节，这种类对话是意符思维的交流特征。

第二是自我处于匿名状态。不是话语权的赤裸裸地独占，而是将这种独占匿名化或掩饰为自然话语，是另一种形式的类对话。

首先，这种话语权的自我匿名主要通过意符之二元意义结构的不对称来实现的。这种不对称主要表现为将字面义掩饰为语言义，进而达到书写意识形态控制话语意识形态的目的。如“仙”这个现代简化字，字面义“山中之人”隐含着传统意识形态动机——如道家的“羽化成仙”往往是在山中实现的。当我们理解汉字“仙”的语言义时，这个字面义所凝结的传统动机已经作为“前理解”潜入我们的意识中，我们只好按照它规定的方向去理解语言义，但它又隐藏了自己的这种规定性和价值取向，它是通过自我隐藏而实现对我们的思想控制。这种权力主体的自我匿名性，也表现在《诗经》中。《诗经》内含了一个书写（文人的记录、整理和创作）与话语（民间的口耳相传）相互博弈和张力的符号场，但长期以来我们把书写的《诗经》与口语的《诗经》混为一谈，民间口头文化被儒家意识形态的书写文化所遮蔽，将书写《诗经》掩饰为口头《诗经》，并在这种掩饰中实现了儒家意识形态对真相、对真理、对《诗经》的占有权和阐释权。

意符二元意义不对称的另一种途径，是意符的二次符号化——通假化和隐喻化。通假是临时用另一个同音字来代替本字的表达法。如在古代汉字“非”也可以写作“匪”，“早”可以写作“蚤”，“慧”可以写作“惠”等。隐喻化是用某个相似性、相关性的形象或名称替代原名，如高级领导人的台签一般不直书其名而改以“首长”，不说“失业”而称“下岗”等。这种通假、隐喻手法在互联网大量使用，如将“政府”一词改写为“zf”（通假）、“天朝”（隐喻）等。

无论是他者匿名还是自我匿名，这都体现了意符思维的交流特性：独白性话语权是在掩藏自身的过程中获得的，即使面对面的交流也是如此自我隐藏。这种自我匿名是基于意符的二元意义结构带来的所指对象的无限滑动，或者说能指与所指的偏离性，并由这种意指上的偏离所造成信息的不对称。而信息的不对称正是权力的本质：每个中国人都在利用这种不对称使真理和真相向着有利于自我的方向转移。当今食品安全最大的问题就是利用信息不对称进行造假，当代最大的腐败是数字腐败——与权力相关的数字和事实总是一个信息黑洞。这就造成了一种普遍的国民性：放弃对原点、对真理和真相的追求而迷恋于玩弄这种不对称的艺术——话语权力博弈术。这是当前互联网舆论充满博弈性“戾气”的主要原因，也是汉字意符思维的一个本质特征。它定义了中国式的权力：其本质在于掩藏它自身。有个小学生建议公车一律换成红牌，以制约公车腐败，立意甚好。但这违反了权力匿名性的潜规则，决策者很难立刻实行。假如公车都换成红牌，满大街跑红牌车，岂不等于废除了权力匿名制而暴露权力本身？这是目前改革最大的障碍。其他如官员公布自己的财产、房产、子女去向，都涉及权力的匿名性问题。一个被暴露的权力永远是有限权力，只有掩藏自身，才是无限权力。具有几千年匿名性传统的中国如何走出匿名权力话语，这是相当艰难的革新之路。

三、汉字意符思维的真理观

从符号所指的角度分析，汉字的意符思维也是一种真理观。最大的特征是类所指性（见第一章第二节）即名物思维：物的观念化，观念的物化。

观念的物化就是抽象的观念以可视、可感、有理据的方式被呈现。如汉语中的“一把米、一碗水、一张桌、一条绳……”这些词组的量词概念都以具象的方式呈现。再如，南方的芭蕉与北方的雪，这两种自然中不搭界的事物竟同时出现在王维所画《雪中芭蕉》中。研究者指出，画中的雪与芭蕉其实寄寓了以芭蕉之身（喻人的空虚不实）在雪山修行的佛教理念[1]。观念物（佛教理念）寄寓于现实物（雪和芭蕉）之中，造成物与思不分、观念被物化为自然效果，物与思的边界消失了。整个表意汉字系统就是名物思维的典范，意符既是物的意象又是物的名称，汉字倾向于用理据性意象而不是透明地书写思想和现实，造成中国特色的典籍文化或经学态度——将书写与真理、与自然现实混为一谈。

物的观念化就是观念隐藏于物中，在场的物被观念或名所刻写，但又隐藏了这种刻写。比如面粉，我们通常看不到它的产地的信息，添加增白剂的面粉也常常缺少标识。有意模糊某些信息实际上是让物以某种理想的形象示人，这种在场物已经被人的某种观念动机（名）所深深刻写，但观念又隐藏了自身。物不以自然形态而以某种理想动机的方式显示自身，这是物的观念化的主要表现。有次去西部开会，一位教授指着荒凉的黄土高坡对我说“这种景观是不能写进传统山水画的”。美国学者巫鸿也指证了这一事实：“中国传统绘画里几乎没有对建筑废墟的描绘”，废墟题材只存在于古典怀古诗中[2]。绘画的所指以现实物为主导，书写性诗歌的所指以观念物为主导，而废墟物只能以诗歌观念物的方式呈现，这是物的观念化思维之体现。从更广泛的视野看，物的观念化思维还表现为汉字书写对物的亲自出场和图画性再现的替代。西方惯于实物、雕塑、图画进行历史记忆的领域，在汉文化中通常代之以碑

[1] 陈允吉：《王维“雪中芭蕉”寓意蠡测》，《复旦学报》（哲学社会科学版），1979年第1期。

[2] 【美】巫鸿：《废墟的故事》，上海人民出版社2012年版，第15、16页。

刻、档案、典籍之类的书写手段，这种物的观念化取向更便于人对原点和事实的操纵。也就是说，物的观念化取向导致了华夏文明的书写中心主义，使得“汉字所到之处，非书写文化一片凋零”。

观念的物化和物的观念化彼此交融、互为补充。我们看到中国城市中，台阶高筑的大楼多为政府机关、金融部门，这些功能物时时刻刻都在显示着权力的至高无上（物的观念化），与此同时许多机关大楼、权力部门又没有任何标识而隐藏了自身（观念的物化）。名物关系中“名”主导还是“物”主导成为一种暧昧运作。

这种名物思维或暧昧哲学最终导致中国人生活在一种信息雾霾的现实当中，最典型的是中国人的现实物世界缺少数字元素，尤其涉及到与权力（包括非行政权力，比如食品安全信息、说话的真实度等）有关的数据人们常常面临一系列信息黑洞。人们不得不应对一个似是而非、将信将疑、马马虎虎的现实世界而“难得糊涂”。另一方面，对名物关系的暧昧性权力运作代替了对真相和真理的追求，每个人都受制于权力，每个人都在运用权力，每个人都戾气熏天。所谓的“戾气”就是权力的受虐者所产生的暴力话语及其非对话性的对抗行为。在信息雾霾和暧昧权力的双重现实中，在权力实用主义成为根本信仰的文化语境中，“信则有，不信则无”、“祭神如神在”、“难得糊涂”、“假作真时真亦假，真作假时假亦真”……成为国人几千年的行为准则，既没有虔诚的宗教信仰而去利用神，又陷入普遍的迷信当中而被神利用，大量明星、官员竞相拜倒在神医、“大师”脚下的案例说明，在我们精英阶层许多人的理念中，神的世界和人的世界、真的世界与虚的世界的关系从未被彻底反思和剥离。

名物思维涉及我们在思考符号的所指对象时，所要处理和面对的名与物、观念物与现实物、动机理据与对象理据、能指与所指、符号与现实等二元对比项的关系方式。这些对子中的前项我们也可以称之为原典，后项称之为原点（见第一章第二节与第二章第二节）。原点是独立于人或符号的前存在或前事实，这里的“前存在”、“前事实”包括两种含义：一是起源性的，一是本源性的。所谓起源性的，指那些未符号化的“裸事实”即事物自身的起源、原貌、真相本身。所谓本源性的，指以符号方式存在的、最接近起源和真相的事实。显然，凡是与人与社会文化相关的事实，都是本源性的而非起源性的，或者说都是符号性的事实、符号性的原点。这就出现了一个类符号现象：原点性事实总是以原典的方式去获得，原典性事实总是抹去自身而指向另一个原点。

这种原点与原典相互依存相互擦拭的类符号现象或名物关系，说明本源性原点同时也是原典，这个类原点性所指诚如巴尔特指出的：“所指是符号的两个相关物之一，惟一使它与能指相区别的地方在于后者乃一中介物。”[1]在这个层累的中介关系或类编码关系中，属于原点或所指的东西又总是一个原典或“名”、又总是一种元语言，这种元语言本质上是动机的、观念的、文化的、意识形态的，但它在让渡、指涉、呈现、唤出“物”或原点时又隐藏了自身，将自己伪装成原点或物，将自身自然化。因此，巴尔特认为元语言就是一种神话。

名物关系之间的类符号性或元语言神话是人类普遍的文化悖论。但是，中西文化在处理这种名物关系的方式上却截然不同。

在西方文化传统中，原典从来是可以识别的东西，原点从来是被批判的东西。所以人们这样评价：西方的现代主义认为表演有问题，而后现代则认为现实有问题。现代主义认为表演存在的问题或误区是：将能指或表演等同于对所指或现实的模仿，因此，现代主义将表演从对现实和所指的依附中分离出来，悬置所指和现实而关注和识别表演、能指、原典自身，就像莫奈的现代主义绘画《睡莲》那样，“现实的主题不过仅仅是一个标题的借口，他完全脱离了它而进入了一个几乎抽象的、狂喜的、极度沉醉的、光与色的纯粹形成世界”[2]。西方的后现代主义认为现实有问题，实际上是认识到了原点的原典化问题：即所谓的起源性原点的不可性。对于人类而言，一切的原点事实都是本源性的，即都是符号性的原点。这种本源性原点或原典化原点，德里达称

[1]【法】罗兰·巴尔特：《符号学原理》，王东亮译，三联书店1999年版，第34页。

[2]张玞：《西方绘画史话》，国际文化出版社2000年版，第209、210页。

之为“痕迹”，巴尔特称之为“元语言”或“神话”，鲍德里亚称之为“拟像”……后现代主义的目标是，揭露所指或原点的类符号、类所指性，以对符号与对象、形象与现实、原典与原点的临界关系进行批判性思考，代替对纯原点事实或单一所指的客观认知。这种以暴露原点的类所指性、以思考原典（设为A）与原点（设为B）关系为中心的符号化方式我们称之为“AB移心型”：AB之间总是在否定自己的过程中移向他者，又在移向他者的过程中保持自身。每一次转移都保留了既是自我又是他者的双重意识——此即“AB移心型”。

在中国或汉字文化传统中，二元异质元素相互同化为一个有机的整体，二者异质性、临界性和移心性的张力消失了，对立感的消失使双方向中间靠拢，此即“AB执中型”。这在名物思维即A（原典）与B（原点）之间的执中关系中，表现为原点在原典化的过程中，原典向原点隐藏了自身（物的观念化），原点亦向原典隐藏了自身（观念的物化）。在这双重隐藏中，原典和原点的关系成为一种以自我为中心进行选择性偏离的修辞术。这是“执中”的本质：每个人都在利用这种边界的模糊化使原点或原典向有利于自我的一方偏离。

AB移心型将原点问题化，AB执中型则将原点折中化。这两种思维或符号化模式的结局也不同的：将原点问题化最终导致对原点的永恒追求。米歇尔说，“赞扬错觉的再现是现实主义的，赞扬现实主义却是貌似真实的错觉”[1]，这是西方深入骨髓的原点化或逻各斯中心主义精神：现代主义将表演、能指、形象看作是现实的错觉（原典化、符号性），赞扬这种错觉便是清醒地保持了能指和所指、原典与原点之间的距离感和区分意识，反而激发了人们对能指或原典的自觉加工，以及对所指或原点性事实的信仰。岂止是现代主义，西方现实主义传统的绘画也是如此，越是精确地写实，越是对主体精神和主观印象自觉地抑制，越是需要一种主客体二分精神做基础，只有充分区别主体和客体、原典

[1]【美】W.J.T.米歇尔：《图像理论》，陈永国、胡文征译，北京大学出版社2006年版，第304页。

和原点，才能最终达到原点或现实主义。后现代主义将关注重点由能指（原典）转向所指（原点），指出“赞扬现实主义却是貌似真实的错觉”，当把原点看做是“真实的错觉”或一种中介、拟像、神话或痕迹时，只能促使人们对原点进一步追问、探究，这是更为深刻的理性主义精神。

而将原点折中化，实际上是取消了名与物、主体与客体、原典与原点的距离感，二者的张力消失后，人们既无追求真相、真理的纯原点思维，亦无追求信仰、反思、理想的纯原典精神，结果导致思维的普遍扁平化、原典化：一切都是以我为中心的符号化操作。这就是为什么中国的庙宇里可以同时安放代表不同信仰的各路神仙，没有信仰，只有对神的利用。我们生活在一个真正的原典性符号国度：每个人都是行为艺术家，每个物都是符号装置物。我的女儿去国外留学后总结到：到了国外才知道我在中国的这些年都是为别人活着：在学校要为老师做个好学生，在家里要为父母做个好孩子，在社会要为国家要做个栋梁之材……他者的眼光塑造了每一个中国人的行为，每个人的行为都是在为这种无所不在的他者而表演，所有的原典和原点都在这种表演中浑成、融合而隐藏了自身。我们的城市、我们的公共空间也是一个巨大的执中型符号装置空间，它无时无刻不在表征着权力的同时又将权力深深地隐藏起来，更关注摆设性而忽视城市空间中人的可进入性和可憩性。一个简单的例子，多数的公共草坪只允许观看不允许进入休憩。草坪与人的距离感，折射了城市空间的摆设性和符号性。在摆设性公共空间中，由于各种垄断性管理或只对少数人开放而导致的高消费、高物价，使得平民难以享受；为权力表演而设计的景观因缺少可憩性制度安排，而使公民难以进入；体现国家权力意志的设计理念使得城市千篇一律、缺少个性、回味感和文化记忆性……我们普遍符号化、原典化了的城市又将这种原典性深深掩藏起来，仿佛这就是城市的自然面貌。

这就是符号学的意指悖论：符号关系的AB两项，距离感越大（对立型和移心型），反而缩小了二者的现实距离；距离感越小（执中型），反而扩大了二者的现实距离。越是强调原点的错觉性、符号性、原典性，越是体现了一种原点化文化精神；越是将原点与原典的关系执中化、模糊化，最终导致一种普遍的原典化思维而远离了原点。

汉字所指的名物思维性质揭示了一个普遍的符号学原理：所谓的事实、真相仅仅是一个真实关联度，一个向原点无限逼近的过程和符号化方式而非原点本身。只不过汉字名物或意符思维在处理名与物关系的同时又掩盖或回避了真实关联度问题。

四、汉字意符的模件化编码

汉字符号的意符思维将事实或真相处理为一种真实关联度同时又掩饰它，决定了它的能指的结构形态一定是非透明的、理据性的，更强调符号间性方式对符号所指的制约性，这导致符号的类结构编码性质。

我们在第一章第三节讨论了以会意字和形声字为代表的汉字类结构编码性质，就是介于形式化和实体化之间的“半结构”或“半实体”状态。

1. 汉字内部能指结构系统的类编码

指的是构成汉字合体字的两个或多个字符之间具有某种异质性、实体性的符号关联（即符号间性）。比如，就会意字而言，其每个构成成分或意符都是外部理据（系统外实体性因素）和内部理据（系统内的形式化因素）的二元互补。外部理据使得字符意义来源于系统外部的知识经验而具有了实体性和异质性质，使得构成会意字的两个意符之间不是纯粹形式化单位的结合，而是两个带有异质性符号单位之间的意合、使得形声字的声符和意符之间带有某种言文关系和文象关系性质；内部理据则使得合体字的意义同时也依赖于系统内部的形式化组合规则。汉字只有在这两个参照系（外部理据和内部理据）的共同作用下才能完整地生产意义，在这个过程中，外部理据往往起主导作用，它为理解汉字的语言意义提供了已知的知识和经验，体现了“借助已知表达未知”的会意思维模式。

会意字、形声字的每个单位都是可以重复的已知符号，借助于这些表已知性意符的意合性关联构成新的符号体。因此，多数汉字具有二级符号性：借助于已有的、被反复使用的字符通过会意的方式构成新的符号。在会意结构中，意符不像字母那样完全受制于线性形式化规则，这些表已知的、可重复使用的意符因其外部理据的原因而具有很大的组合自由度，如“杲”和“杳”由“木”和“日”两个意符的不同组合变化产生了不同意义，其根本原因是对外部理据的模仿（日出还是日落），形式化让位于现实理据。另一方面，这种自由的组合又是形式化的体现：“杲”和“杳”由两个基本字符“日”和“木”组合而成，这两个可以被重复使用的字符还可以在无数个组合中与其他字符构成新字：明、旷、树、松……这些组合又被规则所限定和制约，如单字的笔画数量、笔顺规则、方块格局、左形右声等。

汉字结构编码的这种半实体、半形式化的性质，决定了汉字的结构精神既非纯粹的形式化复制或重复（字母a在英文中按照读音规则它总是特定音素等价物的重复出现），又不是高度意指化的单位。汉字的同一字符在保持自己的抽象、范畴义的形式化特征的同时，又在不同组合中总是保留了灵活特殊的实体性意义，如“日”的范畴义与阳光有关，但它在“杲”中是亮的意义，而在“杳”中则是暗的意义。

汉字这种类结构性质，表明其结构生成原则是现成的套式和现成的观念的灵活运用，既非绝对的复制，又非纯粹的创新。是介于创新与复制、语言与运用、形式与实体之间的中间状态，德国学者雷德侯称之为“模件”。模件是可以重复使用的结构形式化单位，但它又具有相对自由组合和变化的半实体性质：

> 中国人发明了以标准化的零件组装物品的生产体系。零件可以大量预制，并且能以不同的组合方式迅速装配在一起，从而用有限的常备构件创造出变化无穷的单元。在本书中，这些构件被称为“模件”。[1]

雷德侯认为汉字是典型的模件系统：“模件即是可以互换的构件，

[1]【德】雷德侯：《万物》，张总等译，三联书店2012年版，第4页。

用以在不同的组合中形成书写的文字。[1]”他还考察了先秦时代的青铜器、秦代的兵马俑、古代陶瓷器的制作等，均是按照有限的标准化预制构件的无穷变化的模件化结构规则生产的。以兵马俑的制作为例，工匠们先制成陶俑身体各部分的不同类型的模式化的预制构件，但通过其组合方式的变化以及细部处理（如在秦俑面孔上加上眉毛、胡须等），造成了秦俑的丰富多彩、无穷变化[2]。这种模件化制作与汉字会意性的类结构编码是一致的：既非形式化语言规则的简单重复，又非实体化言语的纯粹个人创造，而是介于形式化与实体化之间的类结构状态。孔子所谓“述而不作，信而好古”（指只叙述前人的学说而自己不创作），实际上也是一种模件化、类结构的书写原则：既不是真正意义上的个人言语创作，也不是现成话语的完全照搬和模仿。孔子所倡导的“述而不作”的类结构写作模式，深深地影响了中国式书写几千年，八股文便是写作“模件化”的表现。

模件化也是一种“执中型”类编码：取消A（形式）和B（实体）之间二元对立，使索绪尔意义上的“语言”（形式）和“言语”（实体）中和为：既强调体制性、结构性思维大于个人独创，又允许个体在体制允许的条件下进行灵活的变通。

汉字意符的这种模件化、类结构思维表现在符号场中，即汉字与图像、与话语、与实物符号的关联中，则呈现为汉字主导下的AB关系执中化——言文象边界的类文字化、浑成化，图64（北京奥运徽标）介于书写与图像之间的融合状态就是这种类文字化的表现。

2. 汉字外部结构系统的模件化——汉字文化符号场中的类结构

符号场一定是一个由非形式化的、异质性或实体性符号构成的符号间性系统。我们把这个符号场中的典型符号概括为言（话语）、文（文字和词语）、象（图像和物语）三大元素。约瑟夫·科苏斯的观念艺术作品《一个和三个椅子》（见图86）[3]是一个符号场的案例。这

[1]【德】雷德侯：《万物》，张总等译，三联书店2012年版，第22页。

[2]【德】雷德侯：《万物》，张总等译，三联书店2012年版，第103、104页。

[3] 来源：艺术中国art.china.cn，2009-10-12 11:01:44

个作品是由一把真实的椅子、这把椅子的照片以及从字典上摘录下来的对“椅子”这一词语的定义三部分构成，很直白地表达了异质符号场（文字、图像、实物）之间的符号间性关系对作品的内容（椅子）塑造性，从而颠覆了传统艺术建立在单一再现性质料（色彩、线条、石块、泥巴、金属、布料等）基础上的像似性造型原则。这就导致了人们对“什么是艺术”这个根本问题的反思：艺术并非只是操作像似度的艺术，而且也可以是对艺术观、对艺术的主导编码本身进行元语言思考的艺术——不同的异质性符号可以跨界性融合为一个艺术品。

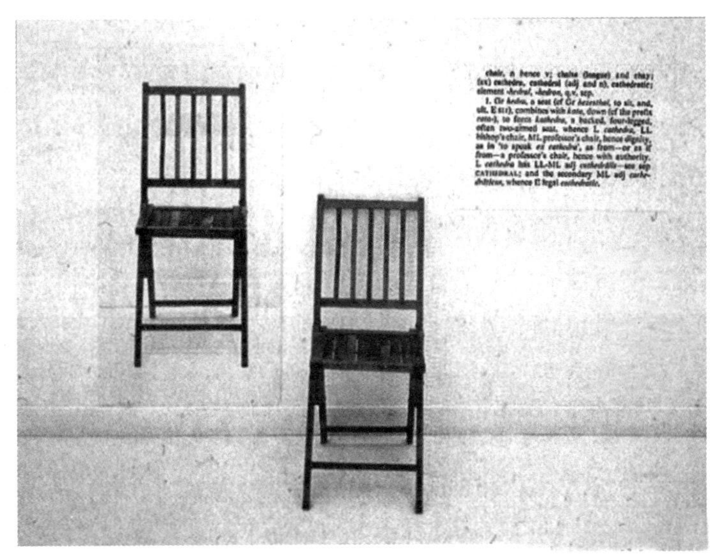

图86

我们把《一个和三个椅子》这个作品看做是一个互联网时代的经典符号：人类表述世界的方式正在由单一媒质主导的编码向多元异质媒介的符号场的转型，这就是符号间性问题。而汉字恰恰为当今的互联网时代提供了关于符号场的一种特殊的中国视角，汉字外部关联了一个言、文、象构成的符号场。当然，在上述作品中，文本的椅子、图像的椅子和实物的椅子三个符号各自保持了自己的独立差异性，在区别的基础上完成了彼此跨界性组合的整体性。

汉字文化一直具有符号场表达的传统。以中国传统绘画为例，其主导编码重写意、重寓意，其所指内容既是观念物又是现实物，徘徊于像与不像之间。这种写意性产生了一种符号间性倾向：因写意画寓意的不确定、朦胧、多义性而产生的语言文字对其所指进行锚固的要求，这就产生了中国传统的文人画，要求“文”即汉字书写元素或观念物融入视觉形象中，即那些诗文并茂的绘画作品。这些画作其实从符号编码看是放大了的形声字：“诗”作为声符对应着观念物，“画”充当意符对应着现实物。二者的有机结合，构成诗中有画、画中有诗的符号场。

在中国文化符号场中，书写中心或者说汉字本位性是其基本的识别特征，我们叫做汉字主导的言文象符号场。文化作为符号化方式，呈现为多元异质互构的符号场。在不同的文化符号场内，起主导作用的那个符号决定了该文化的主流。这个主导符号描述清楚了，这个文化的基本性质也就搞明白了。但是，单一符号绝对垄断的文化符号场是不可能的，文化符号场的本质是趋向多元异构的。在这个多元的文化符号场内，每一基本符号单位都是一种文化方式，一个文化单位。物语、图像、话语、书写性语言（词语）、文字，它们各自以其“剩余”展示了自己独特的世界观同时又补偿了其他文化符号的“局限”，这种基于剩余和局限的符号间性使得文化符号场连接为一个文化整体。汉字倾向于采取 “AB执中”的态度来处理它与其他异质性文化符号的关系：它通过自己与话语、图像、词语和物语边界的模糊化处理，来实现汉字对其他符号的替代和控制，又在这种替代中隐藏了自身。这就是汉字的类符号性或中国文化的类文字性、类书写性。

类文字符号是中国非书写性文化符号最常见的类型。青岛五四广场附近的浮雕石柱（见图87），上面铭刻的图像都是诸如孟母三迁、司马光砸缸之类的国家、民族叙事，唯独缺失的是反映本土文化题材的雕塑。显然，这些属于图像的雕塑符号是一种类符号，是被汉字隐性书写的图像文本，它们是建立在国家宏大叙事或观念物（书写性文本）基础上的写意图像，它们是一种类象形字而不是建立在现实物基础上的非书写性雕塑图像。非书写性文化符号的类文字性，导致了本土文化的普遍缺席。这就是我说的“汉字书写所到之处，非书写文化一片凋零”。我们看中国的文化版图，非书写符号保留最完善的，恰恰是远离汉字书写的少数民族地区。本土文化作为一个现实物或在场物，它本性上是反书写的。本土文化元素若想进入汉民族共识性文化记忆系统，它必须要被汉字隐性书写。而一旦被汉字隐性书写，它便成为一个类符号：汉字书写在控制它的同时又掩盖了书写自身，书写与图像、书写与物语的界限模糊化了。因此说，汉字文化符号场更倾向于一种浑成性的类结构编码：本质上属于一个内含了多种异质性结构编码的符号场，却又在外部形态上取消了异质符号的标记性。北京奥运会亦图亦文的徽标“舞动的北京”，就是这种AB执中型符号间性方式的典型表征。

图87　青岛五四广场附近的主题雕塑石柱

汉字主导的浑成性符号场，导致了中国文化普遍的“模件化”：代表国家意志的汉字及其文本，隐性书写了图像和实物符号，隐性书写了地域文化、少数民族文化，从而使中国非书写文化普遍地“汉字化存在”（见导论）。我们曾分析了青岛市的两个标志物：五四广场和栈桥。前者与国家、民族的宏大历史叙事有关，它的意义更基于汉字书写及其传播，五四运动虽与青岛有关，但青岛本地人关于五四的记忆主要通过书本获得的；而栈桥则关联了本地人亲历的生活经验和有关青岛本土的非书写性地方记忆。目前五四广场已成为当地政府大力营造和宣传的城市品牌，它在大众传媒上已“战胜”栈桥而成为青岛市对外传播的主导形象。五四广场是一个汉字隐性书写的类符号：非书写符号的汉字化存在。当本土的非书写文化被汉字隐性书写、或被汉字“灵魂附体”后，汉字书写及其携带的理念变成了一个个预制构件，地方文化符号则成为这些预制构件的复制品。青岛五四广场及其附近的雕塑，表现的基本都是被汉字隐性书写的宏大叙事题材，如孟母三迁、戚继光抗倭、郑成功收复台湾、四大发明、李白杜甫、大禹治水、冼星海、聂耳……。这些题材的文化形象我们在全国到处都可以看到它们的复制品，当然这种复制不是纯机械性、形式化的复制，而是适应各地语境而产生的各种变体。这是模件化的特征：变体性地复制书写。非书写文化的模件化最直接的后果是地方文化记忆的缺失，导致了各个城市形象千篇一律而缺少个性。城市的特质和个性主要来源于非书写性的本土话语，本土话语的缺席则抽取了城市个性化的根基，城市物语符号系统反而成了汉字的自我言说，汉字的模件化用一种集体主义美学覆盖了中华大地。

令人玩味的是，模件化的集体主义美学控制着城市空间的同时，另一种来自本土话语的结构力量又不断抗衡、瓦解着模件化城市美学。城市空间研究专家张鸿雁对比了欧洲建筑与中国城市建筑后发现：充满个性和特质的欧洲城市空间，其物的秩序（建筑）相互之间却有着连续性韵律，给人以和谐、高雅和愉悦感。而在中国的城市空间中，两个单位以上的建筑不仅毫不相干，而且还互相排斥，缺少连续性和历史性。导致这一局面的根本原因是，被抑制的地方话语不能上升为一种与国家叙事平等对话的理性力量，地方话语必然以一种杂乱无序的结构破坏着城市空间。可以说，模件化空间美学与反连续性、反历史性的空间美学并存，是中国城市空间的通病，二者有着内在的因果关系：以反模件为模件化。模件化必然产生自己的对立面——非理性的反模件化，作为自己存在的必要补充和调节。

3. 模件化与实体关联度

丹麦语符学派代表人物叶姆斯列夫将符号的能指和所指再区分出

形式和实体二元要素。但他的二元对立方法更关注的是形式而非实体，更关注二者边界的清晰。我们用类符号学观点将这对范畴修正为“实体关联度”，包括能指的实体关联度和所指的实体关联度（见第一章第二节）。就汉字符号而言，无论它的能指还是所指，都呈现出在实体与形式之间徘徊、过渡的性质。如汉字能指形体的类文字问题、汉字所指的名物性问题等。

根据意指定律，所指实体关联度决定了符号的能指关联度、决定了符号的结构方式和符号间性方式。这在汉字符号系统中体现为：汉字符号所指实体关联度的类符号性质，决定了汉字能指形式、汉字符号场中的符号间性方式的普遍模件化。

我们还是回到青岛五四广场一带的雕塑符号上说明这个问题。雕塑作为图像符号的一类，它的主导编码应该是像似性原则，其所指的主导型是现实物而非观念物。但上述列举的雕塑符号主要不是对现实的像似描摹而是建立在文本化的所指基础上的，它们主要来自成语、神话、典籍等观念性的书写文本。但这些所指又非纯概念的东西，它们又以某种现实或历史事件的形象为依据，于是徘徊于观念物与现实物之间。正是这种类所指性质，正是这种被高度概念化了的现实物，正是这种具有名物性的所指，才使得那些雕塑符号在结构形态上表现为类型化、程式化、模件化的特征。一个高度实体化、原点化、去文本化的所指，其能指形态一定是独一无二、反模件化的。一切被汉字隐性书写了的图像和物语符号，都是类所指，这决定了这些图像和物语系统在结构形态上呈现为普遍的模件化。中国城市空间形态普遍的模件化，也是由于其所指的类符号性、名物性所决定的。汉字符号系统自身也是按照这个原则组织起来的。

五、对意符思维的反思

意符思维，无论是意指方式的写意性理据，还是符号间性方式的类结构化，其共同的特征是AB执中型：异质符号、异质要素之间的张力和边界无法通过外部形态表现出来，从而使它们之间的距离感在想象中被擦拭掉，反而造成了人们与现实的疏离即距离感的扩大。在名物思维的意指关系中，在符号向人显示实在时候，却隐藏了实在，万物被意符化了；在向实在显示人的时候，隐藏了人，观念被自然化了。二者界线的消解或擦拭、意符思维的类编码性质排斥了绝对的对象理据和绝对的动机理据，貌似中庸的AB执中型编码在躲避极性思维的同时自己却走向极性：AB执中化是为了方便理据使用者的极性化选择，它使理据成了一张普罗拉克斯蒂的铁床，在这张床上，动机理据或对象理据、符号与现实、名与物被削足适履地塞进为我所用的权力格局之中。写意性理据最深刻地体现了权力的本质——以非极性的、执中的、中允的方式掩盖了符号使用者的等级制选择。因此，写意性理据最终的结果是极性的、等级制的。汉字趋向于将汉语置于自己的可操控范围之内，汉字书写的经学趋向于将文学、史学置于自己的可操控范围之内，中国的书写文化趋向于将非书写的话语、图像乃至物语符号系统置于自己的可操控范围之内。但是，汉字在主导整个文化符号场的过程中又取消了自己的主导型标记，通过自我掩饰、使自己类符号化来实现对符号场的主导。

汉字以君临天下的大一统编码凝聚了中华文明，同时本身又成为一种权力生产机制，一种文化的元语言。汉字问题始终是华夏文明每一转型期的根本问题，华夏文明的文艺复兴也必将归结为汉字问题。此外，从文化类型学的角度看，如果说拉丁字母代表的结构符号学范式表征了语言中心主义的文化符号系统，那么汉字代表的类符号学范式则展示了以文字为中心，一手牵着话语、一手牵着图像和物语的类符号文化版图。这是汉字符号对世界符号学、世界文化的意义价值所在。

主要参考文献

【意】阿甘本：《幼年与历史》，尹星译，河南大学出版社2011年版。

【德】阿斯曼：《有文字的和无文字的社会》，《中国海洋大学学报》（社科版）2004年第6期。

【意】埃科：《符号学与语言哲学》，王天清译，百花文艺出版社2006年版。

【加】埃里克·麦克卢汉、弗兰克·秦格龙：《麦克卢汉精粹》，何道宽译，南京大学出版社2000年版。

【苏】B.A.伊斯特林：《文字的产生和发展》，左少兴译，北京大学出版社1987年版。

【苏】巴赫金：《诗学与访谈》，白春仁、顾亚铃等译，河北教育出版社1998年版。

【苏】巴赫金：《文本、对话与人文》，白春仁等译，河北教育出版社1998年版。

【苏】巴赫金：《周边集》，李辉凡等译，河北教育出版社1998年版。

【苏】巴赫金：《陀思妥耶夫斯基诗学问题》，白春仁、顾亚铃译，三联书店1988年版。

白晓东、李璐：《语言与文字之华："隐喻"·"比兴"》，《西北大学学报》2008年第1期。

【法】保罗·利科尔:《解释学与人文科学》，陶远华等译，河北人民出版社1987年版。

鲍诗度:《西方现代派美术》，中国青年出版社1993年版。

【法】列维－布留尔:《原始思维》，丁由译，商务印书馆1994年版。

【美】布龙菲尔德:《语言论》，袁家骅等译，商务印书馆1985年版。

【比】布洛克曼:《结构主义》，李幼蒸译，商务印书馆1980年版。

【俄】C.M.爱森斯坦:《蒙太奇论》，富澜译，中国电影出版社2003年版。

陈枫:《汉字义符研究》，中国社会科学出版社2006年版。

陈梦家:《中国文字学》，中华书局2006年版。

陈石林:《毛泽东标准像的诞生》，《大众摄影》2006年第10期。

陈永生:《古汉字与古埃及圣书字表词方式的比较》，华东师范大学博士学位论文，2010年。

【日】池上嘉彦:《符号学入门》，张晓云译，国际文化出版社1985年版。

【美】戴浩一、薛凤生主编:《功能主义与汉语语法》，北京语言学院出版社1994年版。

【法】德里达:《多重立场》，佘碧平译，三联书店2004年版。

【法】德里达:《论文字学》，汪堂家译，上海译文出版社1999年版。

【法】德里达:《声音与现象》，杜小真译，商务印书馆1999年版。

【法】蒂费纳·萨莫瓦约:《互文性研究》，邵炜译，天津人民出版社2003年版。

【英】E.H.贡布里希:《艺术与错觉》，林夕、李本正、范中景译，湖南科学技术出版社2004年版。

范景中编选：《艺术与人文科学》，浙江摄影出版社1989年版。

【法】高概：《话语符号学》，王东亮编译，北京大学出版社1997年版。

范景中、高昕丹编选：《风格与观念：高居瀚中国绘画史文集》，中国美术学院出版社2011年版。

冯晓虎：《隐喻——思维的基础，篇章的框架》，对外经济贸易大学出版社2004年版。

【加】葛里高利等：《语言和情景》，徐家祯译，语文出版社1988年版。

拱玉书、颜海英、葛英会：《苏美尔、埃及及中国古文字比较研究》，科学出版社2009年版。

郭富强：《意合形合的汉英对比研究》，中国海洋大学出版社2007年版。

鲁川、王玉菊：《汉字信息语法学》，山东教育出版社2007年版。

【美】鲁道夫·阿恩海姆：《视觉思维》，滕守尧译，光明日报出版社1986年版。

【德】海德格尔：《存在与时间》，陈嘉映、王庆节合译1987年版。

【德】海德格尔：《海德格尔选集》（下），孙周兴选编，上海三联书店1996年版。

韩丛耀：《图像：一种后符号的再发现》，南京大学出版社2009年版。

何九盈：《汉字文化学》，辽宁人民出版社2000年版。

洪堡特：《论人类语言结构的差异及其对人类精神发展的影响》，姚小平译，商务印书馆1997年版。

胡惮：《概念变体及其形式化描写》，中国社会科学出版社2011年版。

黄亚平、孟华：《汉字符号学》，上海古籍出版社2001年版。

黄亚平：《广义文字学刍议》，《青岛大学师范学院学报》2004年第3期。

黄亚平、白瑞斯、王霄冰主编:《广义文字学研究》，齐鲁书社2009年版。

黄兴涛:《“她”字的故事：女性新代词符号的发明、论争与早期流播》，载《新史学》2007年4月创刊号。

【美】霍尔:《超越文化》，居延安等译，上海文化出版社1988年版。

【澳】J.丹纳赫、T.斯奇拉托、J.韦伯:《理解福柯》，刘瑾译，百花文艺出版社2002年版。

【英】杰弗里·N.利奇:《语义学》，李瑞华等译，上海外语教育出版社1987年版。

【美】杰姆逊:《后现代主义与文化理论》，唐小兵译，北京大学出版社1997年版。

金惠敏:《媒介的后果》，人民出版社2005年版。

【美】科尼利斯·瓦尔:《皮尔士》，郝长墀译，中华书局2003年版。

【德】雷德侯:《万物》，张总等译，三联书店2012年版。

【法】马赛尔·马尔丹:《电影语言》，何振淦译，中国电影出版社2006年版。

【意】马西尼:《现代汉语词汇的形成》，黄河清译，汉语大辞典出版社1997年版。

孟华:《动机性文字和任意性文字》，《语文建设通讯》总第56期。

孟华:《符号表达原理》，青岛海洋大学出版社1999年版。

孟华:《汉字：汉语和华夏文明的内在形式》，中国社会科学出版社2004年版。

孟华:《试论类文字》，《符号与传媒》2011年第2期。

孟华:《试谈词的伴随意义》，《汉语学习》1985年第4期。

孟华:《中西文字“硬件”的比较》，《现代语文》1999年第6期。

孟华：《文字论》，山东教育出版社2008年版。

孟华：《符号表达原理》，青岛海洋大学出版社1999年版。

孟华、李玉尚主编：《文化元素·国家·地方》，吉林大学出版社2009年版。

孟华：《谈证据符号学的三个基本概念：真实关联度、证据间性与意指定律》，《证据科学》2011年第1期。

【法】米歇尔·福柯：《知识考古学》，三联书店1998年版。

【英】诺曼·布列逊：《语词与图像》，王之光译，浙江摄影出版社2001年版。

【英】克莱夫·贝尔：《艺术》，周金环、马钟元译，中国文联出版公司1984年版。

李幼蒸：《理论符号学导论》，中国人民大学出版社2007年版。

【美】鲁道夫·阿恩海姆：《艺术与视知觉》，滕守尧、朱疆源译，中国社会科学出版社1984年版。

刘康：《对话的喧声》，中国人民大学出版社1995年版。

刘志基：《汉字文化综论》，广西教育出版社1999年版。

【法】卢梭：《社会契约论》，何兆武译，商务印书馆1980年版。

【美】罗伯特·索科拉夫斯基：《现象学导论》，高秉江、张建华译，武汉大学出版社2009年版。

罗芃、冯棠、孟华[1]：《法国文化史》，北京大学出版社1997年版。

【法】罗兰·巴特：《流行体系——符号学与服饰符码》，敖军译，上海人民出版社2000年版。

【法】罗兰·巴尔特：《今日神话》，载于吴琼、杜予编：《形象的修辞》，中国人民大学出版社2005年版。

【法】罗兰·巴尔特：《符号学原理》，王东亮译，三联书店1999

[1] 署名第三的作者“孟华”（女），系北京大学教授，著名法国文学、比较文学专家。而参考文献中引用的其他“孟华”署名，是本书的作者孟华（男），系中国海洋大学教授。

年版。

吕叔湘:《汉语语法论文集》，商务印书馆1999年版。

【法】米歇尔·福柯:《词与物》，莫伟民译，上海三联书店2001年版。

【英】诺曼·布列逊:《语词与图像》，王之光译，浙江摄影出版社2001年版。

【英】帕默尔:《语言学概论》，李荣、王菊泉、周焕常、陈平译，商务印书馆1983年版。

潘文国:《汉英对比研究百年》,《世界汉语教学》2002年第1期。

潘文国:《字本位与汉语研究》，华东师范大学出版社2002年版。

潘文国:《汉英语对比纲要》，北京语言文化大学出版社1997年版。

彭锋:《诗歌可以兴——古代宗教、伦理、哲学与艺术的美学阐释》，安徽教育出版社2003年版。

秦文华:《翻译研究的互文性视角》，上海译文出版社2006年版。

钱存训:《书于竹帛》，上海书店出版社2002年版。

钱中文:《论文学审美意识形态的逻辑起点及其历史生成》，《文学评论》2007年第1期。

裘锡圭:《文字学概要》，商务印书馆1988年版。

沈兼士:《沈兼士学术论文集》，中华书局1986年版。

【俄】什克洛夫斯基等著:《俄国形式主义文论选》，方珊等译，三联书店1989年。

【英】斯图尔特·霍尔编:《表征》，徐亮、陆兴华译，商务印书馆2005年版。

索绪尔:《普通语言学教程》，高名凯译，商务印书馆1980年版。

唐兰:《中国文字学》，上海古籍出版社2001年版。

涂纪亮主编:《语言哲学名著选辑》，三联书店1988年版。

【法】托多洛夫:《巴赫金、对话理论及其他》，蒋子华、张萍译，百花文艺出版社2001年版。

【美】W.J.T.米歇尔:《图像理论》，陈永国、胡文征译，北京大学出版社2006年版。

王德春、许宝华主编:《大辞海·语言学卷》，上海辞书出版社2003年版。

王德福:《论叶尔姆斯列夫语符学的四个理论模型》，《锦州师范学院学报》2003年第5期。

王瑾:《互文性》，广西师范大学出版社2005年版。

王铭玉:《语言符号学》，高等教育出版社2004年版。

王宁:《汉字构形学讲座》，上海教育出版社2002年版。

王平、顾彬:《甲骨文与殷商人祭》，大象出版社2007年版。

王霄冰、迪木拉提·奥迈尔:《文字、仪式与文化记忆》，民族出版社2007年版。

王毅:《园林与中国文化》，上海人民出版社1990年版。

【意】维柯:《新科学》，朱光潜译，人民文学出版社1986年版。

【美】沃尔特·翁:《口语文化与书面文化——语词的技术化》，何道宽译，北京大学出版社2008年版。

吴琼:《视觉性与视觉文化》，载吴琼编:《视觉文化的奇观》，中国人民大学出版社2005年版。

谢之君:《隐喻认知功能探索》，复旦大学出版社2007年版。

【英】肖恩·霍尔:《这是什么意思？符号学的75个基本概念》，郭珊珊译，中央编译出版社2010年版。

【美】徐平:《“物”与“意符诗法”》，涂险峰译，《长江学术》2006年第2期。

徐通锵:《汉语结构的基本原理》，中国海洋大学出版社2005年版。

徐通锵:《汉语字本位语法导论》，山东教育出版社2008年版。

【汉】许慎撰:《说文解字》，中华书局1963年版。

【美】杨晓能:《另一种古史：青铜器纹饰、图形文字与图像铭文的解读》，唐际根、孙亚冰译，三联书店2008年版。

【苏】B.A.伊斯特林:《文字的产生和发展》，左少兴译，北京大学出版社1987年版。

赵元任：《语言问题》，商务印书馆1980年版。

赵毅衡：《符号学原理与推演》，南京大学出版社2011年版。

郑文东：《文化符号域理论研究》，武汉大学出版社2007年版。

臧克和、王平：《说文解字新订》，中华书局2002年版。

臧克和：《说文解字的文化说解》，湖北人民出版社1995年版。

臧克和：《语象论——〈管锥编〉疏证》，贵州教育出版社1992年版。

臧克和：《汉字单位观念史考述》，学林出版社1998年版。

张黎：《汉语意合语法学纲要》，中国书店2001年版。

张朋朋：《文字论》，华语教学出版社2007年版。

张强：《踪迹学——艺术的文化穿越》，重庆出版社2006年版。

张汝伦：《意义的探究——当代西方释义学》，辽宁人民出版社1986年版。

张绍杰：《语言符号任意性研究——索绪尔语言哲学思想探索》，上海外语出版社2004年版。

张玉金：《当代中国文字学》，广东教育出版社2000年版。

《"中国文学人类学理论与方法研究"（国家社科基金重大招标项目）开题论证会实录》，《百色学院学报》2011年第2期。

赵沛霖：《兴的起源》，中国社会科学出版社1987年版。

郑文东：《文化符号域理论研究》，武汉大学出版社2007年版。

周振甫：《文心雕龙今译》，中华书局1986年版。

周有光：《比较文字学初探》，语文出版社1998年版。

朱顺龙、何立民：《中国古文字学基础》，上海社会科学出版社2004年版。